Danzig/Gdańsk als Erinnerungsort

LODZER ARBEITEN ZUR LITERATUR-
UND KULTURWISSENSCHAFT

Herausgegeben von
Joanna Jabłkowska, Kalina Kupczyńska
und Artur Pełka

BAND 7

Joanna Bednarska-Kociołek

Danzig/Gdańsk als Erinnerungsort

Auf der Suche nach der Identität im Werk
von Günter Grass, Stefan Chwin
und Paweł Huelle

Bibliografische Information der Deutschen Nationalbibliothek
Die Deutsche Nationalbibliothek verzeichnet diese Publikation
in der Deutschen Nationalbibliografie; detaillierte bibliografische
Daten sind im Internet über http://dnb.d-nb.de abrufbar.

Diese Publikation wurde unterstützt von der Universität Lodz.

Umschlagabbildung mit freundlicher Genehmigung
von Benjamin Ben Chaim

Gedruckt auf alterungsbeständigem,
säurefreiem Papier.

ISSN 2195-3406
ISBN 978-3-631-66759-0 (Print)
E-ISBN 978-3-653-06394-3 (E-PDF)
E-ISBN 978-3-631-69361-2 (EPUB)
E-ISBN 978-3-631-69362-9 (MOBI)
DOI 10.3726/978-3-653-06394-3

© Peter Lang GmbH
Internationaler Verlag der Wissenschaften
Frankfurt am Main 2016
Alle Rechte vorbehalten.
Peter Lang Edition ist ein Imprint der Peter Lang GmbH.

Peter Lang – Frankfurt am Main · Bern · Bruxelles · New York ·
Oxford · Warszawa · Wien

Diese Publikation wurde begutachtet.

www.peterlang.com

Inhaltsverzeichnis

I. Einführung

> Danzig ist ein Ort, an dem wie selten sonst so deutlich zu sehen ist, dass die Geschichte keine große, lange Aneinanderreihung von Ereignissen ist, sondern eine immer wieder zerrissene historische Kette, vielmehr noch eine Ansammlung unzähliger Kettenglieder. Es ist schwer, sie wieder aneinanderzusetzen – und warum auch? Wenn wir die Geschichte nicht als Leidenserzählung oder als Beweis für diese oder eine andere These, eines solchen oder eines anderen Besitzstandes betrachten, dann können alle diese Danziger Unterbrechungen, alle diese Kehrtwendungen, Umbrüche, Revolutionen und Zerstörungen zum Inhalt einer allgemeindanziger Identität werden: Danzig als Erinnerungsort und Denkmal des modernen Europas, als eine Stadt mit vielen Wunden, mit grellen Kontrasten und überraschenden Lösungen.[1]

Auf diese Art und Weise illustriert Peter Oliver Loew die Identität der Stadt Danzig / Gdańsk. Er unterstreicht, dass Danzig im 20. Jahrhundert mehrmals Achse der Welt war, obwohl die Stadt selbst einen provinziellen Charakter hatte. Hier brach der Zweite Weltkrieg aus, hier entstand die polnische Gewerkschaft ‚Solidarność'. Grundlage dieses Buches ist die Beschreibung des literarischen doppelten Erinnerungsortes Danzig / Gdańsk, für die die gleich genannte, authentische Stadt das Fundament bildet. ‚Doppelter Erinnerungsort' ist ein Begriff von Pierre Nora und beschreibt einen Raum, der für zwei Nationen, in diesem Fall Deutsche und Polen, gleichermaßen bedeutsam ist und eine symbolische Rolle spielt[2]. In der Kultur der Stadt Danzig / Gdańsk dominierte lange die Differenz anstelle der Gleichheit. Auf diesem geographischen Gebiet vermischten und ergänzten sich unterschiedliche Kulturen und Ethnien. Danzig / Gdańsk ist bis heute eine Stadt, die sowohl für die polnische als auch für die deutsche Erinnerung und Identität von besonderer Bedeutung ist.

Mein Ziel ist zu zeigen, dass es zwischen den deutschen und polnischen literarischen Werken mit Bezug auf Danzig mehrere Korrelationen gibt. Es werden Texte besprochen, die durch die Literatur und in der Literatur einen Dialog miteinander führen. Das vorliegende Buch beschäftigt sich mit der Frage, welche Bedeutung die literarischen Erinnerungen an die vergangene Welt für die Identität der Stadt Danzig / Gdańsk haben. Es ist wichtig darzustellen, wie die Stadt

---

1 Loew, Peter Oliver: *Zerstörung, Kontinuität, Erdichtung. Das Kriegsende und der neue Anfang einer alten Stadt.* In: *Inter Finitimos Jahrbuch zur deutsch-polnischen Beziehungsgeschichte* 3/2005, S. 82f.

2 Vgl. François, Etienne / Schulze, Hagen (Hg.): *Deutsche Erinnerungsorte. Eine Auswahl.* München 2005. S. 11.

beschrieben wird, wobei die Metamorphose der deutschen Stadt in die polnische nach dem Zweiten Weltkrieg und die damit verbundene Suche nach der eigenen Identität und die Gründung des Mythos – Danzig / Gdańsk – entscheidend sein wird. Ich konzentriere mich auf die Literatur, in der die Stadt durch Literatur mythologisierter Ort dargestellt wird. Was heißt es, Danziger zu sein? Was heißt es, Gdańszczanin zu sein? Westerplatte, Poczta Polska, Solidarność – sind diese nationalen Mythen in der Literatur immer noch lebendig oder schon vergangen?

Als Grundlage dafür dienen die Texte des vor Kurzem verstorbenen Günter Grass sowie von polnischen Autoren Stefan Chwin und Paweł Huelle. Es wurden dabei jene Texte ausgewählt, die die Zeit der Freien Stadt Danzig (1920–1939) bis zu ihrer Transformation zu Gdańsk umfassen. Eine Ausnahme bildet Huelles Roman *Castorp*, der die Stadt noch vor der Entstehung der Freien Stadt Danzig aus der Perspektive eines Fremden darstellt. Des Weiteren wird untersucht, inwieweit die Stadt trotz des historischen Bruches von 1945 als deutsch-polnischer Erinnerungsort in der Literatur fungieren kann. Die ausgewählten Werke zeigen die Kontinuität der Geschichte auf und erinnern an die deutsche Vergangenheit der Stadt. Der Raum – Danzig / Gdańsk – wird bei Grass, Chwin und Huelle deutlich als Heimat apostrophiert und als kulturelle Größe wahrgenommen. Am Beispiel ihrer Werke ist es möglich, den in der Literatur- und Kulturwissenschaft wichtigen Paradigmenwechsel zu beobachten, der als ,Wiederkehr des Raumes' („spatial turn")[3] bezeichnet wurde. Jürgen Joachimsthaler verweist darauf, dass für sehr lange Zeit die Kategorie ,Raum' im internationalen wissenschaftlichen, kulturellen und gesellschaftlichen Diskurs vernachlässigt wurde, was sich in der zweiten Hälfte des 20. Jahrhunderts allmählich geändert hat[4]. Die Schriftsteller zeigen eine nicht mehr existierende, vergangene Welt, und der Raum Danzig / Gdańsk spielt dabei eine entscheidende Rolle. Das Deutsche, das ambivalente Gefühle hervorruft, übt dabei auf die Schriftsteller eine besondere Faszination aus.

Im theoretischen Teil wird der Begriff ,patria chica' in Bezug auf Nationalismus und dessen Entwicklung mit Hilfe der Theorien von Eric J. Hobsbawm, Benedict Anderson und Ernst Gellner erklärt. Zudem wird die Danziger Geschichte im Angesicht der Entwicklung der nationalistischen Bewegung erläutert. Der Begriff ,Erinnerung' wird auf der Grundlage der Theorien von Aleida und Jan Assmann, Pierre Nora und Harald Welzer definiert und seine Bedeutung anschließend am Beispiel der Nachbarländer Deutschland und Polen erläutert.

---

3   Joachimsthaler. Jürgen: *Von der einen Nation zur kulturell vielfältigen Region. Der „spatial turn" als Provokation der Nationalphilologien*. In: Joachimsthaler, Jürgen / Sauerland, Karol (Hg.): *Convivium. Germanistisches Jahrbuch*. 2008. S. 29–59.
4   Ebd., S. 29ff.

Die Erinnerung erscheint in den Texten aller drei Autoren als literarisches Leitmotiv. Kommunikatives und kulturelles Gedächtnis sind bei der Erinnerung an das ursprüngliche Danzig von zentraler Bedeutung und ermöglichen einen Blick auf die Stadt aus heutiger deutscher und polnischer Perspektive. Zu einem gemeinsamen Erinnerungsort entwickelt sich die Stadt, indem Erinnerung nicht nur als Thema im Text erscheint, sondern der Text selbst zur Erinnerung der Erzählerfiguren wie auch der Autoren wird. Danzig / Gdańsk ist eine bemerkenswerte Stadt, in der mehrere Jahrhunderte lang Menschen unterschiedlicher Nationalitäten, Sprachen und Religionen lebten, wodurch sich hier verschiedene Kulturen vermischten, in erster Linie die deutsche, polnische, jüdische und kaschubische, aber auch andere, da hier zudem Russen und Mennoniten aud Holland wohnten. Ein solch hybrider Ort war damit selbstverständlich mehr als einmal Schauplatz verschiedener Auseinandersetzungen, doch zugleich wurde dieser Schmelztiegel zur Quelle einer interessanten und reichen Kulturmischung. Mein Blick richtet sich also auf eine periphere Region, die von sprachlich-kultureller Heterogenität geprägt war. Im Folgenden wird auch der Wandel der Stadt von Danzig zu Gdańsk beschrieben. Es werden Texte berücksichtigt, die auf die deutsch-polnische Geschichte der Stadt eingehen. Die unterschiedlichen Phasen in der Stadtgeschichte zeigen deutlich, wie mit der Umbenennung von Danzig in Gdańsk und der Etablierung eines neuen politischen Systems die Spuren deutscher Geschichte allmählich aus dem Stadtbild verschwinden.

Ewelina Kamińska unterstreicht, dass der Heimatverlust zunehmend dazu führe, dass die Heimat des Öfteren in Erinnerungsbildern existiere. So werde eine Brücke zwischen Vergangenem und Gegenwärtigem geschlagen, die die Entwurzelung zumindest teilweise zu relativieren vermöge[5]. Die nicht mehr existierende Freie Stadt Danzig mit ihrer zerissenen Geschichte wurde paradoxerweise zum Erinnerungsraum in der Literatur und Kultur und somit zu einem Teil des kulturellen Gedächtnisses sowohl der Deutschen als auch der Polen. Diese literarische Welt ist eine Mischung des Realen mit dem Magischen, sie überwindet des Öfteren gerade dadurch die Sphäre des Privaten und bekommt einen universellen Charakter.

---

5   Kamińska, Ewelina: *Erinnerte Vergangenheit – inszenierte Vergangenheit. Deutsch-polnische Begegnungsräume Danzig/Gdańsk und Stettin/Szczecin in der polnischen Prosa im Kontext der Wende von 1989.* 2009. S. 30.

II. Theoretische Grundlagen

1. Patria chica versus Nationalismus

Als ein von Deutschen und Polen gemeinsam beschriebener Raum wird Danzig / Gdańsk durch die Literatur erneut zu einem heterogenen deutsch-polnischen „Grenzland"[6], in dem verschiedene Kulturen und Nationen aufeinandertreffen, wie dies jahrhundertelang in der Geschichte der Stadt der Fall gewesen ist. Durch die Erinnerung, auch die literarische, wird die Vorstellung einer Heimat wieder hergestellt, die nicht mehr existiert, und sie wird zum literarischen Motiv. Paweł Huelle unterstreicht: „Alles ging verloren und wurde so nicht nur zum Gegenstand der eigenen Erinnerung, sondern zum Anreiz, eine diesem Erinnern gemäße literarische Konstruktion zu verfassen und eine alternative Welt – die Literatur – zu entwerfen."[7] Nach dem Krieg, infolge der Beschlüsse der Potsdamer Konferenz, wurden Millionen von Menschen in Europa gezwungen, sich als Flüchtlinge, Vertriebene, Ausgesiedelte auf die Suche nach einem neuen Wohnort zu begeben. Somit verloren sie ihre Heimatländer. Daher existiert „heutzutage die Heimat oft in Erinnerungsbildern"[8]. Dies ist häufig nur in den Erinnerungen und in der Literatur möglich.

Huelle unterstreicht, dass die einzige wahre Heimat jedes Menschen (aber v. a. des Schriftstellers) die eigene Kindheit darstelle[9]. Dabei handelt es sich jedoch nicht um eine Heimat, die auf nationalen oder ethnischen Kriterien beruht, sondern um die sogenannte ‚kleine Heimat'. Im Polnischen benutzt man den Begriff ‚mała ojczyzna' für denjenigen Ort, an dem man sich daheim fühlt[10]: Heimat (…) wäre hier (…) weniger als die authentischen Geburts- und Wohnorte (…) zu verstehen, sondern vielmehr als die symbolische Dimension dieser Orte, dieser

---

6   Traba, Robert: ‚Kresy' oder ‚Atlantis des Nordens'? Neue polnische Diskussionen über die Mythologie des Ortes. In: Inter Finitimos. Jahrbuch zur deutsch-polnischen Beziehungsgeschichte 3. Osnabrück 2005. S. 58.

7   Huelle, Paweł. Heimat in Europa. In: Tewes, Henning (Hg.): Heimat in Europa. Beiträge der internationalen Konferenz „Literatur, Werte und Europäische Identität (II.)". 2003. S. 34.

8   Kamińska, Ewelina: Erinnerte Vergangenheit – inszenierte Vergangenheit. 2009. S. 30.

9   Huelle, Paweł. In: Heimat in Europa. S. 34.

10 Vgl. Hobsbawm, Eric J.: Nationen und Nationalismus. Mythos und Realität seit 1780. München 1998. S. 26.

imaginär-historischen Räume (...)."[11] Heimat in dieser Bedeutung ist also ein Äquivalent des Wortes Sicherheit, und es ist unmöglich den Begriff auf die räumliche Kategorie zu reduzieren. Garanten dieser Sicherheit sind z. B. das Elternhaus, ein Kirchturm, ein vertrauter Geruch, die heimatliche Sprache oder einfach Menschen[12]. Ewelina Kamińska bemerkt, dass man in der Alltagssprache Heimat mit dem Gebiet assoziiert, in dem man herangewachsen ist und mit dem man sich identifiziert, mit einer kulturellen Gemeinschaft, die Wärme, Schutz und Geborgenheit garantiert und somit zur Persönlichkeitsentfaltung beiträgt[13]. Laut Andrea Bastian ist das Heimatgefühl vorstellbar beispielsweise als der Geruch auftauender Erde im Vorfrühling oder eines frisch gebohnerten Holzfußbodens; als der Anblick eines Gegenstandes oder Gebäudes, das Hören einer bestimmten Melodie oder einer Stimme. Die genannten Empfindungen rufen beispielsweise Erinnerungen an eine bestimmte Naturlandschaft, an ein Zimmer im Elternhaus oder in der Schule, an einen bestimmten Wohnort, an nahestehende, vertraute Menschen oder an regelmäßig wiederkehrende Feste wach. Bastian unterstreicht, dass diese Erinnerungen mit Empfindungen wie Vertrautheit, Sicherheit, Zugehörigkeit, Anerkennung, Geborgenheit verbunden sind[14].

Noch im 19. Jahrhundert war in Europa der Begriff ‚patria chica' (das kleine Vaterland) sehr verbreitet[15], obwohl seine Wandlungen vor Beginn des industriellen Zeitalters datiert werden. Im Falle von Danzig / Gdańsk scheint dieser Begriff besonders treffend zu sein, da es für zahlreiche hier lebende Menschen ohne Bedeutung war, welche Staatsangehörigkeit sie hatten. Es war für sie jedoch relevant, dass sie Danziger waren. Sie lebten in der Provinz, trotzdem waren stolz auf ihre Region, was zahlreiche Legenden deutlich illustrieren. Beispielsweise erklärt die Legende *Das kaschubische Paradies,* wie die Kaschubei entstanden ist. Nachdem Gott die Welt geschaffen hatte, freuten sich alle im Himmel bis auf einen Engel. Er erklärte Gott, warum er traurig sei. Er war verantwortlich für ein Land, das Pommern genannt wurde. Das Land war wenig fruchtbar, grau, platt und leer. Gott gab also dem Engel alles, was ihm noch übrig geblieben ist, und zwar: Seen,

---

11 Orłowski, Hubert: *Literatur – nationale Identität – kulturelles Gedächtnis.* In: Wolff-Powęska, Anna / Bingen, Dieter (Hg.) In: *Nachbarn auf Distanz. Polen und Deutsche 1998–2004.* Wiesbaden 2005. S. 454.

12 Vgl. Bastian, Andrea: *Der Heimat-Begriff. Eine begriffsgeschichtliche Untersuchung in verschiedenen Funktionsbereichen der deutschen Sprache.* Tübingen 1995. S. 34f; 88–93.

13 Kamińska, Ewelina: *Erinnerte Vergangenheit – inszenierte Vergangenheit.* S. 29.

14 Vgl. Bastian, Andrea: *Der Heimat-Begriff.* S. 23.

15 Vgl. Hobsbawm, Eric J.. *Nationen und Nationalismus. Mythos und Realität seit 1780.* S. 25.

Wälder, Wiesen und Hügel und der Engel verteilte dies alles mit großer Liebe. Das Gebiet ist deswegen sehr abwechslungsreich. Sogar die Mutter Gottes liebe das Land und sie gehe hier oft spazieren[16]. Diese alte Legende zeigt, dass Pomoranen sehr stolz auf ihre Herkunft, Identität und ihre kleine Heimat waren.

Erst Ende des 19. Jahrhunderts begann man 'tierra' mit dem Staat und Anfang des 20. Jahrhunderts mit dem Patriotismus zu verbinden. Benedict Anderson sieht die Natur dieser politischen Liebe in der Begrifflichkeit, denn beide Sprechweisen bezeichneten etwas, an das man auf natürliche (nicht bewusst gewählte) Weise gebunden sei: „es geht um Verwandtschaft (motherland, Vaterland, patria) oder Heimat (home oder tanah air – Erde und Wasser, den Begriff für die heimatliche Inselgruppe der Indonesier)."[17] Anderson bemerkt, dass „Nation-Sein der Hautfarbe, dem Geschlecht, der Herkunft und der Zeit, in die man geboren wird, nahe steht all dem also, was nicht zu ändern ist[18]. Jedoch ist die Entwicklung des Phänomens 'Nationalismus' stark verbunden mit der Entwicklung der Industriegesellschaft. Ernst Gellner weist darauf hin, dass die Industriegesellschaft nicht durch das göttliche Fiat 'so soll es geschehen' entstanden ist, sondern durch den Prozess der Weiterentwicklung der Agrargesellschaft[19]. Die Bedeutung der Wörter 'Nation', 'Nationalität', 'Nationalismus' veränderte sich somit parallel zur Entwicklung der Gesellschaft. Noch am Vorabend des Ersten Weltkriegs war die Monarchie fast überall die Norm und die meisten Monarchen in Europa stammten aus einer Reihe untereinander verwandter Familien. Eric J. Hobsbawm zeigt, dass für sie als Staatsoberhäupter 'Nationalität' ohne Bedeutung war, falls sie ihrem subjektiven Empfinden nach überhaupt eine hatten. Auch ohne eigenes 'nationales Bewusstsein' betrachtete ein Herrscher sein 'Volk' jedoch als Kollektiv im Sinne der 'Nation'. Die Bürger hatten ihre Rechte und Pflichten[20]. Einerseits fühlten sich die Untertanen mit ihrem Ort im Sinne der Heimat verbunden, oft sprachen sie zu Hause Dialekt, andererseits wurde ihnen allmählich ein „Nationalismus von oben"[21] aufgezwungen, indem sie ihre Pflichten dem konkreten Herrscher / dem konkreten Staat gegenüber auszufüllen gezwungen waren. Aber die ursprüngliche,

---

16 Vgl. Januszajtis, Andrzej: *Legendy dawnego Gdańska*. Gdańsk 2005. S. 107f; Mamelski, Janusz: *Legendy kaszubskie*. Gdynia 2006. S. 5ff.

17 Anderson, Benedict: *Die Erfindung der Nation. Zur Karriere eines folgenreichen Konzepts*. Frankfurt am Main 1996. S. 144.

18 Ebd.

19 Vgl. Gellner, Ernst: *Narody i nacjonalizm*. Warszawa 1991. Aus dem Französischen von Teresa Hołówka. S. 54.

20 Hobsbawm, Eric J.: *Nationen und Nationalismus*. S. 89f.

21 Ebd., S. 97.

revolutionär-volkstümliche Idee des Patriotismus sei – so Hobsbawm – staats-orientiert und nicht nationalistisch gewesen, da sie sich auf das souveräne Volk selbst bezogen habe, also auf den Staat, der seine Macht in dessen Namen aus-geübt habe[22]. Die Französische Revolution verstand unter dem Begriff ‚Patriot‘ „einen Menschen, der die Liebe zu seinem Land durch den Wunsch unter Be-weis stellte, es durch Reformen oder eine Revolution zu erneuern.“[23] Dabei war ethnische Zugehörigkeit bedeutungslos, nationale Loyalität war noch zu dieser Zeit ausschließlich eine politische Entscheidung. Hobsbawm erinnert daran, dass am 19. November 1789 in der Nähe von Valence 1 200 Nationalgardisten zusam-menkamen, die „einen Loyalitätseid auf die Nation, das Gesetz und den König“[24] schworen und „erklärten, nicht länger Dauphinois, Provençaux und Languedoci-ens zu sein, sondern nur noch Franzosen.“[25] Dieses Ereignis ist als die symboli-sche Geburt der Nation zu begreifen, wobei Nation als Gemeinschaft verstanden wird, deren Mitglieder das gleiche Recht auf Selbstbestimmung haben. Es war der symbolische Akt der Demokratisierung, der Untertanen in Bürger verwandelte. ‚Nation‘ wurde nach der Französischen Revolution „als Gemeinschaft von Staats-bürgern verstanden, denen aufgrund entsprechender Rechte das Wohl des Landes am Herzen lag und die dadurch den Staat bis zu einem gewissen Grad zu ihrem eigenen machten.“[26] Jede Nation musste zunächst ihre Einheit auf Grundlage von Vielfalt konstruieren. Die gegen Ende des 19. Jahrhunderts aufkommende Form des Nationalismus basierte zunächst auf der Ideologie und noch nicht auf den Ka-tegorien von Ethnie oder Sprache[27]. Es gab zu dieser Zeit in Europa nur wenige homogene Nationalstaaten. Im Rahmen der Homogenisierung der Einwohner eines Staates musste man jedoch eine Landessprache als Nationalsprache / Amts-sprache wählen. Benedict Anderson unterstreicht zu Recht, dass die allmähliche Zurückdrängung von Mundarten eine Bedingung für die Entstehung einer Nation war[28]. In den meisten Fällen wurde die Nationalsprache aus pragmatischen Grün-den gewählt, also vermutlich jene Sprache, die von der größten Gruppe der Ein-wohner gesprochen und verstanden wurde. Eric J. Hobsbawm legt zugleich dar, dass im 19. Jahrhundert für viele Bürger die Sprache die Seele der Nation im Sinne der Verbindung mit den Verstorbenen war und oft das entscheidende Kriterium

---

22 Ebd., S. 105.
23 Ebd.
24 Ebd.
25 Ebd.
26 Ebd., S. 106.
27 Ebd., S. 111.
28 Anderson, Benedict: *Die Erfindung der Nation*. S. 50.

ihrer Nationalität darstellte[29]. 1842 konnte man in *Revue de Deux Mondes* lesen, dass die wahren, natürlichen Grenzen nicht durch Berge und Flüsse bestimmt werden, sondern durch die Sprache, die Gebräuche, die Erinnerungen, alles, was eine Nation von einer anderen unterscheidet[30]. In Vielvölkerstaaten gewannen zu dieser Zeit Landessprachen als Amtssprachen zunehmend an Bedeutung. Minderheitensprachen und Soziolekte wurden durch die offiziellen Amtssprachen massiv zurückgedrängt (z. B. die schottisch-gälische Sprache in Schottland und Irland durch das Englische)[31]. Auf diese Art und Weise sind mehrere Sprachen (auch das Danziger Missingsch) mittlerweile verschwunden. Laut Anderson entwickelte sich in Europa von etwa der Mitte des 19. Jahrhunderts an ein so genannter ,offizieller Nationalismus'. Anderson stellt dar, dass diese Art von ,Nationalismus' erst nach der Entstehung eines sprachlichen Volksnationalismus möglich war[32]. In diesem offiziellen Nationalismus bemerkt Anderson eine reaktionäre Politik als Antwort auf den spontanen Volksnationalismus[33].

Ende des 19. / Anfang des 20. Jahrhunderts beanspruchte jede Gemeinschaft von Menschen, die sich als Nation verstand, „das Recht auf einen eigenen, souveränen und unabhängigen Staat auf ihrem Territorium"[34] Hobsbawm weist darauf hin, dass, als Folge dieser Vermehrung potentieller Nationen ohne eigene Geschichte, ethnische Zugehörigkeit und Sprache zu zentralen Kriterien für die Konstruktion nationaler Identität wurden. Der ethnisch begründete Nationalismus bekam in dieser Zeit immer größere Unterstützung und die Begriffe ,Rasse' und ,Nation' wurden als Synonyme betrachtet[35]. Zu dieser Zeit begannen sich in Europa neue Nationen herauszubilden. Seinen Höhepunkt erlebte der Nationalismus in Europa in den Jahren 1918–1950. Dies war das Ergebnis zweier Entwicklungen: des Zusammenbruchs der großen Vielvölkerstaaten in Ost- und Mitteleuropa sowie des Ausbruchs und der Folgen der Russischen Revolution[36]. Doch die Staaten, die nach dem Zerfall der alten Vielvölkerstaaten entstanden, waren nicht weniger heterogen als ihre Vorgänger. Lediglich die Staatsterritorien waren kleiner und

---

29 Hobsbawm, Eric J.: *Nationen und Nationalismus.* S. 45 und 114.
30 Ebd., S. 117.
31 Vgl. Anderson, Benedict: *Die Erfindung der Nation.* S. 83.
32 Ebd., S. 113.
33 Ebd.
34 Hobsbawm, Eric J.: *Nationen und Nationalismus.* S. 122.
35 Vgl. Gellner, Ernst: *Narody i nacjonalizm.* S. 59.
36 Vgl. Hobsbawm, Eric J.: *Nationen und Nationalismus.* S. 155.

„die in ihnen lebenden unterdrückten Völker [wurden] jetzt unterdrückte Minderheiten genannt."[37] Hobsbawm fasst dies wie folgt zusammen:

> Die logische Konsequenz aus dem Versuch, einen Kontinent säuberlich in zusammenhängende Territorialstaaten aufzuteilen, die jeweils von einer ethnisch und sprachlich homogenen Bevölkerung bewohnt wurden, war die massenhafte Vertreibung oder Vernichtung von Minderheiten. Das war und ist die mörderische reductio ad absurdum eines Nationalismus in seiner territorialen Spielart, obwohl dies erst in den Jahren nach 1940 deutlich zu sehen war.[38]

Die Entstehung der Nationalstaaten hatte massenhafte Vertreibungen zur Folge; doch die Grenzen des Versailler Vertrags erwiesen sich als nicht dauerhaft, obwohl die nach 1918 in verschiedenen Regionen mit national unterschiedlichen Bevölkerungen durchgeführten Plebiszite, mit denen über die Zugehörigkeit der Bewohner zu Nationalstaaten entschieden werden sollte, gezeigt hatten, dass viele Menschen sich für die Zugehörigkeit zu einem Staat aussprachen, dessen Sprache nicht die ihre war.

In Europa wurde der Nationalismus nach dem Ersten Weltkrieg „seines befreienden und einigenden Inhalts"[39] beraubt und bekam Züge des politischen Nationalismus. Durch die modernen Massenmedien konnten Ideologien „für die Massen einerseits standardisiert, homogenisiert und umgeformt und andererseits natürlich von Privatinteressen und Regierungen für die Zwecke einer gezielten Propaganda"[40] eingesetzt werden. Die Weltwirtschaftskrise ließ viele Menschen zu Anhängern eines militanten Nationalismus werden, was unter anderem als Folge der allgemeinen Verzweiflung verstanden wird. Die nationale Identifikation fand zu dieser Zeit neue Mittel, „sich in modernen, urbanisierten und hochtechnisierten Gesellschaften auszudrücken."[41] Gemeint sind hier die modernen Massenmedien (Presse, Funk, Film). Die Nationalsozialisten in Deutschland wussten die Rolle der Medien richtig einzuschätzen. Nicht zufällig übernahm das Reichsministerium für Volksaufklärung und Propaganda, unter der Leitung von Propagandaminister Joseph Goebbels, die inhaltliche Lenkung der Medien. Hobsbawm bemerkt zu Recht:

> Dennoch war eine gezielte Propaganda zweifellos weniger ausschlaggebend als die Fähigkeit der Massenmedien, letztlich nationale Symbole zu einem Bestandteil des Lebens

---

37 Ebd., S. 157.
38 Ebd., S. 158.
39 Ebd., S. 163.
40 Ebd., S. 167.
41 Ebd.

jedes einzelnen zu machen und auf diese Weise die Trennung zwischen dem Privatbe-reich und der lokalen Sphäre, in der die meisten Bürger normalerweise lebten, einerseits und der öffentlichen und nationalen Sphäre andererseits aufzuheben.[42]

Im Folgenden weist Hobsbawm noch darauf hin, dass die Kluft zwischen dem privaten und öffentlichen Leben durch den Sport als Massenschauspiel über-brückt wurde. Beispielsweise wurden Wettkämpfe zwischen Menschen und Mannschaften als Gladiatorenkämpfe inszeniert, die ihrerseits wieder den Kampf von Staaten symbolisieren sollten. Durch freundschaftliche Sportrivalität wurde die nationale Identität der ganzen Völker sowie jedes einzelnen Menschen verstärkt: „Die vorgestellte Gemeinschaft von Millionen scheint sich zu verwirk-lichen als eine Mannschaft aus elf Spielern, die alle einen Namen tragen. Der ein-zelne, und wenn er nur die Spieler anfeuert, wird selbst zu einem Symbol einer Nation."[43] Zwischen den Kriegen dominierte somit der Nationalismus etablierter Nationalstaaten. In Deutschland führten die Niederlage des Jahres 1918 sowie die Weltwirtschaftskrise zu großer Enttäuschung und Verzweiflung und letzt-endlich zu dem Ausbruch des Zweiten Weltkrieges. Gerade dieser Wunsch nach Homogenität – nationale Homogenität hat es ja nie früher gegeben – offenbarte sich an der Oberfläche des sozialen Lebens in Form des Nationalismus[44], was in Bezug auf Danzig auch in den literarischen Werken von Günter Grass, Stefan Chwin und Paweł Huelle thematisiert wird.

2. Die Geschichte Danzigs im Angesicht des Nationalsozialismus

Nach dem Zweiten Weltkrieg entschied man sich in Europa ein ganz neu-es Weltbild zu schaffen, die historische Kontinuität ging durch Aussiedlungen und Vertreibungen verloren, „doch zugleich war es ein zwar von Heimweh und Sehnsucht begleiteter, aber mit Identitätssuche und Kreativität verbundener Anfang, quasi eine Vorstufe der sich nähernden Berufsmobilität."[45] Kulturelle Schmelztiegel wurden oft aus der Zeitperspektive als gefährliche Orte gesehen und beschrieben. Man strebte, besonders in Osteuropa, die Bildung homogener Gesellschaften an, denen gemeinsame Merkmale wie Sprache, Abstammung, Bräuche und andere zugeschrieben werden konnten, auch wenn sie nur künst-lich geschaffen wurden. So entstand nach dem Zweiten Weltkrieg ein Bild des

42 Ebd.
43 Ebd., S. 168f.
44 Vgl. Gellner, Ernst: *Narody i nacjonalizm*. S. 53.
45 Kamińska, Ewelina: *Erinnerte Vergangenheit – inszenierte Vergangenheit*. S. 30f.

ethnisch und sprachlich homogenes Landes – Polen – und in seinem Rahmen der polnischen Stadt – Gdańsk. Die kommunistische Regierung versuchte die deutsche Geschichte der Stadt zu verbergen. Die Vergangenheit der Stadt sollte ausgeblendet werden und an ihre Stelle sollte ein geschichtsloses Vakuum treten. Das deutsche Erbe der Region wurde kaum wahrgenommen und die zurückgebliebenen Deutschen wurden bewusst marginalisiert[46]. Nach der Wende begann jedoch in Polen die Entdeckung (auch die literarische) der Gedächtnislandschaften Preußen und Schlesien. Als Beispiele können hier die deutschen Städte, die polnisch wurden (Wrocław / Breslau, Szczecin / Stettin, Opole / Oppeln) genannt werden, aber auch Königsberg oder Lodz. Wichtig ist die Tätigkeit des Vereins Borussia und der Zeitschrift und Verlags Borussia in Olsztyn oder die ‚schlesische‘ Literatur von polnischen Autoren (Marek Krajewski, Olga Tokarczuk), bei denen das deutsche Breslau und das multikulturelle und von verschiedenen Konfessionen geprägte Hinterland eine wichtige Rolle spielen. Solch eine Literarisierung und Mythisierung des Ortes betrifft auch das Gebiet Danzig / Gdańsk, das zu den Orten gehört, an denen die deutsche und die polnische Geschichte über Jahrhunderte eng miteinander verbunden waren. Mit dem Ende des Zweiten Weltkrieges kam es 1945 jedoch zum Bruch in der Geschichte Danzigs und aus einer Stadt, deren Einwohner sich ursprünglich aus verschiedenen ethnischen und konfessionellen Gruppen zusammensetzten, wurde das polnische Gdańsk. Von einem endgültigen historischen Bruch im Jahre 1945 geht Frank Fischer aus, der in seinem Buch *Danzig als eine zerbrochene Stadt* bezeichnet und damit das Ende verschiedener kultureller Traditionen in der Stadt hervorhebt. Fischer beschränkt sich dabei allerdings ausschließlich auf eine deutsche Perspektive. Die Polnische Perspektive wird von ihm gar nicht berücksichtigt[47].

Mein Blick richtet sich primär auf die literarische Stadt. Allerdings ist, um die historische Wirklichkeit zu verstehen, in der die schreibenden Danziger (darunter Günter Grass, Stefan Chwin sowie Paweł Huelle) gelebt haben, eine Analyse der Hauptprobleme der Stadtgeschichte unerlässlich. Dabei sind folgende Vorarbeiten der Forschung von besonderer Bedeutung: Der Sammelband *Danzig Gdańsk. Deutsch-Polnische Geschichte, Politik und Literatur.* (Dillingen 1996); *Danzig und seine Vergangenheit 1793–1997. Die Geschichtskultur einer Stadt zwischen Deutschland und Polen* von Peter Oliver Loew (Osnabrück 2003); *Danzig. Die zerbrochene Stadt.* von Frank Fischer (Berlin 2006); *Die Post von Danzig. Geschichte eines deutschen Justizmords* von Dieter Schenk (Reinbek bei Hamburg

---

46 Vgl. Ebd., S. 31.
47 Vgl. Fischer, Frank: *Danzig. Die zerbrochene Stadt.* Berlin 2006.

1995). Bei der Schilderung der Stadtgeschichte konzentriere ich mich darauf, die Entwicklung der Identität der lokalen Bevölkerung, die sich mal als Danziger oder Gdańszczanie und mal als Polen, Deutsche oder Kaschuben fühlte, näher zu beschreiben. Auf die Herausbildung der Identität der Bewohner der Stadt hat in der Gegenwart auch die Literatur Einfluss, denn die Gegenwartsschriftsteller aus Gdańsk führten ein „Leben auf den Spuren der Vergangenheit"[48].

Bis zum Ende des Zweiten Weltkrieges trafen sich in der Stadt Gdańsk (polnisch), Gduńsk (kaschubisch), Danzig (deutsch), Gedania, Dantiscum (lateinisch) verschiedene Kulturen, obwohl die Stadt nie wirklich multikulturell war. Sie war ethnisch eher eine homogene Stadt, in der vor allem Danziger deutscher Abstammung lebten, aber zugleich auch viele Minderheiten, die untereinander interagieren mussten. Peter Oliver Loew spricht von Danzig als „einer Stadt, deren Einwohner sich unter preußischer, freistädtischer, nationalsozialistischer, stalinistischer, nationalkommunistischer Herrschaft und schließlich in einer freiheitlich-demokratischen Gesellschaftsordnung ihrer großen Vergangenheit entsannen, dabei aber meist zu vergessen suchten, dass Danzig bis 1793 ein wichtiger, zeitweise sogar der Ort deutsch-polnischer Begegnung schlechthin gewesen war."[49] Daher ist es möglich, vom transkulturellen Charakter der Stadt zu sprechen. Hier waren Deutsche und Polen jahrzehntelang gezwungen, nebeneinander und miteinander zu leben und die Stadt geriet schon seit dem 12. Jahrhundert als Bastion der pommerellischen Herzöge oft „in den Schnittpunkt deutscher und polnischer Interessen"[50]. Zu dieser Zeit war die Bevölkerung in der Mehrzahl slawisch, und erst zwischen 1170 und 1180 kam die erste Ansiedlung deutscher Handwerker, Händler und Kaufleute zustande. Der Prozess des Zustroms der deutschen Bevölkerung intensivierte sich in den folgenden Jahren. Außer Polen (Slawen) und Deutschen siedelten sich in Danzig Juden, Holländer und Russen an. Aus der Umgebung von Danzig stammten überdies Kaschuben, bei welchen es schwerer fällt, eine eindeutige ethnische oder nationale Zuordnung vorzunehmen. Sie sehen sich

---

48 Chwin, Stefan: *Stätten des Erinnerns. Gedächtnisbilder aus Mitteleuropa. Dresdner Poetikvorlesung.* Dresden 2005. S. 15.

49 Loew, Peter Oliver: *Danzig und seine Vergangenheit 1793–1997.* S. 9.

50 Münchenbach, Siegfried: *Danzig – Ein Überblick zur Stadtgeschichte von der Frühzeit bis 1945.* In: Akademie für Lehrerfortbildung Dillingen; Institut Nordostdeutsches Kulturwerk Lüneburg; Thüringer Institut f. Lehrerfortbildung (Hg.): *Danzig Gdańsk, Deutsch – polnische Geschichte, Politik und Literatur.* Dillingen 1996. S. 33.

als Nachfahren der slawischen Pomoranen, die sich zu Anfang des 5. Jahrhunderts auf dem Gebiet der heutigen Kaschubei ansiedelten[51].

Es existierte in Danzig jahrhundertelang eine „Wir-Gemeinschaft"[52]. Sophia Kemlein bemerkt hierzu treffend: „Wir müssen darüber hinaus unseren Blick freimachen für alle Gruppen in dieser Stadt, deren Identität durch gemeinsame ethnische Abstammung, durch die Konfession, durch gemeinsame kulturelle Muster geprägt war, weit vor jeder Entwicklung zur Nation."[53] Man kann tatsächlich im Falle von Danzigs Bewohnern vom Phänomen des Lokalpatriotismus sprechen, was im Werk von Grass oft illustriert wurde. Ethnische Herkunft und Sprache spielten über viele Jahrhunderte hinweg für die Bewohner der Stadt kaum eine Rolle. Das Gefühl ‚Danziger zu sein' verschärfte sich nach dem Übergang von der polnischen zur Ordensherrschaft (1294–1308/1343). Unter dem Deutschen Orden blieb Danzig bis zum Jahr 1454 und es stieg zu dieser Zeit zur Handelsmetropole von europäischem Rang auf, obwohl die Bürger den Orden als Eroberer sah und nie akzeptierte. Eine wichtige Zäsur für die Stadt stellt das Jahr 1361 dar, als Danzig Mitglied der Hanse wurde, was seinen Aufschwung zur Handelsmetropole vorantrieb. Die Interessen des Ordens und der Stadt und ihrer patrizischen Handelsherren deckten sich damals. Seit der Niederlage des Ordens gegen Polen-Litauen im Jahre 1410 suchte Danzig aufgrund seiner wirtschaftlichen, nicht aber nationalen Interessen die Verbindung zu Polen. Die wirtschaftliche Ebene war zu dieser Zeit eine Basis für die Existenz des Lokalpatriotismus in der Stadt. Im Zweiten Frieden von Thorn von 1466 verlor der Orden endgültig seine Stellung als Großmacht im Ostseeraum. Unter polnischer Krone war Danzig eine Hansestadt. Dieses Bündnis dauerte von 1454 bis 1772. Die Stadt erhielt vom polnischen König eine ganze Reihe von Freiheits- und Besitzrechten, z. B. ein eigenes Stadtterritorium im Werder und auf der Höhe, mit einer ganzen Reihe von Dörfern, dazu den westlichen Teil der Nehrung und die Halbinsel Hela. Danzig hatte unumschränkte Finanzhoheit, die Rechtsetzung (Danziger Willkür) und Gerichtsbarkeit wurden vom König anerkannt, im Umkreis von fünf Meilen um die Stadt durfte weder eine Burg noch eine befestigte Stadt errichtet werden. Die Danziger wehrten sich über den gesamten Zeitraum

---

51 Fischer, Frank: *Danzig. Die zerbrochene Stadt.* S. 24. Zur Entstehung des Gebietes Kaschubei. Vgl. Legenden: *Stworzenie Kaszub.* In: Mamelski, Janusz: *Legendy Kaszubskie.* Gdynia 2006. S. 5ff; *Kaszubski raj.* In: Januszajtis, Andrzej: *Legendy dawnego Gdańska.* Gdańsk 2005. S. 107f.
52 Hobsbawm, Eric J.: *Nationen und Nationalismus.* S. 7.
53 Kemlein, Sophia: *Danzig als multikulturelle und multiethnische Stadt.* In: *Danzig Gdańsk, Deutsch – polnische Geschichte, Politik und Literatur.* S. 8.

der Ordenherrschaft gegen den Orden, der ihre Souveränität einschränkte. Die polnischen Könige stellten Danzig dagegen weitgehende Privilegien aus, „die der Stadt einen fast autonomen Status gewährten und die Blütezeit der Stadt einleiteten."[54] Von einer national-polnischen, national-deutschen oder national-kaschubischen Identität war zu dieser Zeit noch nicht zu sprechen. „Kulturelle Homogenität"[55], die sich in den folgenden Jahrhunderten durchsetzte, war noch keine Basis für die Existenz der Stadt. Als Verkehrssprache übernahmen fast alle Zuwanderer zwar das Deutsche, doch auch in Danzig war die sprachliche Verständigung wirtschaftlichen Interessen untergeordnet. Man unterschied jedoch zwischen Einheimischen (Kaschuben) und Zugewanderten. Erst Reformation und Gegenreformation führten dazu, dass die katholische Kirche (Polen, Kaschuben) und die evangelische Kirche (Deutsche) identitätsstiftend wirkten. Die Bevölkerung war neben ihrer Ethnizität durch „Konfession, Zugehörigkeit zur gleichen gesellschaftlichen Schicht und Sprache"[56] gekennzeichnet, die Kategorie Nation spiele dagegen keine Rolle. Kemlein schreibt, dass es sehr lange nicht um die zahlenmäßige Gegenüberstellung des Anteils von Polen und Deutschen in der Stadt gegangen sei, denn dies sei überhaupt erst für das 20. Jahrhundert möglich geworden. Die Entwicklung zur national definierten Identität mit politischem Anspruch auf einen Nationalstaat taugt gar nicht als Erklärungsmuster für frühere Jahrhunderte[57].

1793 fiel Danzig im Rahmen der zweiten Teilung Polens an Preußen, was spontanen, aber schnell unterdrückten Widerstand hervorrief. „Oft waren die Danziger in den Jahren nach 1793 einfach auch nur stolz auf die große Vergangenheit ihrer Stadt."[58] In vielen Danziger Häusern gab es beispielsweise Bildnisse polnischer Könige – „Andenken an eine verflossene Stadt."[59] „Somit befand sich die Stadt zwischen 1793 und 1807 in einem Widerstreit verschiedener Gruppen – vereinfacht gesagt: zwischen eingesessenen Bewahrern und zugewanderten bzw. aufsteigenden Reformern."[60] Die Stadt wurde zu dieser Zeit zum Objekt

---

54 Ebd., 14.

55 Gellner, Ernest: *Narody i nacjonalizm*. S. 53.

56 Vgl. Kemlein, Sophia: *Danzig als multikulturelle und multiethnische Stadt*. In: *Danzig Gdańsk, Deutsch – polnische Geschichte, Politik und Literatur*. S. 15.

57 Ebd.

58 Loew, Peter Oliver: *Danzig und seine Vergangenheit 1793–1997*. S. 63.

59 *Bemerkungen auf einer Reise durch einen Theil Preußens von einem Oberländer*. Königsberg 1803. S. 404. Zitiert nach: Loew, Peter Oliver: *Danzig und seine Vergangenheit 1793–1997*. S. 65.

60 Loew, Peter Oliver: *Danzig und seine Vergangenheit 1793–1997*. S. 65.

von Großmachtinteressen. Johanna Schopenhauer beschrieb den Tag, an dem die preußischen Truppen bis zur Stadtgrenze vormarschierten: „An jenem Morgen überfiel das Unglück wie ein Vampir meine dem Verderben geweihte Vaterstadt, und saugte jahrelang ihr bis zur völligen Entkräftung das Mark des Lebens aus.“[61] Nach 1793 „entschwanden diese Erinnerungsstücke auch im Orkus des Vergessens“[62], denn einige altansässige Familien, Erinnerungsträger, zogen aus der Stadt fort (wie Arthur Schopenhauers Eltern), „andere wurden bedeutungslos und lösten ihre reichhaltigen Sammlungen von Danziger Kunst und Kunstwerk auf.“[63] Die Stadt wurde im 19. Jahrhundert zum regionalen Zentrum. Sie wurde „durch Preußen politisch isoliert und wirtschaftlich stranguliert.“[64] Bis in die 30er Jahre des 19. Jahrhunderts identifizierten sich die Danziger kaum oder nur selten mit Preußen. Mit den jüngeren Generationen jedoch, oft Zuwanderern, die die preußischen Schulen und den preußischen Militärdienst absolviert hatten, setzte ein Integrationsprozess ein. Nur die Mennoniten waren nicht bereit, sich an die neuen Verhältnisse anzupassen. Sie waren zwar von der Wehrpflicht befreit, doch wurde ihnen der Grundstückserwerb bis auf jene Grundstücke beschränkt, die ihnen sowieso schon gehörten. Daher sind zahlreichemehrere Mennoniten zu dieser Zeit ausgewandert. Die Zurückgebliebenen bildeten eine geschlossene Gemeinschaft. Die sonstigen Danziger (sowohl Deutsche als auch Polen, Kaschuben und Juden) begannen etwa seit den 40er Jahren des 19. Jahrhunderts sich mit dem preußischen Staat zu identifizieren. Trotzdem sahen anfangs viele Danziger in Napoleon, auf dessen Verlangen 1807 die Freie Stadt Danzig gegründet wurde, den Befreier von der preußischen Herrschaft. Der Prozess der Germanisierung war jedoch nicht mehr aufzuhalten.

Ernst Renan stellte eine berühmte und auch im Zusammenhang mit Danzigs / Gdańsks Identitätsgefühl interessante Frage: „Warum ist Holland eine Nation und Hannover oder das Großherzogtum Parma nicht?“[65] Dank der konnektiven Struktur eines gemeinsamen Wissens fühlten sich in der Vergangenheit viele Bewohner Danzigs nicht als Polen oder Deutsche, sondern als Danziger. Im Altertum konnte eine Stadt als Staat (Polis) zugleich ‚Nation‘ sein; etwa im Falle Athens oder Roms,

---

61 Schopenhauer, Johanna: *Jugendleben und Wanderbilder.* Drost, Willy (Hg.). Tübingen 1958. S. 59.

62 Loew, Peter Oliver: *Danzig und seine Vergangenheit 1793–1997.* S. 65.

63 Ebd.

64 Münchenbach, Siegfried: *Danzig – Ein Überblick zur Stadtgeschichte von der Frühzeit bis 1945.* In: *Danzig Gdańsk, Deutsch – polnische Geschichte, Politik und Literatur.* S. 52.

65 Renan, Ernest: *Qu'est-ce qu'une nation?* Zitiert nach: Hobsbawm, Eric J.. *Nationen und Nationalismus. Mythos und Realität seit 1780.* S. 35.

das als Hauptstadt zugleich einem ganzen Weltreich seinen Namen gab. Ähnlich war es auch in der Neuzeit mit der Stadt Danzig. Im Laufe des 19. und 20. Jahrhundert änderte sich jedoch seine Situation. Seit der gescheiterten Revolution von 1848 kam es zur „Entwicklung zu einem national definierten Selbstverständnis, das über die Ethnizität und den Lokalpatriotismus hinausging und nach nationaler Einheit strebte."[66] In einer Petition des Magistrats und der Stadtverordneten an die deutsche Bundesversammlung in Frankfurt hieß es:

> Ihr [der Polen] reges Nationalgefühl ehren wir aber nur solange, als es nicht irregeleitet, die Rechte anderer ungekränkt läßt, also nicht verkennt, dass unsere Bildung in allen Beziehungen, unsere ganze Zivilisation von der Verbindung zeugt, in welcher wir zu den deutschen Völkern stehen. Deutsch sind wir und wollen auch bleiben![67]

Bereits in der 2. Hälfte des 19. Jahrhunderts entstand, wie Peter Oliver Loew darlegt, eine „gezielt nationalisierte"[68] lokale Historiographie, in der sich „die neue Richtung durchgesetzt"[69] hatte. Hans Prutz, Historiker aus Danzig, nannte die Stadt einen „mitten in slawische Barbarei hinausgeworfene[n] Vorposten deutscher Cultur" „mit einer historischen Aufgabe – die Verteidigung gegen Polen und Slawen"[70]. Gotthilf Löschin sagte: „Danzig war nun eine preußische Stadt und sollte es bleiben."[71]

1848 fand in der Frankfurter Paulskirche die Polendebatte der Deutschen Nationalversammlung statt. 1849, nach der Debatte entschied man sich dafür, Preußen in seinen dynastischen Grenzen (unter Einbeziehung der Teilungsgebiete Polens) in den Deutschen Bund einzubeziehen. Die polnische Bevölkerung hingegen wollte wieder einen unabhängigen polnischen Staat erlangen. Es entstanden nationale Organisationen, so wurde z. B. 1849 eine Unterabteilung der geheimen, freiheitlichen, polnisch-nationalen Organisation ‚Liga Polska' gegründet. In Westpreußen brach die nationalpolnische Bewegung schnell zusammen.

---

66 Kemlein, Sophia: *Danzig als multikulturelle und multiethnische Stadt*. In: *Danzig Gdańsk, Deutsch -polnische Geschichte, Politik und Literatur*. S. 24.
67 Keyser, Erich: *Danzigs Geschichte*. Danzig 1928. Reprint. S. 228. Zitiert nach: Kemlein, Sophia: *Danzig als multikulturelle und multiethnische Stadt*. In: *Danzig Gdańsk, Deutsch-polnische Geschichte, Politik und Literatur*. S. 25.
68 Loew, Peter Oliver: *Danzig und seine Vergangenheit 1793–1997*. S. 77.
69 Ebd.
70 Prutz, Hans: *Danzig, das nordische Venedig. Eine deutsche Städtegeschichte*. In: von Raumer, Friedrich (Hg.): *Historisches Tagebuch*. Leipzig 1886. S. 139, 144. Loew, Peter Oliver: *Danzig und seine Vergangenheit 1793–1997*. S. 78.
71 Löschin, Gotthilf. Zitiert nach: Loew, Peter Oliver: *Danzig und seine Vergangenheit 1793–1997*. S. 80.

Trotzdem ist eine deutsche Gegenbewegung entstanden. Ein deutliches Zeichen dafür, dass die polnische Unabhängigkeitsbewegung in Danzig schwach war, ist, dass der Januaraufstand in Danzig zu keiner neuen polnischen Gruppenbildung führte. Wenige Polen engagierten sich für die Aufständischen. Andrzej Bukowski spricht von sechs engagierten Danzigern. Allerdings gingen große Waffentransporte für die Aufständischen über Danzig[72]. Wie Kemlein anmerkt, war eine gegenseitige Entfremdung zwischen deutscher und polnischer Bevölkerung schon zu dieser Zeit zu beobachten. Sie verschärfte sich noch nach der Gründung des Deutschen Reiches unter Einbeziehung der preußischen Ostprovinzen. Der polnische Nationalgedanke wurde somit 1871 unterdrückt, umso mehr, dass es sogar schon Debatten darüber gab, auf welche Art und Weise man polnische Spuren in Danzig beseitigen könnte. Deutlich wurden alle Probleme, die mit der lokalen Geschichte in Verbindung standen, am Beispiel des Denkmals Augusts III. Man behauptete, „es passe (…) nicht, dass beim Einzuge des souveränen Königs von Preußen ein früherer polnischer Potentat an dieser Stelle stehe.“[73] Wegen solcher Proteste gegen polnische Elemente in der lokalen Geschichte der Stadt begann sich die polnische Gesellschaft umso mehr zu konsolidieren.

In der zweiten Hälfte des 19. Jahrhunderts kommt es in Danzig, wie in anderen Großstädten Europas, zu Industrialisierung und Bevölkerungswachstum, die mit Landflucht verbunden waren. Im Falle von Danzig war die aus dem Land zuziehende Bevölkerung zum großen Teil kaschubischer oder polnischer Abstammung. Es entstanden zu dieser Zeit in Danzig polnische Vereine und Kreditgenossenschaften, es wurden polnische Bücher gedruckt und seit 1891 erschien die polnischsprachige Zeitung *Gazeta Gdańska*. Gegen Ende des 19. Jahrhunderts formierte sich eine kaschubische Bewegung, der es um die Bewahrung ihrer Sprache und Kultur ging. Diese können als polnische und kaschubische Antworten auf den starken Prussifizierungsprozess gelten. Stefan Chwin behauptet, dass Hitlerdeutschland diesen Prozess dann brutal zum Abschluss gebracht hat[74]. Im 20. Jahrhundert war die Stadt sicherlich kein Ort der Begegnung mehr, sondern ein Ort, an dem sich, wie in ganz Europa, der Nationalismus entwickelte: „als Aufkommen des politischen Fremdenhasses, der seinen erbärmlichsten, aber keineswegs einzigen Ausdruck im Antisemitismus fand.“[75]

---

72 Bukowski, Andrzej: *Pomorze Gdańskie w Powstaniu Styczniowym*. Gdańsk 1964. S. 123; Loew, Peter Oliver: *Danzig und seine Vergangenheit 1793–1997*. S. 97.
73 Zitiert nach: Loew, Peter Oliver: *Danzig und seine Vergangenheit 1793–1997*. S. 122; vgl. auch: Samp. Jerzy: *Miasto tysiąca tajemnic*. Gdańsk 2005. S. 67–72.
74 Chwin, Stefan: *Stätten des Erinnerns*. S. 46.
75 Hobsbawm, Eric J.: *Nationen und Nationalismus*. S. 126.

Nach dem Ersten Weltkrieg protestierten die deutschen Einwohner der Stadt (einschließlich der Juden) gegen die mögliche Abtrennung vom Reich. Die polnische Minderheit dagegen wollte Danzig an das neu gegründete Polen anschließen. Auf dem Gebiet des heutigen Gdańsk entstand jedoch als Kompromiss die Freie Stadt Danzig unter dem Schutz des Völkerbundes, als souveräner, selbstständiger Freistaat. Die Stadt legte sich als einzige Staatssprache Deutsch zu. Kemlein unterstreicht, indem sie die Jahrhunderte charakterisiert, in denen Danzig sein Goldenes Zeitalter unter polnischer Krone erlebte, dass bei aller Vielfalt und Buntheit im Leben der Stadt das Zusammenleben der Einwohner unterschiedlicher Herkunft, Sprache und Kultur seine Grenzen gehabt habe. „Nicht Toleranz bestimmte den Umgang miteinander, sondern konfessionelle Engstirnigkeit und Ausgrenzung von Angehörigen anderer Glaubensrichtungen"[76]. Auf Verwandtschaft zwischen Nationalismus und konfessioneller, religiöser Identität weist auch Ernest Gellner hin[77]. Historiker verweisen darauf, dass die auf der Grundlage des Versailler Vertrags (1918) ins Leben gerufene, vom Völkerbund abhängige Freie Stadt Danzig weder für die Deutschen noch für die Polen eine befriedigende Lösung darstellte[78].

Die Rechte der polnischen Minderheit in Danzig wurden garantiert. Die Polen besaßen eigene Schulen und ein Vereinswesen. Die polnische Bevölkerung Danzigs war gut organisiert (1921 gab es 14 polnische Vereine, 1936 schon 132). Zu dieser Zeit war über 30% der Bevölkerung katholisch, mehr als 60% protestantisch, 2% waren jüdischen Glaubens. Wie sich schnell zeigen sollte, war die Entscheidung für die Gründung der Freien Stadt Danzig schon von der Konzeption her falsch. Die polnische Bevölkerung, die in Danzig durch einen diplomatischen Vertreter, den Generalkommissar, repräsentiert wurde, forderte, dass Danzig so schnell wie möglich an Polen angegliedert werden solle. Dies versprach auch der polnische Staatspräsident Ignacy Paderewski sowie sein Nachfolger Stanisław Wojciechowski. Die deutsche Seite meinte dagegen, dass Danzig zu Deutschland gehören solle, weil die Entscheidung zur Gründung der Freien Stadt nicht durch eine Volksabstimmung erfolgt war und die Mehrheit der Bevölkerung deutscher Abstammung war[79]. Sie protestierte bereits seit 1918

---

76 Kemlein, Sophia: *Danzig als multikulturelle und multiethnische Stadt*. In: *Danzig Gdańsk, Deutsch – polnische Geschichte, Politik und Literatur*. S. 22.

77 Gellner, Ernest: *Narody i nacjonalizm*. S. 55.

78 Vgl. z. B.: Fischer, Frank: *Danzig. Die zerbrochene Stadt*. S. 288–317; Loew, Peter Oliver: *Danzig und seine Vergangenheit 1793–1997. Die Geschichtskultur einer Stadt zwischen Deutschland und Polen*. S. 272–294.

79 Vgl. Loew, Peter Oliver: *Danzig und seine Vergangenheit 1793–1997*. S. 272–287.

heftig gegen den voraussichtlichen Anschluss Danzigs an Polen. In einer Erklärung des Danziger Magistrats vom 5. Oktober stand, dass Danzig nimmermehr diesem Polen angehören dürfe. Die alte Hansestadt sei durch deutsche Kultur entstanden und gewachsen, sie sei „kerndeutsch"[80].

Es war für den Völkerbund klar, dass eine Angliederung Danzigs an Polen dem Prinzip nationaler Selbstbestimmung zu widersprechen drohte, da die Stadt deutlich ihren Protest gegen eine Zugehörigkeit zu Polen artikuliert hatte[81]. Neben den politischen Konflikten gab es auch Spannungen auf wirtschaftlicher Ebene, die umso wichtiger waren, da die Beziehungen zwischen der Freien Stadt und Polen vor allem durch wirtschaftliche Aspekte bestimmt waren. Wichtig für die Entstehung dieses Konfliktes war, dass Polen 1924 den Ausbau eines eigenen Hafens in Gdingen / Gdynia begann, wodurch Danzig beeinträchtigt wurde, denn Import und Export von Gütern nach und von Polen liefen nicht mehr über Danzig. Dazu kamen noch Zollkonflikte. Hafen und Zoll sowie die internationalen Eisenbahnverbindungen wurden unter polnische Verwaltung gestellt. Des Weiteren war es Polen erlaubt, eine Post- und Telegrafenverwaltung, das Polnische Postamt, im Hafengebiet einzurichten. Dieses dehnte Polen entgegen den Regelungen des Versailler Vertrags auf das gesamte Gebiet der Freien Stadt Danzig aus. Die problematischen Verhältnisse zwischen Deutschen und Polen waren Anlass für an den Völkerbund gerichtete Beschwerden der Freien Stadt Danzig. Hierdurch wurden unter der Bevölkerung zusätzliche Ressentiments gegenüber Polen geschürt. Jörg Hackmann zieht folgendes Fazit:

> Wenn man in Polen mit dem Ergebnis von Versailles unzufrieden war, so lag das auch daran, dass man in den Vorstellungen der Verbindung Danzigs mit Polen an die Zeit vor 1793 anknüpfte und glaubte, die Veränderungen der preußischen Zeit ignorieren beziehungsweise schnell revidieren zu können. Und so beschwor man auch in Polen die Vergangenheit gegen nicht erwünschte Entwicklungen der Gegenwart.[82]

Laut Kurt Bode, dem Richter, der die Todesurteile über die Verteidiger der Polnischen Post fällte, bestand die nationalsozialistische Bewegung in der Freien Stadt Danzig schon vor dem Ende der 20er Jahre. Rechtsgerichtete nationalsozialistische Kräfte dominierten ab 1920 im Volkstag, der als Stadtparlament

---

80 Erklärung des Danziger Magistrats vom 5. Oktober 1918. Nach: Hackmann, Jörg: *Zwischen Versailles und Zweitem Weltkrieg: Die Freie Stadt Danzig.* In: *Danzig Gdańsk, Deutsch – polnische Geschichte, Politik und Literatur.* S. 84.
81 Hackmann, Jörg: *Zwischen Versailles und Zweitem Weltkrieg: Die Freie Stadt Danzig.* In: *Danzig Gdańsk, Deutsch – polnische Geschichte, Politik und Literatur.* S. 79.
82 Ebd., S. 85.

fungierte. Aber erst als 1930 der Gauleiter Albert Forster nach Danzig kam, begann sich die Partei zu konsolidieren und ein innenpolitischer Machtfaktor in Danzig zu werden. Die ersten Wahlerfolge hatten die Nazis schon 1930. Aus den Volkstagswahlen 1933 ging die NSDAP bereits als stärkste Partei hervor, ohne jedoch die absolute Mehrheit u haben. Schon die Wahl vom April 1935 brachte der NSDAP aber die absolute Mehrheit im Volkstag[83]. Die NS-Herrschaft bedeutete „das Ende des alten Danzig"[84]. „Forster stellt in Danzig sein ganzes Handeln auf den Führer ab. (...) Er wurde für den Führer der maßgebliche Berater für alle Fragen über Danzig. Der Kämpfer Forster gehört seinem Führer mit Leib und Seele."[85] Forster war „ein bis zur Obsession gläubiger Nationalsozialist."[86] 1933 wurden die Rechte der Polen im Freistaat zwar gestärkt, da aber 96% der Bevölkerung Deutsche waren, „breitete sich unterdessen das Gift der nationalsozialistischen Ideologie ähnlich rasch wie im Deutschen Reich aus."[87] Ende August 1939 erklärte sich Forster zum Staatsoberhaupt und verlangte am 1. September 1939, nach dem Angriff der deutschen Streitkräfte auf das polnische Munitionsdepot Westerplatte, den Anschluss Danzigs ans Deutsche Reich. Somit endete die Existenz der Freien Stadt Danzig. Mit dem Angriff auf die Danziger Westerplatte wurde die Stadt zum ersten Schauplatz des Zweiten Weltkrieges. Mit dem Einmarsch der Nationalsozialisten in Danzig endete nicht nur die Existenz der Freien Stadt Danzig, sondern auch das Zusammenleben unterschiedlicher Ethnien in der Stadt. Schon 1938 wurden die Juden enteignet. Zu dieser Zeit gab es schon Transporte nach Palästina. Diejenigen, die geblieben sind, wurden in KZs deportiert. Anfang des Krieges wurden auch den Polen die wesentlichen Bürger- und Menschenrechte entzogen. Viele von ihnen, am Anfang vor allem Intellektuelle, kamen in KZs. Auch alles Polnische verschwand gleich zu Kriegsbeginn aus dem Stadtbild, von polnischen Inschriften bis hin zu Vereinen und Organisationen[88]. In den Jahren 1939–1945 unterstand das Gebiet der Freien Stadt Danzig faktisch dem Deutschen Reich und es zeigte sich in eklatanter Weise, dass die Stadt Danzig / Gdańsk nicht weniger den in Europa herrschenden totalitären Systemen und nationalistischen Gedanken ausgesetzt

---

83 Bode, Kurt, zitiert nach: Schenk, Dieter: *Die Post von Danzig*. Reinbek bei Hamburg 1995. S. 28f; vgl. auch: Fischer, Frank: *Danzig. Die zerbrochene Stadt.* S. 325f.

84 Münchenbach, Siegfried: *Danzig – Ein Überblick zur Stadtgeschichte von der Frühzeit bis 1945.* In: *Danzig Gdańsk, Deutsch – polnische Geschichte, Politik und Literatur.* S. 56.

85 Schenk, Dieter: *Die Post von Danzig.* Reinbek bei Hamburg 1995. S. 30.

86 Fischer, Franz: *Danzig. Die zerbrochene Stadt.* S. 325.

87 Ebd., S. 331.

88 Ebd., S. 298.

war als andere Städte. Danzig / Gdańsk ist im Laufe des 20. Jahrhunderts von zwei Totalitarismen – Nationalsozialismus und Kommunismus – heimgesucht worden. Die Folgen dessen sind bis heute zu spüren.

Gegen Ende des Krieges flohen zehntausende Danziger deutscher Herkunft aus der Stadt, die übrigen wurden nach dem Krieg bis auf eine kleine Minderheit ausgesiedelt. Als Danzig am 30. März 1945 kapitulierte, war das Stadtzentrum zu über 90% durch die Rote Armee zerstört worden. Gleich nach dem Krieg wurde beschlossen, das historische Zentrum Danzigs zu rekonstruieren. Es entstand eine polnische Stadt Gdańsk. Gdańsk gehörte damit zu den sogenannten ‚Wiedergewonnenen Gebieten‘[89]. Wichtig in diesem Zusammenhang sind Erinnerungen der Menschen, die gleich nach dem Krieg nach Gdańsk kamen und mit dem Wiederaufbau der Stadt begannen. Weder Chwin oder Huelle noch Grass erinnern sich an die Stadt aus dieser Zeit. Grass war zwischen 1942 und 1958 nie in Gdańsk. Chwin und Huelle waren noch nicht auf der Welt. Es lohnt sich daher, die Reminiszenzen und Phantasien von Chwin, Huelle und Grass mit den Erinnerungen der Menschen zu konfrontieren, die aktiv an dem Wiederaufbau der Stadt teilnahmen. Nur wenige von ihnen stammten ursprünglich aus Danzig. Die meisten waren Zuwanderer und ihre Erinnerungen sammelte und bearbeitete Alina Panasiuk[90]. Viele Zuwanderer kamen aus dem Osten. Beispielsweise der 1918 geborene Danziger Professor Jerzy Wojciech Doerffer. Er gehörte zu der Gruppe von Polen, die sich während des Krieges außerhalb der Staatsgrenzen aufhielten. Er verbrachte diese Zeit in Glasgow, lebte, studierte und arbeitete dort. Die mit dem Krieg verbundenen Erfahrungen kannte er nur aus zweiter Hand. 1945 entschied er sich, nach Danzig zurückzukehren, obwohl er nicht wusste, was ihn dort erwarten würde. Als Patriot fühlte er sich verpflichtet, etwas für sein Vaterland zu tun[91]. Franciszek Otto, Professor für darstellende Geometrie an der Technischen Universität Gdańsk, stammte dagegen aus Lemberg. Er erzählte in seinen im oben zitierten Sammelband veröffentlichten Erinnerungen davon, wie die Ruinen der Technischen Hochschule in die Politechnika Gdańska umgestaltet wurden. Er war einer der ersten Menschen, die nach dem Krieg diese Ruinen betraten. Otto sprach unter anderem darüber, welch große Rolle polnische Nationalsymbole beim Wiederaufbau der Stadt spielten und wie deutsche Elemente

---

89 Vgl. Nitschke, Bernadetta: *Vertreibung und Aussiedlung der deutschen Bevölkerung aus Polen 1945 bis 1949.* In: *Danzig Gdańsk, Deutsch – polnische Geschichte, Politik und Literatur.* S. 27.

90 Vgl. Panasiuk, Alina: *Miasto i ludzie.* Gdańsk 2000. S. 46–54.

91 Ebd. S. 36–45.

gegen polnische ausgetauscht wurden[92]. Deutsche Symbole wurden zerstört. Es war sehr wichtig, den Feind metaphorisch zu vernichten und die nationale Identität wiederaufzubauen, zumal man sich dessen bewusst war, dass die von den Deutschen hinterlassenen Bauten oder Gegenstände zum Überleben notwendig waren. Deswegen konnte man nicht alles zerstören, aber man wollte sie so schnell wie möglich von der deutschen Symbolik *reinigen*. Es begann der Prozess der Vereinheitlichung. Das Ziel war, einen national geeinten sozialistischen Staat zu bauen, was „im Widerspruch zur jahrhundertealten geistigen Tradition von Danzig"[93] stand. Es entstand eine neue Gesellschaft, die jedoch kaum dem propagierten ‚monolithischen Staatsvolk Polen' entsprach, denn allein die polnische Sprache, die man in der Stadt sprach, war „alles andere als einheitlich."[94] Nach Gdańsk kamen nach dem Krieg Ankömmlinge aus Warschau, Posen, Wilna oder Lemberg sowie im Rahmen der Aktion Weichsel umgesiedelte Lemken und Ukrainer. Das Ziel war die Errichtung einer einheitlichen Gesellschaft, aus deren kollektivem Gedächtnis die Geschichte der Stadt getilgt werden sollte.

Aufgrund der nationalsozialistischen Vernichtungspolitik schien nach dem Krieg das Zusammenleben von Deutschen, Polen, Kaschuben und Juden, die autochthon waren und mehrere Jahrhunderte lang in Danzig nebeneinander wohnten, unmöglich zu sein. Ebenso war auch die sprachliche Verständigung vor allem wirtschaftlich orientiert. Deutsch wurde in Danzig als Verkehrssprache des Hanseraums übernommen[95]. Aufgrund der außergewöhnlichen Bedeutung der Stadt als europäisches Handelszentrum entwickelte sich schon früh ein regionales Selbstbewusstsein, das die Unterscheidung in unterschiedliche ethnische Gruppen in den Hintergrund treten ließ: „Die Danziger Bürger waren ihrem Selbstverständnis nach zuerst Danziger, unabhängig von Sprache, Konfession und ethnischer Herkunft."[96] Erst die zunehmende nationale Orientierung auf deutscher Seite verdrängte dieses gemeinsame Grundgefühl. Mit der Ausweisung der deutschen Bevölkerung und der Neuansiedlung von Polen nach dem Zweiten Weltkrieg endete die Geschichte eines multiethnischen Danzig und seine Spuren verblassten allmählich mit dem Heimischwerden der neuen Bürger in Gdańsk:

---

92 Ebd.
93 Nitschke, Bernadetta: *Vertreibung und Aussiedlung der deutschen Bevölkerung aus Polen 1945 bis 1949*. In: *Danzig Gdańsk, Deutsch-polnische Geschichte, Politik und Literatur.* S. 27.
94 Ebd.
95 Kemlein, Sophie: *Danzig als multikulturelle und multiethnische Stadt*. In: *Danzig Gdańsk, Deutsch-polnische Geschichte, Politik und Literatur.* S. 22.
96 Ebd., S. 20ff.

Es gibt nur wenige Städte der Welt, in denen durch den vollständigen Austausch der Bevölkerung ein ähnlich radikaler Bruch der historischen Kontinuität vollzogen worden wäre. Die Kontinuität einer Stadt hängt nicht nur mit dem Fortbestand der Bauten, Straßen, Institutionen und Namen zusammen, sie setzt auch die zusammenhängende Lebensgeschichte von Familien und ihren Vorfahren voraus. Diese Kontinuität aber wurde radikal unterbrochen.[97]

1793, kurz vor der Französischen Revolution, wurde die Stadt an Preußen angeschlossen – gerade zu jener Zeit, als der *Nationalismus* in Europa zu erwachen begann. Stefan Chwin meint, dass der Prozess der Vereinheitlichung der Danziger Gesellschaft gerade mit dem Anschluss der Stadt an Preußen begann. Man konnte zu dieser Zeit von der Entwicklung eines „Nationalismus von oben"[98] sprechen, denn die Stadtbewohner waren gegen diesen Anschluss und wollten stattdessen eine Freie Stadt gründen. Man identifizierte sich deutlich mit Danzig und nicht mit Preußen. Vor Preußen hatte man Angst[99]. Die lokalen Bewohner fühlten sich nicht als Preußen, sondern als Danziger. Gellner unterstreicht, dass der Nationalismus die Festlegung einer anonymen, unpersönlichen Gemeinschaft sei. Die einzelnen Individuen sind durch andere austauschbar und durch eine gemeinsame Sprache und Kultur verbunden[100]. Die Stadt, obwohl keinesfalls homogen, wurde jedoch allmählich preußisch, nicht-deutsche Ethnien bildeten nur noch Minderheiten.

3. Erinnerung und Gedächtnis

Erinnerung und Gedächtnis sind Begriffe, die seit den 90er Jahren im Wissenschaftsdiskurs unterschiedlicher Disziplinen Konjunktur haben. Diese Begriffe wurden schon von den Theoretikern unterschiedlicher Disziplinen sehr tief analysiert und besprochen. Sie gehören zum Grundwissen für zahlreiche Literaturwissenschaftler, Soziologen, Historiker oder Kulturwissenschaftler der Gegenwart. Erinnerung bezeichnet einen Prozess, sich vergangene Ereignisse zu vergegenwärtigen. Das menschliche Gedächtnis dient dabei als Speicherplatz und verfügt durch den Erinnerungsprozess über die Möglichkeit, das Gespeicherte ins Bewusstsein zurückzuholen. Auf diese Weise speichert der Mensch Wissen ab, um es vor dem Vergessen zu schützen und es bei Bedarf wieder zu aktivieren. Obwohl es sich beim Erinnerungsprozess um das individuelle Gedächtnis

---

97   Chwin, Stefan: *Stätten des Erinnerns*. S. 26.
98   Hobsbawm, Eric J.: *Nationen und Nationalismus*. S. 97.
99   Vgl. Gellner, Ernst: *Narody i nacjonalizm*. S. 69.
100   Vgl. Ebd., S. 74.

eines Menschen handelt, kann dieses individuelle Gedächtnis allerdings nicht als isoliertes Phänomen betrachtet werden, sondern muss in einem größeren Bezugsrahmen interpretiert werden. Ausgehend von der Theorie der ‚mémoire collective' des französischen Soziologen Maurice Halbwachs *(Das kollektive Gedächtnis)* definiert Jan Assmann Gedächtnis als soziales Phänomen, das sich erst innerhalb einer Gruppe entwickeln kann und von dieser Gruppe mitbestimmt wird. Es ist das Gedächtnis der Wir-Gruppen (z. B. familiären, nationalen, religiösen, ethnischen, beruflichen), das einerseits die Individuen beeinflusst, ihre Identität formt, andererseits von ihnen selbst gebildet wird[101]. Es sei zwar immer nur der Einzelne, der Gedächtnis habe, aber dieses Gedächtnis sei kollektiv geprägt. Zwar hätten Kollektive kein Gedächtnis, aber sie würden das Gedächtnis ihrer Mitglieder bestimmen. Subjekt von Gedächtnis und Erinnerung bleibe immer der einzelne Mensch, aber in Abhängigkeit von den Rahmen, die seine Erinnerung organisieren[102].

Die individuelle Erinnerungsfähigkeit wird also von außen geprägt. Harald Welzer beweist, dass lebensgeschichtliche Erinnerungen nicht auf eigene Erlebnisse zurückgehen müssen, sondern oft aus ganz anderen Quellen, aus Büchern, Filmen und Erzählungen, in die eigene Lebensgeschichte importiert werden[103]. Der Soziologe verweist dabei auf die Theorie der falschen Erinnerung, die sich direkt mit dem Begriff des kollektiven Gedächtnisses verbindet. Er legt dar, dass unser Gedächtnis nicht zwischen wahren und falschen Erinnerungen unterscheide[104]. Das Gedächtnis des Menschen schöpfe nicht nur aus dem tatsächlich Erlebten, sondern auch aus Filmen, Romanen, Erzählungen der anderen Menschen und sogar aus dem Erträumten und Fantasierten. Dementsprechend lassen sich auch individuelles und kollektives Gedächtnis kaum voneinander trennen. Erst das gemeinsame „Thematisieren vergangener Ereignisse, Erlebnisse und Handlungen führt zur Herausbildung unterschiedlicher Zonen von Vergangenheit, Gegenwart und Zukunft, die Menschen zu geschichtlichen Wesen macht."[105] Auch die Identität der Gedächtnisträger wird von außen geprägt:

---

101 Vgl. Assmann, Aleida: *Der lange Schatten der Vergangenheit. Erinnerungskultur und Geschichtspolitik.* S. 59.

102 Assmann, Jan: *Das kulturelle Gedächtnis. Schrift, Erinnerung und politische Identität in frühen Hochkulturen.* München 2002. S. 36.

103 Welzer, Harald: *Das kommunikative Gedächtnis.* München 2005. S. 12.

104 Welzer, Harald: *Kriege der Erinnerung.* In: *Gehirn & Geist. Das Magazin für Psychologie und Gehirnforschung.* Nr. 5/2005. S. 43.

105 Welzer, Harald: *Das kommunikative Gedächtnis.* S. 16.

„Wir definieren uns durch das, was wir gemeinsam erinnern und vergessen."[106] Als identitätsstiftendes Moment einer Gruppe wird der Inhalt des kollektiven Gedächtnisses innerhalb der Gruppe zunächst mündlich weitergegeben. Für Jan Assmann ist Identität „immer ein gesellschaftliches Konstrukt und als solche immer kulturelle Identität."[107] Jan Assmann zufolge funktioniert das kommunikative Gedächtnis, das sich auf individuelle Biographien und auf lebendige Erinnerungen stützen kann, ausschließlich 3 bis 4 Generationen und somit 80 bis 100 Jahre lang. Jan und Aleida Assmann unterscheiden daher zwischen einem kommunikativen und einem kulturellen Gedächtnis, das als Gesamtheit des Wissens über die Vergangenheit und Erinnerung an die Vergangenheit, die eine organisierte Form hat, die eine Gesellschaft dazu benutzt, ihre Identität herauszubilden[108]. Die Erinnerungen müssen erst fixiert werden, um zum kulturellen Gedächtnis und somit zum ‚officium memoire' zu werden.

Wie wichtig Erinnerung und Gedächtnis fürs heutige Europa sind, zeigt sich daran, dass auf einer internationalen Konferenz in Stockholm unter Teilnahme fast aller westlichen Regierungschefs eine neue „Zivilreligion"[109] begründet wurde, die aus der Erinnerung an den Holocaust normative Regeln für die Zukunft zu schöpfen beabsichtigt:

> Der Generationenroman erlebt eine europäische Renaissance, Geschichtsfeatures haben ebenso Hochkonjunktur wie die Figur des Zeitzeugen, und derzeit werden sogar ganze Generationen neu erfunden, wie die der ‚Kinder des Weltkriegs', die heute ältere Herrschaften sind und sich auf die Suche nach den Ursachen ihrer ‚früher Traumatisierung' machen.[110]

Harald Welzer und Claudia Lenz gehen in ihrem 2007 erschienenen Aufsatz der These nach, dass das 3. Jahrtausend in Europa mit einer wahren ‚Memorymania' begann. Die bekanntesten deutschen Erinnerungstheoretiker Aleida und Jan Assmann nennen drei unterschiedliche Ursachen für das zunehmende Interesse an der Beschäftigung mit der Vergangenheit: Zum einen das allmähliche Sterben von Zeitzeugen, die sich noch an den Zweiten Weltkrieg erinnern können. Jan Assmann behauptet, es könne kein Zufall sein, dass genau 40 Jahre

---

106 Assmann, Jan: *Das kulturelle Gedächtnis*. S. 62.
107 Ebd., S. 131.
108 Assmann, Aleida: *Erinnerungsräume*. S. 13; Assmann, Jan: *Das kulturelle Gedächtnis*. S. 20f.
109 Welzer, Harald / Lenz, Claudia: *Opa in Europa. Erste Befunde einer vergleichenden Tradierungsforschung*. In: Welzer, Harald: *Der Krieg der Erinnerung. Holocaust, Kollaboration und Widerstand im europäischen Gedächtnis*. Frankfurt am Main 2007. S. 7.
110 Ebd.

nach Kriegsende – mit der Weizsäcker-Rede [am 8. Mai 1985] und dem Historikerstreit kurz danach – die Vergangenheit uns mit einer solchen Wucht vor Augen gekommen sei. Die Zeitzeugen würden in dieser Phase beginnen, ihren absehbaren Tod vor Augen, Zeugnis abzulegen[111]. In Polen und Deutschland erlebt man also erst seit den 80er Jahren eine Eruption[112] von Literatur, die sich auf die Suche nach der Vergangenheit begibt. Diese Eruption wird eher von unten gesteuert. Aleida Assmann schreibt:

> (…) es scheint mir völlig unplausibel, dass man in den fünfziger Jahren gleich hätte anfangen können, Monumente zu erbauen, sich zu erinnern, die Geschichten zu erzählen. Man muss in Rechnung stellen, dass man es mit psychischen Mechanismen zu tun hat, die Phasen der Blockierung und dann auch Phasen der Eruption erzeugen. Der Prozess der Erinnerung kann gar nicht kontinuierlich verlaufen.[113]

Zum anderen ist der Übergang von analogen zu digitalen Medien wesentlich und mit ihm ist eine radikale Veränderung der Speicherungsmöglichkeiten verbunden. Wir seien zur Zeit dabei, uns auf neue Medien der kulturellen Erinnerung, der Datenspeicherung, des technisch implementierten Gedächtnisses umzustellen, wodurch es zur Umstrukturierung des kulturellen Gedächtnisses komme. Der Zugang zu Informationen sei einfach, man werde nicht nur mit dem Geschriebenen oder Gesprochenen konfrontiert, sondern auch mit den Bildern (Fernsehen, Photographien), die teilweise Dokumente der Zeit seien, wodurch sich die Rezeption und somit das kulturelle Gedächtnis verändere. Ein dritter Aspekt kommt noch hinzu: Die Jahre 1989/1990 bedeuten einen Einschnitt in der Geschichte Europas, durch den Ost und West nicht nur politisch, sondern auch kulturell näher zusammenrücken[114].

Neben dem Begriff des kulturellen Gedächtnisses von Aleida und Jan Assmann entwickelte der französische Historiker Pierre Nora das Konzept der ‚Lieux de mémoire'[115]. Es ist zu unterstreichen, dass die Assmans die Existenz der Erinnerungsorte anders erklären, als dies Nora tut. Aleida Assmann nennt die privaten Orte, an die man sich erinnert, ‚lieux de souvenir', um ihre private und subjektive Qualität von Noras kollektiven und kulturellen Gedächtnisorten, den

---

111 Assmann, Jan: *Niemand lebt im Augenblick.* In: *Die Zeit*, 50/1998. In: www.zeit.de/
     archiv/1998/50/199850.assmann_.xml (Stand 3.12.1998.)
112 Ebd.
113 Ebd.
114 Ebd.
115 Nora, Pierre: *Zwischen Geschichte und Gedächtnis.* Frankfurt am Main 1998.

‚lieux de mémoire' abzusetzen[116]. Das Verständnis von Ort ist für Nora weit gefasst, da es sich hierbei nicht nur um konkrete geographische Orte wie Museen, Friedhöfe oder Denkmäler handelt, sondern auch um Texte oder Feiertage, die aufgrund ihrer Bedeutung für die Identität einer Nation zu nationalen Erinnerungsorten werden. Der Erinnerungsort bezeichnet „die symbolträchtigsten Objekte unseres Gedächtnisses"[117] z. B. die Archive, die Nationalflagge, die Bibliotheken, die Wörterbücher, die Museen, die Gedenkfeiern, die Feste, die dabei helfen „eine unwiderruflich tote Vergangenheit"[118] zu erfahren. In Bezug auf Frankreich nennt Nora konkrete Gedächtnisorte: das Pantheon, den Triumphbogen, das Wörterbuch von Larousse oder die Mauer der Föderierten. Im konkreten Falle von Danzig wären Westerplatte oder die Polnische Post solche Gedächtnisorte, die auch in der und durch die Literatur Ressonanz fanden. Nora bietet eine Definition für den Begriff Gedächtnisort:

> Die Gedächtnisorte, das sind zunächst einmal Überreste. (…) Museen, Archive, Friedhöfe und Sammlungen, Feste, Jahrestage, Verträge, Protokolle, Denkmäler, Wallfahrtsstätten, Vereine sind die Zeugenberge eines anderen Zeitalters, Ewigkeitsillusionen. Daher der nostalgische Aspekt dieser pathetischen und frostigen Ehrfurchtsunternehmen. (…) Die Gedächtnisorte entspringen und leben aus dem Gefühl, dass es kein spontanes Gedächtnis gibt, dass man Archive schaffen, an den Jahrestagen festhalten, Feiern organisieren, Nachrufe halten, Verträge beim Notar beglaubigen lassen muss, weil diese Operationen keine natürlichen sind. (…) Ohne die Wacht des Eingedenkens fegte die Geschichte sie bald hinweg. Wäre aber das, was sie verteidigen nicht bedroht, so brauchte man sie nicht zu konstruieren. Lebte man die in ihnen eingeschlossenen Erinnerungen wirklich, so wären sie unnütz. Und bemächtigte nicht umgekehrt die Geschichte sich ihrer, um sie zu verformen, zu verwandeln, sie zu kneten und erstarren zu lassen, so würden sie nicht zu Orten für das Gedächtnis.[119]

Es ist wichtig, dass bei Nora es kein spontanes Gedächtnis gibt. Es muss erst von oben geschaffen und kreiert werden. Nora weist auf Unterschiede zwischen Gedächtnis und Geschichte hin. Er behauptet, man spreche heutzutage so viel vom Gedächtnis, weil es keines mehr gäbe[120]. Er geht mit seinen Thesen noch weiter und schlussfolgert wohl nicht zu Unrecht: „Es gibt lieux de mémoire, weil es keine milieux de mémoire mehr gibt."[121] Gedenkfeiern zu wichtigen

---

116 Vgl. Assmann, Aleida: *Der lange Schatten der Vergangenheit. Erinnerungskultur und Geschichtspolitik.* S. 121.
117 Nora, Pierre: *Zwischen Geschichte und Gedächtnis.* S. 19.
118 Ebd., S. 11.
119 Ebd., S. 20.
120 Ebd., S. 11.
121 Ebd.

Jahrestagen – wie dem Jahrestag des Kriegsausbruchs – werden zwar offiziell organisiert, aber nur wenige private Mitglieder der Gesellschaft nehmen an diesen Ereignissen teil. Es scheint, dass der Patriotismus in seiner offiziellen Form für Polen, Deutsche oder Franzosen nicht besonders plausibel ist und oft, besonders in Westeuropa, sogar als Nationalismus missverstaden wird.

Gedächtnis sei bei Nora keineswegs als Synonym der Geschichte zu verstehen, sondern als ihr Gegensatz. Die Geschichte sei eine Sozialwissenschaft geworden und das Gedächtnis sei ein rein privates Phänomen[122]. Während Geschichte die Vergangenheit festhält und darstellt, handelt es sich beim Gedächtnis um ein aktuelles Phänomen, das sich immer auf die Gegenwart bezieht. Geschichte ist universal, da sie sich für zeitliche Kontinuitäten und Entwicklungen interessiert, ohne sich auf eine bestimmte Gruppe zu beziehen[123]. Das Gedächtnis hingegen betrifft eine Gruppe, die sich über ihre Erinnerungen definiert: „Das Gedächtnis entwächst einer Gruppe, deren Zusammenhalt es stiftet."[124] Das Gedächtnis, das von Menschen gestaltet und getragen wird, ist durchaus subjektiv und kollektiv, kann sich verändern, entwickeln, kann von der Gegenwart beeinflusst und neu konstruiert werden. Geschichte dagegen versucht, das Gedächtnis von Emotionen zu befreien. Aber mit einem immer größer werdenden Abstand der Gegenwart von der Vergangenheit verblasst das lebendige Gedächtnis und droht, in Form unbelebter, archivierter Fakten zu Geschichte zu werden, die man nicht mehr lebt, sondern studiert[125]. Ein Erinnerungsort entsteht nach Nora daher aus dem bewussten Willen, etwas im Gedächtnis zu behalten, um es dem Zugriff der leblosen Geschichte zu entziehen[126]. Denn Geschichte macht alles, was Gedächtnis emotional versteht und sogar ins Sakrale verwandelt hat, zu einer Reihe von Daten und Ereignissen. Ein Ort kann zu einem Gedächtnisort werden erst dann, wenn er Reflexion über Gedächtnis beinhaltet und wenn der Wille entsteht, an diesem Ort einen Teil der Geschichte im Gedächtnis festzuhalten. Erinnerungsorte entstehen also einerseits, um von der Vergangenheit Zeugnis zu geben, andererseits sind sie aber ein Zeichen dafür, dass diese Vergangenheit langsam vergessen wird. Erinnerungsorte sind auch ein Versuch, eine Identität zu finden, für eine Nation, für eine Familie oder für ein Individuum oder auch für eine Berufsgruppe. Im hier diskutierten Fall von Danzig handelt es sich um die Identität der Danziger. Das richtige Wesen der Einnerungsorte bildet ihre „Fähigkeit zur

---

122 Ebd., S. 18.
123 Vgl. Ebd. S. 13.
124 Ebd., S. 12f.
125 Ebd., S. 18f.
126 Ebd., S. 26.

Metamorphose"[127] Ihre Bedeutung, ihre Ziele, ihre Interpretationen und Funktionen verändern sich im Laufe der Zeit, wechselseitig ins Vergessen geratend, um später wieder entdeckt zu werden[128].

Die Erinnerungs- und Gedächtnistheorien sind für diese Überlegungen wichtig, weil sich mit ihnen die Werke von Grass, Chwin und Huelle verstehen lassen. Sie zeigen auf praktische Art und Weise, was Aleida und Jan Assman, Harald Welzer oder Pierre Nora rein theoretisch erklären. Etienne François und Hagen Schulze unterscheiden zwischen den magischen, nationalen vs. regionalen, innerdeutschen vs. externen, politischen vs. kulturellen sowie den doppelten Erinnerungsorten[129]. Der literarische Ort Danzig / Gdańsk ist ein Beispiel dafür, wie der konkrete Erinnerungsort in der Literatur und durch die Literatur an Bedeutung gewinnt. In der Literatur trägt er eine mehrfache Bedeutung, und zwar: eine magische, nationale, regionale, externe, politische, kulturelle und doppelte. Die kollektive Identität der Danziger beruht auf Erinnerungen, die vom Funktionsgedächtnis als für das Kollektiv bedeutsam angesehen werden, bzw. auf Erinnerungsorten, an denen nationale Identität lebendig wird. Es soll die Bedeutung der Literatur für Erinnerung und Gedächtnis betont werden. Sie kann Erfahrungen als Speichermedium sammeln, sie kann Erfahrungen als Zirkulationsmedium bearbeiten, sie kann als Abrufhinweis an Erfahrungen erinnern. Die Texte, weder fiktonale noch authentische, sind keine sicheren Zeugnisse der Vergangenheit, da sie lückenhaft und parteiisch sind. Zugleich sind sie jedoch die einzigen authentischen Spuren der Vergangenheit, die den Nachkommenden zugänglich sind, die kein kommunikatives Gedächtnis mit den Vorfahren mehr verbindet. Daher können sie als Medien des kulturellen Gedächtnisses klassifiziert werden, in denen nicht nur das Erinnern, sondern auch das Vergessen zu einem zentralen Bestandteil der Kultur geworden ist.

4. Mythologisierte Erinnerungslandschaften

Für dieses Buch ist die Mythos-Definition von Mircea Eliade von besonderer Bedeutung. Der Mythos erzählt, so Eliade, eine heilige Geschichte, ein Geschehnis, das am Anfang stattfand. Das Sakrale bildet im Mythos die wirkliche Grundlage der Welt. Es ist eine Geschichte, die davon erzählt, auf welche Art und Weise die Welt durch übernatürliche Wesen entstanden ist. Auf diesem

---

127 Ebd., S. 33.
128 Vgl. Ebd, S. 25–32.
129 Vgl. François, Etienne / Schulze, Hagen (Hg.): *Deutsche Erinnerungsorte. Eine Auswahl.* München 2005. S. 11.

Einbruch übernatürlicher Wesen ist unsere Welt gegründet. Der Mythos ist ein Bericht, der vom Beginn erzählt. Mythen und Rituale bestimmen nach Eliade für traditionelle Gesellschaften die Orientierung in der Welt. In Ritualen muss die Welterschaffung wiederholt und die Ordnung erneuert werden, um sich nicht ins Chaos zurückzuverwandeln[130]. Den Neophyten werden sie durch Initiation beigebracht. Die Erzähler sprechen immer wieder von der Kindheit und sie wiederholen die erzählten Geschichten wie ein Mantra[131]. Dieses Wiederholen belebt Mythen und begründet ihre Existenz. Der Mythos ist aber kein passiver Bestandteil der Gesellschaft, sondern ein aktiver Faktor, er lebt weiter in und durch Rezipienten. Er befriedigt tiefe, religiöse oder moralische Bedürfnisse der Menschen. Eliade behauptet, dass jede Geschichte, die vom Ursprung erzählt, die Kosmogonie fortsetzt[132]. Der Anfang beginnt meistens nach einer Zerstörung. Dann kann eine neue Welt entstehen[133].

Eliades Definition betrifft die traditionellen Gesellschaften und nicht die hoch entwickelten, die auf keinen Mythen basieren. Man glaubt, laut Eliade, nicht mehr an Mythologie im klassischen Sinne. Der zivilisierte Mensch lebt in einer demythologisierten Welt und sieht sich als Gebilde der Geschichte und nicht der Mythologie. Nicht Rituale sind wichtig, sondern der Fortschritt, der durch intellektuelle Anstrengung erreicht wird[134]. Jedoch ist es durchaus möglich, Eliades Definition auf die Nachkriegsgesellschaft Europas zu übertragen.

Circa 4000 v. Chr. begannen Menschen Städte zu bauen, was ihre Lebensweise völlig veränderte. Dies markiert auch den Anfang der städtischen Mythologie. Die früheren Mythen waren nicht mehr imstande, die Welt zu erklären. Neue Erfindungen verursachten, dass die Götter allmählich immer fremder geworden sind, weil die Menschen immer selbständiger wurden. Daher war es nötig, neue Mythen zu schaffen (z. B. Gilgamesch-Mythos). Karen Armstrong unterstreicht, ähnlich wie Stefan Chwin, dass die erste Stadt, laut *Bibel*, von Kain – dem ersten Mörder – gebaut wurde und gerade seine Nachfahren zivilisierte Künste wie das Flöten- und Zitherspiel sowie das Schmiedehandwerk erfanden[135]. Der Anfang der Stadt war mit dem Mord, also mit dem reinen Bösen und der zerstörenden

---

130 Vgl. Eliade, Mircea: *Aspekty mitu.* Warszawa 1998. Aus dem Englischen von Piotr Mrówczyński. S. 11.
131 Vgl. Ebd., S. 19–23.
132 Vgl. Ebd., S. 27.
133 Vgl. Ebd., S. 59f.
134 Vgl. Ebd., S. 113.
135 Vgl. Armstrong, Karen: *Krótka historia mitu.* Kraków 2005. Aus dem Englischen von Ireneusz Kania. S. 57–75.

Kraft verbunden. Diejenigen Bewohner, die „unterschiedlichen kulturellen Kommunikationsräumen angehören, sind gezwungen, vor allem wenn sie neu zugewandert sind, sich ihrer städtischen Situation anzupassen, das heißt sich (neue) Identität anzueignen, nicht zuletzt um die sozialen, ökonomischen, kulturellen, sprachlichen oder intellektuellen Unterschiede zu bewältigen"[136].

Nach dem Zweiten Weltkrieg und nach den Zerstörungen, die er mit sich gebracht hat, schuf man eine neue Welt mit neuen Grundsätzen und somit eine neue Mythologie. Dieser neue Mythos begann, wie jeder traditionelle, mit der Zerstörung der alten Welt. Die Erzähler von Grass, Chwin und Huelle sprechen immer wieder von ihrer Kindheit im Sinne des Anfangs, in der neuen atomisierten Welt suchen sie immer wieder nach dem Ursprung. Sie suchen danach, was heilig ist, gewissermaßen beschwören sie damit Hierophanien, die eine zentrale Rolle im Werk von Mircea Eliade tragen. Die Hierophanie wird bei Eliade durch das Symbol in die Darstellung überführt. Er sucht nach Hierophanien, die ubiquitär sind. Sie sind Erscheinungen des Heiligtums, die sich in jedem Bereich des Lebens und in jeder Form erkennen lassen. Man muss jedoch eingeweiht worden sein, um das Heilige zu erkennen und verstehen. So ist auch die Vergangenheit für die literarischen Erzähler von Grass, Chwin und Huelle unerreichbar und unvorstellbar. Sie müssen zuerst in sie eingeweiht, also initiiert werden. Solch ein Heiligtum im Sinne der Hierophanie, im magischen und religiösen Bereich, kann auch ein Ort (die Stadt) werden. Es stellt sich nun die Frage, ob die literarische Darstellung der Stadt tatsächlich als Manifestation des Sacrum-Bereichs verstanden werden kann. Ist das literarische Danzig bzw. Gdańsk eine Hierophanie oder ist das Heiligtum dieses Ortes eine Erfindung der Schriftsteller und Literaturwissenschaftler, die nur Geschichten erzählen?

Durch Geschichten wird die Welt mythologisiert, worauf Bruno Schulz in *Mityzacja rzeczywistości*[137] hinweist. Die Wirklichkeit gewinnt Sinn durch Mythen, weil sie aus Scherben der Vergangenheit entsteht. Jede Idee stammt aus der Mythologie, die aber in der Gegenwart nicht mehr verständlich ist, weil sie nicht mehr zum kollektiven Gedächtnis gehört. Dichter erklären, laut Schulz, den ursprünglichen Sinn des Wortes gerade durch Mythologie. Nach Leszek Kołakowski sind Mythen nicht nur Geschichten, sondern auch etwas, was in uns lebt und sich fortsetzt[138]. Es stellt sich die Frage, ob und auf welche Art und Weise ein Ort mit der Identität seiner Bewohner verbunden ist. Es gibt Städte, die im

136   Csáky, Moritz: *Kulturelle Verflechtung – Wien und die urbanen Milieus in Zentraleuropa*. Wien Köln Weimar 2010. S. 24.
137   Schulz, Bruno: *Mityzacja Rzeczywistości*. In: *Szkice krytyczne*. Lublin 2000. S. 11f.
138   Kołakowski, Leszek: *Obecność mitu*. Wrocław 1994.

Laufe von Jahrhunderten ihre Identität mehrmals wechselten, mal einem und mal einem anderen Staat angehörten. Es gibt eine ganze Reihe von Schriftstellern, die sich mit solchen doppelten Erinnerungsorten wie Danzig beschäftigten und beschäftigen. Die Verschiebung der Grenzen verursacht, dass diese Orte die Funktion der doppelten Erinnerungsorten bekommen. Huelle glaubt, dass sowohl das Masuren von Ernst Wiechert oder das Schlesien von Horst Bienek, als auch das Wilnaer Gebiet von Tadeusz Konwicki oder Czesław Miłosz stets nur eine bestimmte Variante der gleichen erzählten Geschichte bilden[139]. Es ist immer die Geschichte, die über diejenigen erzählt, die ihre Heimat verlassen mussten und sich seit dieser Zeit auf der Suche nach der neuen Identität befinden. Solche Städte wie Danzig / Gdańsk, Breslau / Wrocław oder Stettin / Szczecin werden in der Literatur als ‚lieux de mémoire' / ‚Erinnerungsorte' / ‚Mnemotope' dargestellt und dadurch mit wechselnden Identitäten mythologisiert.

Hubert Orłowski stellt fest, indem er sich auf Marcel Proust beruft, dass in der Literatur die wirkliche Heimat nur eine verlorene ist. Als Belege nennt er literarische Werke solcher Schriftsteller wie Günter Grass, Joseph Roth, Horst Bienek, Marcel Proust, Czesław Miłosz, Stanisław Vinzenz, Bruno Schulz oder Józef Wittlin[140]. Alle genannten Schriftsteller beschreiben ihre verlorenen Heimatländer. Orłowski bemerkt, dass bei allen Unterschieden zwischen der polnischen und deutschen Literatur sich einige verblüffende Strukturverwandtschaften feststellen lassen: „1. Die Topographie der faktisch verlorengegangenen Provinzen ist (fast) immer mit der der literarisch wiedergewonnenen identisch. 2. Immer liegt der literarischen Artikulation das Einzigartige der Erfahrung und des (Kindheits-) Erlebnisses zugrunde. 3. Die Literatur der verlorenen Heimat entgeht nur dann dem Nostalgischen, wenn sie die Barrieren des geschichtslos Privaten (Jürgen Habermas) zu überwinden vermag[141]. Orłowski schreibt diesbezüglich von der „Deprivationsliteratur"[142] (Grenzlandliteratur, Vertreibungsliteratur,

---

139 Huelle, Paweł: In: *Heimat in Europa*. S. 34.
140 Vgl. Orłowski, Hubert: *Der Topos der „verlorenen Heimat"*. In: Kobylińska, Ewa / Lawaty, Andreas / Rüdiger, Stephan: *Deutsche und Polen. 100 Schlüsselbegriffe*. München 1993. S. 187–194.
141 Ebd., S. 190.
142 Orłowski, Hubert: *Tabuisierte Bereiche im deutsch-polnischen Gedächtnisraum. Zur literarischen Aufarbeitung von Flucht, Zwangsaussiedlung und Vertreibung in der deutschen und polnischen Deprivationsliteratur nach 1945*. In: Mehnert, Elke (Hg.): *Landschaften der Erinnerung. Flucht und Vertreibung aus deutscher, polnischer und tschechischer Sicht*. Frankfurt am Main 2001. S. 82–113; vgl. Watrak, Jan: *Literacka relatywizacja pojęcia „Heimat „prywatna ojczyzna*. In: *Przegląd Zachodniopomorski*.

Wiederbegegnungsliteratur, Ostverträgeliteratur), die mit dem Begriff des doppelten Erinnerungsortes in Verbindung steht. Unter Deprivationsliteratur versteht Orłowski sowohl nichtfiktionale, sogenannte Faktenliteratur, als auch Belletristik. Die Motive der Trennung von der Heimat, Wiederbegegnung mit der Heimat und schließlich der Aneignung der fremden Heimat[143] sind der deutschen sowie der polnischen Literatur gut bekannt. Man kann tatsächlich feststellen, dass man in Polen und Deutschland, um mit Aleida Assmann zu sprechen, vor allem seit den 80er Jahren die „Eruption"[144] der Literatur erlebt, die sich mit der Trennung von der Heimat beschäftigt. Auf dieser kulturellen Ebene haben sich Deutschland und Polen in den vergangenen Jahren einander deutlich angenähert, was sich vor allem in der häufigen Bearbeitung der deutsch-polnischen Geschichte im Bereich der Literatur bemerkbar macht. Besonders Städte, die vor dem Zweiten Weltkrieg von Deutschen und Polen gemeinsam bewohnt wurden, heute aber zu Polen gehören, erfreuen sich als literarisches Motiv außerordentlicher Beliebtheit. Seit den 80er Jahren des letzten Jahrhunderts kommen viel mehr Zeitzeugen zu Wort als vorher. Die Zuwendung zu verlorenen Landschaften, die die den Rang von Identitätsräumen erhielten[145], war auch aus politischen Gründen erst seit dieser Zeit möglich, worauf Stanisław Uliasz in seinem Artikel hinweist. Vor allem entstanden zahlreiche Memoiren und Autobiographien, in denen sich Autoren mit ihrer Kindheit in der Nazizeit, mit der Flucht und Vertreibung aus der Heimat, mit dem schwierigen Prozess der Assimilation in die neue Gesellschaft nach dem Krieg und endlich mit der Wiederbegegnung mit der Welt der Kindheit auseinander zu setzen versuchten.

5. Danzig / Gdańsk und seine literarische Identität

Danzig, heute Gdańsk ist eine Stadt mit wechselnder Identität. Es ist zwar polnisch, aber, wie Jan Józef Lipski betonte, „die Deutschen sind dort präsent."[146] Es sind zahlreiche Erinnerungen und Autobiographien der durchschnittlichen

---

Szczecin 1991. Band VI. Heft 4. S. 102; Zimniak, Paweł: *Literatura jak bardzo obca? Szkic problematyki utraty małej ojczyzny na wybranych przykładach współczesnej literatury niemieckiej.* In: Światłowski, Zbigniew / Uliasz Stanisław (Hg.): *Topika pogranicza.* Kraków 1998. S. 9.

143 Vgl. Zimniak, Paweł: *Literatura jak bardzo obca?* S. 9.
144 Assmann, Aleida: *Niemand lebt im Augenblick.*
145 Vgl.: Uliasz, Stanisław: *Powroty do dzieciństwa na pograniczu. Wokół „Lidy" Aleksandra Jurewicza.* In: *Topika pogranicza w literaturze polskiej i niemieckiej.* S. 165.
146 Lipski, Jan Józef: *Depositum. Deutsches kulturelles Erbe in Polen.* In: *Essays zur deutsch-polnischen Nachbarschaft.* Warszawa 1996. S. 266.

Bewohner Danzigs entstanden, die zwar oft nur kleinen literarischen Anspruch haben, aber auch Teil des lebendigen Gedächtnisses der Stadt sind. Solche auto-biographischen Bücher schrieben unter anderem: Eva Krutein, Nelly Marianne Wannow, Else Pintus, Wera Ratzke-Jansson, Horst Ehmke, Christiane Grüning, Gertrud Meili-Dworetzki, Brigitte Wehrmeyer-Janca oder Zygmunt Warmiński. Aber auch einige unter den deutschen Schriftstellern, abgesehen von Grass, befassten sich nach 1945 mit Danzig-Thematik. 1951 erschien der Roman *Die Rodendahls* von Rudolf Baumgardt und 1983 eine Novelle namens *Sakrileg* von Oskar Jan Tauschinsky.

Lothar Quinkenstein macht sich Gedanken darüber, wie in der polnischen Gegenwartsprosa die deutsche Vergangenheit wiederentdeckt wird[147]. Als Bei-spiele nennt er Bücher folgender Autoren: Stefan Chwin [*Kurze Geschichte eines gewissen Scherzes (Krótka historia pewnego żartu); Tod in Danzig (Hanemann)*], Paweł Huelle [(*Weiser Dawidek; Schnecken, Pfützen, Regen und andere Geschich-ten (Opowiadania na czas przeprowadzki); Silberregen)*], Bolesław Fac [*Aureola czyli Powrót do Wrzeszcza* (Ein Heiligenschein, oder eine Rückkehr nach Lang-fuhr)], Jerzy Limon [*Kaszubska Madonna* (Die kaschubische Madonna); *Münch-hauseniada)*]. Es ist möglich, noch weitere Autoren zu nennen, z. B. Mieczysław Abramowicz, Maria Kraus, Wojciech Wencel, Aleksander Jurewicz oder Brunon Zwarra. Viele der erwähnten Schriftsteller gehören der Nachkriegsgeneration an, worauf auch Renate Schmidgall hinweist. Sie behauptet, dass sie auf der Suche nach einer eigenen Standortbestimmung die deutschen Wurzeln ihrer Heimat-städte aufdecken[148]. Günter Grass war seiner Zeit voraus, denn er reflektier-te über seine eigenen sowie die kollektiven Erinnerungen der Danziger schon seit den späten 50er Jahren. Die polnischen Autoren, Stefan Chwin und Paweł Huelle, die eine Generation jünger als Grass sind, setzen sich damit dagegen erst seit den 80er Jahren auseinander. In Polen war die Auseinandersetzung mit der deutschen Geschichte der Stadt erst damals möglich. Mit der Zeit sind die Ge-schichten von Grass, Chwin oder Huelle Teil der Erinnerungkulturen Deutsch-lands und Polens geworden. Ihre Texte bezeichnet man oft ohne Rücksicht auf die Sprache als ‚Danziger Literatur‘, und zwar im Sinne der ‚Danziger Trilogie‘ von Grass, als ob alle Texte, die nach der Trilogie entstanden sind, sich auf sie be-zögen. Man sollte allerdings nicht übersehen, dass diese Literatur nicht ‚Danziger

---

147 Quinkenstein, Lothar: *Entsiegelte Geschichte. Zur Bildfunktion der Stadt Danzig in der polnischen Gegenwartsliteratur unter Berücksichtigung der Wirkungsgeschichte von Günter Grass.* In: *Convivium. Germanistisches Jahrbuch Polen.* Bonn 1998. S. 209–221.

148 Schmidgall, Renate: *Die Macht des Genius loci: Danzig in der Prosa von Stefan Chwin und Paweł Huelle.* S. 97.

Literatur' und die Schriftsteller nicht ‚Danziger Schriftsteller' genannt werden sollten, weil, laut Huelle, Danzig kein separates Land sei. Es existiert auch keine ‚Danziger Sprache'[149].

Im Folgenden wird der Schwerpunkt auf diesen konkreten doppelten Erinnerungsort Gdańsk – einst Freie Stadt Danzig – gelegt, der literarisiert und mythologisiert wurde, denn um Danzig / Gdańsk herum entstanden mehrere Mythen. Peter Oliver Loew erwähnt einige von ihnen: Mythen des Deutschtums, Mythen des Polentums, der Multikulturalitätsmythos sowie der Genius-Loci-Mythos. Loew ist der Ansicht, dass im realen Gdańsk kein Genius Loci existiere. Er nennt dagegen Gdańsk ein „Stadt-Museum"[150]. Das würde heißen, dass die Stadt nicht mehr lebt, dass sie sich nicht mehr entwickelt, sondern nur von früheren Epochen schöpft und dass ihre Identität nur auf der Vergangenheit basiert. Für manche allerdings, beispielsweise für den Historiker Józef Borzyszkowski, ist aber in der Stadt ein Genius Loci bemerkbar[151]. Borzyszkowski bezeichnet als Quelle der Kraft Danzigs seine (sowohl nationale als auch konfessionelle) Vielfältigkeit. Das Autochtone (das Kaschubische) vermischte sich im Laufe der Jahrhunderte hier mit dem Neuen, das Deutsche mit dem Polnischen, Holländischen, Schottischen, Französischen, Hugenottischen, Jüdischen, Tschechischen, Skandinavischen, Italienischen[152]. Borzyszkowski spricht jedoch von der Vergangenheit, was würde die These von Loew eigentlich bestätigen.

Norbert Honsza behauptet: „Danzig als Erfahrungs-, Erkenntnis- und Erinnerungsraum ist als Mikrokosmos in ein literarisches Makrokosmos-Modell übergegangen. Die Stadt erliegt einer Mythologie und zugleich Dekonstruktion."[153] Grass bestätigt mit seinen Büchern, in denen das mythologisierte Danzig zum Mnemotop oder zum Gedächtnisort wird, im gewissen Sinne die These von Jan Assmann, der Gedächtnisorte als eine Form der kollektiven und kulturellen Erinnerung klassifiziert. Assmann unterstreicht, dass Gedächtnisorte weniger durch Zeichen (z. B. Denkmäler, Museen) akzentuiert werden, als vielmehr als Ganzes in den Rang eines Zeichens erhoben werden. Das heißt, sie werden semiotisiert.

---

149 Huelle, Paweł: Lesung aus seinem Buch *Ostatnia wieczerza*. Łódź. Poleski Ośrodek Sztuki. Mai 2007.

150 Ebd., S. 104.

151 Vgl. Borzyszkowski, Józef: *Duch Gdańska – gdański genius loci*. In: Borzyszkowski, Józef / Kulikowska, Katarzyna / Olbracht-Prondzyński, Cezary: *Kaszubi a Gdańsk, Kaszubi w Gdańsku*. Gdańsk 2009. S. 35–65.

152 Ebd., S. 48f, 52f.

153 Honsza, Norbert: *Danzig als reale und imaginäre Stadtlandschaft bei Günter Grass*. In: http://www.inst.at/trans/17Nr/7-8/7-8_honsza17.htm (Stand 24.02.2010.)

Sie bekommen die Bedeutung der Spuren der Vergangenheit. Bei Grass werden die Schichten der Stadt deutlich semiotisiert, sie bekommen also eine konkrete Bedeutung, die später auch für seine jüngeren Kollegen Chwin und Huelle interessant sind. In der Literatur gibt es selbstverständlich keine historische Wahrheit, die Geschichte wird oft kontrafaktisch dargestellt, wie beispielsweise im *Butt*. In den *Unkenrufen* entsteht ein Friedhof, der nie existierte und bei Stefan Chwin im *Goldenen Pelikan* gibt es ein Universitätsgebäude auf der Speicherinsel, das es in Wirklichkeit nicht gibt. Die literarische Stadt ist nicht authentisch. Sie ist jedoch in die authentische, z. B. durch eine Bank mit der Figur Oskar Matzerath am Wybickiego-Platz in Wrzeszcz eingedrungen. Und auch polnische Schriftsteller wie Stefan Chwin oder Paweł Huelle weisen in ihren Werken, etwa in *Weiser Dawidek* oder in *Dolina Radości* darauf hin, dass sie das Werk von Grass bewusst fortsetzen wollen[154]. Grass beeinflusst die Identität der Stadt und seine Geschichten wurden zu festen Komponenten dieser Identität. Heute will man in Gdańsk unter anderem durch die Literatur von Grass eine lokale Identität konstruieren. Deswegen entstand am Wybickiego-Platz in Wrzeszcz eine Sitzbank mit Oskar Mazerath und Günter Grass oder auch die *Gdańska Galeria* von Günter Grass. Im Keller des städtischen Rathauses von Gdańsk befindet sich das Restaurant *Turbot* (Korzenna 33/35), das nach dem gleichnamigen Roman von Grass benannt wurde[155]. Solche Initiativen wollen als Würdigung des Nobelpreisträgers gesehen werden und zugleich als Fortsetzung des Mythos' der Stadt.

Grass, Chwin und Huelle sind Schriftsteller, die ihre privaten (im Sinne ihrer Einmaligkeit) autobiographischen Mythologien schaffen. Somit kreieren sie den Genius Loci der Stadt. In ihren Geschichten werden ursprüngliche Schemata dargestellt, die die mythologische Kontinuität in der Welt zeigen. Die Stadt wurde tatsächlich in der Literatur und durch die Literatur mythologisiert. Die allmähliche Entdeckung Danzigs ist somit ein soziales, kulturhistorisches und nicht zuletzt ein literarisches Phänomen. Man kann schon von einer thematischen Serie[156] sprechen, der der ‚Mythos Stadt' zugrunde liegt. Danzig / Gdańsk wird in seinen Kontrasten beschrieben, in „ihrer Anonymität, ihrer Grausamkeit, ihren Verführungen, ihrem Glanz weniger als in ihrem Elend und ihrem Schmutz."[157]

---

154 Vgl. Genette, Gérard: *Palimpseste. Die Literatur auf zweiter Stufe.* Frankfurt am Main 1993. S. 9–21.

155 Gawin, Izabela: *Polen – Der Norden – Ostseeküste und Masuren.* 2009. S. 177.

156 Vgl. Abramowska, Janina: *Serie tematyczne.* W: Ziomek, Jerzy / Sławiński, Janusz / Bolecki, Włodzimierz (Hg.): *Między tekstami. Intertekstualność jako problem poetyki historycznej.* Warszawa 1992. S. 43–62.

157 Meckseper, Cord / Schraut, Elisabeth: *Die Stadt in der Literatur.* S. 19.

6. Intertextualität

Den Begriff Intertextualität formulierte zum ersten Mal im Jahre 1967 Julia Kristeva. Sie berief sich dabei auf die Theorie der Dialogizität Bachtins. Für Kristeva besteht jeder Text aus Zitaten und ist ein Kreuzungspunkt anderer Texte oder, mit anderen Worten, ein Mosaik der Texte und kulturellen Phänomene. Die Arbeiten Kristevas bilden einen Gegenpol zum von Strukturalisten geprägten Verständnis des Textes als einer autonomen, einmaligen Ganzheit. Der Höhepunkt der Diskussion um den Begriff der Intertextualität fiel in die 80er Jahre. Es befassten sich mit der Theorie mehrere Literaturwissenschaftler, u. a.: Gérard Genette, Ulrich Broich und Manfred Pfister, Karlheinz Stierle, Renate Lachmann, Roland Barthes.

Es gibt keine einheitliche Theorie der Intertextualität. In diesem Buch wird in erster Linie auf die Theorie von Gérard Genette und sein Buch *Palimpseste*[158] zurückgegriffen, der über Transtextualität (textuelle Transzendenz des Textes) spricht. Für Genette ist Intertextualität restriktiver als „Beziehung der Körperpräsenz zweier oder mehrerer Texte, d. h. (…) als effektive Präsenz eines Textes in einem anderen"[159] Dies bedeutet, dass ein Text auf eine bedeutungstragende Art und Weise in einem anderen Text präsent ist. In ihrer einfachsten und wörtlichsten Form sei dies die Praxis eines Zitats, Plagiats oder einer Anspielung, d. h. einer Aussage, deren volles Verständnis das Erkennen einer Beziehung zwischen ihr und einer anderen voraussetze, auf die sich diese Wendung des Textes beziehe, der sonst nicht ganz verständlich gewesen wäre. Genette stellt die These auf, dass es keinen Text ohne textuelle Transzendenz gebe. Transtextualität sei das, was den Text in eine manifeste oder geheime Beziehung zu anderen Texten bringe. Im weiteren Sinne bedeute für ihn Intertextualität eine weniger enge Beziehung zwischen den Texten, im Rahmen des von einem literarischen Werk gebildeten Ganzen. Solche Texte nennt Genette Paratexte. Sie beziehen sich auf den Ausgangstext durch: Titel, Untertitel, Zwischentitel, Vorworte, Nachworte, Hinweise an den Leser. Noch anderer Typus textueller Beziehungen sei die Metatextualität. Meistens sei das eine apostrophierte Beziehung zwischen zwei Texten, üblicherweise habe die Auseinandersetzung die Form eines Kommentars. Der Ausgangstext müsse weder zitiert noch direkt erwähnt werden. Der vierte Typus der Transtextualität, der für diese Überlegungen von zentraler Bedeutung ist, ist die Hypertextualität. Darunter versteht Genette eine Beziehung zwischen einem Text B (Hypertext) und einem Text A (Hypotext), wobei Text B Text A

---

158   Genette, Gérard: *Palimpseste*. Frankfurt am Main 1993.
159   Ebd., S. 10.

auf eine Art und Weise überlagere, die nicht die des Kommentars sei. Der Text B könne ohne den Text A gar nicht existieren. Der fünfte Typus der Transtextualität ist die Architextualität. Wichtig sei hier die taxonomische Zugehörigkeit des Textes (z. B. in Form eines Titels wie *Gedichte, Der Rosenroman* oder eines Untertitels, der den Titel ergänze wie *Roman, Erzählung*).

Wenn ein Prätext in einen Folgetext einbezogen wird, wird er meistens mit den hinter ihnen stehenden Systemen und Relationen – Systemreferenz – aufgenommen[160]. In der traditionellen Literaturwissenschaft ist der Autor ein kreativer Schöpfer, obwohl das Phänomen der Transtextualität so alt zu sein scheint wie die Literatur selbst. Sogar die größten Schriftsteller schöpfen aus den anderen Werken. Heutzutage schöpft der Autor vor allem aus den Prätexten, die er auch als Rezipient kennt. Es entsteht auch die Frage, inwieweit der Schriftsteller sich dessen bewusst ist, dass er sich im Bereich der Systemreferenz bewegt[161]. Solch eine unbewusste Bearbeitung der anderen literarischen Texte nennt Genette fakultativ und punktuell[162]. Auch die Interpretation solcher Texte hängt von der Kenntnis der Rezipienten ab. Oft informieren die Autoren ihre Rezipienten (entweder im inneren oder im äußeren Kommunikationssystem), dass sich der Text auf andere Texte bezieht.

Die polnischen Autoren Chwin und Huelle beziehen sich bewusst auf die Werke von Grass. Sie führen so eine Art Dialog mit ihrem älteren Schriftstellerkollegen. Einerseits ist das ein Spiel mit den Rezipienten, andererseits ist es aber auch eine Hommage an Günter Grass, sein Werk sowie die Stadt und ihre Geschichte. Die Folgetexte der polnischen Autoren verleihen so den Prätexten von Grass wie auch der literarischen Stadt Danzig / Gdańsk eine neue Perspektive und weisen auf die Kontinuitäten in der Geschichte hin. Grass' Geschichten über die Stadt leben weiter in Büchern der polnischen Schriftsteller und durch dieses Wiederholen der Geschichten in neuen Versionen lebt ‚das literarische Danzig' fort.

---

160 Pfister, Manfred: *Zur Systemreferenz*. In: Broich, Ulrich / Pfister Manfred (Hg.): *Intertextualität. Formen, Funktionen, anglistische Fallstudien*. Tübingen 1998. S. 52–58.
161 Pfister, Manfred: *Konzepte der Intertextualität*. In: Ebd., S. 1–30.
162 Genette, Gérard: Ebd., S. 21.

III. Vorgeschichte der Freien Stadt Danzig in *Castorp* Paweł Huelles

Im Roman *Zauberberg* Thomas Manns ist folgender Satz zu lesen: „Damals hatte er [Hans Castorp] vier Semester Studienzeit am Danziger Polytechnikum hinter sich ..."[163]. Dieser Satz ist das erste der drei Mottos des Romans *Castorp* von Paweł Huelle und zugleich sein Ausgangspunkt. Für Huelle war der von Mann nicht weiter vertiefte Satz eine Herausforderung und Inspiration für seinen ganzen Roman. Dieses Motto ist in diesem Falle ganz deutlich eine Brücke, die diese beiden Texte miteinander verbindet. Denn der Roman greift auf keinen vorhandenen Stoff zurück, sondern stellt sich als Vorspiel von *Zauberberg* dar. Huelle behauptet, Kultur sei die Kunst, bewusste Konstruktionen zu bilden, die wir benötigen, da uns Chaos umgebe[164]. Das literarische Werk solle gleich dem musikalischen Werk nach Regeln geschrieben werden, sonst entstehe Chaos. *Castorp* wurde tatsächlich wie der *Zauberberg* nach Regeln und im Sinne einer musikalischen Komposition durchkonstruiert, was im Besonderen die Passagen betrifft, in denen sich Castorp an seine Kindheit erinnert. Mit dem zweiten Motto von Kierkegaard: „Aber ebendies, dass es gewesen ist, macht die Wiederholung zu dem Neuen."[165] weist Huelle darauf hin, dass er sich beim Schreiben einer bewussten Konstruktion bedient: der Wiederholung. Bei Kierkegaard scheint das Wiederholen einer literarischen Tradition zugleich eine Erinnerung an sie und ihre Interpretation zu sein, die einen Blick in die Zukunft erlaubt. In diesem Geiste schrieb Huelle seinen Roman.

Die Intertextualität in *Castorp* hat ein hohes Niveau an Komplexität. Schon der Titel und die Mottos sind eine direkte, paratextuelle Anspielung auf den *Zauberberg*. Es gibt viele intertextuelle Bezüge zwischen der Handlung und den Motiven beider Romane, durch die unterstrichen wird, dass Castorps Geschichte universell ist. Um einige Beispiele der Intertextualität zu nennen: Castorp bei Huelle raucht wie sein Alter Ego bei Mann Maria-Mancini-Zigarren. Es wiederholt sich das Türzuschlagen (bei Mann lässt Frau Chauchat die Tür zufallen, bei Huelle macht es das ordinäre Hausmädchen in der Pension). In Huelles Roman

---

163 Mann, Thomas: *Der Zauberberg*. Frankfurt am Main 2007. S. 55.
164 Huelle, Paweł: *Pragnę Księgi*. Rozmawiał Sebastian Łupak. In: http://wyborcza. pl/1,75475,2078786.html (Stand17.05.2004.)
165 Kierkegaard, Sören: *Die Wiederholung*. nach: Huelle, Paweł: Motto für den *Castorp*. München 2007. S. 5.

werden im Kurort Zoppot ähnliche Gespräche geführt wie diejenigen zwischen Settembrini und Naphta bei Thomas Mann. Allerdings erreichen sie das Niveau der Diskussionen zwischen den beiden *Zauberberg*-Figuren nicht. Sie könnten als Parodien dieser Gespräche angesehen werden. Bei Huelle hat Castorp einen prophetischen Traum über Leichname, die von einem Berg auf Bobschlitten herunterfahren. Bei Thomas Mann wird dieser Traum als reales Erlebnis des Helden beschrieben: „Die müssen im Winter ihre Leichen per Bobschlitten herunterbefördern, weil dann die Wege nicht fahrbar sind."[166] Außerdem begegnet Castorp in Danzig zweimal dem Rothaarigen, den Aschenbach in *Tod in Venedig* in München und Venedig trifft und der als Vorzeichen der geheimnisvollen, schicksalhaften Ereignisse (unerfüllte Liebe, Verlust des Lebenssinnes) zu verstehen ist, die zur totalen Erstarrung des Protagonisten führen. Der letzten Erzählung ist bei Huelle mit großer Wahrscheinlichkeit ein Traum über das Puppentheater entnommen, in dem der Erzähler auf der Grenze zwischen Traum und Wirklichkeit balanciert. Eine besondere Bedeutung gewinnt in *Castorp* auch der Roman *Effie Briest* von Theodor Fontane, den Castorp seiner geheimnisvollen Geliebten unverschämt stiehlt und ihn unter ihrem Einfluss mit größter Begeisterung liest. Durch Anspielungen auf *Die Winterreise* Schuberts, auf Schopenhauers Werke oder *Die Traumnovelle* Arthur Schnitzlers, der Huelle die berühmten Orgien entnahm, werden Dimensionen in den Roman einbezogen, die seine Interpretation erweitern.

Der Roman *Castorp* bedient sich mehrerer Zitate aus dem *Zauberberg* und enthält mehrere, die Bezüge zu anderen Werken von Thomas Mann (*Tonio Kröger, Tristan* und *Der Bajazzo)* herstellen. Der Ausgangspunkt für die Entstehung des Romans von Huelle scheint das zweite Kapitel von *Zauberberg* zu sein. Viele intertextuelle Anspielungen, die Handlungselemente betreffen, beziehen sich gerade auf diesen Teil des Werkes Manns. In diesem Kapitel, dass im Unterschied zu anderen Kapiteln im Roman, die den Aufenthalt in Davos thematisieren, retrospektiv ist, wird Castorps Aufenthalt in Danzig kurz erwähnt. Es wird hier von der Kindheit Castorps, also seinem Leben vor dem Besuch beim Vetter Joachim erzählt. Castorps Gefallen an der schon genannten Zigarrensorte Maria Mancini und Porter, seine Begabung für die Mathematik, seine finanzielle Lage, seine Faulheit und Trägheit oder durchschnittliche Intelligenz, seine Erinnerungen an

---

166   Mann, Thomas: *Der Zauberberg.* Frankfurt am Main 2007. S. 19.

sein Elternhaus, an Fiete, der Plattdeutsch spricht u. v. a., werden im zweiten Kapitel beschrieben und von Huelle sorgfältig übernommen[167]. Castorp ist in den beiden Romanen von einer Unbekannten aus dem Osten fasziniert und in sie verliebt. Die Polin Wanda Pilecka aus *Castorp* ist eine Variante von Klawdia Chauchat aus dem *Zauberberg*. Die Analogien zwischen den Frauen betreffen unter anderem ihre Herkunft. Die beiden kommen aus für Castorp exotischen Ländern, aus Polen und aus Dagestan. Immerhin ist die Abstammung der Geliebten ein Symbol für die Gefahr, den Tod, die asiatische oder Sinnlichkeit, das Fremde und das Geheimnisvolle[168]. Die Bestimmung des Lebens durch das Schicksal ist in beiden Büchern ein Schlüsselwort. Das Schicksal ‚wollte', dass Castorp nach Danzig kommt, um hier zwei Semester zu studieren, obwohl ihn sein Onkel davor warnte. Das Schicksal ‚wollte', dass der junge Mann später nach Davos kommt, um dort sieben Jahre zu verbringen. Das Schicksal ‚wollte', dass er Wanda Pilecka in Danzig begegnet und danach Klawdia Chauchat in Davos. Es sind Begegnungen, die sein Leben verändern. Immer wenn Castorp etwas gegen seine Gewohnheit tut, erlebt er etwas, das ihn aus der Fassung bringt: wenn er sich zum Beispiel nach Zoppot begibt, um Zigarren zu kaufen, trifft er zufälligerweise Wanda Pilecka. Die Liebe zu ihr verändert seine Lebensgewohnheiten. Es könnten viele Beispiele genannt werden, die zeigen, dass Manns Erzählweise von Huelle adaptiert wurde. Diese Parallelität des Erzählstils kann nach Genettes Typologie überwiegend als Architextualität bezeichnet werden. In diesem Buch soll es allerdings nicht um die genaue Rekonstruktion der Elemente gehen, die beide Werke verbinden, sondern um das Herausfiltern jener Elemente, die den Ort und das Verhältnis zwischen Deutschtum und Polentum betreffen.

Katharina Döbler kommt zu dem Schluss, dass der polnische Schriftsteller sich mit dem Blick der Deutschen auf „ihren" Osten, ihr Kolonialgebiet, das alte Ordensritterland im Allgemeinen und mit der alten Hansestadt Danzig im Besonderen auseinandersetze[169]. Die Zeit der Handlung ist die Belle Époque, die Zeit des Friedens und der industriellen Revolution. Man glaubte zu dieser Zeit an die Allmacht der Technik und daran, dass der Mensch mithilfe der Technik alles erreichen könne. Huelles Werk basiert dabei auf einer Systemreferenz,

167 Vgl.: Zaleski, Marek: *Niedoszła miłość Hansa C.* In: *Tygodnik Powszechny*. 2004/24. S. 11.

168 Vgl.: Wessell, Eva: *Der Zauberberg als Chronik der Dekadenz*. In: Hansen, Volkmar: *Thomas Mann. Romane und Erzählungen*. Stuttgart 1993. S. 144.

169 Döbler, Katharina: *Bekannte Romane, alte Gefühle*. In: *Die Zeit*. 2005/39. Nach: http://www.zeit.de/2005/39/L-Huelle?page=all (Stand 22.09.2005.)

d. h. es beruft sich nicht nur auf die besprochene Epoche, sondern auch auf die damals herrschenden Stimmungen. Vermittels der Monotonie in Castorps Leben setzt sich Huelle mit dem Bürgertum, genauer: dem Großbürgertum um die Jahrhundertwende auseinander, das als eine Klasse dargestellt wird, die nicht wirklich arbeiten muss. Die Folge ist ein Verlust der Kreativität und das Aufbegehren derjenigen, die arbeiten müssen, der Kleinbürger, die bei Günter Grass als Hitler-Mitläufer dargestellt werden. Symbolisch wird bei Huelle also der Tod des Bürgertums gezeigt, das um 1900 die Aristokratie als gesellschaftliche Führungsschicht abgelöst hatte und das gleichzeitig von der Arbeiterklasse in seinen Grundwerten in Frage gestellt wurde. Es ist die Zeit kurz vor dem Ausbruch des Krieges, aber Castorp ist kurzsichtig und kann die Veränderungen in Europa noch nicht voraussehen.

1. Wilder Osten Danzig und der Fremde in der deutschsprachigen Provinz

Sowohl für Den *Zauberberg* als auch für *Castorp* ist die Faszination für den Osten von zentraler Bedeutung. Huelle interessiert sich für das Verhältnis der Deutschen zum Osten, das für das Werk von Mann ebenfalls wichtig ist. Huelle behauptet, dass für Mann der Osten immer ein Gegenstand quälender Faszination war, ein verlorener Teil seiner Seele, den er zurückgewinnen wollte[170]. *Der Zauberberg* und *Castorp* beginnen beide mit Reisen, die sich als schicksalhaft und irrational erweisen. Im *Castorp* heißt es: „Der junge Mann konnte kaum den Moment erwarten, in dem er, wenn auch von weitem, das Ziel seiner Reise erblicken würde, das Panorama der Stadt, die Verheißung aller zukünftigen Ereignisse, von denen man im voraus sagen konnte, dass sie an diesem und keinem anderen Ort stattfinden würden."[171] Diese Beschreibung von Huelle ahmt den Stil Thomas Manns nach. An der zitierten Stelle hebt sein Erzähler die Einmaligkeit der Ereignisse hervor. Bei Mann heißt es: Dieses Emporgehobenwerden in Regionen, wo er noch nie geatmet und wo, wie er wusste, völlig ungewohnte, eigentümlich dünne und spärliche Lebensbedingungen herrschten, – es fing an, ihn zu erregen, ihn mit einer gewissen Ängstlichkeit zu erfüllen[172]. Castorp ist sowohl bei Huelle als auch bei Mann aufgeregt, noch bevor er das Reiseziel erreicht, das ihm völlig fremd ist. Das Reiseziel ist allerdings in beiden Fällen

---

170 Huelle, Paweł: Die Lesung: *Castorp*. Literarisches Colloquium. Berlin 21. November 2005.
171 Huelle, Paweł: *Castorp*. München 2007. S. 36.
172 Mann, Thomas: *Der Zauberberg*. Frankfurt am Main 2007. S. 13.

gewöhnlich (Besuch eines Cousins, Studium): geheimnisvoll erscheint es allein durch die Art der Darstellung. Huelle wiederholt die Worte von Mann zwar nicht wortwörtlich, erhält jedoch die spezifische Atmosphäre aufrecht, die mit Angst und Erwartung in Verbindung steht.

Für Castorp ist die Reise nach Danzig eine Initiationsreise und im gewissen Sinne eine Rückkehr in die Welt der glücklichen Kindheit. Eine der wenigen Erinnerungen an seine Eltern steht gerade mit einem Heilbad im Osten in Verbindung. Aber noch bevor Castorp in die Stadt Danzig fährt, warnt ihn sein Onkel, Konsul Tienappel vor der ‚wilden' Stadt. Huelle bediente sich beim Schreiben des Romans und beim Beschreiben der Stadt Danzig der Stereotype. Das erste Klischee ist die Art und Weise, wie die Ausländer Polen betrachten. Onkel Tienappel kritisiert die Idee von Castorp, im Osten zu studieren. Uwe Ketelsen unterstreicht in seiner Studie, dass in deutschen Ansichten ber den europäischen Osten (also auch über Polen) die Auffassung über die fundamentale Andersartigkeit dieser Regionen vorherrsche und der Osten als faszinierender, aber gefährlicher Raum der Vorgeschichte erscheine[173]. Onkel Tienappel berät also Castorp in diesem Sinne: „Situationen meiden, in denen die mühsam erarbeiteten Formen im Chaos versinken können."[174] Er erklärt seine Meinung folgendermaßen: „Bedenke, wie leicht man von dem Weg abkommen kann, den man einmal gewählt hat. Ein nichtssagendes Wort, ein Augenblick der Schwäche, ein Moment des Vergessens können die Bemühungen vieler Jahre zunichte machen. Im Osten geschieht so etwas häufiger, obwohl man das nicht rational erklären kann."[175] Laut Onkel Tienappel sind die Zeiten in denen sich lohnte, nach Osten zu fahren, schon längst vergangen. Trotz der Warnungen des Onkels reist der unerfahrene Castorp nach Danzig, in die Stadt, die er selbst gewählt hat. Castorp ist in der Stadt vom Anfang an fremd: „Fremd verweist auf Personen, Verhaltensweisen, Erfahrungsräume, die jemandem anders, exotisch, unbekannt, ungewöhnlich, unheimlich, unnormal vorkommen. Das Fremde erscheint immer im vom Ich bestimmten Beziehungsverhältnis, in der Opposition Identität versus Alterität."[176] Die Vorhersage des Konsuls Tienappel erfüllt sich im Großen und Ganzen, obwohl Castorp vor der Reise noch versuchte, seinen Onkel zu überzeugen, dass im Osten das Leben ähnlich aussehen müsse wie in Hamburg:

---

173 Ketelsen, Uwe-Karsten: *Der koloniale Diskurs und die Öffnung des europäischen Ostens im deutschen Roman.* In: Dabag, Mihran / Gründer, Horst / Ketelsen, Uwe-Karsten: *Kolonialismus. Kolonialdiskurs und Genozid.* München 2004. S. 67–94.

174 Huelle, Paweł: *Castorp.* S. 8.

175 Ebd., S. 11.

176 Kamińska, Ewelina: *Erinnerte Vergangenheit – inszenierte Vergangenheit.* S. 55.

Ich nehme an, auf den Straßen dort sind die Leute ähnlich angezogen wie hier, in den Werften bauen sie keine schlechteren Schiffe, den Nachmittag verbringen sie gerne in Cafés, sie mögen Bücher und Konzerte, (…) Die weißen Flecken auf unseren Karten sind längst verschwunden[177]. Auf dem Schiff befindet sich Castorp in Gesellschaft des Holländers Kiekernix, der Mynheer Peeperkorn ähnlich ist und den Jan Zieliński mit Odysseus vergleicht[178], sowie eines Pfarrers, der als Naphta-Entsprechung gelten kann. Schon auf dem Schiff wird „über Kolonialismus, Religion, Nation und deutsche Kultur"[179] gesprochen. Für Kiekernix ist Danzig „ein runtergekommenes Provinznest."[180] Kiekernix, der viel reist, erzählt Castorp von der früheren Pracht der Stadt Danzig, die einst größer als Amsterdam oder London gewesen sei. Heute sei sie nur noch ein Schatten ihrer selbst[181]. An einer anderen Stelle kommentiert der Erzähler:

> Auf diesem sumpfigen Territorium entstanden die Backsteinmauern der Hanse; der – längst verblasste – Stolz der Patriziergeschlechter hatte in der Blütezeit des Getreidehandels durch die Speicher, Hölzer, Tore und Kirchen das Bild der Stadt entscheidend geprägt. (…) Einst auf dem wichtigsten Handelsweg gelegen, lebte Danzig jetzt gleichsam am Rande, ohne große Investitionen, ohne den Schwung und die Phantasie, die in Hamburg oder Stettin den sprühenden Funken des Lebens entzündeten und diesen Städten ihre moderne Form gaben.[182]

Die Figuren wie Kiekernix und der Pfarrer dienen laut Skórczewski dazu, die kolonialen und postkolonialen Motive im Roman zu unterstreichen. Der Pastor vertritt die Rhetorik der Kolonisten aus dem 19. Jahrhundert und der Holländer ihre Gegner[183]. Castorp erfährt auch etwas von den Stadtbewohnern. Der Kapitän des Schiffes erklärt ihm, wer die Kaschuben sind, von denen der junge Hamburger noch nie hörte und die im Buch als Kolonisierte dargestellt werden:

> Das sind Kaschuben, (…) die fangen Dorsche. Wenn Sie einmal in den Vororten in eine Taverne gehen, können Sie ihre Sprache hören. Ein unglaubliches Durcheinander! Einmal hatte ich auf einem Segelschiff ein paar von ihnen unter mir. Man weiß nie, was

---

177 Ebd., S. 10.
178 Zieliński, Jan: *Przedziwna nitka czasu*. S. D3.
179 Döbler, Katharina: *Bekannte Romane, alte Gefühle*.
180 Huelle, Paweł: *Castorp*. S. 17.
181 Ebd., S. 50.
182 Ebd., S. 198f.
183 Skórczewski, Dariusz: *Dlaczego Paweł Huelle napisał „Castorpa."* In: Nycz, Ryszard (Hg.): *Teksty Drugie*. 3/2006. S. 148–157. S. 151f.

sie denken. Und stellen Sie sich vor (...), in jedem Hafen suchen sie, wenn es Sonntag ist, eine katholische Kirche.[184]

Im Folgenden vergleicht aber der Steuermann Kaschuben mit Polen, die er pejorativ als Pollacken bezeichnet: „So und so sind sie besser als die Pollacken. (...) Jedenfalls wollen sie uns nicht die Kehle durchschneiden."[185] Der diese Meinung vertretende Steuermann stellt Polen klischeehaft dar, als eine wilde, gefährliche Nation. Der Kapitän weist all diese stereotypischen Vorwürfe jedoch zurück. Er behauptet, er habe in seinem langen Leben auch mit Polen zusammengearbeitet und es gehe ihm ausgezeichnet[186]. Castorp, der mit diesen widersprüchlichen Informationen und Meinungen über Polen / Pollacken auf dem Schiff konfrontiert wurde, ist gezwungen, selbst zu entscheiden, auf welcher Seite er stehen möchte. Schon zu Anfang zeigt er sich als aufgeklärter Mensch, der die Wohltaten des Fortschritts und der Wissenschaft genießt und von Vorurteilen frei sein sollte. „Was gibt es Ungerechteres, als alle schrecklichen Charakterzüge unseren Nachbarn zuzuschreiben?"[187] Zum ersten Mal wird Castorp aber auch ironisch als der Fremde dargestellt, der weder Polen noch Kaschuben kennt.

Castorp sieht Danzig zum ersten Mal vom Schiff aus. Huelle zeigt die Stadt an dieser Stelle mit topographischer Sorgfalt. So lernt der Protagonist die wichtigsten Orte der Stadt kennen: Speicher, mittelalterliche Tore, die Türme von Sankt Marien, Sankt Johannis und den des Rathauses, Patrizierhäuser, den berühmten Kran:

> Wirklich geblendet war er jedoch erst hinter der Biegung der Mottlau, wo ihn auf der linken Seite des Wasserwegs ganz andere als die Hamburger Speicher erwarteten, auf der rechten dagegen mittelalterliche Tore, Türme und schmale Patrizierhäuser standen, zwischen denen der mächtige, berühmte Kran emporragte, (...). Am schönsten waren jedoch die Türme von Sankt Marien, Sankt Johannis und der des Rathauses: Sie hatten zwar alle die gleiche dunkle Backsteinstruktur, ihre Formen waren jedoch völlig verschieden. Über den Dächern, der Häuser, den Schornsteinen der Dampfer, den Masten der Segelschiffe thronend, wirkten sie keineswegs drückend auf das dichte Panorama – im Gegenteil: Sie schienen es emporzuheben, als würde im nächsten Augenblick die ganze Stadt vom Wasser abheben und mitsamt ihren gotischen Fialen zu den Wolken aufsteigen. Dazu kamen die aus Hamburg vertrauten Gerüche – Holzbrücken, Teer, Rost, Algen, Kohlenrauch, Fisch –, und so wirkte die erste Berührung mit der fremden Stadt auf Hans Castorp überaus angenehm.[188]

---

184 Huelle, Paweł: *Castorp*. S. 35.
185 Ebd., S. 35.
186 Ebd.
187 Ebd., S. 19.
188 Ebd., S. 39f.

Der Leser wird vom allwissenden Erzähler mit all diesen Namen der Sehenswürdigkeiten konfrontiert, die Castorp zu dieser Zeit noch nicht kennt. Die gerade gesehene, noch fremde Stadt erinnert Castorp an seine Heimatstadt Hamburg und nicht an irgendeine exotische, wilde Stadt im Osten. Die Stadt sieht für ihn vertraut und zivilisiert aus. Ihm gefällt die Stadt und er fühlt sich gleich wie zuhause. Dass er hier in Wirklichkeit fremd ist, erfährt der naive Protagonist erst später.

Schon in der Straßenbahn begegnet Castorp einem Schaffner, der sich ihm gegenüber sehr unfreundlich und überheblich verhält. Er nutzt es aus, dass der junge Mann die in der Stadt geläufigen Sitten nicht kennt und nicht weiß, in welche Zone er fahren möchte. Der Schaffner riecht nach feuchtem Tuch und Tabak und spricht mit fremdem Akzent:

> Er erinnerte keinesfalls an das Platt, in dem der Großvater, Senator Hans Lorenz Castorp, gewöhnlich mit seinem Diener Fiete redete. (...) Der Akzent des Schaffners gehörte in eine vollkommen andere, gesonderte Kategorie, die unserem Helden in diesem Moment außergewöhnlich abstoßend vorkam, fremd und feindlich zugleich.[189]

Castorp wird vom Schaffner wie ein Fremder behandelt. Obwohl diese Stadt auf den ersten Blick Hamburg gleicht, zeigt sie sich als eine exotische Welt, in der man eine Sprache benutzt, die fremd klingt und den Ausländern gegenüber feindlich ist. Castorp erinnert sich an eine biblische Phrase: „Mißachte seine Sprache nicht."[190] Seit dieser Zeit wird Castorp oft mit der fremden Sprache und der fremden Kultur zu tun haben, ähnlich wie Aschenbach in *Tod in Venedig*. Die fremde Stadt, die am Anfang vertraut zu sein schien, beginnt unheimlich zu wirken.

Während dieser unangenehmen Fahrt nach Langfuhr, bis zur Haltestelle Kastanienweg, registriert Castorp fast unbewusst das Gebäude der Technischen Hochschule, in der er studieren wird:

> Wäre es – wie ein paar Stunden zuvor die Stadt – während seiner euphorischen Stimmung vor ihm aufgetaucht, so hätte er sicher seine subtile, durchdachte Schönheit zu schätzen gewusst, die in einer Verbindung der jahrhundertealten örtlichen Tradition mit der Idee der Moderne bestand. Doch jetzt konnten ihn kein Maßwerk und keine Attika bezaubern.[191]

---

189   Ebd., S. 53.
190   Ebd.
191   Ebd., S. 53f.

Waldemar Wilk bemerkt, dass die Art und Weise, wie wir die Welt um uns betrachten, von unserer Stimmung abhängt[192]. Weil Castorp schlechte Laune hat, macht das Gebäude keinen Eindruck auf ihn.

Nach der Fahrt gelangt Castorp zur *ulica Kasztanowa*. Die Tür wird von einem kaschubischen Hausmädchen geöffnet. Es ist eine freche Frau, die auch mit fremdem Akzent spricht. Sie weiß weder, dass er kommt, noch weiß sie etwas von Castorps Gepäck: „Die Herrin sagt mir nicht immer alles. Gepäck? Man hat nichts gebracht, mein Herr, oder vielleicht…"[193] Castorp bleibt draußen und auf diese Art und Weise wird er für kurze Zeit obdachlos und weiß nicht, wohin er gehen soll. Zum ersten Mal macht er einen Spaziergang durch Langfuhr. Ein Pole, dem Castorp während dieses Spazierganges begegnet, ist ein kleiner Junge, der eine Sprache spricht, die für den jungen Deutschen nicht verständlich ist, wodurch sich die Überlegenheit des Kleinen manifestiert, denn der Junge kann Deutsch. Er hat einen wirren Haarschopf, ein zu weites Hemd über der Drillichhose und die nackten Füße stecken in schäbigen Sandalen. Castorp weiß, dass er „ein Kind der Vorstadt vor sich hatte."[194] Deutsche bilden in dieser Welt, in die sie von außen gekommen sind, eine Enklave, der Castorp ganz deutlich angehört. Er folgert nach der Begegnung mit dem Jungen: „Ein seltsames Gefühl (…) keinen Zugang zu etwas zu haben, was für andere selbstverständlich ist wie die Luft zum Atmen."[195] Nach diesem ersten Tag in Danzig ist Castorp schon klar geworden, dass er sich nicht mehr in einer Welt befindet, die er kennt. Er ist hier in Danzig der Fremde.

Castorp hat ein Zimmer in Langfuhr gemietet, in der *ulica Kasztanowa 1* (heute: *ulica Lendziona*). Deswegen ist Langfuhr der Stadtteil, der genauer als andere Orte in Danzig beschrieben wird, obwohl Castorp mehrere Ausflüge mit seinem Fahrrad ‚Wanderer' in Danzig und dessen Umland unternimmt. Der Fremde lernt auf diese Art und Weise die polnischen und kaschubischen Vorstädte Danzigs gut kennen, denn er wandert nicht nur durch die Stadt, sondern auch durch ihre Umgebung. Dabei entdeckt er polnische und kaschubische Folklore, die er wie ein Eroberer beobachtet. Wenn er durch Wiesen und Wälder mit dem Rad fährt, singt er sorgenlos und heiter das Lied von Schubert *Das Wandern*[196]. Am liebsten fährt er Rad nach einem Gewitter. In den Pfützen spiegelt sich für kurze Augenblicke sein

---

192   Wilk, Waldemar: *Miasto jako miejsce*. In: Madurowicz, Mikołaj (Hg.): *Percepcja współczesnej przestrzeni miejskiej*. Warszawa 2007. S. 459–462.
193   Huelle, Paweł: *Castorp*. S. 56.
194   Ebd., S. 61.
195   Ebd.
196   Huelle, Paweł: *Castorp*. S. 200.

Gesicht wider. Eine solche Widerspiegelung sei, laut Ewa Rewers, eine Figur der Wiederholung und als solche kann sie als Strafe oder Gefangenschaft (im Sinne der Wiederholung der Vergangenheit) verstanden werden. Solch eine Wiederholung sei auch ein Zeichen der Routine[197].

Castorp beobachtet dabei eine typisch polnische Naturlandschaft. Skórczewski zählt auf: eine Trauerweide, ein Storch auf einer Wiese, Birkenwald[198]. Laut Skórczewski ist das Singen des deutschen Liedes auf den polnischen Wiesen als Besiegeln des Prozesses der Aneignung dieser Gebiete durch deutsche Kultur zu verstehen. Castorp sei ein Kolonisator, der sich seiner Rolle nicht ganz bewusst ist[199]. Dieses Singen lässt sich als Ausdruck der Sorglosigkeit und des Leichtsinns Castorps verstehen, der nicht ahnt, dass das Bildungsbürgertum sich bald in einer tiefen Krise befinden wird. Die Zukunft gehört den Kleinbürgern, die später Nazi-Mitläufer werden und vor denen sich Castorp ekelt.

Einerseits erfährt Castorp in der Danziger Provinz: „Hier sprechen wir nur Deutsch!"[200] Gleichwohl benutzt Huelles Erzähler in Bezug auf Straßennamen konsequent polnische Namen, obwohl sie damals deutsche Namen trugen: z. B. *ulica Kasztanowa* (Kastanienweg), *Wielka Aleja* (Große Allee); allerdings speist Castorp im Café Hochschule oder Café Stoeckmann. Das Hotel, in dem Kiekernix übernachtet, heißt Deutsches Haus und Wanda Pilecka mietet ein Zimmer im Hotel Werminghof. Diese Kombination der beiden Sprachen ist kein Zeichen der Multikulturalität, weil die Danziger Gesellschaft nie multikulturell war und deutsche Komponenten in allen Bereichen des Lebens dominierten[201]. Die neuen Erfahrungen in der Provinz sind mit neuen Herausforderungen verbunden. Die Provinz ist zugleich ein Zufluchtsort, der Castorp, als Vertreter des aussterbenden Großbürgertums, erlaubt, weit von der wirklichen Welt und authentischen Problemen zu leben. Eine sehr wichtige Rolle bei der Suche nach der eigenen deutschen Identität spielt Schopenhauer und seine Philosophie. Es zeigt sich, dass in dieser Provinz nicht alles fremd ist. Castorp entdeckt, dass Schopenhauer in Danzig geboren wurde und im Schicksal der Familie des Philosophen findet er Parallelen zu seinem eigenen Schicksal. In der Fremde wurde auch das Eigene

---

197   Vgl. Rewers, Ewa: *Ekran miejski*. In: Zeidler-Janiszewska, Anna (Hg.): *Pisanie miasta – czytanie miasta*. Poznań 1997.

198   Skórczewski, Dariusz: *Dlaczego Paweł Huelle napisał „Castorpa."* In: Nycz, Ryszard (Hg.): *Teksty Drugie*. 3/2006. S. 148–157. S. 150.

199   Ebd., S. 150ff.

200   Huelle, Paweł: *Castorp*. S. 133.

201   Loew, Peter Oliver: *Gdańsk. Między mitami*. S. 69.

gefunden. Castorp hat in der Provinz ein Stück Heimat gefunden und ist hier endlich nicht fremd:

> Er konnte jetzt seinen Vater, dessen Krankheit und die für die Finanzen des Hauses fatale Tatsache, dass dieser seine Kaufmannspflichten aufgegeben hatte, im Rahmen des Schicksals sehen, des gleichen Schicksals, das auch den Vater des Philosophen in Hamburg getroffen hatte. Jener war aus einem Speicher gesprungen, hatte Selbstmord begangen, seiner hatte sich bei der Inspektion der gleichen, wenn nicht derselben Speicher erkältet und war an Lungenentzündung gestorben, doch war diese Erkältung vielleicht nicht so ganz zufällig gewesen, wenn er, wie man munkelte, absichtlich keine Mütze und keinen Schal trug.[202]

Auf Empfehlung eines Antiquars beginnt Castorp Schopenhauer, statt Kant, zu lesen. Castorp entdeckt in den Schriften des Philosophen seine eigenen Gedanken: „Hans Castorp spürte Zuversicht in seinem Herzen, denn seine jugendlichen Zweifel erwiesen sich als Element eines größeren Mechanismus, dem er bisher blind unterworfen war."[203] Castorp sucht nach Spuren von Schopenhauer in Danzig und entdeckt die berühmten Orte in der Stadt, die auch für die Kindheit des großen Philosophen wichtig waren:

> So sehen wir Hans Castorp (…) in Ohra, wie er, (…), den Hof und den Stall des Großvaters des Philosophen betrachtet. Und wir sehen ihn in der Heiliggeistgasse, auf dem Beischlag des alten Hauses, in dem der Philosoph Arthur sein ganzes Leben begonnen hat. Dann auf der Speicherinsel, vor dem Kontor, wo der Vater des Philosophen – derjenige, der später in Hamburg Selbstmord begehen würde – das Geld für die Familie verdiente. Und im Pelonker Weg, in der Sommerresidenz, wo Schopenhauers Mutter zusammen mit ihrem Mann Zeitungen aus England las, (…). Überall fand unser Student jenen merkwürdigen Faden der Zeit, der in Wirklichkeit – wie die Kurve von Weierstraß – unsichtbar war und der ihn mit der bitteren, aber befreienden Botschaft des Philosophen verband, (…).[204]

Das Haus der Familie Schopenhauer in der *ulica Świętego Ducha* mit einer charakteristischen Schildkröte am Gipfel des Hauses steht bis heute und erinnert an die vergangene Zeit.

„Nur zum Schein ist in diesem Roman Danzig eine Station Castorps auf dem Weg nach Davos. In Wahrheit ist Danzig hier in verkleinertem Maßstab all das, was im *Zauberberg* Davos sein wird."[205] In der Variation von Motiven des *Zauberberg* geht es nicht nur um Thomas Mann und seine Faszination für den Osten,

---

202 Ebd., S. 246.
203 Ebd.
204 Ebd., S. 247.
205 Müller, Lothar: *Das Davos der Ostsee*. In: *Süddeutsche Zeitung*. 15.03.2005.

sondern auch um die deutsche Geschichte von Danzig, die im Werk von Huelle eine große Rolle spielt. Neben der Geschichte über Castorp steht im Mittelpunkt des Romans „eine preußische Stadt im fernen Osten des Deutschen Reichs, wo es neben den deutschen auch polnische und sogar kaschubische Bewohner gibt."[206] Die Erzählperspektive in Huelles Roman erlaubt Danzig von Außen und als etwas Neues zu betrachten. Der Blick Castorps, eines Fremden aus Hamburg sowie des distanzierten und ironisierenden extradiegetischen Erzählers helfen die Stadt kennen zu lernen. Als Castorp um 1900 nach Danzig kam, existierte Polen nicht auf der Landkarte. Clare Cavanagh schreibt, dass zur Zeit der Teilung Polens dieses Land ausschließlich in der ‚imaginativen Geographie' existierte, wobei sie sich auf einen Begriff von Said beruft. Daher, behauptet Cavanagh, habe Polen die besten postkolonialen Referenzen[207]. Allerdings betont Skórczewski, dass in Danzig das Danzigtum dominiere[208]. Er deutet *Castorp* als einen postkolonialen Roman und beruft sich auf Frantz Fanon:

> The zone where natives live is not complementary to the zone inhabited by the settlers. The two zones are opposed, but not in the service of higher unity. (…) Obedient to the rules of pure Aristotelian logic, they both follow the principle of reciprocal exclusivity. No conciliation is possible, for of the two terms, one is superfluous. The town belonging to the colonized people (…) is a place of flame, people by men of evil rapture. (…) The colonized man is an envious man. And this the settler knows very well; when their glances meet he ascertains bitterly, always on the defensive: „They want to take our place."[209]

So liest beispielsweise Castorp im „Anzeiger" einen Bericht über ein polnisches Paar, das einen Juwelierladenbesitzer ermordete. Das Ereignis wird wie folgt von einem deutschen Detektiv kommentiert: „Ich habe ihm immer gesagt: Stell keine Polen ein! Aber er hatte andere Ansichten, liberale!"[210] Eine spezifische Person ist die Kaschibke, die als Hausmädchen bei Frau Wybe arbeitet und keinesfalls dem deutschen *Herrenvolk* unterlegen ist. Skórczewski behauptet, sie sei eine Figur, wie die, die vom Theoretiker des Postkolonialismus Hommi Bhabha als Mimikry bezeichnet werden[211]. Eigentlich bezeichnet Mimikry das möglichst perfekte Nachahmen eines Vorbildes. Der Nachahmer steigert seine Perfektion und dem

206   Scharffenberg, Renate: *Paweł Huelle „Castorp".* In: *Marburger Forum.* 06.2005.
207   Cavanagh, Clare: *Postkolonialna Polska. Biała plama na mapie współczesnej teorii.* In: *Teksty Drugie.* 2003/2/3. S. 63.
208   Skórczewski, Dariusz: *Dlaczego Paweł Huelle napisał „Castorpa."* S. 149f.
209   Fanon, Frantz: *The wretched of the earth.* Translated by Constance Farrington. 1969. S. 30.
210   Huelle, Paweł: *Castorp.* München 2007. S. 121.
211   Skórczewski, Dariusz: *Dlaczego Paweł Huelle napisał „Castorpa."* S. 154.

Betrachter ist nicht klar, ob er Original oder Fälschung vor sich hat. Der Kolonisierte wiederholt das Verhalten des Kolonisatoren[212]. Die Kaschibke ahmt in Huelles Roman Deutsche nach, indem sie ihnen ihre Überlegenheit zeigt und sie dadurch auch karikiert.

Castorp hat jedoch in Danzig nicht viele Möglichkeiten, Polen kennen zu lernen, weil sie nur als Randgestalten vorkommen, die in einer anderen Welt leben als Deutsche. Dass Castorp wenig Kontakt zu Polen hat, ist ein weiterer Beweis dafür, dass er hier fremd ist. Er unterscheidet nicht einmal zwischen Polen und Kaschuben und ihren Sprachen. Der Fremde bleibt für Castorp fremd und unzivilisiert:

> Die Kaschuben und die Polen, die er von der Sprache her nicht auseinanderhalten konnte, waren mit der grauen Schicht der Erde zu vergleichen, die schon lange mit Pflastersteinen bedeckt war, und sie offenbarten nur selten ihre Existenz, an seit Jahrhunderten unveränderten Orten: in einer Vorstadtschenke, einem Hafenmagazin oder leeren Bauplatz, einem ärmlichen Häuschen in Werder oder in einem Laden in einem Viertel, wo städtische Kanalisation, Straßenbahn und Gasbeleuchtung nicht hinkamen.[213]

Die Kaschuben waren seit eh und je in Danzig und dessen Umgebung anwesend, was auch bei Günter Grass gezeigt wird. Als „Zivilisierter" beobachtet er das „Wilde", das fremd ist. Das Fremde wird zur Fläche seiner eigenen Projektionen. Diese Natur ist zugleich interessant und beunruhigend: „Fremdheit vermittelt sich als Nichtdazugehörendes über die Differenz: im anderen Aussehen und in den andersartigen Gewohnheiten und Sitten, über die Differenz der Sprache."[214]

Castorps Begegnungen mit den Anderen kommen einerseits selten vor, andererseits werden Polen von Castorp als Vertreter der westlichen Zivilisation nicht verstanden, obwohl er weder über sie zu dominieren versucht, noch ihnen gegenüber Gewalt anwendet[215]. Izabela Surynt, die sich auf Spivak und Thompson beruft, behauptet, die Kolonisten sprechen über Einheimische, aber nicht mit ihnen[216]. Diesen Gedanken kann man auf *Castorp* durchaus beziehen, weil der junge Hamburger nicht weiß, auf welche Art und Weise er Einheimische kennen lernen könnte. Es gibt nur wenige Vertreter der Polen, die nicht zum Stereotyp passen. Eine der polnischen Randgestalten ist Doktor Ankewitz, für den Danzig

---

212 Vgl.: Surynt, Izabela: *Badania Postkolonialne a „Drugi świat". Niemieckie konstrukcje narodowo-kolonialne XIX wieku*. In: *Teksty Drugie*. 2007/4. S. 43.

213 Huelle, Paweł: *Castorp*. S. 198.

214 Hickethier, Knut: *Zwischen Abwehr und Umarmung*. In: Karpf, Ernst / Kiesel, Doron / Visarius, Karsten (Hg.): *Getürkte Bilder*. Marburg 1995. S. 21–40. Hier S. 25.

215 Vgl. Surynt, Izabela: *Badania Postkolonialne a „Drugi świat". Niemieckie konstrukcje narodowo-kolonialne XIX wieku*. S. 27.

216 Vgl. Ebd., S. 37.

ein Ort der Vertreibung ist, der aber zugleich einer der wenigen gut ausgebildeten Polen ist, der einen Zugang zur Enklave der Deutschen hat. Ein anderer Pole, der nicht den gängigen Stereotypen entspricht, ist der Kanzelist, der letztendlich aber Suizid begeht, weil er von Deutschen seines polnischen Akzents wegen schikaniert wird. Kamińska formuliert zu Recht die These, dass Huelle seine deutschen Protagonisten die Polen verachten lasse[217].

Die einzige Polin, der im Roman mehr Platz gewidmet wird, ist Wanda Pilecka, deren Reiz Castorp erliegt. Er versucht sie besser kennen zu lernen, was ihm jedoch nicht gelingt. Er begehrt sie, wie man jemanden begehrt, den man nicht haben kann. Die Reise nach Danzig scheint tatsächlich – wie Onkel Tienapell dies voraussah – eine verhängnisvolle Reise zu sein, denn Castorp „verfällt einer unbekannten Frau mit schmalen Augen und hohen Wangenknochen."[218] Ist es ein Zufall, dass die Polin gerade Wanda heißt? Die Assoziation mit der legendären Tochter des Krakauer Herzogs Krak – Wanda – ‚die keinen Deutschen wollte, liegt nahe. Tatsächlich: „Dieses Slawische verbindet sich für Castorp anfangs mit Unordnung und Chaos, und vor nichts hat das Bürgersöhnchen mehr Angst."[219] Sowohl *Der Tod in Venedig* mit dem schönen polnischen Jungen Tadzio, wie auch *Der Zauberberg* mit Pribislav Hippe und Klawdia Chauchat, beschreiben – durch die erotische Spannung – die Sehnsucht nach dem Osten[220]. Huelles Castorp ist wie Thomas Manns Helden von Unbekannten aus dem Osten fasziniert und in sie verliebt. Es ist die wilde, exotische Erotik des Ostens, die einen besonderen und eine Erstarrung hervorrufenden Einfluss auf Aschenbach, auf Manns Castorp und schließlich auf den Castorp von Huelle ausübt. Die Wirkung der Liebe auf die Protagonisten ist in allen drei Fällen ähnlich. Sie können nicht schlafen und sind nicht imstande, normal, d. h., so wie sie es gewohnt sind – gefühllos und nach Tagesplan – zu funktionieren. Während bisher die Wiederholung gewohnter Rituale und die Alltäglichkeit ihr Leben bestimmte, leben sie jetzt in einem Zustand der Verliebtheit wie in einem Traum oder eher in einem Alptraum. Sie verhalten sich so, wie sie es nie zuvor getan haben. Die Geheimnistuerei der Frauen verursacht bei ihm eine Art der Erstarrung. Beide Frauen wissen, dass sie von Castorp als Objekt der Sehnsucht gesehen und geliebt werden. Gemeinsamkeiten zwischen ihnen werden auch durch ihre äußere

---

217 Kamińska, Ewelina: *Erinnerte Vergangenheit – inszenierte Vergangenheit.* S. 225.
218 Döbler, Katharina: *Bekannte Romane, alte Gefühle.*
219 Ebel, Martin: *Und wieder locken den Helden zwei blaugraue Augen.* In: Tagesanzeiger. 15.06.2005.
220 Huelle, Paweł: *Pragnę Księgi.* Rozmawiał Sebastian Łupak. In: http://wyborcza. pl/1,75475,2078786.html.

Erscheinung hergestellt. Klawdia Chauchat hat Augen, die Castorp schon früher gesehen hat und die deswegen seine Aufmerksamkeit auf sich ziehen. Er erkennt in ihnen die Augen von Pribislav Hippe wieder, seinem Schulfreund, wie es der Erzähler erklärt: „Aber seine Augen, blaugrau oder graublau von Farbe (…)"[221] Beim Anblick Klawdia Chauchats erkennt Castorp: „(…), – es waren dieselben Augen."[222] Im *Zauberberg* sind die Augen von Pribislav Hippe gemeint, zu dem Castorp zwar ein platonisches, aber erotisch gefärbtes Verhältnis hatte, das auf Faszination basierte. Für diejenigen, die das Buch von Huelle kennen, müssen es aber auch die Augen von Wanda Pilecka sein, denn die gleichen Augen hat im Roman *Castorp* auch sie. Bei Huelle gibt es jedoch keine direkte Anspielung auf Augen von Pribislav: „Auf dem Rückweg versuchte er, (…), ihre Augenfarbe zu bestimmen. ‚Blaugrau', dachte er, oder vielleicht doch eher ‚graublau?'"[223] In allen drei Fällen ist es der wilde und unbekannte Hauch des Ostens, der ihn anzieht. Antoni Libera bezeichnet das slawische Element als eine unschuldige Schönheit, klare Natur und Dummheit, Parodie der Kultur[224]. Er wirft im Folgenden Thomas Mann vor, dass er wenig über Polen wusste, als er das Land besuchte und seine Osten-Vorstellungen eher Stereotype sind, aber weder Clawdia noch Pibislav waren Polen. Man muss aber in Betracht ziehen, dass Castorp Kontakt mit Polen nur bei Huelle hat, nicht bei Mann.

Huelle macht sich, ähnlich wie Mann, Gedanken über den Zeit-Begriff. Die Orte werden bei Huelle wie bei Mann zu Helden, während das Sanatorium Berghof *Der Zauberberg* Ort der Abgeschiedenheit ist, der imaginär ist, obwohl eine reale Vorlage existiert: das Sanatorium in Davos. Mann besuchte dort 1912 seine kranke Frau. Bei Huelle wurde die Handlung, wie es scheint, teilweise nach Zoppot verlegt, um die Möglichkeit zu erhalten, das Sanatorium Berghof mit dem Kurort Zoppot zu parallelisieren. Tatsächlich herrscht an beiden Orten ein ähnlich apathisches Klima. Die Menschen, auch Castorp, führen ein zielloses Leben und verfallen in eine matte Müdigkeit, die ihnen die permanente Wiederholung der Ereignisse aufzwingt. Im Roman *Der Zauberberg* macht sich der Erzähler folgende Gedanken:

> Für jetzt genügt es, dass jedermann sich erinnert, wie rasch eine Reihe, ja eine ‚lange' Reihe von Tagen vergeht, die man als Kranker im Bette verbringt: es ist immer derselbe Tag, der sich wiederholt; aber da es immer derselbe ist, so ist es im Grunde wenig korrekt,

---

221 Mann, Thomas: *Der Zauberberg.* S. 168.
222 Ebd., S. 174.
223 Huelle, Paweł: *Castorp.* S. 134.
224 Libera, Antoni: *Listy o Castorpie.* In: *Przegląd Polityczny.* 2004/66. S. 51.

von ‚Wiederholung' sprechen; es sollte von Einerleiheit, von einem stehendem Jetzt oder von der Ewigkeit die Rede sein.[225]

Castorp führt ein ähnlich zeitloses Leben in Danzig wie sein *alter ego* in Davos. Er befindet sich im Schwebezustand zwischen Traum und Wirklichkeit. Jeder seiner Tage verläuft monoton, so dass es möglich ist, die Überlegungen von Mann über ein stehendes Jetzt oder die Ewigkeit auch auf den Roman von Huelle zu beziehen. In beiden Romanen versucht jedoch Castorp, sich durch Sport (Skilaufen bei Mann, Wandern und Radfahren bei Huelle) abzulenken. In beiden Fällen wird endlich die Monotonie durch das Verlassen der Orte Davos oder Danzig unterbrochen. Durch die Darstellung der Monotonie des Lebens von Castorp setzen sich sowohl Mann als auch Huelle mit dem Bürgertum um die Jahrhundertwende auseinander, das als eine Klasse dargestellt wird, die nicht wirklich arbeiten muss. Die Folge ist ein Verlust der Kreativität und Aufbegehren derjenigen, die arbeiten müssen. Bei Huelle wird die Revolution von 1905 in den geschichtlichen Kontext des Romans mit einbezogen. Der russische Geliebte von Wanda Pilecka, der gegen Ende des Romans ermordet wird, ist ein Revolutionär.

In *Der Zauberberg* und *Castorp* werden Schlussreflexionen in ähnlicher Manier[226] angestellt. Sie zeigen, wie sich das Leben Castorps nach Danzig bzw. Davos weiter entwickelt, obwohl sich Huelle hier nicht direkt auf Mann bezieht. In beiden Fällen wird die Zukunft Castorps und die Geschichte Europas in Form einer Rede an Hans Castorp antizipiert, der von beiden Erzählern geduzt wird. Es ist bei Thomas Mann offensichtlich, dass Castorp am Ersten Weltkrieg als Soldat teilnehmen wird. Die politische Situation zwingt ihn, seinen Zufluchtsort, das Berghof-Sanatorium zu verlassen. Es heißt: „Fahr wohl – du lebest nun oder bleibest! Deine Aussichten sind schlecht; das arge Tanzvergnügen, worein du gerissen bist, dauert noch manches Sündenjährchen, und wir möchten nicht hoch wetten, dass du davonkommst. Ehrlich gestanden lassen wir ziemlich unbekümmert die Frage offen."[227] Bei Huelle macht der Erzähler in seiner Anrede an Castorp deutlich, dass er nicht aus der Perspektive der Jahrhundertwende erzählt, sondern sich auf diese Perspektive als Schriftsteller der neuen Jahrtausendwende bezieht und somit mit dem Werk von Thomas Mann spielt. Er spricht in seiner Schlussrede vom realen polnischen Gdańsk, in dem es keinen Platz mehr für den Idealisten Castorp gibt:

---

225 Mann, Thomas: *Der Zauberberg*. Frankfurt am Main 2007. S. 255f.
226 Vgl. Genette, Gerard: *Palimpseste. Literatur auf zweiter Stufe*. Frankfurt am Main 1993. S. 17.
227 Huelle, Paweł: *Castorp*. S. 251.

Ich möchte Dich lieber in dieser Straße in Langfuhr sehen, wie du über den Bürgersteig gehst, während Husaren mit Totenköpfen an den Mützen russische Gefangene durch die Straßen treiben. (…), es ist heiß, ein Augenblick des Ruhmes. Später marschieren durch die gleiche Straße Kinder in braunen Hemden und wieder ist ein Augenblick des Ruhmes. Zum Glück magst Du solche Augenblicke nicht, deshalb verschone ich Dich – aber nur Dich – mit dem Anblick dieser Straße in Langfuhr. Im März hinterlassen die Stiefel Deiner Landsleute schmutzige Pfützen im Schlamm: Sie werden von Soldaten der Roten Armee geführt, die Straße ist abgebrannt, wie die ganze Stadt, wie die ganze Welt. (…) Deshalb möchte ich Dich, Du ewiger, naiver Idealist, auch heute auf dieser Straße sehen, (…) wo man in der Straße nur noch die zischelnde Sprache von Wanda Pilecka hört; (…).[228]

Diese Rede ist auch als eine Rechtfertigung Huelles zu verstehen, der erklärt, warum er Thomas Mann den Protagonisten ‚gestohlen‘ hat. Castorp ist für ihn eine Verkörperung der deutschen Kultur und Literatur, für die der Osten exotisch und faszinierend war und dionysische Züge trug. Kultur und Literatur usurpierten, ganz anders als die Politik, nie ein Recht, die Kultur des Ostens mit Macht zu unterdrücken.

Während einer Lesung in Berlin 2005, gleich nach der Veröffentlichung der deutschen Fassung des Romans *Castorp* in der Übersetzung von Renate Schmidgall, sprach Huelle darüber, dass Hans Castorp die wichtigste literarische Figur seiner Kindheit war und *Der Zauberberg* der wichtigste Roman[229]. Huelle stellte sich vor, wie das Leben von Castorp während des Studiums in Danzig ausgesehen haben könnte, da wir bei Thomas Mann nichts davon erfahren. Das dritte Motto des Romans, ist ein Satz von Bolzano-Weierstraß (genannt nach zwei Mathematiker: Bernard Bolzano und Karl Weierstraß). Der Weierstraß-Kehrsatz beschreibt Kurvenfaktoren, zu denen keine Tangenten existieren, so dass die jeweilige Kurve nur in der „algebraischen Fantasie" des Mathematikers existiert, weil man sie nicht zeichnen kann. Sie nimmt immer wieder eine neue Form an, obwohl sich ihre Phasen ständig wiederholen. Darauf beruht der innere Widerspruch dieser mathematischen Formel. Castorp macht sich in dem Roman mehrmals Gedanken über diese mathematische Funktion, auch in Bezug auf den Zeitbegriff. Die Kurve von Weierstraß symbolisiert für Huelle die Zeit, die sich zwar wiederholt, aber in Wirklichkeit gar nicht existiert. Es ist zu erkennen, dass sich Huelle auf Kants Zeit- und Raum-Konzept[230] bezieht, das auch von Thomas Mann kommentiert wird: Zeit und Raum existieren nur als Gebilde der menschlichen Vorstellungskraft.

---

228 Ebd.
229 Huelle, Paweł: Die Lesung: *Castorp*. Literarisches Colloquium. Berlin 21. November 2005.
230 Kant, Immanuel: *Kritik der reinen Vernunft*. Leipzig 1881.

Zeit und Raum sind bei Kant formale Bedingungen „a priori aller Erscheinungen überhaupt"[231], aber sind zugleich „die wirkliche Form der inneren Anschauung."[232] Sie sind Noumenon, die als solche nicht erscheinen, sondern von den Menschen als „Form des inneren Sinnes, d. i. des Anschauens unserer Selbst und unseres inneren Zustandes"[233] gedacht werden. Raum und Zeit seien bei Kant zwei Undinge, „welche da sind, (…) nur um alles Wirkliche in sich zu befassen[234]. Die Zeit, so wie sie von Menschen konzipiert ist, könne allerdings alles verändern, denn „alle Gegenstände der Sinne, sind in der Zeit, und stehen notwendigerweise in Verhältnissen der Zeit."[235] Die Zeit gehört in die Vorstellung der Gegenstände, sie ist die notwendige Bedingung ihres Existierens[236]. Die Zeit, so wie sie vom Menschen konzipiert ist, hat aber einen enormen Einfluss auf ihr Leben, weil sie nach der messbaren und ablaufenden Zeitordnung leben. Es scheint, als handelte es sich bei Huelles Text weiterhin um die schöne, idealistische und virtuelle Idee der Kontinuität in Literatur und Kultur. Diese steht mit dem Zeit-Begriff, der alles verändern kann, obwohl er, laut Kant, nur eine Idee bleibt, in enger Verbindung.

Die Begriffe ‚Zeit' und ‚Raum' spielen auch bei einem anderen Schriftsteller, der über Danzig / Gdańsk spielt – Stefan Chwin – eine wichtige Rolle. Er reflektiert in seinen Werken mehrmals über ihre Bedeutung. Chwin behauptet, er habe eine besondere Einstellung zu den Termini ‚Zeit' und ‚Raum', weil für seine Vision der Welt die Zeit und der Raum keine relevante Rolle für die Menschen spielen. Wichtiger sei für ihn die Tatsache, dass etwas überhaupt auf der Erde passiere, als wann sich dies zeitlich-räumlich ereigne. Er spricht von der Gleichzeitigkeit der Welt und konstatiert am Silvesterabend:

Was für eine schöne Verbissenheit lässt uns die Zeit in mit Datum gestempelte Abschnitte teilen - ‚Stunden', ‚Epochen', ‚Phasen', 'Wenden', ‚Jahrhunderte', ‚Jahrestage'.

Nur der Wald, der schöne winterliche Gutenbergwald, der vor unseren Fenstern wächst, macht sich nichts aus diesem Lichterwahnsinn.[237]

---

231   Ebd., S. 61.
232   Ebd., S. 62.
233   Ebd., S. 61.
234   Ebd., S. 65.
235   Ebd., S. 61.
236   Ebd., S. 62.
237   Chwin, Stefan: *Kartki z dziennika*. Gdańsk 2004. S. 18. Übersetzung: J.B.

In dieser Passage ist zu sehen, dass auch Chwin von Kant das Zeit- und Raum-Konzept[238] übernimmt: Die Zeit tötet bei Chwin Sachen und Wörter, denn die Zeit selbst verändert sich nicht, sondern etwas, das in der Zeit existiert.

Castorp scheint sich sowohl bei Mann als auch bei Huelle außerhalb der Zeit zu befinden. Bei Huelle ist Castorp ein Protagonist, der nur als Imagination des Verfassers (in diesem Fall Thomas Mann) existiert, die von jedem (in diesem Fall Paweł Huelle) übernommen und wiederholt werden kann. Diese Imagination wird aber trotzdem immer nur ein virtuelles Bild bleiben und eine Puppe im Puppentheater sein. Dessen ist sich der Erzähler bewusst: „Du [Castorp, J.B.] – virtuell, wie die magische Kurve von Weierstraß, über die immer die gleichen Ostseewolken ziehen."[239] Die Idee des virtuellen Protagonisten wurde in Form eines Hypertextes, das heißt in Form des Kommentars dem *Zauberberg* von Mann entnommen. Bei Thomas Mann lesen wir: „Lebewohl, Hans Castorp, des Lebens treuherziges Sorgenkind. Deine Geschichte ist aus. Zu Ende haben wir sie erzählt; sie war weder kurzweilig noch langweilig, es war eine hermetische Geschichte."[240] Mann interessiert ausschließlich Castorps Geschichte. Der Held führt weder bei Mann noch bei Huelle ein selbstständiges Leben, sondern ist eine von beiden Schriftstellern kreierte Figur, die wie ein Gegenstand eines Experiments behandelt wird.

Danzig ist in *Castorp* ein Ort, der aus der Perspektive des Fremden beobachtet wird. Castorp ist der Fremde und der Einsame, der durch die Stadt flaniert[241]. Er ist Hamburger und kein Danziger, kein Autochtone, eine interessante Ausnahme unter den Protagonisten, die sich hier zu Hause fühlen. Die Figur Castorp erlaubt, die literaturwissenschaftliche Perspektive zu wechseln und die Stadt aus fremder Perspektive zu beobachten.

---

238 Kant, Immanuel: *Kritik der reinen Vernunft*. S. 48–75.
239 Huelle, Paweł: *Castorp*. S. 252.
240 Mann, Thomas: *Der Zauberberg*. Frankfurt am Main 2007. S. 983.
241 Vgl. Bossak-Herbst, Barbara: *Antropolis. Współczesny Gdańsk w wymiarze symbolicznym*. 2009. S. 92.

IV. Günter Grass. Identität der Stadt zwischen Multikulturalität und Nationalismus

1. „Verlust als Voraussetzung für Literatur"[242]

Ich stamme... aus Danzig, kann also, am Beispiel meiner Heimatstadt, genau demonstrieren, zu welch unwiderruflichen Verlusten deutsche Hybris geführt hat. Ich erhebe sogar den Anspruch, mit mehr Recht und genauerer Kenntnis vom Verlust meiner Heimat sprechen zu dürfen, als es der General de Gaulle mit nationalistischem bis tragikomischem Zungenschlag tut.[243]

Der Verlust der Heimat ist für die Entwicklung von Günter Grass' Werk ein Schlüsselbegriff. Grass spricht des Öfteren „als Schriftsteller und als jemand, der seine Heimatstadt verloren hat"[244] und beschwört immer wieder die Vergangenheit: „Vergangene Dinge, Rudimente, die man wiederfindet, eine Erinnerung an Etwas, an ein Brausepulver, was immer auch, eröffnet ein bestimmtes Zeitklima, eine Aura, die vergangen ist, die aber wieder heraufbeschworen werden kann."[245]

Im Unterkapitel zu Mircea Eliade wurde darauf aufmerksam gemacht, dass Mythen ständig wiederholt werden müssen, um existieren zu können. Durch das Wiederholen werden sie neu belebt und aktualisiert. Durch das ständige Wiederholen der Vergangenheit in der Literatur und durch die Literatur entsteht der Mythos vom Ende der kleinbürgerlichen Welt in Danzig. Der Verlust der Heimat bildet den Höhepunkt der überwältigenden Destruktion, obwohl sich Grass als „gebranntes Kind"[246] an diese Welt mit Nostalgie erinnerte. Die Erinnerung an „den Garten Eden, (...) den Gott gegen Osten gepflanzt hatte"[247], aus

---

242 Grass, Günter: *Rede vom Verlust. Über den Niedergang der politischen Kultur im geeinten Deutschland.* In: *Essays und Reden. Band III 1980–1997.* Göttingen 1997. S. 373.

243 Grass, Günter: *Günter Grass – Pavel Kohout. Briefe über die Grenze. Versuch eines Ost-West Dialogs.* Hamburg 1968. S. 68.

244 Grass, Günter: *Politisches Tagebuch. Verlorene Provinzen – gewonnene Einsicht.* In: *Essays und Reden. Band II 1970–1979.* Göttingen 1997. S. 77.

245 Grass, Günter: *Vom Abenteuer der Aufklärung. Günter Grass. Harro Zimmermann. Werkstattgespräche.* Göttingen 1999. S. 79.

246 Vgl. Scheidgen, Ilka: *Fünfuhrgespräche. Ilka Scheidgen zu Gast bei...* Lahr 2008. S. 17.

247 Frizen, Werner: *Günter Grass. Gedichte und Kurzprosa. Kommentar und Materialien.* Göttingen 2010. S. 169.

dem Gedicht *Die Vorzüge der Windhühner* (1956) zeigt, dass sich Grass nach den Eindrücken aus der Welt seiner Kindheit, die keinesfalls verzaubert war, sehnte:

Oft bei Ostwind,

wenn die Zwischenwände umblättern,
ein neues Kapitel sich auftut,

lehne ich glücklich am Zaun,
ohne die Hühner zählen zu müssen –

weil sie zahllos sind und sich ständig vermehren.[248]

Andere Beispiele, in denen der Verlust der Heimat thematisiert wird, sind folgende Gedichte: *Blechmusik* oder *Polnische Fahne* aus dem Band *Die Vorzüge der Wildhühner* (1956), *Die große Trümmerfrau spricht* aus dem Band *Gleisdreieck* (1960), *Offenes Feuer* aus dem Band *Ausgefragt* (1967), *Das Unsre* aus dem Band *Novemberland* (2001). In *Die Blechtrommel* und in *Hundejahre* beschreibt der Schriftsteller den Krieg und die Flucht der deutschen Einwohner aus der Stadt Danzig. So heißt es in *Die Blechtrommel*: Die Weichselniederung bleibt zurück, es bleiben die vier Röcke der Großmutter zurück, „die Oskar Schutz und Geborgenheit gaben."[249] Auch in seiner Autobiographie *Beim Häuten der Zwiebel* wie schon mehrmals vorher in Reden, Essays und Aufsätzen erwähnt er verlorene Provinzen und seinen eigenen Verlust der Heimat (z. B. *Was ist des Deutschen Vaterland* (1965); *Rede von der Wut über den verlorenen Milchpfennig* (1967); *Politisches Tagebuch. Verlorene Provinzen – gewonnene Einsicht* (1970); *Rückblick auf die Blechtrommel oder Der Autor als fragwürdiger Zeuge. Ein Versuch in eigener Sache* (1973); *Wie sagen wir es den Kindern* (1979); *Ungehaltene Rede vor dem Deutschen Bundestag* (1985); *Scham und Schande* (1989); *Rede vom Verlust. Über den Niedergang der politischen Kultur im geeinten Deutschland* (1992); *Laudatio auf Yaşar Kemal* (1997); *Fortsetzung folgt,* (1999); *Ich erinnere mich* (2000); *Über das Brückenschlagen* (2001)).

Grass war sich dessen bewusst, dass die Deutschen für den Verlust der ehemaligen deutschen Ostgebiete verantwortlich waren: „Wir haben einen Krieg begonnen, verbrecherisch geführt und verloren. Der Preis dafür ist der Verlust von Provinzen, sind Menschen, die ihre Heimat verloren haben."[250] Er kritisierte

---

248   Grass, Günter: *Die Vorzüge der Windhühner*. In: *Gedichte und Kurzprosa*. München 1999. S. 9.
249   Schwarz, Wilhelm Johannes: *Der Erzähler Günter Grass*. S. 17.
250   Grass, Günter / Huelle, Paweł im Gespräch: *Danzig/Gdańsk*. In: Kobylińska, Ewa / Lawaty, Andreas / Rüdiger, Stephan (Hg.): *Deutsche und Polen. 100 Schlüsselbegriffe*. S. 548.

mehrmals diejenigen, die „die Ursachen und Konsequenzen des begonnenen und verlorenen Krieges nicht wahrnehmen oder akzeptieren wollte[n]"[251] und ihre Ansprüche auf Recht auf Heimat manifestierten. Er berücksichtigte dabei auch Gefühle der Polen, „die nach dem Verlust der polnischen Ostprovinzen an die Sowjetunion Wilna und Lemberg verlassen mussten und in Danzig und Breslau angesiedelt wurden. [Sie] durften ihr Recht auf Heimat in den Wind schreiben; nicht zu reden von der deutschen Sandkastenoffensive einer friedlichen Rückgewinnung."[252] Grass interessierte sich immer für politische Beziehungen zwischen Polen und Deutschland. Er sprach sich mehrmals gegen die Politik von Adenauer, Erhard und Kiesinger aus, weil es in ihrem Umfeld Politiker gab, die zur Zeit des Krieges in Nazi-Verbrechen verwickelt waren (z. B. Franz Joseph Strauß; Hans Globke; Kurt Georg Kiesinger, der auch aufgrund seiner NSDAP-Mitgliedschaft umstritten war). Adenauer weigerte sich, die Oder-Neiße-Grenze anzuerkennen, was Grass ebenfalls kritisierte[253]. (Dazu vgl. z. B.: *Loblied auf Willy* (1965); *Des Kaisers neue Kleider* (1965); *Offener Brief an Kurt Georg Kiesinger* (1966); *Das Gewissen der SPD* (1966); *Rede von der Wut über den verlorenen Milchpfennig* (1967.) Alle hier angesprochenen Reden und Essays sind im Band *Essays und Reden. Band I 1955–1969* enthalten.

Grass war durch den Verlust seiner Heimat, die vor dem Krieg, während des Krieges und auch noch lange nach dem Krieg ein Ort der Instabilität[254] war, wurzellos geworden. Er gab zu: „Auch ich konnte diesen Verlust nicht leichtnehmen."[255] Aber schon 1967 unterstrich er: „Alle wissen es: Schlesien, Ostpreußen, Pommern sind vertan und verloren."[256] Durch dieses Fehlen an Ortsstabilität schuff der Schriftsteller den Mythos Danzig, ohne dass er die reale Rückgabe des Ortes forderte. Ohne die Möglichkeit zu haben, sich auf konkrete Gegenstände und Orte zu stützen, war Grass gezwungen, seine verlorene Kindheit mithilfe von

---

251 Grass, Günter: *Scham und Schande.* In: *Essays und Reden. Band III 1980–1997.* S. 219.
252 Ebd., S. 219.
253 Vgl. z. B. Grass, Günter: *Rede von der Wut über den verlorenen Milchpfennig.* In: *Essays und Reden. Band I 1955–1969.* S. 235.
254 Vgl. Chwin, Stefan: *Uroki wykorzenienia. O narracji reistycznej, grach z losem i kilku innych pokusach ze Stefanem Chwinem rozmawia Wojciech Werochowski.* In: Chwin, Krystyna (Hg.): *Rozmowy Tytułu.* Gdańsk 1996. S. 71; Chwin, Stefan: *Stätten des Erinnerns. Gedächtnisbilder aus Mitteleuropa. Dresdner Poetikvorlesung.* Dresden 2005. S. 33.
255 Grass, Günter: *Scham und Schande.* S. 218.
256 Grass, Günter: *Rede von der Wut über den verlorenen Milchpfennig.* S. 235.

flüchtigen Erinnerungen zu rekonstruieren. So erklärt seine Biographie die in seinen Werken stark präsente Perspektive des Verlustes:

> Schreiben aus dem Bewusstsein eines Verlustes heraus, mit einer Verlustmentalität, das ist für mich sehr wichtig.[257]

> Da mir, dem Kind einer Familie, die nach Kriegsende vertrieben wurde, im Vergleich mit Schriftstellern meiner Generation, die sesshaft am Bodensee, in Nürnberg oder im norddeutschen Flachland aufgewachsen, also im Vollbesitz ihrer Schulzeugnisse und Frühprodukte sind, kein Nachlass aus Jugendjahren zur Hand ist, kann nur die fragwürdigste aller Zeuginnen, die Dame Erinnerung, angerufen werden, eine launische, oft unter Migräne leidende Erscheinung, der zudem der Ruf anhängt, je nach Marktlage käuflich zu sein.[258]

Einerseits war der Verlust eine große Tragödie. Grass hatte keinen direkten Zugang zu den Orten und Dingen, in denen und mit denen er aufgewachsen war. Seine Stadt existierte nach dem Krieg nicht mehr in der Form, an die er sich erinnerte. Zugleich unterstrich er jedoch, dass dieser tragische Verlust ihm Freiheit gab. Er war nicht mehr ortsgebunden, konnte leben, wo er wollte und durfte sich auch frei erinnern, was in seiner Literatur den Ausdruck fand: „Zudem hat der Verlust der Heimat mich frei gemacht für Bindungen anderer Art. Der allem Heimatlichen eingeborene Zwang, seßhaft sein zu müssen, ist aufgehoben."[259] Deutsche Kleinbürger, die sich an ihren konkreten Ort und ihre Kirche gebunden fühlen, charakterisiert Grass mit der ihm typischen Ironie 1967 in Israel in seiner *Rede von der Gewöhnung*: „Da sie so pfälzisch, schwäbisch oder westfälisch orts- und kirchturmgebunden sind, lieben sie die Welt und lassen nicht ab, sie zumindest in Gedanken nach ihrem pfälzischen, schwäbischen, westfälischen Bild zu formen."[260]

Der Verlust der Heimat bedeutete für Grass kein Ende, aber er war für ihn eine wichtige Zäsur: „Eine Stunde Null jedoch, die später als Zeitwende und wie ein Freibrief im Handel war, wurde mir nicht geläutet."[261] Der Schriftsteller lehnte den Begriff der so genannten ‚Stunde Null' schon 1977 im Gespräch mit Heinz Ludwig Arnold ab. Er erinnerte damals daran, dass er und seine Generation ihr Verhältnis zu einer unterbrochenen Literaturtradition aufzuarbeiten

---

257 Grass, Günter / Huelle, Paweł im Gespräch: *Danzig/Gdansk*. S. 560.
258 Grass, Günter: *Beim Häuten der Zwiebel*. München 2008. S. 64.
259 Grass, Günter: *Rede vom Verlust*. S. 373.
260 Grass, Günter: *Rede von der Gewöhnung*. In: *Essays und Reden. Band I 1955–1969*. S. 221.
261 Grass, Günter: *Beim Häuten der Zwiebel*. S. 185f.

gezwungen waren[262]. Nach Grass darf die Metapher der Stunde Null keine Tabula Rasa bedeuten. Für ihn war es unmöglich, die Vergangenheit einfach aus dem Gedächtnis zu streichen. Grass unterstrich immer, dass er *Die Blechtrommel* bewusst gegen eine Tendenz der unmittelbaren Nachkriegsliteratur und gegen Theodor Adornos Theorie schrieb, die sich ortlos und zeitlos verstand. Die Geschichtsbezüge stehen bei Grass immer neben fiktiven Ereignissen oder, wie dies in *Der Butt* der Fall ist, neben Märchen und Legenden, die von Grass frei interpretiert werden und gerade durch die die Kontinuität der Geschichte behalten wird. Für Harro Zimmermann sind Märchen, Mythen, Sagen und Legenden „ein Stück Archäologie des Lesens"[263]. Bei Grass sollen sie „als Ausdruck der Volkstradition, als Kondensat gleichsam versunkener Bedürfnisse und verschollener Identitäten"[264] verstanden werden, so ähnlich wie sie auch Johann Gottfried Herder gesehen hat, der im 18. Jahrhundert Volkslieder herausgab. Beispielsweise ist das Märchen *Vom Fischer und seiner Frau* ein Ausgangspunkt für den Roman *Der Butt*. In *Die Rättin* wird die Legende über die Stadt Vineta zur Darstellung gebarcht. Als ein Urbild für Oskar Matzerath könnte eine wenig bekannte Danziger Legende *Żywcem zamurowany* [Bei lebendigem Leibe zugemauert] gelten, die von einem kleinwüchsigen Mann handelt:

> Es lebte in dieser Zeit an der Motlau ein Mensch, der von Ratsherren angestellt wurde und der bei allen schwierigen Maurerarbeiten eingesetzt wurde. Als er noch ein Junge war, fiel er vom hohen Gerüst und hörte auf zu wachsen; außerdem begann er seit dieser Zeit so sehr zu stottern, dass kaum jemand ihn verstehen konnte.[265]

Ob diese Legende Günter Grass bekannt war, kann hier nicht eindeutig festgestellt werden, aber es scheint, dass Oskar Matzerath, der auf eine ähnliche Art und Weise sein Wachstum anhielt und dessen Art der Sich-Verständigung auch nicht immer verständlich war, in dieser Legende seine Wurzeln haben könnte.

Günter Grass kreierte also eine Version der Stadtidentität dadurch, dass er das Fiktive mit dem Realen verband. Einerseits bezog er sich in seinen Büchern auf die Legenden, andererseits war für sein Werke die Geschichte der Stadt wichtig. Beispielsweise in *Aus dem Tagebuch einer Schnecke* macht Grass seine Kinder mit der Geschichte seiner Heimatstadt bekannt: „Ich bin, wie ihr wißt, in der Freien

---

262 Grass, Günter: *Gespräche mit Günter Grass*. In: Arnold, Heinz Ludwig (Hg.): *Text und Kritik*. Heft 1/1a. *Günter Grass*. Juni 1978. S. 2.

263 Zimmermann, Harro: *Vom Abenteuer der Aufklärung. Günter Grass. Harro Zimmermann. Werkstattgespräche.* Göttingen 1999. S. 173.

264 Ebd., S. 175.

265 Samp, Jerzy: *Legendy Gdańskie*. Gdańsk 2004. S. 254f. Übersetzung: J.B.

Stadt Danzig geboren, die nach dem Ersten Weltkrieg vom Deutschen Reich getrennt worden war und mit den umliegenden Landkreisen der Aufsicht des Völkerbundes unterstand."[266] Grass verstand sich immer als „zeitgenössisches Ich"[267] und sah „sich selbst abhängig stehen in der Geschichte."[268] Nicht als einzelne Person und aus dieser selbst heraus sah er sich als Schriftsteller berufen, sondern in seinem Vermögen, sich schreibend erzählend der Zeitgenossenschaft bewusst zu machen und solches Bewusstsein den Lesern zu vermitteln[269].

2. Zurück nach Danzig. Wer bin ich? – autobiografisches Erzählen und Autobiografie

Günter Grass hat mit seiner *Danziger Trilogie* die Entstehung der literarischen Stadt Danzig eingeleitet. Er schreibt: „Ich bin in Danzig geboren und aufgewachsen, weiß also wovon ich spreche."[270] 1958 machte er eine Reise nach Gdańsk, um dort „vor Ort zu recherchieren"[271] und seinen ersten Roman, dessen Handlung in seiner Heimatstadt Danzig spielt, zu Ende zu schreiben: „In Gdańsk suchte ich Danzig."[272] Es war seine erste Reise in die Heimat seit 1944 und er erinnerte sich an sie wie folgt:

> In Gdańsk schritt ich Danziger Schulwege ab, sprach ich auf Friedhöfen mit anheimelnden Grabsteinen, saß ich (wie ich als Schüler gesessen hatte) im Lesesaal der Stadtbibliothek und durchblätterte Jahrgänge des *Danziger Vorposten*, roch ich Motlau und Radaune. In Gdańsk war ich fremd und fand dennoch in Bruchstücken alles wieder: Badeanstalten, Waldwege, Backsteingotik und jene Mietskaserne im Labesweg, zwischen Max-Halbe-Platz und Neuem Markt; auch besuchte ich (auf Oskars Anraten) noch einmal die Herz-Jesu-Kirche: der stehen gebliebene katholische Mief.[273]

In diesem Zitat vermischt sich die Gegenwart mit der Vergangenheit und die Wirklichkeit mit der Literatur. In der Vergangenheit war hier Grass zu Hause. In der im Zitat beschriebenen Zeit ist er hier fremd. In seiner Erinnerung ist ihm

---

266 Grass, Günter: *Aus dem Tagebuch einer Schnecke*. München 1999. S. 15.
267 Vormweg, Heinrich: *Grass, Günter*. Reinbek bei Hamburg 2002. S. 21.
268 Ebd.
269 Vgl. Ebd.
270 Grass, Günter: *Rede von den begrenzten Möglichkeiten*. In: *Essays und Reden 1955–1969*. Göttingen 1997. S. 502.
271 Grass, Günter: *Rückblick auf die Blechtrommel – oder Der Autor als fragwürdiger Zeuge. Ein Versuch in eigener Sache*. In: *Der Autor als fragwürdiger Zeuge*. München 1997. S. 112.
272 Ebd.
273 Ebd.

aber Ort vertraut geblieben. Der Schriftsteller behauptet, die Stadt aufs Oskars Anraten zu besuchen, was zeigt, dass er schon vor der Entstehung *Die Blechtrommel* bewusst seine Heimatstadt als literarischen Ort kreieren vermochte. Im Essay *Ich erinnere mich...* beschreibt Grass, auf welche Art und Weise bei ihm der Prozess des Sich-Erinnerns an den Ort seiner Kindheit gebunden ist:

> Ich erinnere mich oder ich werde erinnert durch etwas, das mir quer steht, seinen Geruch hinterlassen hat oder in verjährten Briefen mit tückischen Stichworten darauf wartete, erinnert zu werden. Diese und weitere Fallstricke bringen uns ins Stolpern. Aus dem Abseits taucht etwas auf, das nicht sogleich zu benennen ist. Sprachlose Gegenstände stoßen uns an, Dinge, die uns seit Jahren, so meinten wir, teilnahmslos umgaben, plaudern Geheimnisse aus: peinlich, peinlich! Dazu Träume, in denen wir uns als Fremde begegnen, unfaßbar, endloser Deutung bedürftig.[274]

Grass stellte den Prozess des Sich-Erinnerns in Frage, wenn er feststellte: „Ich erinnere mich oder ich werde erinnert durch etwas"[275]. Sein eigenes Gedächtnis war nicht zuverlässig, wessen sich der Autor bewusst war. Er hatte kein Vertrauen zu seinem Gedächtnis. Wenn man erinnert wird, befindet man sich nicht mehr in der Subjektposition, sondern in der Objektposition. Aleida Assmann meint, dass in diesem Fall in die Subjektposition das Wort ‚etwas' rückt, durch das die Richtungsposition verändert wird[276]. Dieses etwas wird von Grass durch Geruch oder tückische Stichworte konkretisiert. Grass schrieb von Bildern, die er als Kind und dann als Jugendlicher sammelte[277]. Und immer wieder spielte die verlorene Heimat in seinen privaten Erinnerungen eine Rolle:

> Auch während der Reise an Orte, die hinter uns liegen, die zerstört wurden, verloren sind und nun fremd klingen und anders heißen, holt uns plötzlich Erinnerung ein. So geschah es mir im Frühjahr 1958, als ich zum ersten Mal nach Kriegsende die langsam aus abgeräumten Trümmern nachwachsende Stadt Gdańsk besuchte und beiläufig hoffte, auf verbliebene Spuren von Danzig zu stoßen. Schulgebäude waren stehen geblieben und ließen in ihren wohlkonservierten Schulmief aufleben. Schulwege schienen kürzer zu sein, als mir erinnerlich war. Dann aber, als ich das einstige Fischerdorf Brösen aufsuchte und den schlappen Anschlag der Ostsee als unverändert erkannte, stand ich plötzlich vor der verschlossenen Badeanstalt und dem gleichfalls vernagelten Kiosk seitlich vom Eingang. Und sogleich sah ich die billigste Freude meiner Kindheit aufschäumen: Brausepulver mit Himbeer-, Zitrone- und Waldmeistergeschmack,

---

274   Grass, Günter: *Ich erinnere mich....* In: *Steine wälzen. Essays und Reden 1997–2007.* Göttingen 2007. S. 86.

275   Ebd.

276   Assmann, Aleida: *Der lange Schatten der Vergangenheit. Erinnerungskultur und Geschichtspolitik.* S. 120.

277   Grass, Günter: *Beim Häuten der Zwiebel.* S. 11.

das in jenem Kiosk für Pfennige in Tütchen zu kaufen war. Doch kaum prickelte das erinnerte Erfrischungsgetränk, begann es sogleich Geschichten zu hecken, wahrhafte Lügengeschichten, die nur auf das richtige Kennwort gewartet hatten. Das harmlose und simpel wasserlösliche Brausepulver löste in meinem Kopf eine Kettenreaktion aus: aufschäumende frühe Liebe, dieses wiederholte und dann nie wieder erlebte Prickeln.[278]

Der Erzähler ist hier Günter Grass. Seine Erinnerungen waren privat nur bis zur Veröffentlichung des Buches. Nachdem sie in schriftlicher Form erzählt worden waren, begannen sie dem kollektiven Gedächtnis anzugehören. Aleida Assmann sieht in der eben zitierten Passage die Meisterschaft des Autors. Der Text ist nämlich keine reine Erinnerung pur. Grass erzählte und analysierte zugleich, auf welche Art und Weise der Prozess des sich Erinnerns verläuft. Er brachte gleich mehrere Dinge auf einmal zuwege: erzählte eine Episode aus seiner Kindheit, rief Erinnerungen auf und fasste den Prozess des Erinnerns selbst in ein prägnantes Bild[279]. Laut Grass archiviere das Gedächtnis spontane Schnappschüsse des Zufalls[280]. Diese Schnappschüsse sind oft keine konkreten Bilder, sondern eher Eindrücke, wie beispielsweise der Anschlag der Ostsee, der literarisch in der *Danziger Trilogie* und in Gedichten bearbeitet wurde, oder das Prickeln des Erfrischungsgetränks, das durch seine Darstellung in *Die Blechtrommel* zur Legende geworden ist. Der eine Gedächtnisauslöser weckt den anderen. Immer neue Erinnerungen werden ausgelöst. All diese Sinneswahrnehmungen und scheinbar belanglosen Ereignisse wurden literarisch mehrmals verarbeitet. Manches sieht jedoch nach Jahren anders aus, als in der Erinnerung verankert, was Grass mit Verwunderung feststellt und beschreibt (wie kürzere Schulwege, die in der Vergangenheit sehr lang zu sein schienen).

Grass war nach 1958 noch mehrmals in Gdańsk, denn er hatte hier viele Freunde, trotzdem sprach und schrieb er am häufigsten von dieser ersten Reise nach dem Krieg, die ein Schlüsselereignis in seinem Leben war. Möglicherweise hat ihn diese Reise deshalb so intensiv geprägt, weil in den 1960er Jahren die Überreste der deutschen Stadt endgültig zerstört wurden. In erster Linie betraf dies die evangelischen Friedhöfe zwischen der Medizinischen Akademie und der Technischen Hochschule, wo vor allem deutsche Namen von Grabsteinen entfernt wurden[281]. Zwar fand Grass auf dieser ersten Reise im Jahre 1958, die einen großen Einfluss auf seine literarische Vision der verlorenen Heimatstadt hatte, die Menschen nicht mehr, die den Ort geprägt hatten, trotzdem fand er hier das

---

278 Grass, Günter: *Ich erinnere mich…* S. 86.
279 Assmann, Aleida: *Der lange Schatten der Vergangenheit.* S. 121.
280 Grass, Günter: *Beim Häuten der Zwiebel.* S. 249.
281 Vgl. z. B.: Chwin, Stefan: *Kto dzisiaj jeszcze rozmawia o Gdańsku.* S. 68.

Klima der verlorenen Heimat. Auch seine fiktiven Protagonisten (Oskar Matzerath, Pilenz, Tulla Pokriefke, Alexander Reschke) reisen nach Jahren in die Stadt zurück und sie suchen nach den Spuren der Vergangenheit. Beispielsweise besucht Tulla nach Jahren die Altstadt, ihr Elternhaus in der Elsenstraße 19 und die Badeanstalt in Brösen. Es wird klar, dass die Protagonisten der Werke von Grass sind oft emotional tief verletzte Menschen, die sich vom erlebten Trauma nicht befreien können. Davon zeugt auch die ewige Wiederkehr in die Heimat und die ewige Wiederbearbeitung des Verlust-Themas, das in der Novelle *Im Krebsgang* eine besonders pessimistische Aussage hat: „Das hört nie auf. Nie hört das auf."[282]

Mehrere Werke von Grass sind durch seine Kindheit in Danzig während des Nationalsozialismus autobiographisch geprägt, aber sie sind keine Autobiographien[283], weil sich in ihnen der Autor der Fiktion bedient. Die Ereignisse und Protagonisten sind oft fiktiv. Dadurch können diese Texte Autofiktion[284] genannt werden. Sie gründen auf Erinnerungen des Schriftstellers, sind eine individuelle „Parabel auf die Vergangenheitsbewältigung"[285], basieren aber nicht auf der behaupteten Autor-Erzähler-Protagonist-Identität im Text, „die letztlich auf den Namen des Autors auf dem Umschlag verweist"[286]. Sehr lange behauptete Grass, es reizte ihn nie und würde ihn auch nie reizen, seinem eigenen Lebenslauf nachzugehen[287] und ihn zu beschreiben. Im Jahre 2000 führten Schüler aus Aurich dazu ein Interview mit Grass:

Schüler: Haben wir von Ihnen eine Autobiografie zu erwarten?
Grass: Mit Sicherheit nicht.
Schüler: Warum nicht?
Grass: Weil ich sofort anfangen würde zu lügen; es würde eine reine Lügengeschichte.
Lügen, das kann ich ganz gut.[288]

---

282   Grass, Günter: *Im Krebsgang*. S. 216.
283   Vgl. Vormweg, Heinrich: Grass, Günter. Reinbek bei Hamburg 2002. S. 14–19.
284   Zum Begriff *Autofiktion* vgl: Wagner-Egelhaaf, Martina: *Autobiographie*. Stuttgart Weimar 2005. S. 2–5.
285   Øhrgaard, Per: *Günter Grass*. Wien 2005. S. 44.
286   Lejeune, Philippe: *Der autobiographische Pakt*. Frankfurt am Main 1994. S. 27.
287   Grass, Günter: Im Gespräch mit Heinrich Vormweg. Zitiert nach: Vormweg, Heinrich: *Günter Grass*. Reinbek bei Hamburg 2002. S. 19.
288   Schaeder, Burkhard: *Es musste raus, endlich. Das Geständnis des Günter Grass, Soldat der Waffen-SS gewesen zu sein. Eine kommunikationswissenschaftliche Betrachtung.* In: Honsza, Norbert / Światłowska, Irena (Hg.): *Günter Grass. Bürger und Schriftsteller.* Dresden 2008. S. 373.

Im Jahr 2006 entstand dann doch die Autobiografie *Beim Häuten der Zwiebel.* Im Buch sucht Grass, der die Rolle des Erzählers spielt, deutlich nach eigener Identität und dem Ort der Erinnerung. Ruth Klüger, die Autorin der bekannten und für die deutsche Literatur wichtigen Autobiografie *weiter leben,* behauptet: „Autobiografie ist eine Art Zeugenaussage."[289] Grass hingegen stellt selbst seine eigene Zeugenschaft infrage, indem er sich mehrmals „fragwürdiger Zeuge"[290] nennt und gibt des Öfteren zu, dass er als Erzähler lügt. Martina Wagner-Egelhaaf ist nicht so restriktiv wie Klüger, aber sie legt dar, dass Autobiografien auf der einen Seite den Anspruch erheben, historische Realität wiederzugeben, „das gelebte Leben der Verfasserin oder des Verfassers so darzustellen, wie es wirklich war"[291]. Der Anspruch auf die sogenannte Wirklichkeit mache die Autobiografie zu einem referenziellen Text. Auf der anderen Seite sei es offensichtlich, dass „die Autobiografie diesen Anspruch nicht einlösen kann. Der objektiven Berichterstattung steht die subjektive Autorposition gegenüber."[292]

Romey Sabalius stellt fest, eine Autobiografie sei eine Selbstreflexion, ein Resümee des bisherigen Lebens. Dazu gehöre auch, etwas klar stellen, etwas auflösen zu wollen[293]. Weil Grass in seiner Autobiographie immer wieder ein ironisches, irreführendes Spiel mit seinen Lesern führt und selbst in Frage stellt, ob er eine Autobiografie schreibt, weil er immer wieder lügt und sich selbst stilisiert, macht er sich selbst, durchaus bewusst, zu einem unzuverlässigen Erzähler. Man kann seine Autobiografie aber keinesfalls als reine Fiktion lesen, denn Autobiografie selbst schließt die Möglichkeit der Fiktion aus. Philippe Lejeune schreibt: „Selbst wenn die Erzählung historisch gesehen völlig falsch ist, gehört sie dem Bereich der Lüge an (einer ‚autobiographischen' Kategorie) und nicht dem der Fiktion."[294] Ob man sich als Leser dem „detektivistischen Gepräge"[295] unterzieht und nach der Wahrheit sucht, kann man selbst entscheiden. Grass ist sich als Autobiograf dessen bewusst, „dass niemand in der Lage ist, die subjektive

---

289 Klüger, Ruth: *Zum Wahrheitsbegriff in der Autobiographie.* In: Heuser, Magdalene (Hg.): *Autobiographien der Frauen. Beiträge zu ihrer Geschichte.* Tübingen 1996. S. 405–411. hier S. 409.
290 Grass, Günter: *Der Autor als fragwürdiger Zeuge.* Göttingen 1997.
291 Wagner-Egelhaaf, Martina: *Autobiographie.* Stuttgart Weimar 2005. S. 2.
292 Ebd., S. 2.
293 Sabalius, Romey: *Günter Grass und die Waffen-SS. Eine Reflexion über die Vehemenz und Verhältnismäßigkeit der Kritik.* In: Honsza, Norbert / Światłowska, Irena (Hg.): *Günter Grass. Bürger und Schriftsteller.* Dresden 2008. S. 388f.
294 Lejeune, Philippe: *Der autobiographische Pakt.* Frankfurt am Main 1994. S. 32.
295 Holdenried, Michaela: *Autobiographie.* Stuttgart 2000. S. 27.

Wahrnehmungsperspektive hinter sich zu lassen."[296] Er dichtet und lügt, spielt mit dem Rezipienten und dieses Spiel verknüpft er mit historischen Ereignissen an historischen Orten.

Die bei Grass geleistete Selbstanalyse in *Beim Häuten der Zwiebel* entwickelt sich für den Erzähler, wie es scheint, und wie es auch im Falle seiner anderen Erzählern (Pilenz, Oskar Matzerath, Paul Pokriefke) passiert, zu einem Selbsttherapeutikum, durch das man auch den verlorenen Ort und die verlorene Kindheit wieder gewinnt.

Indem er in seiner Autobiografie *Beim Häuten der Zwiebel* von seinen Jugendjahren erzählt, sucht der alte Erzähler nach seiner Identität, die sich mit dem Alter in großem Maße veränderte. Von dem Jungen von damals erzählt er in der dritten Person, als ob er ihn überhaupt nicht verstanden hätte. So erzeugt er eine Art der „Distanz zu seiner eigenen früheren Person und sieht sich mit dem Blick der Geschichte"[297]. Siegfried Wesener thematisiert zu Recht den etwas verfremdeten Blick auf diesen Jungen und fragte Grass, ob ihm der Mut gefehlt habe, in der Ich-Form zu schreiben. Grass behauptet, zu diesem 14-jährigen Jungen, schon als er *Die Blechtrommel* schrieb, eine Distanz gehabt zu haben[298]. Autobiografisch stimmt, dass gegen Ende des Krieges Grass, genau wie mehrere seine Protagonisten, an der Front eingesetzt wurde, was er „als Freiheit von der Schule missverstanden"[299] hat. Grass war seit 1937 im Deutschen Jungvolk, später in der HJ. In den Jahren 1944–1945 war er Luftwaffenhelfer und Soldat. Er erlitt eine leichte Verletzung und geriet in amerikanische Gefangenschaft. Noch nach dem Krieg glaubte Grass nicht daran, was man ihm von den Kriegsopfern und Kriegstätern erzählte: „Niemals hätten, nie haben Deutsche so etwas getan."[300] Erst die Protokolle der Nürnberger Prozesse hätten ihm die Augen geöffnet. Er begann über das Erlebte zu reflektieren sowie auch darüber, was er nicht persönlich erlebt hatte, sondern nur vom Hörensagen kannte:

> Ich bin dann zum ersten Mal konfrontiert worden mit dem, wovon ich zwar wusste, dass es das gab: Konzentrationslager, und zwar durch Fotos von Bergen-Belsen. Und ich

---

296 Wagner-Egelhaaf, Martina: *Autobiographie*. S. 2.

297 Lejeune, Philippe: *Der autobiographische Pakt*. S. 17.

298 Grass, Günter im Gespräch mit Siegrid Wesener: „*Spuren hinterlässt das schon.*" *Günter Grass zur Debatte um sein spätes Bekenntnis*. In: www.dradio.de/dkultur/sendungen/kulturinterview/539270 (Stand 06.09.2006.)

299 Grass, Günter: *Schreiben nach Auschwitz*. *Frankfurter Poetik Vorlesung*. Februar 1990. In: *Günter Grass. Der Autor als fragwürdiger Zeuge*. Hermes, Daniela (Hg.). Göttingen 1997. S. 196.

300 Ebd.

habe es nicht glauben wollen. Das war der Satz auch bei allen Gleichaltrigen, mit denen ich zusammen war: Das ist unmöglich, das können Deutsche nicht gemacht haben. Es brach alles mögliche zusammen.[301]

Hier stellt sich wieder einmal „die Frage nach dem Ich der Autobiografie"[302], weil das Erzählsubjekt sich mit dem Erzählobjekt nicht identifiziert und nicht identifizieren möchte. Als Autor charakterisiert ihn demzufolge eine „Doppelpoligkeit von Identität und Distanz"[303].

Bis zum Jahr 2006, dem Erscheinen seiner Autobiografie, besaß der Schriftsteller Grass nicht nur den Status des Zeitzeugen, sondern er schien auch seine Generation zu repräsentieren und zugleich ihr Gewissen zu sein. In *Beim Häuten der Zwiebel* beschrieb er seine Kindheit und Jugendzeit mit Berücksichtigung seiner kurzzeitigen Mitgliedschaft in der Waffen-SS von der er sich distanzieren wollte. Diese Nachricht wurde nicht nur in Deutschland zur Spitzennachricht des Jahres[304], sie wurde auch weltweit diskutiert. Für Norbert Honsza waren die Ereignisse, die sich um das späte Bekenntnis abspielten „ein globaler Schock."[305] Grass selbst behauptete, er wollte durch das Geständnis das letzte Wort behalten. Er spreche im Buch Dinge aus, die er vorher nicht ausgesprochen habe und die für ihn identitätsstiftend waren. Dies betreffe sowohl die Krankheit seiner Mutter als auch bestimmte Phasen während seiner Zeit beim Arbeitsdienst und beim Militär[306]:

> Und das Schrecken dann hinterher, als ich bei Kriegsende dann erfuhr in der amerikanischen Gefangenschaft, welche Verbrechen auf das Konto insbesondere der Waffen-SS gingen (…). Und das hat sicher mit dazu beigetragen, dass sich das bei mir lange verkapselt hat, auch verbunden mit einer anhaltenden Scham. Verkapselt heißt nicht, dass ich es vergessen und verdrängt habe. Es war immer präsent. Aber zu Papier bringen, es umsetzen, literarisch umsetzen, konnte ich es erst in dem Augenblick, in dem ich mich dazu entschlossen hatte, über mich selbst zu schreiben, umfänglich über mich selbst zu schreiben, über meine jungen Jahre zu schreiben.[307]

---

301   Grass, Günter im Gespräch mit Heinrich Vormweg. Nach: Vormweg, Heinrich: *Günter Grass. Monographie.* S. 24f.
302   Wagner-Egelhaaf, Martina: *Autobiographie.* S. 10.
303   Holdenried, Michaela: *Autobiographie.* S. 45.
304   Vgl. Kölbel, Martin (Hg.): *Ein Buch, ein Bekenntnis. Die Debatte um Günter Grass' „Beim Häuten der Zwiebel."* Göttingen 2007; Zimmermann, Harro: *Günter Grass unter den Deutschen. Chronik eines Verhältnisses.* Göttingen 2010.
305   Honsza, Norbert: *Okruchy wczesnej biografii.* In: Honsza, Norbert / Światłowska, Irena (Hg.): *Günter Grass. Bürger und Schriftsteller.* Dresden 2008. S. 15.
306   Grass, Günter im Gespräch mit Siegried Wesener: *„Spuren hinterlässt das schon."*
307   Ebd.

1979, als er die Rede *Wie sagen wir es den Kindern* schrieb, hatte Grass scheinbar keine Berührungsängste gegenüber schwierigen Themen, aber er sagte damals noch nicht, dass er Mitglied von Waffen-SS war. Bereits 1979 hatten seine Kinder ihn mit der Frage konfrontiert: „Und was hast du damals gemacht?"[308]:

> Zum ersten mal war ich der Frage ausgeliefert: Wie erklären wir es den Kindern? Relativ leicht fiel es, meine Biographie, die eines Hitlerjungen, der bei Kriegsende 17 Jahre alt war und mit letztem Aufgebot noch Soldat wurde, deutlich zu machen: Ich war zu jung, um schuldig zu werden. Doch schon die Frage: Wenn du aber älter gewesen wärest? ließ keine eindeutige Antwort zu. Ich konnte für mich nicht garantieren.[309]

Ähnliche Fragen zur Verantwortung der Deutschen für ihre Vergangenheit stellten schon 1967 Alexander und Margarete Mitscherlich in ihrem Buch *Die Unfähigkeit zu trauern*. Es stellt aufgrund eines Berichts des Pädagogen Dieter Boßmann die These auf, dass die mündliche Überlieferung durch Eltern und Großeltern eine chaotische Geschichtsrezeption bewirkt habe[310], was von Grass in der Novelle *Im Krebsgang* gezeigt wurde. Grass zeigte, was für Konsequenzen für die Zukunft so eine mündliche Überlieferung potenziell haben kann, doch es zeigte sich, dass klare Antworten nicht immer zu finden waren, um so mehr, da sich Grass als Literat oft für die kontrafaktische Geschichtsdarstellung entschied. Per Øhrgaard behauptet trotzdem, Grass habe aus den Erfahrungen seiner Kindheit und Jugend ein Werk geschaffen, aus dem spätere Generationen mehr über jene Zeit lernen werden als aus manchem Geschichtsbuch; denn hier werden die ganz individuellen Erfahrungen und Verstrickungen anschaulich gemacht: „die Vorstadt Langfuhr, die enge Wohnung, die Anhänglichkeit an die Mutter bei gleichzeitiger Distanz zum Vater und fast Nichtbeachtung der kleinen Schwester; die Schule (…); das Ausgeliefertsein an die Propaganda, (…); die Flakhelfer-, Arbeitsdienst- und Armeezeit (…)."[311] Die ersten Kapitel der Autobiographie *Beim Häuten der Zwiebel* sind eine Rückkehr zur Welt der *Danziger Trilogie*[312], aber aus der Perspektive des Schriftstellers und nicht der fiktiven Protagonisten. Die Autobiografie scheint für Grass ein Versuch gewesen zu sein, darauf

---

308 Grass, Günter: *Wie sagen wir es den Kindern?* In: *Essays und Reden II 1970–1979*. Göttingen 1997. S. 513.

309 Ebd.

310 Mitscherlich, Alexander; Mitscherlich, Margarete: *Die Unfähigkeit zu trauern. Grundlagen kollektiven Verhaltens*. München 1991. S. 9.

311 Øhrgaard, Per: *Günter Grass. Ein deutscher Schriftsteller wird besichtigt*. München 2007. S. 193f.

312 Vgl. z. B.: Kesting, Hanjo (Hg.): *Das letzte Wort hat das Buch. Günter Grass und die Medien*. In: Kesting, Hanjo (Hg.): *Die Medien und Günter Grass*. Köln 2008. S. 11.

hinzuweisen, dass eigene Erinnerungen manchmal tatsächlich eine chaotische Geschichtsrezeption bewirken können. Die Fragen: Wer bin ich? und Wer war ich damals? ziehen sich durch das ganze Buch hindurch. Für Grass schien und scheint wichtig zu sein, „die eigene Identität und den daran gebundenen Wertekonsens zu bestimmen"[313]. Gertrude Cepl-Kaufmann schrieb schon 1975, dass Grass die Erfahrung der Nazizeit aus der privaten Sphäre heraustrage und sie damit als kollektive Erfahrung sehe. Sein eigenes Verhalten und seine Position seien für ihn zum dominanten Muster der Einschätzung und Beurteilung seiner Generation geworden[314]. Im Jahr 2000 sagte Grass in der Rede *Ich erinnere mich...*: „Der Schriftsteller erinnert sich professionell. Als Erzähler ist er in dieser Disziplin trainiert."[315] Grass unterscheidet zwischen Erinnerung und Gedächtnis: „Erinnerung darf schummeln, schönfärben, vortäuschen, das Gedächtnis hingegen tritt gerne als unbestechlicher Buchhalter auf."[316] Dabei ist für Grass' Autobiographie nicht die Tatsache entscheidend, ob jedes Detail autobiographisch stimmt, sondern ob die Entwicklung eines Jungen, für den der Totalitarismus anlockend und faszinierend war, zu einem Menschen, der jede Form des Totalitarismus für gefährlich hält, überzeugend dargestellt wurde. Es könnte deswegen sinnvoll sein, Grass' Autobiografie auf eine solche Art und Weise zu lesen, wie es Lejeune vorschlägt. Dieser bietet dem Autobiografie-Rezipienten einen „autobiografischen Pakt" an, der darin besteht, dass der Autor versichert, das Werk sei autobiographisch und der Leser akzeptiere dies[317]. Grass spielt nicht nur mit seinen Lesern, sondern auch mit seinem eigenen Gedächtnis und seinen privaten Erinnerungen. Dementsprechend trifft auf Grass' Autobiografie am besten die folgende Definition von Hans Rudolf Picard zu: Autobiografie sei keine Dokumentation, sondern eine erinnernde Neuschöpfung. Insofern stehe sie der echten Fiktion nicht so fern, wie es zunächst scheine[318].

---

313 Welzer, Harald; Lenz, Claudia: *Opa in Europa. Erste Befunde einer vergleichenden Tradierungsforschung.* In: Welzer, Harald (Hg.): *Der Krieg der Erinnerung. Holocaust, Kollaboration und Widerstand im europäischen Gedächtnis.* Frankfurt am Main 2007. S. 8.

314 Cepl-Kaufmann, Gertrude: *Günter Grass. Eine Analyse des Gesamtwerkes unter dem Aspekt von Literatur und Politik.* Meisenheim/Glan 1975. S. 15.

315 Grass, Günter: *Ich erinnere mich....* In: *Steine wälzen. Essays und Reden 1997–2007.* Göttingen 2007. S. 87.

316 Ebd.

317 Vgl.: Lejeune, Philippe: *Der autobiographische Pakt.* S. 13–51.

318 Picard, Hans Rudolf: *Autobiographie im zeitgenössischen Frankreich. Existentielle Reflexion und literarischen Gestaltung.* München 1978. S. 67. Vgl. dazu: Holdenried, Michaela: *Autobiographie.* Stuttgart 2000. S. 41.

3. Kindheitswelt in Erinnerungen

Im Unterschied zu Castorp aus dem Roman von Huelle, der als Fremder die Stadt beobachtet, fühlen sich Grass' Erzähler und Helden in Danzig zu Hause. Gertrude Cepl-Kaufmann bemerkt in der allegorischen Schreibweise von Grass ein Makrokosmos-Mikrokosmos-Modell[319], das in erster Linie Langfuhr betrifft. Man könnte im Falle von Grass' Werk fast von einer Heimatliteratur sprechen, „wenn das lokale Geschehen nicht laufend vom Zeitgeschehen gebrochen und weitgehend beeinflusst würde."[320] Manchmal wurde Grass sogar Heimatschriftsteller[321] genannt und in Rezensionen wird das Danziger Lokalkolorit[322] in seinem Werk betont. Doch Danzig erscheint ihm „immer vor dem Hintergrund der großen Umwälzungen unserer Zeit"[323].

Die *Danziger Trilogie* ist eine kleinbürgerliche „Familiensaga, garniert mit Zeitgeschichte"[324] und ihren Autor kann man keinesfalls in die „Geborgenheitsutopie der verlorenen Heimat"[325] einreihen.

Die Erfahrungsquelle der Protagonisten ist vornehmlich die Zeit des Dritten Reiches Erfahrungsquelle. Sie bedeutet für sie: Kindheit und Jugend in der Zeit der Entstehung und des Aufstiegs des Nationalsozialismus, unrechtmäßige Besetzung Polens, Zerstörung Danzigs, eigene Kriegsteilnahme und Kriegsgefangenschaft. In der Novelle *Katz und Maus* thematisiert Grass, wie schwierig für seinen Protagonisten Pilenz die Reflexion darüber war, dass die Nationalsozialisten Verbrecher waren und wie schwierig es war, sich daran zu erinnern. So sah er sich gezwungen, die Schuld für die Ereignisse des Krieges bei seinen Nächsten zu finden. Alles, was für ihn normal gewesen war, woran er geglaubt hatte, zeigte sich jetzt nicht nur als unmoralisch, sondern auch als verbrecherisch: „Der Siebzehnjährige erlebt das als den Zusammenbruch der Ideologie, unter der er aufgewachsen ist, ohne dass Nachwirkungen dieser Ideologie aufhören.

319 Cepl-Kaufmann, Gertrude: *Günter Grass und Danzig*. In: Stüben, Jens: *Ostpreußen-Westpreußen-Danzig. Eine historische Literaturlandschaft*. München 2007. S. 578.
320 Schwarz, Wilhelm Johannes: *Der Erzähler Günter Grass*. Bern 1969. S. 5.
321 Vgl. z. B.: Tank, Kurt Lothar: *Die Diktatur der Vogelscheuchen*. In: *Sonntagsblatt*. Hamburg 1.9.1963.
322 Vgl. z. B.: Krzemiński, Adam: *Sąd nad wielkim rybem*. In: *Literatura na świecie*. 1979.
323 Schwarz, Wilhelm Johannes: *Der Erzähler Günter Grass*. S. 5f.
324 Frizen, Werner: *Anna Bronskis Röcke. „Die Blechtrommel" in „ursprünglicher Gestalt"*. In: Neuhaus, Volker / Hermes, Daniela: *Die „Danziger Trilogie" von Günter Grass. Texte, Daten, Bilder*. Frankfurt am Main 1991. S. 150.
325 Orłowski, Hubert: *Der Topos der „verlorenen Heimat"*. S. 189.

Sie schaffen ein Vakuum, das vorerst durch nichts aufzufüllen ist."[326] Das Vakuum, von dem im Zitat die Rede ist, kann Pilenz nicht auffüllen. Dabei soll ihm das Schreiben helfen. Pilenz glaubt nicht an seine eigenen Erinnerungen und weiß, dass manches, woran er sich erinnern kann, nicht der Wahrheit entspricht. Er unterscheidet nicht zwischen Wahrheit und Lüge[327]. Er möchte eine Bestätigung für seine Erinnerungen finden. Um seine individuellen Erinnerungen mit der Wirklichkeit zu konfrontieren, fährt er in die Stadt seiner Kindheit. Weder durch das Schreiben, noch durch die Reise nach Gdańsk kann er jedoch die nationalsozialistischen Mechanismen verstehen, die sein Leben beeinflussten. In der Novelle zeigt Grass an seinem Protagonisten die Unfähigkeit zur Vergangenheitsbewältigung. Pilenz ist ein Symbol solch einer Unfähigkeit.

Sicherlich ist Langfuhr der Hauptort der Welt für Grass' Protagonisten. In Langfuhr wurden die wichtigsten fiktiven Protagonisten der *Danziger Trilogie* (Oskar Matzerath, Tulla Pokriefke, Harry Liebenau, Jenny Brunnies und andere) geboren. Sie wuchsen alle hier auf und sind ein fester Bestandteil dieser Welt. Hier entwickelte sich ihre lokale Identität. Durch die Verortung der Helden in der realen Welt entsteht im Werk der Eindruck von zusätzlicher Authentizität. Grass beschreibt somit vor allem die Welt, in der er und seine Generation lebten (wobei der Ort als exemplarisch und universell gilt) und die er und sie erlebten und die von ihm erinnert sowie mythologisiert wird. Andrea Rudolph betont, dass Bilder aus der Kindheit bei Grass nicht durch Reflexion, sondern durch synästhetische Verknüpfung erinnert werden[328]. Verschiedene Empfindungen, Sinneswahrnehmungen und einzelne Motive, die oft Auslöser der Erinnerung sind, bilden eine Kette von Zusammenhängen, aus denen sich eine Geschichte entwickelt. So werden einzelne Motive in der Anfangsszene von *Katz und Maus* synästhetisch miteinander verknüpft: durch Farbe (schwarze Katze), Bewegung (die Katze will einen sich bewegenden Adamsapfel – als ob dieser eine Maus wäre – fangen) und andere Sinneswahrnehmung (Zahnschmerzen des Pilenz; die Zahnschmerzempfindung wird als Motiv auch in *örtlich betäubt* wiederholt).

---

326 Grass, Günter: Günter Grass / Klaus Stallbaum: *Der vitale und vulgäre Wunsch, Künstler zu werden* – ein Gespräch. In: Neuhaus, Volker / Hermes, Daniela (Hg.): *Die „Danziger Trilogie" von Günter Grass. Texte, Daten, Bilder.* Frankfurt am Main 1991. S. 12.

327 Vgl.: Welzer, Harald: *Kriege der Erinnerung.* In: *Gehirn & Geist. Das Magazin für Psychologie und Gehirnforschung.* Nr. 5/2005. S. 43.

328 Vgl. Rudolph, Andrea: *Marginalien zu einem großen Werk. Günter Grass zum 80. Geburtstag.* In: Honsza, Norbert / Światłowska, Irena (Hg.): *Günter Grass. Bürger und Schriftsteller.* 2008. S. 91.

Um seine Kindheitslandschaften darzustellen, spielt Grass mit Topoi im Sinne der in der kulturellen Tradition verankerten Bild- und Wahrnehmungsmuster[329]. Er sagt: „Ich komme vom flachen Land, Häuflein kehren, wieder verteilen: nur keine Erhebungen."[330] Einerseits beschreibt er den Topos des gemütlichen Kindheitsortes (wie die Beschreibung der Ostsee als schöner Badeort für alle, unabhängig von der Abstammung, in *Kleckerburg*, *Die Blechtrommel*; Die Großmutter auf dem Feld in den Anfangsszenen in *Die Blechtrommel*), andererseits spielt er mit diesem Topos, indem er ihn sowohl mit dem Nationalsozialismus (z. B. Konzentrationslager Stutthof in der Nähe des Spielplatzes, wo die Jungen Handball spielen, Wrack eines Torpedobootes am Strand in *Katz und Maus*) als auch mit dem Kleinbürgertum (z. B. Enge in der Familie, in *Die Blechtrommel*, *Beim Häuten der Zwiebel*) konfrontiert. Die Erzähler der *Danziger Trilogie* berichten aus der Perspektive der späten 50er und frühen 60er Jahre des 20. Jahrhunderts. Die andere Erzählebene ergibt sich durch die Rückkehr in die Zeit der Kindheit und Jugend. Der Ort ist immer Danzig in den 20er, 30er und 40er Jahren des 20. Jahrhunderts. Das ist die Welt, von der erzählt wird. Hier wird immer die Perspektive eines Kindes gezeigt, das meistens unreflektiert handelt (eine Ausnahme ist Oskar Matzerath, der bereits seit seiner Geburt die Erwachsenenwelt durchschaut und als Kleinkind mental reif ist, obwohl er sich infantil benimmt). In Bezug auf die Erzählperspektive sowie den Ort und die Zeit der Handlung liegt zwischen einzelnen Büchern der *Danziger Trilogie* und der *Zwiebel* eine korrelative Form der Verknüpfung im Sinne einer Ähnlichkeitsbeziehung vor[331]. Dabei ist der Erzähler immer ein sich an vergangene Ereignisse erinnernder Teilnehmer der Geschehnisse und ihr Beobachter.

Sowohl in autobiografischen *Beim Häuten der Zwiebel* als auch in der *Danziger Trilogie* sind es meist die mit dem Ort verbundenen Gegenstände, die dabei helfen, sich zu erinnern. Die Gegenstände symbolisieren Orte der Kindheit:

> Zumeist sind es Gegenstände, an denen sich meine Erinnerung reibt, das Knie wundstößt oder die mich Ekel nachschmecken lassen: Der Kachelofen... Die Teppichklopfstangen auf den Hinterhöfen... Das Klo in der Zwischenetage... Der Koffer auf dem Dachboden... Ein Stück Bernstein, taubeneigroß...[332]

---

329   Vgl. Wagner-Egelhaaf, Martina: *Autobiographie*. Stuttgart / Weimar 2005. S. 13.
330   Grass, Günter: *Aus dem Tagebuch einer Schnecke*. S. 111.
331   Vgl. Martinez, Matias / Scheffel, Michael: *Einführung in die Erzähltheorie*. München 2009. S. 78f.
332   Ebd., S. 10.

Per Øhrgaard betont: „Weil die Dinge Zeugen sind, haben sie viel zu erzählen, doch nur, wenn die künstlerische Phantasie, die bei Grass eine erweiterte Beobachtungsgabe ist, sie befragt."[333] Jeder Gegenstand kann zum Zeugen des Geschehens werden. Sie sind in Grass' Werken „Memorialobjekte"[334], die zu Kristallisationspunkten des Gedächtnisses werden.

Aus der großen Vielfalt der Träger der Erinnerung (wie die weiß-rote Blechtrommel; die weiß-rote Fahne oder verschiedene Wappen in Gedichten; verschiedene Gerichte und Kochkunst in *Die Blechtrommel, Der Butt* und in Gedichten; die Ostsee in der *Danziger Trilogie* und in Gedichten), die bei Grass zu dynamischen Motiven geworden sind, dank denen der Plot zur Story gemacht wird, sollen exemplarisch Bernstein und Zwiebel als relevante, wiederkehrende Motive näher betrachtet werden. An dieser Stelle verzichte ich bewusst auf eine nähere Betrachtung typisch polnischer Symbole, wie der weiß-roten Blechtrommel oder der polnischen Fahne. Diese werden als Memorialobjekte in einem Unterkapitel beschrieben, in dem Grass' Verhältnis zu Polen gezeigt wird.

3.1 Bernstein[335]

> Es kamen nämlich beim Pflügen der Felder (...) Bernsteinbrocken ans Licht, die so ungetrübt einsichtig waren, daß man glauben mochte, es habe die Baltische See anfangs, lange vor Aua, die kaschubischen Wälder bis auf jene Harztränen gefressen, die mit der Zeit zu Bernstein wurden.[336]

Im Prozess der Erinnerung an die Vergangenheit spielt in *Beim Häuten der Zwiebel* unter anderem der Bernstein die Rolle des Memorialobjektes. Grass behauptet: „Der Bernstein bewahrt Vergangenes."[337] Er symbolisiert für Grass die

333 Øhrgaard, Per: *Günter Grass.* Wien 2005. S. 23.
334 Vgl. Böhme, Hartmut: *Fetischismus und Kultur. Eine andere Theorie der Moderne.* Reinbek bei Hamburg 2006. S. 99.
335 Vgl. Wierzowska, Agata: *Bursztyn, koral, gagat. Symbolika religijna i magiczna.* Kraków 2003. S. 17–108; Samp, Jerzy: *Z woli morza. Bałtyckie mitopeje.* Gdańsk 1987. S. 31–34; 49–52; 66–69; Samp, Jerzy: *Bedeker gdański.* Gdańsk 2004. S. 64ff; Januszajtis, Andrzej: *Legendy dawnego Gdańska.* Gdańsk 2005. S. 93f; Samp, Jerzy: *Legendy gdańskie.* Gdańsk 2004. S. 236–239; Owidiusz: *Przemiany.* Kraków 2002. Übersetzt von Bruno Kiciński. S. 28–42; Siemieński, Lucjan: *Królowa Bałtyku.* In: Kostryko, Hanna (Hg.): *Klechdy domowe.* Warszawa 1967. S. 183ff.
336 Grass, Günter: *Der Butt.* S. 379.
337 Grass, Günter im Gespräch mit Wesener, Sigried: *„Spuren hinterlässt das schon." Günter Grass zur Debatte um sein spätes Bekenntnis.* In: www.dradio.de/dkultur/sendungen/kulturinterview/539270 (Stand 06.09.2006).

Kindheit sowie den Ort seiner Kindheit, weil der bekannteste Bernstein (Succinit) aus der Danziger Region stammt und dort zu den sichtbarsten Spuren der Vergangenheit gehört. Der Bernstein bildet einen besonderen Teil des Lokalkolorits des Geburtsortes von Grass. Ein Stück mit Einschluss ruft bei Grass die Heimat ins Gedächtnis und gleichzeitig die Vergangenheit. „Der Bernstein scheint ein für allemal eingeschreint, auf Dauer stillgelegt zu haben, was als Entwicklungsgeschichte des gesuchten Ich identifiziert werden könnte."[338] Grass erklärt in seiner Autobiografie, welch eine wichtige Rolle Bernstein auf seinem Schreibpult im Prozess der Erinnerung spielt:

> Der Bernstein gibt vor, mehr zu erinnern, als uns lieb sein kann. Er konserviert, was längst verdaut, ausgeschieden sein sollte. In ihm hält sich alles, was er im weichen, noch flüssigen Zustand zu fassen bekam. Er widerlegt Ausflüchte. Er, der nichts vergisst und zutiefst verbuddelte Geheimnisse wie Frischobst zu Markte trägt, behauptet steinfest, es sei bereits der Zwölfjährige meines Namens, damals noch fromm und, wenn nicht gott-, dann doch mariengläubig, beim Katechismusunterricht dem zöpfetragenden Mädchen lästig gefallen. Als Gleichaltrige habe uns ein Kaplan im Priesterhaus der Herz-Jesu-Kirche auf die erste Kommunion vorbereitet.[339]

Grass beschreibt die Rolle des Bernsteins als Konservierungsmittel für die Einschlüsse wie auch für Erinnerungen. Inklusionen stehen metaphorisch für Erinnerungen. Der Bernstein beugt dem Vergessen vor. Er ist „Stilllegung der Zeit"[340]. Die durch ihn konservierten Inklusionen / Erinnerungen, auch solche, die man nicht im Gedächtnis behalten möchte, sind immer mit der Grass'schen Heimat verbunden. Erinnerung ist im Gedächtnis eingeschlossen wie eine Mücke im Bernstein. Der Bernstein hilft als eine Art Talisman der Erinnerung, sich zu befreien. Jeder Bernstein, der einen Einschluss hat, spielt für Grass die Rolle eines Hilfsmittels bei der Belebung der tief versteckten Erinnerungen:

> Nein, keine Münzen oder Tonscherben. Honiggelbe Stücke sind es, die Durchblick bieten. Solche, denen herbstliches Rot oder Gelb Farbe gibt. Stücke, von der Größe einer Kirsche oder dieses, groß wie ein Entenei.

> Das Gold meiner baltischen Pfütze: Bernstein, gefunden an Ostseestränden oder bei jenem Händler vor gut einem Jahr gekauft, der in einer litauischen Stadt, die einst Memel hieß, seinen Verkaufsstand unter offenem Himmel hatte. (…)

---

338 Zimmermann, Harro: *Günter Grass unter den Deutschen. Chronik eines Verhältnisses.* Göttingen 2010. S. 649.

339 Grass, Günter: *Beim Häuten der Zwiebel.* S. 70f.

340 Böhme, Hartmut: *Fetischismus und Kultur.* S. 131.

Alle Stücke, die ich fand oder kaufte, beherbergen Einschlüsse. In diesem versteiner-
ten Tropfen geben sich Tannennadeln, in diesem Fundstück moosähnliche Flechten zu
erkennen. In dem hier überdauert eine Mücke. Abzählbar alle Beinchen, als wolle sie
sirrend abheben.[341]

Grass erinnert sich nicht bewusst, sondern wird eher an etwas erinnert, als würde er sich in einem bewusst hervorgerufenen Trancezustand befinden. Die detailgetreue Beschreibung der Gegenstände, hier des Bernsteins, spielt für Grass
keine Rolle. Anders als im Falle der „Musealisierung der Gegenstände"[342] bei Stefan Chwin ist für Grass vor allem der Inhalt und die Bedeutung der Erinnerung
wichtig. Er erinnert sich durch Gegenstände, wie beispielsweise durch Bernstein,
die er zwar mit Danzig assoziiert, die aber nicht unbedingt aus Danzig stammen müssen. Ihm ist nicht wichtig, auf welche Art und Weise er in den Besitz
des Bernsteins gelangte. Der Bernstein muss nicht am Ostseestrand gefunden, er
kann auch in Kaliningrad gekauft worden sein. Durch Erinnerungsträger nähert
sich Grass Ereignissen aus der Vergangenheit, die nicht unbedingt direkt mit
diesem Gegenstand verbunden sein müssen: „Sogar Beichtgeheimnisse plaudert
das honiggelbe Stück [aus]."[343] Der Gegenstand ist bei Grass nur ein Gedächt-
niskatalysator. Er spielt die Rolle des Erinnerungsmotors, mit dessen Hilfe er
sich der Inklusion als Erscheinung bewusst werden kann. Nicht das Bewahren
der Gegenstände vor dem Verfall ist wichtig, sondern das Bewahren der Erinnerungen, die sonst im Chaos versunken bleiben. Eine Mücke ist im Bernstein ein-
geklemmt, gleich wie die Erinnerung im Gedächtnis. Es ist klar, dass zwischen
Inklusion in Bernstein und Erinnerung an die Kindheitswelt im Gedächtnis eine
Parallele entsteht, durch die eine Erinnerungskette hervorgerufen wird.

3.2 Zwiebel

Die Wahl der Zwiebel als Erinnerungsträger, der mit Danzig im Zusammenhang steht, könnte verwundern, weil die Zwiebel nicht unbedingt mit Pommern
assoziiert wird. Der Zwiebel-Geruch ist jedoch ein wichtiges, sich wiederholen-
des Motiv schon in der *Danziger Trilogie*, in *örtlich betäubt*, im *Butt* und nicht
zuletzt in *Beim Häuten der Zwiebel*. Die Zwiebel ist eine Heilspflanze, sie gibt
Lebenskraft. Die Zwiebel erinnert alle Erzähler an die Heimat. Die Zwiebel oder
eher der Zwiebelgeruch bildet einen besonderen Teil des Lokalkolorits des Geburtsortes von Grass, Langfuhr. Möglicherweise begleitet die Zwiebel den Autor

---

341 Grass, Günter: *Beim Häuten der Zwiebel*. S. 64f.
342 Vgl. Böhme, Hartmut: *Fetischismus und Kultur*. S. 130.
343 Grass, Günter: *Beim Häuten der Zwiebel*. S. 71.

deswegen in vielen seiner Bücher als Erinnerungsträger. Der Zwiebel-Geruch taucht auch des Öfteren in Gedichten auf (*Die Schule der Tenöre*, 1956; *Der amtliche Tod*, 1960, im nicht veröffentlichten Gedicht *Feuchte Augen* – Grass' Archiv, Nr. 818). Durch den Geruch entsteht eine Kette von Assoziationen. Nach Assmann ist der Zwiebelgeruch bei Grass Vertreter des unsortierten und vorbewussten Mich-Gedächtnisses, das sich vom anderen Modus des autobiografischen Gedächtnisses – dem Ich-Gedächtnis – unterscheide, das flüchtig und diffus sei und eher an die Sinne als an den Verstand appelliere[344]. In einer der oft zitierten *Katz und Maus*-Passagen riecht die Siedlung (Langfuhr) während des Krieges nach Zwiebeln:

> Man sollte glauben, die Siedlung riecht frisch, reinlich, sandig und der Jahreszeit entsprechend – es roch aber in der Osterzeile, in der Westerzeile, im Bärenweg, nein, überall in Langfuhr, Westpreußen; besser noch, in ganz Deutschland roch es in jenen Kriegsjahren nach Zwiebeln, in Margarine gedünsteten Zwiebeln, ich will mich nicht festlegen: nach mitgekochten, nach frischgeschnittenen Zwiebeln roch es, obgleich Zwiebeln knapp waren und kaum aufzutreiben, obgleich man über knappe Zwiebeln im Zusammenhang mit dem Reichsmarschall Göring, der irgend etwas über knappe Zwiebeln im Rundfunk gesagt hatte, Witze riß, die in Langfuhr, Westpreußen und ganz Deutschland im Umlauf waren; deshalb sollte ich meine Schreibmaschine mit Zwiebelsaft einreiben und ihr wie mir eine Ahnung jenes Zwiebelgeruches vermitteln, der in jenen Jahren ganz Deutschland, Westpreußen, Langfuhr, die Osterzeile wie die Westerzeile verpestete und vorherrschenden Leichengeruch verbot.[345]

Der Zwiebelgeruch spricht intensiv die Sinne an, die darauf das Erinnern an die verlorene Heimat und dadurch auch ein Geständnis der eigenen Schuld vom Erzähler erpressen. Es scheint, dieser nur scheinbar von außen kommende, aber im Inneren aufbewahrte Geruch hilft nur dem Erzähler beim Sich-Erinnern und bei der Suche nach der eigenen Identität. Laut Rainer Scherf stehe dieses Phänomen in direkter Verbindung mit der Unfähigkeit zu trauern[346] des wahrscheinlich an Verfolgungswahn[347] leidenden Erzählers und sei als „hysterisches Symptom"[348] zu bezeichnen. Dank des Geruchs der Zwiebel, die eine gewöhnliche Heil- und Gewürzpflanze ist, erinnert sich der Erzähler an einen real existierenden Ort, den er für moralisch krank hält. Überdies situiert er sich selbst an diesem Ort

---

344 Vgl. Assmann, Aleida: *Der lange Schatten der Vergangenheit.* S. 120.
345 Grass, Günter: *Katz und Maus.* S. 121.
346 Scherf, Rainer: *„Katz und Maus" von Günter Grass. Literarische Ironie nach Auschwitz und der unausgesprochene Appell zu politischem Engagement.* Marburg 1995. S. 324.
347 Vgl. Ebd., S. 77.
348 Ebd.

und bestreitet keinesfalls seine eigene Schuld. Schon in der *Blechtrommel* sind Menschen nach dem Krieg nicht mehr imstande zu weinen, was metaphorisch im in der Fachliteratur sehr oft zitierten und besprochenen Kapitel *Im Zwiebelkeller* beschrieben wurde. Um zu trauern sind sie gezwungen, eine ungeheure Menge Zwiebeln klein zu schneiden. Erst der Zwiebelsaft verursacht bei ihnen falsche Tränen, durch die sie symbolisch zu den Orten zurückkehren, an denen sich alle vergangenen Ereignisse abspielten. Das gleiche Motiv ist auch im Gedicht *Die grosse Trümmerfrau spricht* zu finden:

> Nur noch wenn Zwiebeln
> oder ein kleineres Leid
> uns mit Tränen versorgen,
> tritt Ziegelsplitt aufs Augenlid.[349]

Alexander und Margarete Mitscherlich stellten fest, dass für viele Deutsche „das dritte Reich, Hitlers Krieg nur ein Traum"[350] gewesen sei. Bei den Mitscherlichs ging es darum, dass die Deutschen unfähig waren, nach dem Tod des Führers zu trauern. Der Begriff *Unfähigkeit zu trauern* hat sich dann auf jede Unfähigkeit zu trauern übertragen. Sie seien nicht bereit den Gedanken zu akzeptieren, dass sie den Krieg sowie die Ostgebiete jenseits der Oder-Neiße-Grenze verloren haben. „Ein Tabu ist entstanden, ein echtes Berührungstabu."[351] Die Reaktion darauf sei ein „Abwehrmechanismus gegen die Nazivergangenheit"[352]. Die Wissenschaftler behaupten, dass radikale Änderungen, die im Nachkriegsdeutschland vollzogen wurden (z. B. die zunehmende Re-Industrialisierung oder die Wissensvermittlung), Reflexionen moralischer Natur provozieren sollten[353]. Die Restitution der Wirtschaft wurde für die Politiker der Adenauer-Ära sowie der Nachkriegsgesellschaft zum Hauptziel. Dies verursachte in der Gesellschaft ein Vakuum, das auch Grass bemerkt und symbolisch im Kapitel *Im Zwiebelkeller* oder in den genannten Gedichten beschreibt.

Werner Frizen sieht im Zwiebel-Motiv zu Recht eine ein halbes Jahrhundert übergreifende Konstante: „Im Erinnern löst sich nicht nur Haut um Haut, sondern fließen auch die Tränen über irreversible Schuld."[354] Grass reflektiert in der

---

349 Grass, Günter: *Die grosse Trümmerfrau spricht*. In: Grass, Günter: *Gedichte und Kurzprosa*. München 1999. S. 124.
350 Mitscherlich, Alexander / Mitscherlich, Margarete: *Die Unfähigkeit zu trauern. Grundlagen kollektiven Verhaltens*. München 1991. S. 22.
351 Ebd., S. 24.
352 Ebd., S. 25.
353 Vgl. Ebd., S. 27.
354 Frizen, Werner: *Günter Grass. Gedichte und Kurzprosa*. S. 173.

Blechtrommel wie auch in *Hundejahre* oder in vielen Reden[355] kritisch über das so genannte Wirtschaftswunder und die Umstrukturierungen, die sich im Rahmen der unvollständigen Entnazifizierung im Nachkriegsdeutschland schrittweise vollzogen. Er zeigt auf, was auch im Zusammenhang mit der Feststellung der Mitscherlichs steht, dass in der Nachkriegsgesellschaft das Sensorium dafür fehlte, „die Katastrophen der Vergangenheit in unseren Erfahrungsschatz einzubeziehen"[356]. Wer Zwiebeln braucht, um zu weinen, täuscht Trauer nur vor.

Grass sucht in seiner Autobiographie *Beim Häuten der Zwiebel* nach den tiefsten Schichten der Zwiebel, um das zu enthüllen, was verborgen geblieben ist. Seine Erinnerungen kreisen hartnäckig um seine Geburtsstadt als Symbol seiner Identität und den Ort, in dem das kleinbürgerliche Böse aufblühte. Zwiebeln veranlassen, dass man sich an das erinnern kann, was bisher verborgen geblieben ist:

> Die Zwiebel hat viele Häute. Es gibt sie in Mehrzahl. Kaum gehäutet, erneuert sie sich. Gehackt treibt sie Tränen. Erst beim Häuten spricht sie wahr. Was vor und nach dem Ende meiner Kindheit geschah, klopft mit Tatsachen an und verlief schlimmer als gewollt, will mal so, mal so erzählt werden und verführt zu Lügengeschichten.[357]

Grass zwingt sich durch das Häuten der Zwiebel zum autobiografischen Erzählen, obwohl es ihm schwerfällt, ebenso wie sein Erzähler Pilenz sich zum Weinen zwingt, obwohl ihm die Fähigkeit zum Trauern fehlt. Ob beide durch die imaginäre und symbolische Rückkehr nach Danzig mittels Literatur ihr Ziel, die Reinigung von Scham und Schande erreichen, bleibt offen.

4. Orte der Erinnerung

4.1 „mein kleinbürgerliches Herkommen"[358]

Die ersten Lebenserfahrungen machte Grass in der Wohnung seiner Eltern, die mit dem aus *Die Blechtrommel* bekannten Kolonialwarenladen verbunden war. Mirosław Ossowski bemerkt, dass Grass' Werke neben den für den Schriftsteller charakteristischen surrealistischen Visionen auch detailgetreue Beschreibungen

---

355 Grass, Günter: *Essays und Reden. Band I 1955–1969.*

356 Mitscherlich, Alexander; Mitscherlich, Margarete: *Die Unfähigkeit zu trauern.* S. 36.

357 Grass, Günter: *Beim Häuten der Zwiebel.* S. 10.

358 Grass, Günter: *Rückblick auf die Blechtrommel – oder Der Autor als fragwürdiger Zeuge. Ein Versuch in eigener Sache.* In: *Essays und Reden.* Band II 1970–1979. S. 323.

der Wirklichkeit enthalten[359]. Beispielsweise entspricht die Aufteilung der real von Grass bewohnten Wohnung in Umrissen der Wohnung, in der die Familie von Oskar lebt. Ossowski führt weiter aus, dass die Bewohner des Mietshauses, in dem die Familie Grass wohnte, und des literarischen Miethauses, in dem die Familie Matzerath wohnt, die gleichen Namen trugen, beispielsweise: Eyke, Heiland, Kater, Meyn, Mischke. Der Name Matzerath wurde allerdings vom Schriftsteller erfunden[360]. Ossowski schreibt: die Familie Grass bewohnte eine 56-Quadratmeter-Zweizimmerwohnung im Erdgeschoss, zu der auch ein kleiner ca. 14-Quadratmeter-Laden gehörte. 1933 habe die Mutter des Schriftstellers auch einen Teil der Küche zu einer kleinen Milchprodukte-Verkaufsstelle umgebaut, die einen separaten Straßeneingang gehabt habe. Helene Grass habe dadurch das Warenangebot erweitern können, um der in diesem Teil Langfuhrs großen Konkurrenz zu begegnen. Die Wohnung der Familie Grass lag im Erdgeschoss neben dem Laden, rechts von dessen Eingang (von der Straßenseite aus gesehen). Sie bestand aus einem Wohnzimmer mit Fenstern zur Straße und aus einem kleinen Schlafzimmer mit Blick auf den Hof. Zum Wohnzimmer führte ein schmaler Flur, der den hinteren Teil des Ladens mit der Küche verband[361]. Die Wohnung der Familie Matzerath bestand aus gleichen Räumen[362]. Der Grass-Biograph Michael Jürgs schreibt: „In der elterlichen Wohnung – zwei Zimmer, Küche, kein Bad, Klo auf dem Flur –, die über dem kleinen Kolonialwarenladen am Labesweg 13 lag, hatten Günter rechts und dann seine Schwester unter dem Fensterbrett links eine Ecke für sich."[363] Grass selbst beschreibt die eigene Wohnung nicht so detailgetreu wie die fiktive der Familie Matzerath. Die Zimmer seiner Eltern waren typisch kleinbürgerlich eingerichtet. Man konnte hier Elemente verschiedener Stile finden: Biedermeier oder Art déco. Die einzelnen Elemente passten nicht unbedingt zusammen. So entstand der Eindruck des überall herrschenden Kitsches. Grass erinnert sich, dass an der Wand eine Reproduktion des Gemäldes *Die Toteninsel* von Arnold Böcklin hing, die mit der Enge der Wohnung kontrastierte. Es gab auch typische Möbelstücke wie Esstisch, Chaiselongue, Stehuhr oder Büffet:

> Und in der Enge der Zweizimmerwohnung finde ich mich vorm Bücherschrank meiner Mutter; er ist mir deutlicher vor Augen als das restliche Mobiliar des Wohnzimmers.

359 Ossowski, Mirosław: *Gdańsk-Wrzeszcz Güntera Grassa.* In: Moroz, Grzegorz / Ossowski Mirosław (Hg.): *Miejsca magiczne w literaturze anglo- i niemieckojzycznej.* 2008. S. 95.
360 Vgl. Ebd., S. 96f.
361 Ebd., S. 95.
362 Vgl. Grass, Günter: *Die Blechtrommel.* München 2003. S. 49f.
363 Jürgs, Michael: *Bürger Grass. Biografie eines deutschen Dichters.* München 2004. S. 26.

Ein stirnhohes Schränkchen nur. Blaue Scheibengardinen schützten die Buchrücken vor zuviel Licht. Eierstäbe schmückten als Zierleisten. Ganz aus Nußbaum, soll es das Gesellenstück eines Lehrlings gewesen sein, der in der Tischlerei meines Großvaters väterlicherseits an der Hobelbank stand und seine Lehrzeit kurz vor der Heirat meiner Eltern mit einem Möbel beendet hatte, das zum Hochzeitsgeschenk taugte.[364]

In einer kleinbürgerlichen Wohnung und in kleinbürgerlichen Verhältnissen lebten auch Oskar Matzeraths Eltern: Die Wohnung, die sich dem Geschäft anschloß, war zwar eng und verbaut, aber verglichen mit den Wohnverhältnissen auf dem Troyl, die ich nur vom Erzählen her kenne, kleinbürgerlich genug, dass sich Mama, zumindest während der ersten Ehejahre, im Labesweg wohl gefühlt haben muss[365]. Dort, vor allem im „langen leicht geknickten Korridor"[366] und in der Küche, stapelten sich Persilpackungen, Konservendosen, Mehlbeutel. Die Wohnzimmerfenster gingen auch hier zur Straße hinaus. Es gab massive Möbel, alle verziert, was eher einen erdrückenden, ungemütlichen Eindruck machte:

> Wenn die Tapete viel Weinrot hatte, bezog beinahe Purpur die Chaiselongue. Ein ausziehbarer, an den Ecken abgerundeter Eßtisch, vier schwarze gelederte Stühle und ein rundes Rauchtischchen, das ständig seinen Platz wechseln musste, standen schwarzbeinig auf blauem Teppich. Schwarz und golden zwischen den Fenstern die Standuhr. Schwarz an die purpurne Chaiselongue stoßend, das zuerst gemietete, später langsam abgezahlte Klavier, mit Drehschemelchen auf weißgelblichem Langhaarfell. Dem gegenüber das Büfett mit von schwarzen Eierstäben eingefaßten, geschliffenen Schiebefenstern, mit schwerschwarzen Fruchtornamenten auf den unteren, das Geschirr und die Tischdecken verschließenden Türen, mit schwarzgekrallten Beinen, schwarz profiliertem Aufsatz – und zwischen der Kristallschale mit Zierobst und dem grünen, auf einer Lotterie gewonnenen Pokal jene Lücke, die dank der geschäftlichen Tüchtigkeit meiner Mama später mit einem hellbraunen Radioapparat geschlossen werden sollte.[367]

Die Möbel sind erdrückend und sehr stark dekoriert, als ob man durch Wohnungseinrichtung den eigenen Reichtum beweisen wollte. Florale und organische Motive sind typisch für das kleinbürgerliche Mobiliar aus dieser Zeit. Es dominieren dunkle, starke Farben wie Schwarz, Weinrot und Purpur, wodurch man sich im Raum bedrückt fühlt. In einem anderen Stil und geradezu symbolisch (das Bild mit der büßenden Magdalena von Tizian, der hellblaue Betthimmel) ist das Schlafzimmer eingerichtet:

---

364   Grass, Günter: *Beim Häuten der Zwiebel*. S. 53.
365   Grass, Günter: *Die Blechtrommel*. S. 50.
366   Ebd.
367   Ebd.

Das Schlafzimmer war in Gelb gehalten und sah auf den Hof des vierstöckigen Mietshauses. Glauben Sie mir bitte, dass der Betthimmel der breiten Eheburg hellblau war,
dass am Kopfende im hellblauen Licht die gerahmt verglaste, büßende Magdalena
fleischfarben in einer Höhle lag, zum rechten oberen Bildrand aufseufzte und vor der
Brust soviel Finger rang, dass man immer wieder, mehr als zehn Finger vermutend,
nachzählen mußte. Dem Ehebett gegenüber der weiß gelackte Kleiderschrank mit Spie-
geltüren, links ein Frisiertoilettchen, rechts eine Kommode mit Marmor drauf, von der
Ecke hängend, nicht stoffbespannt wie im Wohnzimmer, sondern an zwei Messingar-
men unter leichtrosa Porzellanschalen, so dass die Glühbirnen sichtbar blieben, Licht
verbreitend: die Schlafzimmerlampe.[368]

Die Farben: gelb, weiß, blau, rosa scheinen zwar keine eigene Bedeutung zu
haben, doch sie betonen den erdrückenden Formenreichtum. Michael Jürgs
bemerkt in diesem Zusammenhang: „Kleinbürger treibt die Sehnsucht, große
Bürger zu werden."[369]

Die Enge der Wohnung kontrastiert mit der Pseudo-Biedermeier-Formen-
vielfalt der Gegenstände, die nur zur Zierde aufgestellt worden sind und dem
Pseudo-Biedermeier-Farbenreichtum (Weinrot, Purpur, Schwarz, Blau, Golden
im Wohnzimmer; Gelb, Blau, Rosa im Schlafzimmer). Hinzu kommt die Fülle
der sich überall stapelnden Kartons und Verpackungen. Wenn Sie das Geld für
einen richtigen Lagerraum hätten, dann würden sie die Kartons ja sicher nicht im
Wohnbereich aufbewahren. Flur und Küche sehen nahezu wie der angeschlosse-
ne Laden aus. Ganz offensichtlich wollte man das Zimmer möglichst reich aussehen lassen, denn „mit Geld und Gut waren auch Reputation und Macht zu
erlangen."[370] Auch die Familie Matzerath besaß außerdem „das zuerst gemietete,
später langsam abgezahlte Klavier."[371] Oskars Mutter kann Klavier spielen, obwohl sie Kleinbürgerin ist.

Gertrude Cepl-Kaufmann stellt fest, dass die Zuordnung der einzelnen Personen zu einzelnen Räumen der Charakteristik der Figuren dient. Alfred Matzerath
wird die Küche zugewiesen, Agnes und Jan dagegen das Schlafzimmer. „Küche
und Schlafzimmer als symbolische Räume erfassen die individuellen Züge der
Personen und beweisen, dass sie auf die vitalen Bedürfnisse reduziert sind."[372]
Das Bild der Gesellschaft wird durch die Wohnungsbeschreibungen der Familie
Matzerath und ihrer Nachbarn erfasst. Für Cepl-Kaufmann lebt die Gesellschaft

---

368   Ebd., S. 51.
369   Jürgs, Michael: *Bürger Grass. Biografie eines deutschen Dichters.* S. 27.
370   Ebd., S. 180.
371   Grass, Günter: *Die Blechtrommel.* S. 50.
372   Cepl-Kaufmann, Gertrude: *Günter Grass. Eine Analyse des Gesamtwerkes.* S. 85.

in der „Diskrepanz von Verhalten und Bewusstsein,"[373] die sich unter anderem durch erotische Spielchen z. B. beim Skatspielen zeigt. Man wechselt die Anschauungen je nach der politischen Situation. Nach dem Sieg der Nationalsozialisten wird ein Porträt von Beethoven durch ein Hitler-Porträt ausgetauscht. Dies symbolisiert Konformismus und die Unfähigkeit zu reflektieren. Laut Harro Zimmermann sei die Danziger Gesellschaft in der *Blechtrommel* borniert, egoistisch, lasziv, erlebens- und autoritätssüchtig gewesen[374].

Um der kleinbürgerlichen Enge zu entkommen, flüchtete Grass unter anderem in die Bücherwelt und las alles, was im Bücherschrank seiner Mutter greifbar war[375]. Sein Versteck war „die Nische unterm Fensterbord"[376]. Später wurde der Dachboden zu seinem Zufluchtsort. Für Oskar Matzerath wurde ebenfalls der Dachboden zum Versteck[377]. Diesen Ort beschreibt Grass in seiner Autobiographie folgendermaßen:

> Der Dachboden und dessen Lattenverschläge voller Gerümpel und Spinnweben. (...)
>
> Ich sehe die Sonnenflecken auf abgewetztem Leder. Nein, keine gurrende Taube gab Hinweise. Einzig mir kam das Vorrecht zu, ihn nahe meinem geheimen Leseplatz zu entdecken, zu öffnen. Ungeduldig, mit meinem Taschenmesser, das drei Klingen hatte. Geruch schlug mir entgegen, als hätte sich eine Gruft aufgetan. Staub wölkte, tanzte im Licht. (...)
>
> Immer wieder zog es mich in dieses Versteck. Die aufklappbare Dachluke gab den Blick frei über Hinterhöfe, Kastanienbäume, das Teerpappendach der Bonbonfabrik, auf Kleinstgärten, halbverdeckte Schuppen, Teppichklopfstangen, Kaninchenställe, bis hin zu den Häusern der Luisen-, Hertha-, Marienstraße, die das geräumige Geviert umgrenzten.[378]

Verstecke spielen auch im Prozess der Erinnerung der Erzähler von Grass eine bedeutsame Rolle (vgl. z. B. die Funkerkabine des polnischen Torpedobootes in *Katz und Maus*). In den oben genannten Passagen aus der Autobiographie ist das Versteck am Dachboden ein Verweis auf Grass' schriftstellerische Anfänge, von denen keine Spur übrig geblieben ist und die nicht mehr zu rekonstruieren sind.

Auch Stefan Chwin widmet den Wohnungen, in denen er und seine Protagonisten aufwuchsen, in seinen Werken viel Platz. Die Handlung seiner Texte spielt nicht in Langfuhr, sondern in Oliva und nicht vor dem Krieg, sondern

---

373 Ebd., S. 85.
374 Zimmermann, Harro: *Vom Abenteuer der Aufklärung. Günter Grass.* S. 287.
375 Grass, Günter: *Beim Häuten der Zwiebel.* S. 49.
376 Ebd., S. 28.
377 Grass, Günter: *Die Blechtrommel.* S. 119.
378 Grass, Günter: *Beim Häuten der Zwiebel.* S. 62f.

danach. Die beschriebenen Häuser und Wohnungen gehörten nicht dem Kleinbürgertum, sondern dem Großbürgertum. Er persönlich wuchs in so einer ehemals deutschen Wohnung auf. Bei Chwin sind Orte und Gegenstände zentral. Er beschreibt sie so, wie er seine eigene Wohnung in Erinnerung hat. In der *Kurzen Geschichte eines gewissen Scherzes* spielen der Dachboden und die dort gefundenen Schätze eine zentrale Rolle. Chwin erzählt in den *Stätten des Erinnerns*, seine Kindheit sei geradezu eine Privat-Archäologie auf Danziger Dachböden, in Kellern und unterirdischen Gängen gewesen[379]. Sie bilden die Identität der Stadt. In Grass' Werken dagegen sind sie nur Zeugen dieser Identität, spielen die Rolle von Erinnerungsträgern. Sie helfen beim Hervorrufen der Erinnerungen und mit ihrer Hilfe wird der Charakter der Stadt sowie ihrer Bewohner beschrieben. Durch Orte und Gegenstände werden Menschen in ihrer kleinbürgerlichen Alltagswelt beschrieben.

4.2 Stadtteile – Langfuhr

Grass beschreibt in seinen Prosawerken detailgetreu vor allem Langfuhr (heute *Wrzeszcz*), wo er geboren wurde und 17 Jahre lang lebte. Spaziergänge durch Langfuhr auf den Spuren von Günter Grass werden heute sowohl in Reiseführern[380] vorgeschlagen als auch von der Stadtverwaltung veranstaltet, so z. B. zum 80. Geburtstag des Schriftstellers in Form von LARP (Liverollenspiel) am 2. Februar 2008[381] oder in Gestalt der literarischen Spaziergänge[382], die am 1. Juni und 14. Juli 2007 stattfanden. Auch Reisebüros organisieren solche Spaziergänge[383]. Nach dem Tode des Schriftstellers wurde eine Skulptur von Grass neben der Skulptur von Oskar auf die Bank auf dem Wybicki-Platz in Wrzeszcz symbolisch gesetzt.

Wenn man durch die Straßen von Langfuhr spazieren geht, findet man tatsächlich noch Orte, wo Oskar Matzerath oder der Große Mahlke „wohnten",

---

379 Chwin, Stefan: *Stätten des Erinnerns. Gedächtnisbilder aus Mitteleuropa. Dresdner Poetikvorlesung.* S. 20.

380 Vgl. *Oskar-Tulla-Mahlke… śladami gdańskich bohaterów Güntera Grassa.* In *Gdańsk unterwegs mit Günter Grass.* S. 112–155; Loew, Peter Oliver: *Literarischer Reiseführer. Danzig. Acht Spaziergänge.* 2009. S. 276–313.

381 http://www.pomorania.pl/UserFiles/Image/ogloszenie_ost.pdf (Stand 02.2008)

382 http://wtrojmiescie.pl/index.php?a=37&id_arta=2862&a1=38&a2=42&krok=&k=" = (Stand 2012)

383 http://de.szczyptaswiata.com.pl/oferty,_auf_den_spuren_von_gunter_grass_.html (Stand 2012)

obwohl die Straßennamen kurz nach dem Krieg im Rahmen der neu verstandenen Identität der Stadt verändert wurden[384]. Der Hauptheld der Novelle *Katz und Maus* – Mahlke – „wohnte" beispielsweise in der Osterzeile 24 (heute *ulica Dubois*):

> Er wohnte in der Osterzeile und nicht in der Westerzeile. Das Einfamilienhaus stand neben, zwischen und gegenüber gleich gearteten Einfamilienhäusern, die nur durch Hausnummer, eventuell dank unterschiedlich gemusterter oder geraffter Gardinen, kaum aber durch gegensätzliche Bepflanzung der schmalen Vorgärten zu unterscheiden waren. Auch hielt sich jeder Vorgarten Vogelhäuschen auf Stangen und glasierten Gartenschmuck: entweder Frösche, Fliegenpilze oder Zwerge. Vor Mahlkes Haus hockte ein keramischer Frosch. Aber auch vor dem nächsten und übernächsten Haus hockten grüne keramische Frösche.[385]

Grass beschreibt mit großer Genauigkeit nicht nur die Häuser, sondern auch die Umgebung, in der seine Helden wohnten. Oftmals meint der Leser eine vom Schriftsteller gezeichnete Landkarte oder einen Reiseführer zu lesen. Zugleich ist das vermittelte Bild nicht statisch. Man hat vielmehr den Eindruck, als würde er zusammen mit den Protagonisten einen Spaziergang durch die Straßen Danzigs machen:

> Die Osterzeile stieß, gleich der parallel laufenden Westerzeile, im rechten Winkel auf den Bärenweg, der parallel zum Wolfsweg lief. Wer vom Wolfsweg her die Westerzeile hinunterging, sah über ziegelroten Dächern zur linken Hand die Vorderseite und westliche Seite eines Turmes mit oxidiertem Zwiebeldach. Wer in gleicher Richtung die Osterzeile hinunterlief, sah über den Dächern zur rechten Hand die Vorderseite und Ostseite desselben Glockenturmes; denn die Christuskirche lag genau zwischen Osterzeile und Westerzeile auf der gegenüberliegenden Straßenseite des Bärenweges (…).[386]

Die Autoren des Buches *Oskar – Tulla – Mahlke … Śladami gdańskich bohaterów Güntera Grassa. In Gdańsk unterwegs mit Günter Grass* schreiben, dass die Osterzeile heute zwar ein bisschen schmaler sei als die Westerzeile, beide haben allerdings ihren Charakter bis heute weitgehend bewahrt. Es gebe keinen Gartenschmuck mehr, aber die kleinen Gärtchen seien sich immer noch zum Verwechseln ähnlich[387]. Heute heißen die Straßen anders, aber wenn man sich in der *ulica Dubois* (Osterzeile) befindet, sieht man noch die Umgebung mit den Augen von Grass. Das einzige, was fehlt, sind keramische Frösche.

---

384   Vgl. Panasiuk, Alina: *Miasto i ludzie*. S. 19.
385   Grass, Günter: *Katz und Maus*. S. 23f.
386   Ebd., S. 24.
387   *Oskar-Tulla-Mahlke…* S. 112–155.

Grass beschreibt auch andere Stadtteile und Orte wie die Rechtstadt (Stadt-zentrum), verschiedene Friedhöfe (z. B. Saspe), Strand und Ostsee. Einen wich-tigen Teil der von ihm dargestellten Welt bilden Gebäude, darunter auch seine oben beschriebene Wohnung. Eine zentrale Rolle spielen außer dem Zuhause im Labesweg 13 verschiedene Schulen, Kirchen und die Stadtbibliothek. So spielen in *Katz und Maus* die Marienkapelle, die Turnhalle, das Conradinum, die Ostsee und ihr Strand eine tragende Rolle. All diese Gebäude und Orte waren für Grass von Bedeutung, als er Kind war und er machte sie zu Helden seiner Bücher. Hier wuchs er auf und hier ließ er seine Helden aufwachsen. Die Orte haben sowohl ihn selbst als auch die Charaktere seiner Protagonisten geprägt. Die Protagonis-ten vergewissern sich durch diese Orte ihrer Gruppenidentität[388]. Sie gehören dieser Welt an.

4.3 Schulen

Conradinum

Das Gymnasium Conradinum[389], das sowohl Grass als auch seine Protagonisten besuchten, spielt eine zentrale Rolle in der Novelle *Katz und Maus*, aber es wird auch in *Beim Häuten der Zwiebel* und in *Mein Jahrhundert* (unter der Jahreszahl 37) beschrieben: „Unsere Pausenhofspiele endeten nicht mit dem Klingelzei-chen, sondern wurden unter Kastanienbäumen und vor dem einstöckigen To-ilettengebäude, Pißbude genannt, von Pause zu Pause fortgesetzt. Wir kämpften miteinander. Die an die Turnhalle anschließende Pißbude galt als Alcázar von Toledo."[390] Das historische Gebäude Conradinum steht bis heute in der *ulica Pi-ramowicza* (früher Krusestraße); in ihm befindet sich jetzt die technische Schiff-bauschule. Das Conradinum wurde bereits 1798 vom Danziger Philanthropen Karl Friedrich von Conradi gegründet und hatte seit 1901 seinen Sitz in dem Gebäude, das auch Grass besuchte[391]. Es ist „ein wuchtiger Bau in wilhelmini-scher Neorenaissance"[392], in der hanseatischen Variente der wilhelminischen

---

388 Vgl. Assmann, Jan: *Das kulturelle Gedächtnis*. S. 60.
389 Vgl. http://conradinum.pl/historia-szkoly1 (Stand: 2013).
390 Grass, Günter: *Mein Jahrhundert*. München 2002. S. 134.
391 Loew, Peter Oliver: *Literarischer Reiseführer. Danzig*. S. 288; vgl. auch: Samp, Jerzy: *Bedeker Gdański*. Gdańsk 2004. S. 72–75; Fac, Bolesław: *Aureola, czyli powrót do Wrzeszcza*. Warszawa 1990.
392 Schönemann, Martin: *Auf der Suche nach Danzig – mit Hilfe von Günter Grass*. In: Böning, Holger und andere (Hg.): *Danzig und der Ostseeraum. Sprache, Literatur und Publizistik*. S. 340.

Neorenaissance. Das war die Schule mit Tradition. Zur Zeit der Herrschaft der Nationalsozialisten, also der Zeit, an die Günter Grass in seinen Werken erinnert, waren aber diese Vorgeschichte und alte Tradition nicht mehr so wichtig. Es wurde hier nämlich vor allem nationalsozialistisches Gedankengut vermittelt. „Die Schule wird zum Vermittler nationalsozialistischer Ideen. Über ihre humanistische Basis und ihre entsprechende Verpflichtung macht sie sich keine Gedanken."[393] Mehrere Schüler gehörten zur DJ bzw. zu den DJM (10–14jährige) und später zur HJ bzw. zum BDM (14–18jährige), was Grass in der *Danziger Trilogie* und in *Unkenrufe* beschreibt. Die meisten Lehrer waren Nazi-Mitläufer. Heikle Themen wie die Existenz von Konzentrationslagern wurden in der Schule wie zu Hause gemieden. Die Schule mit Traditionen, die das Conradinum früher war, wurde von Nazis in eine propagandistische Organisation umgestaltet. Als Ausdruck der veralteten Klassengesellschaft wurden die symbolischen Gymnasiasten-Mützen abgeschafft, die je nach Schule und Klasse in verschiedenen Farben getragen wurden. Conradiner trugen rote Mützen mit nach Klassen wechselnden Farben der Litzen[394].

Im Conradinum, das bei Grass allgemein für die Schule steht, wurden zur Zeit des Nationalsozialismus keine Bürger mehr, sondern Soldaten erzogen. Deswegen organisierte man beispielsweise Vorträge ehemaliger Schüler, die Ritterkreuzträger und somit Helden geworden waren, worüber Grass auf ironische Art und Weise sowohl in *Katz und Maus* wie auch in *Hundejahre* berichtet. Der Nationalsozialismus, dessen Mechanismen die Schüler zwar nicht verstehen, mit dessen Grundsätzen sie jedoch von Kindheit an konfrontiert werden (die meisten von ihnen gehören dem Jungvolk und dann der Hitlerjugend an, ihre Eltern sind Parteimitglieder) und der ihr ganzes künftiges Leben bestimmen wird, gehört für sie zum Alltag.

Die frühere Tradition und der ehemalige humanistische Schulgeist beeindrucken gegen Ende des Krieges die Schüler nicht mehr. Am Anfang bedeutete ihnen ihre Schule viel, am Ende dagegen ist die zivile Tradition zu eng geworden und scheint lächerlich zu sein. Die Schule bedeutete für sie nicht die Institution, die ihre Charaktere prägte. Sie erfüllte somit ihre Rolle nicht. Pilenz erzählt: „Lächerlich und durchschaut kam ich mir in zu eng gewordener Zivilkleidung – Schülerkleidung – vor, fuhr nicht nach Hause – was konnte mich dort schon erwarten? –, stieg

393 Cepl-Kaufmann, Gertrude: *Günter Grass und Danzig*. In: Stüben, Jens: *Ostpreußen-Westpreußen-Danzig. Eine historische Literaturlandschaft*. München 2007. S. 91.
394 Vgl. Neuhaus, Volker: *Günter Grass. „Katz und Maus". Kommentar und Materialien*. Göttingen 2010. S. 31.

nahe unserem Gymnasium, an der Haltestelle Sportpalast aus."[395] Diese Schulklei-
dung ist, gleich der Wohnung von Grass, zu eng geworden. Auch Mahlke trug
bei seiner letzten Begegnung mit Pilenz kurz vor seinem Untergang die Kleidung,
die das Gymnasium symbolisierte: „Er stand in jenen roten Turnhosen, die ein
Stück Tradition unseres Gymnasiums bedeuteten. Die Uniform hatte er sorgfältig und zum vorschriftsmäßigen Päckchen zusammengelegt und hinter dem
Kompaßhäuschen, seinem angestammten Platz, verstaut."[396] In *Katz und Maus*
beschreibt Grass einen Schulraum, der für die Jungen identitätsstiftend war, die
neugotische Turnhalle des Conradinums, als einen alten, düsteren Backsteinbau
ohne Duschraum. Für die Jungen ist ihre Turnhalle, die sie mit der Marienkapelle
(also mit einem heiligen Ort) vergleichen, einer der wichtigsten Orte. Sie ist die
Achse der Welt. Der Umkleideraum wird von den Schülern sogar Sakristei genannt. Für Volker Neuhaus erscheinen Schule und Kirche bei Grass austauschbar
im Bereich des Sports: „Turnlehrer Mallebrandt unterrichtet auch Religion und
leitet bis zum Verbot den katholischen Arbeiter-Turnverein, während Pfarrer Gusewski mit den Erstkommunizierenden Tischtennis in der Sakristei spielt."[397] Der
Erzähler beteuert, das Gebäude habe sogar einen feierlicheren Charakter als die
Kapelle. Es zeigt sich, dass die Darstellung des Ortes in seinen Werken nicht immer der Wahrheit entspricht, allerdings entspricht sie der damaligen Wirklichkeit
in einem Ausmaß, dass die Zeitgenossen sich angesprochen fühlen. Es ist jedoch
wichtiger, dass Grass den damaligen Zustand der Gesellschaft zeigt und die Schule
als eine Institution, die Soldaten anstelle von Bürgern erzog. Die Beschreibung des
Gebäudes der Schule scheint nur ein Vorwand für die kritische Darstellung der
Gesellschaft zu sein.

4.4 Kirchen

Für das Kleinbürgertum stand die Kirche meist im Zentrum des Lebens. Grass
wuchs zwischen deutschem Protestantismus (väterlicherseits) und kaschubi-
schem Katholizismus (mütterlicherseits) auf[398]. Einen größeren Einfluss auf
seine persönliche Entwicklung hatte der Katholizismus mit seinen heidnisch
geprägten Bräuchen. Das Gleiche betrifft auch seine Helden, die in einem ähnlichen Milieu aufwachsen. Grass spricht über „die Hassliebe des Oskar Matzerath

---

395   Grass, Günter: *Katz und Maus.* S. 145.
396   Ebd., S. 172f.
397   Neuhaus, Volker: *Günter Grass. „Katz und Maus" Kommentar und Materialien.* S. 17.
398   Vgl. z. B.: Jürgs, Michael: *Bürger Grass. Biografie eines deutschen Dichters.* S. 23–26.

zur katholischen Kirche"[399]. Es ist die Atmosphäre der Kirche (der Geruch, die Ausstattung) als Gebäude, die Grass, und somit seine Protagonisten, so sehr anzieht. Er gibt zu, dass die Fliesen in katholischen Kirchen, dass der Geruch einer katholischen Kirche, dass ihn der ganze Katholizismus unerklärlicherweise wie ein rothaariges Mädchen fesselt, obwohl er rote Haare umfärben möchte und der Katholizismus ihm Lästerungen eingibt[400]. Den Katholizismus in Polen charakterisiert Grass folgendermaßen:

> Es ist allgemein bekannt, dass sich der Katholizismus in Polen, ähnlich wie in anderen vorwiegend katholischen Ländern, Reste heidnischer Ursprünglichkeit bewahrt hat, dass zum Beispiel der Marienkult das Verhältnis zu Jesus Christus und zu der Bergpredigt weit überragt. Dem Autor kam es darauf an, diese spielfreudige, farbenprächtige, halb heidnische, halb christliche Welt darzustellen und in Beziehung zu setzen zur Epoche des Nationalsozialismus.[401]

In Grass' gesamtem Werk fällt die große Dichte an Bezügen zur christlichen Tradition auf, wie Volker Neuhaus bemerkt hat. Er zählt Elemente der christlichen Tradition in Grass' Werk auf: Messen, Sakramente, Sakramentalien, vielfältige Bibelreferenzen, lyrische Kontrafakturen liturgischer Texte, historische Passagen im *Butt* und in *Die Rättin*, in denen Geschichte zu großen Teilen als Kirchen- oder Heils- bzw. Unheilsgeschichte erscheine[402]. Aber Grass beschreibt oft auch Kirchengebäude (Jesu-Kirche, Marienkapelle, St. Marien, St. Trinitatis, Christuskirche), die durch ihre Zugehörigkeit zu verschiedenen Zeitepochen viel von der Vergangenheit der Stadt erzählen. Es fasziniert den Schriftsteller die spezifische, geheimnisvolle Atmosphäre der Kirche (figurenreiche Altäre, dunkelnde Bilder, der weihrauchgeschwängerte Spuk der Kirche). Die Katholische Kirche als Institution erscheint bei Grass trotz der Dichte der Bezüge nur als Einrichtung zur Stabilisierung der irdischen Verhältnisse samt ihren Fehlern. Die Jungfrau hilft Mahlke, treffsicherer auf russische Panzer zu zielen und Agnes Matzeraths Beichte und Kommunion erleichtert letztlich nur den Ehebruch mit Jan Bronski[403]. Grass veranschaulicht so den Widerspruch zwischen der Lehre der Kirche und der Art und Weise, wie diese in seinem Umfeld während seiner Kindheit

---

399 Grass, Günter: *Nicht nur in eigener Sache. Erklärung im Prozess Grass – Ziesel*. In: *Der Autor als fragwürdiger Zeuge*. München 1997. S. 56.

400 Grass, Günter: *Die Blechtrommel*. S. 175.

401 Grass, Günter: *Nicht nur in eigener Sache*. S. 57.

402 Vgl. Neuhaus, Volker: *Das christliche Erbe bei Günter Grass*. In: Arnold, Heinz Ludwig: *Text + Kritik. Zeitschrift für Literatur. 1 Günter Grass*. 1988. S. 108.

403 Vgl. Neuhaus, Volker: *Günter Grass. „Katz und Maus" Kommentar und Materialien*. S. 17.

und Jugend verstanden wurde. Denn die Jungfrau, die Mahlke verehrt, ist die Schwarze Madonna von Tschenstochau, die als Polens Schutzherrin bekannt ist. Gerade sie soll Mahlke im Krieg gegen Polen helfen, wodurch Grass eine eklatante Diskrepanz zwischen der eigentlichen Symbolik der Jungfrau und ihrem Mißbrauch während des Krieges herstellt. Die Schwarze Madonna war 1656 vom polnischen König Johann Kasimir zur Regina Poloniae erklärt worden, weil es ihrem Schutz zugeschrieben wurde, dass das Kloster von Tschenstochau 1655 nicht von schwedischen Soldaten erobert wurde. Seit dieser Zeit ist Tschenstochau eine der wichtigsten Wallfahrtsstätten Polens.

Mahlke hat ein besonderes, mystisch gefärbtes Verhältnis zur Jungfrau Maria. Der Junge meint häretisch, er glaube nicht an Gott, sondern an die Mutter Gottes. Alles, was er tut, tut er für die Madonna[404]. Er versteht dies als seine Verpflichtung, die Madonna zu beschenken. Hartmuth Böhme erinnert daran, dass es eine Verpflichtung sei, Geschenke an Götter, Geister und Toten zu adressieren. Dabei beruft er sich auf indianische, polynesische, altrömische, indische und germanische Stammeskulturen[405]. Mahlkes Madonnenkult kann das Ergebnis verdrängter Erotik sein. Denn Mahlke will nie heiraten, weil er nur Maria liebe. Vor der Mutter Gottes braucht er sogar seinen überdimensionalen Knorpel nicht zu verbergen. Seine Funkerkabine könnte man des Weiteren als Mutterleib interpretieren. Umso mehr, da ausschließlich er den Zugang zur Kabine hat und da er dort einen privaten Hausaltar für Maria errichtet. Sein Verschwinden am Ende könnte man als eine Rückkehr in den Mutterschoß deuten. Die Marienkapelle ist für den Jungen der Begegnungsort mit der Mutter Gottes und nicht mit Gott selbst. Eine als Gebäude untypische Kirche ist die bereits erwähnte Marienkapelle. Die Marienkapelle ist ein weißgetünchtes, langgezogenes Gebäude mit bunten Fenstern. Ihr Hof sieht wie der Pausenhof einer Schule aus; dieser Eindruck wird nur durch eine weiße Marienfigur beeinträchtigt[406]. Sie wurde ursprünglich nicht als Kapelle, sondern als Turnhalle gebaut und ist einer der zentralen Orte von *Katz und Maus*, denn hier waren Pilenz und Mahlke Messdiener:

> Da sich der Turnhallencharakter der Marienkapelle trotz farbenreicher gewundener Bilder und Dekorstücke, die aus den Kellern und Abstellräumen fast aller Pfarrkirchen des Bistums, auch aus Privatbesitz stammten, nicht leugnen und verstellen ließ – selbst

---

404 Prunitsch, Christian: *Intertextualität als Vollzug literarischer und geschichtlicher Kontinuität am Beispiel von Günter Grass' "Katz und Maus" und Paweł Huelles "Weiser Dawidek".* In: *Zeitschrift für slavische Philologie.* Heidelberg 2003. S. 149–174.
405 Vgl. Böhme, Hartmut: *Fetischismus und Kultur.* S. 290f.
406 *Oskar-Tulla-Mahlke...* S. 112–155; Loew, Peter Oliver: *Literarischer Reiseführer. Danzig.* S. 140f.

Weihrauch- und Wachskerzenduft übertönte nicht immer und nie genug den Kreide-Leder-Turnermief vergangener Jahre und Hallenhandballmeisterschaften, haftete der Kapelle untilgbar etwas evangelisch Karges, die fanatische Nüchternheit eines Betsaales an.[407]

Die Marienkapelle (von Grass Kapellchen genannt) sieht nicht wie eine Kirche aus, denn sie ist nicht so prachtvoll – sie hat z. B. einen Linoleumfußboden – ausgestattet.

Eine andere wichtige Kirche, die Grass beschreibt, ist die neugotische Herz-Jesu-Kirche (*Kościół Najświętszego Serca Jezusowego*), in der sowohl er als auch Oskar getauft wurden. Das ist auch die Kirche, in der Oskar Matzerath auf das Wunder wartete, das nicht stattfand *(Die Blechtrommel, das Kapitel Kein Wunder)*. Heute sieht die Herz-Jesu-Kirche fast so aus wie vor dem Krieg, weil sie während des Krieges nur den kleineren ihrer ursprünglich zwei Türme verlor und ansonsten relativ unbeschädigt blieb. In der Vorhalle der Kirche befindet sich eine Tafel mit der Geschichte der Kirche. Hier wird auch der Name des Pastors Wiehnke erwähnt, der in den Jahren 1906–1944 hier Gemeindepfarrer war. Sein Grab ist auf dem Friedhof *Brętowo* erhalten geblieben[408]. Der Erzähler in *Die Blechtrommel* beschreibt sehr detailgetreu, wie die Kirche in den 30er Jahren des 20. Jahrhunderts aussah:

Die Herz-Jesu-Kirche wurde während der Gründerjahre erbaut und wies sich deshalb stilistisch als neugotisch aus. Da man schnelldunkelnden Backstein vermauert hatte und der mit Kupfer verkleidete Turmhelm flink zum traditionellen Grünspan gekommen war, blieben die Unterschiede zwischen altgotischen Backsteinkirchen und der neueren Backsteingotik nur für den Kenner sichtbar und peinlich.[409]

Er beschreibt auch die Ausstattung der Kirche, beispielsweise die Gemälde und Skulpturen, die sich hier befinden und die zur Atmosphäre der Kirche gehören:

Jesus, nach dessen Herz die Kirche benannt war, zeigte sich, außer in den Sakramenten, mehrmals malerisch auf den bunten Bildchen des Kreuzweges, dreimal plastisch und dennoch farbig in verschiedenen Positionen.

Da gab es jenen in bemaltem Gips. Langhaarig stand er in preußisch-blauem Rock auf goldenem Sockel und trug Sandalen. Er öffnete sich das Gewand über der Brust und zeigte in der Mitte des Brustkastens, aller Natur zum Trotz, ein tomatenrotes, glorifiziertes und stilisiert blutendes Herz, damit die Kirche nach diesem Organ benannt werden konnte.[410]

407   Grass, Günter: *Katz und Maus*. S. 18f.
408   *Oskar-Tulla-Mahlke...* S. 150.
409   Grass, Günter: *Die Blechtrommel*. S. 175.
410   Ebd., S. 176.

In der Beschreibung dieser kitschigen Skulptur wird die Aufmerksamkeit des Lesers auf das tomatenrote, glorifizierte und stilisiert blutende Herz gelenkt. In Grass' Einstellung zum polnischen Katholizismus wird deutlich, was Hartmut Böhme „Widersprüche der Moderne"[411] nennt: Einerseits versteht sich der heutige Mensch als Mitglied einer säkularen, postreligiösen Gesellschaft und andererseits erliegt er der kitschigen Skulptur mit dem roten Herz in der Kirche. In *Die Blechtrommel* wird dies einerseits verspottet, andererseits wird die spezifische Atmosphäre des polnischen Katholizismus bewundert. Der polnische Katholizismus übt eine Faszination aus, die geradezu erotische Züge trägt. Oskar faszinieren verschiedene Darstellungen von Jesus, weil er sich selbst mit Jesus vergleicht. Eine Gipsdarstellung in der Marienkapelle, die Oskar besonders anlockt, zeigt Maria, wie sie Jesus in den Armen hält. Oskar möchte Jesus trommeln hören, daher hängt er Jesus seine Trommel um. Da aber nichts passiert, wird er wütend und versucht ergebnislos, die Scheiben der Kirche zu zersingen. Oskar bricht zusammen, weil er sich ohnmächtig fühlt. Aus seiner Sicht hat Jesus eine stärkere Position als er.

Die Beschreibung der Kirche als Gebäude ist in diesem Sinne wichtig, dass sie ein Teil der Kultur ist. Trotzdem ist sie in erster Linie ein Vorwand, um die Kirche als Institution zu beschreiben. Die Priester sind, ähnlich wie die Lehrer, für die Schüler keine Autorität. Die Religion sei ausschließlich eine Sammlung von Verboten und Befehlen. In die Kirche gehe man, weil dies zum Alltag gehöre. Der Schein sei am wichtigsten, so machen kirchliche Rituale auf den Gläubigen keinen Eindruck. Christian Prunitsch behauptet, dass Pfarrer Gusewski die zu den faschistischen Verbrechen schweigende Kirche repräsentiere[412]. Man kann überdies vermuten, dass der Pfarrer pädophile Neigungen hat. Darauf wird in der Szene aufmerksam gemacht, in der er zart mit der Hand über Pilenz' Rücken streicht[413].

Die Kirche ist in Grass' Werk, ähnlich wie die Wohnung und die Schule, ein identitätsstiftender Ort. Sie ist einerseits ein Ort der Anziehung, andererseits ist sie Grass jedoch als Versagerin im Gedächtnis geblieben, die ihre Aufgabe als Erzieherin nicht erfüllte und daher enttäuschte. Die katholische Kirche ist ein Kristallisationspunkt, der für eine Gesellschaft, eine Nation und eine Gemeinschaft Träger der Identität ist. Sie wäre in diesem Sinne ein Erinnerungsort der Danziger: angesiedelt zwischen der polnischen Tradition und der deutschen Kultur der Stadt.

---

411 Böhme, Hartmut: *Fetischismus und Kultur.* S. 22.
412 Prunitsch, Christian: *Intertextualität als Vollzug literarischer Kontinuität.* S. 171.
413 Grass, Günter: *Katz und Maus.* S. 113f.

4.5 Ostsee und Strand

Die Ostsee leckte träge und breit den Strand. Bis zur Hafeneinfahrt zwischen weißem Leuchtturm und der Mole mit dem Seezeichen kein Mensch unterwegs. Ein am Vortage gefallener Regen hatte dem Sand sein gleichmäßigstes Muster aufgedrückt, das zu zerstören, barfuss Stempel hinterlassend, Spaß machte.[414]

Die Ostsee ist bei Günter Grass der Ort der Lust, des Vergnügens und somit des Begehrens. Alexander Reschke, der Protagonist in *Unkenrufe* beschreibt die Ostsee als trüb, grau, unbewegt[415]. Tatsächlich ist die Ostsee nur selten blau. Des Öfteren kann man sie als grau oder grünlich beschreiben. Sie ist auch etwa viermal weniger salzig als die meisten großen Gewässer. Gemäß der Kaschubischen Tradition ist sie salzig, weil der liebe Gott in ihr Heringe einweicht[416]. Am Ufer der Ostsee hat sich Grass sein eigenes Danzig als Sandburg – *Kleckerburg* – errichtet[417]. Er schuf hier seine eigene, private Welt. Darüber berichtet er in seiner Autobiographie: „Vor Saisonbeginn nahm ich entliehene Bücher an den Ostseestrand mit, las, gekauert in einen der leeren Strandkörbe."[418]

Die Ostsee ist der Ort, wo man sorgenfrei, wie in *Die Blechtrommel* oder in *Katz und Maus*, spielen kann. Sie kehrt immer wieder in Grass' Erinnerungen, auch in *Beim Häuten der Zwiebel* zurück und spielt eine zentrale Rolle für mehrere Protagonisten seiner Werke. Die tragenden Figuren von Grass (wie die Familie Matzerath, Mahlke, Pilenz und Tulla) badeten und sonnten sich, ähnlich wie die meisten wirklichen Bewohner von Langfuhr, am Strand in Brösen (heute *Brzeźno*):

> Die geteerten, geölten und dennoch trockenen Bretter, auf denen der Kinderwagen geschoben wurde, waren die Bretter des Brösener Seesteges. Der freundliche Badeort – seit achtzehnhundertdreiundzwanzig Seebad – lag mit geducktem Fischerdorf und kuppeltragendem Kurhaus, mit den Pensionen Germania, Eugenia und Else, mit halbhohen Dünen und dem Strandwäldchen, mit Fischerbooten und dreiteiliger Badeanstalt, mit dem Wachturm der Deutschen Lebensrettungsgesellschaft und dem achtundvierzig Meter langen Seesteg genau zwischen Neufahrwasser und Glettkau am Strand der Danziger Bucht. Der Brösener Seesteg war zweistöckig und zweigte zur rechten Hand einen kurzen Wellenbrecher gegen die Wellen der Ostsee ab. An zwölf Fahnenmasten ließ der

---

414   Grass, Günter: *Die Blechtrommel.* S. 175.
415   Grass, Günter: *Unkenrufe.* S. 265.
416   Wickowski, Marek: *Bałtyk. The Baltic.* Poznań 2008. S. 4–9.
417   Vgl. Øhrgaard, Per: *Günter Grass. Ein deutscher Schriftsteller wird besichtigt.* München 2007. S. 14.
418   Grass, Günter: *Beim Häuten der Zwiebel.* S. 53.

Brösener Seesteg Sonntag für Sonntag zwölf Fahnen zerren: anfangs nur die Fahnen der Ostseestädte – nach und nach: mehr und mehr Hakenkreuzfahnen.[419]

Bei Grass spielt die Ostsee eine zentrale Rolle, einerseits als Ort der Handlung und des Vergnügens und andererseits aber als Ort der Initiation und der Einführung in die Erwachsenenwelt. Auch hier gab es Symbole des Nazideutschlands, die kaum bemerkbar die Kindheitsidylle Schritt für Schritt zerstört haben. An die Ostsee als ,locus amoenus' denkt Oskar Matzerath, wenn er sich weit weg von Zuhause am Atlantik befindet. Er vergleicht schwärmerisch die sanfte Ostsee mit dem wilden Atlantik. Die Ostsee wird hier nostalgisch mit einem Mädchen verglichen (wahrscheinlich mit der ersten Liebe zu Maria, die wohl nicht zufällig wie die Mutter Gottes heißt): „Das war nicht die sanfte Ostsee, die mich flaschengrün und mädchenhaft schluchzend erwartete."[420]

In *Katz und Maus* verbringen die Jungen viel Zeit auf dem Wrack des polnischen Minensuchbootes ,Rybitwa'. Hier spielen sie und erleben viele Abenteuer (sie tauchen, hören Musik, unterhalten sich, sie organisieren auch die berühmte Masturbationsolympiade). An diesem Ort ereignen sich für sie wichtige Ereignisse, die dann ihr Leben bestimmen (hier rettet Mahlke Tulla das Leben und hier sieht Pilenz Mahlke zum letzten Mal). Für den *Katz-und-Maus*-Protagonisten Mahlke ist das Wrack als Versteck zentral. Bevor er schwimmen gelernt hatte, war es für ihn ein Ort des Begehrens. Später ist es für ihn sein Versteck, sein Zufluchtsort, den er nur für sich selbst beansprucht. Er nimmt die Gegenstände des täglichen Gebrauchs mit nach unten und organisiert hier seine private Marienkapelle. Schließlich, gegen Ende des Krieges, verschwindet er in der Funkerkabine für immer. Für Prunitsch ist es wichtig, dass sich diese Kabine mit der Richtung nach unten verknüpfe. Unten ist für ihn der Ort des Triebes und es hängt mit der Macht des Weiblichen zusammen. In diesem Fall betrifft dieses Weibliche paradoxerweise die Mutter Gottes. Allerdings ist unten auch mit dem Abstieg in die Tiefe verbunden. Dieser Abstieg kann mit Verderben und Niedergang zusammenhängen, wie es im Falle des Großen Mahlke tatsächlich ist. Mahlke verlässt seine Heimatstadt wie die meisten Deutschen. Dass er nicht in Deutschland sondern unter Wasser sein Exil findet, kann man symbolisch deuten. Wasser symbolisiert unter anderem Chaos, Tod, aber auch Auferstehung und Wiedergeburt[421]. Volker Neuhaus bemerkt, dass die wasserdichte, lichtlose Kabine, in der Mahlke

---

419 Grass, Günter: *Hundejahre.* S. 292.
420 Grass, Günter: *Die Blechtrommel.* S. 436.
421 Vgl. Prunitsch, Christian: *Intertextualität als Vollzug literarischer und geschichtlicher Kontinuität.* S. 149–174.

verschwindet, sich lückenlos an Oskars Verstecke unter Tischen und Betten anschließe; sie sei „wie sie Symbol der Annullierung der Existenz"[422].

Mitte der 60er Jahre entstand das berühmte Gedicht von Grass *Kleckerburg*, in dem er die Ostsee und den Strand beschreibt. Im Gedicht beschreibt das lyrische Ich mit Nostalgie den Ort seiner Geburt, den es verloren hat. Das Leben lang hört es jedoch Geräusche seines privaten Ortes – der Ostsee: „Blubb, pfiff, pschsch ...."[423]. Bereits den Titel des Gedichtes assoziiert man mit Kinderspielen, obwohl die Atmosphäre des Gedichtes nicht so sorglos ist, da die Heimat zerstört worden ist. Er darf nicht mehr in seiner Heimat leben. Umso mehr erinnern die onomatopoetisch nachgeahmte Geräusche an seine Heimat.

Die Sorglosigkeit der Kinder sei allerdings einfach zu zerstören, was symbolisch in der Aal-Szene (*Karfreitagskost* in *Die Blechtrommel*) sowie in der Szene des Untertauchens Mahlkes und des Untergangs der ‚Wilhelm Gustloff‘ dargestellt wird. Die Ostsee kann also auch zum Ort des Todes werden. Das Wasser, das die Natur verkörpert, nimmt keine Rücksicht darauf, ob es ein Ort der Kinderspiele oder wie in *Im Krebsgang* ein Ort des Todes ist: „Auf dem schnell steigenden Wasser habe man Leichen und Leichenteile, belegte Brote und sonstige Reste vom Abendessen, auch leere Schwimmwesten treiben sehen. Kaum Geschrei."[424] Günter Grass widmete seine am 6. Februar 2002 erschienene Novelle *Im Krebsgang* der Tragödie der deutschen Flüchtlinge, die beim Untergang des Schiffes ‚Wilhelm Gustloff‘ am 30. Januar 1945 ums Leben gekommen sind. Im Moment der Katastrophe waren ca. 9 000 Menschen an Bord. Es befanden sich unter ihnen auch nationalsozialistische Würdenträger mit ihren Familien. Nur 1239 der Passagiere wurden gerettet. Die Versenkung der ‚Wilhelm Gustloff‘ war die größte Meereskatastrophe im zwanzigsten Jahrhundert. Es kamen mehr Menschen ums Leben als beim Untergang der ‚Titanic‘. Grass‘ Novelle *Im Krebsgang* handelt vom dramatischen Leiden der ostpreußischen Flüchtlinge am Ende des Zweiten Weltkrieges. Sie ist „eine aus fiktiven und realen Versatzstücken gefügte Schicksalsstory, die den Untergang der ‚Wilhelm Gustloff‘ nachzeichnet."[425] Die Heldin der Novelle ist Tulla Pokriefke, die als Kind in der *Danziger Trilogie* am Strand spielte. Sie ist eine Überlebende der Katastrophe der ‚Wilhelm Gustloff‘

---

422   Vgl. Neuhaus, Volker: *Günter Grass. „Katz und Maus" Kommentar und Materialien.* S. 17.

423   Grass, Günter: *Kleckerburg.* In: *Gedichte und Kurzprosa.* München 1999. S. 199.

424   Grass, Günter: *Im Krebsgang.* S. 132.

425   Noack, Hans-Joachim: *Die Deutschen als Opfer.* In: Aust, Stefan / Burgdorff, Stephan (Hg.): *Die Flucht. Über die Vertreibung der Deutschen aus dem Osten.* Bonn 2003. S. 16.

und erwartet, dass ihr Sohn Paul – ein Journalist – den Untergang des Schiffes und das Leiden der Ostflüchtlinge beschreibt. Er verweigert sich jedoch ihrem Willen, weil die Katastrophe für Deutsche und auch für ihn ein Tabuthema ist, mit dem er sich weder auseinandersetzen will noch soll, weil „angeblich keinen Schmerz reklamieren darf, wer noch Schuld abzutragen hat.“[426] Er möchte die verlorene Heimat und somit auch die Ostsee, die in diesem Falle den Tod der Flüchtlinge repräsentiert, aus seinem Bewusstsein verdrängen.

Nach Jahren kehren die Protagonisten aus *Unkenrufe* an die Ostsee nach Brösen zurück. Es zeigt sich, dass das Kurhaus und der Seesteg nicht mehr existieren. 1993 sah der Badeort verkommen aus: „Das ehemalige Fischerdorf mit Bade- und Kurbetrieb bot ein Bild alltäglichen Verfalls. Vor den restlichen Altbauten zerfielen die Neubauten. Entsprechend Pflaster und Bürgersteige.“[427] Erna Brakup „hielt ihr Zimmer in dem Kur- und Fischerdorf, das nun Brzeźno hieß, wie einen Bunker, als rechts und links (…) beiderseits der Straßenbahnlinie nach Nowy Port kastenförmige Neubauten hochgezogen wurden.“[428] Dieses Haus ist ein Ort, der auch nach Jahren an die alte Welt erinnert. Die Verfasser des Buches *Oskar-Tulla-Mahlke…* zeigen, dass es in Brzeźno noch einen alten Kern gibt, der die Neubauten fast vergessen lässt. Er liege Richtung Nordwesten, parallel zum Strand. Zu finden sind hier alte Villen, Fischerhäuschen und kleine Gärtchen. Nur die Menschen, die sich noch an die deutsche Vergangenheit erinnern, gebe es kaum mehr[429]. Erna Brakup aus *Unkenrufe* ist eine Zeitzeugin, dank der die Erinnerung an die Vergangenheit noch existiert. Nach ihrem Tod stirbt auch die vergangene Welt. In Grass' Werk scheint aber die Ostsee immer noch zu rauschen: „Auf deutsch, auf polnisch: Blubb, pfiff, pschsch…“[430]

4.5.1 Vineta

In seinem Roman *Die Rättin* spricht Grass von dem verschollenen, sagenhaften Vineta an der südlichen Ostseeküste, das als Parallele zu Danzig verstanden werden könnte. Die Stadt soll unter der Oberfläche der heutigen Ostsee liegen. Einer Legende nach ging Vineta bei einer Sturmflut unter, der Grund dafür war der moralische Verfall der Stadt. Noch heute sollen Glocken aus den Tiefen des Meeres zu hören sein. Die legendäre Stadt ist seit dem Mittelalter ein populäres

---

426 Hirsch, Helga: *Wie das Trauma seine Spuren hinterlässt*. In: *FAZ*. 31. August 2002.
427 Grass, Günter: *Unkenrufe*. S. 197.
428 Ebd., S. 180.
429 *Oskar-Tulla-Mahlke…* S. 210.
430 Grass, Günter: *Kleckerburg*. In: *Gedichte und Kurzprosa*. München 1999. S. 198.

Motiv vor allem in der deutschen, aber auch in der polnischen Literatur sowie in der Weltliteratur[431]. Grass schreibt seine eigene Version der bekannten Legende. Im Roman suchen fünf Frauen das verlorene Vineta. Mit Hilfe einer alten Landkarte finden sie die verlorene Stadt:

> Unter uns Vineta!' (…) ‚Nicht nur sieben Kirchen, ich seh auch Kneipen, genauso viele oder noch mehr.' (…) Die Stadt liegt an einem Fluß, der eine Insel bildet, auf der hohe und breite Speicher hinter Fachwerk Reichtum versprechen. Brücken über den Fluß münden in Tore. Ein wenig hochmütig, immer noch, vergleichen sich von Gassenseite zu Gassenseite geschmückte Fassaden gegiebelter Häuser. (…) Hier ziert ein Schwan, dort ein güldener Anker, hier eine Schildkröte, dort ein Eberkopf den Hausgiebel. Die Maschinistin entdeckt als Giebelschmuck Fortuna auf rollender Kugel. Und auf vielen Giebeln, nein, überall, in Torbögen eingelassen, über der Freitreppe zum Rathaus sieht die Alte (…) das Stadtwappen (…), es zeigte einen heraldischen Truthahn über einer heraldischen Ratte. (…)[432]

In dem oben zitierten Ausschnitt scheint das Wappen von besonderer Bedeutung zu sein. Das Wappen ist nicht von Grass erfunden, sondern es ist das Wappen der Familie Racine, worauf der Schriftsteller in seinem Gedicht *Racine lässt sein Wappen ändern* aufmerksam macht. Grass nimmt in der *Rättin* Bezug auf dieses Gedicht, das 1960 in dem Band *Gleisdreieck* veröffentlicht wurde:

> Ein heraldischer Schwan
> und eine heraldische Ratte
> bilden – oben der Schwan,
> darunter die Ratte -
> das Wappen des Herrn Racine.[433]

Die Ratte ist in diesem Gedicht ein Gegenpol zum Schwan, der ein Symbol für Schönheit ist. Die Ratte ist dagegen das Hässliche, das Böse, das Zerstörerische. Die Kategorien des Schönen und des Hässlichen stehen sich gegenüber. Im Gedicht lässt Racine sein Wappen ändern, indem er die Ratte aus seinem Wappen nimmt. Das Ergebnis der Änderung des Wappens ist, dass Racine dem Theater entsagt, weil das Schöne ohne das Hässliche nicht gedacht werden könne. Obwohl man also nicht erkennen kann, was schön und was hässlich ist, bleibt unbestritten, dass das Gleichgewicht auf der Existenz der Gegenpole beruht. Allerdings wird in der *Rättin* der Schwan im Wappen durch den Truthahn ersetzt.

---

431 Vgl. Samp, Jerzy: *Miasto z legendy o zagładzie*. In: *Z woli morza. Bałtyckie mitopeje*. Gdańsk 1987. S. 81–86.

432 Grass, Günter: *Die Rättin*. München 1999, S. 308f.

433 Grass, Günter: *Racine lässt sein Wappen ändern*. In: Grass, Günter: *Gedichte und Kurzprosa*. München 1999. S. 91f, hier S. 91.

Der Hinweis auf die utopische und ästhetische Dimension des Schönen wird in der Schilderung von Vineta / Danzig zurückgenommen, ja ironisiert, als ob auch die ideale, antizipatorische Dimension der Vineta / Danzig-Utopie verloren gegangen wäre. Ob dies bedeuten soll, dass Danzig / Gdańsk entmythologisiert und dem Alltag zurückgegeben werden soll, bleibt unbeantwortet. Das verschollene Vineta ähnelt in Grass' Version der auch in der Literatur existierenden, mythologisierten Stadt Danzig / Gdańsk. Joanna Jabłkowska meint, die Vineta-Stellen in der *Rättin* seien eine ständige Diskussion mit der Utopie im Alltagsverständnis[434]. Sie bemerkt: „Vineta steht metaphorisch (...) nicht für die Insel der Glückseligen, auch nicht für eine ideale Staatsordnung, vielmehr symbolisiert sie die Utopie im alltäglichen Gebrauch des Wortes: (...) unerfüllbares Wunschdenken."[435] Der Fluss, der eine Insel hervorbringt, Speicher, Fachwerk, Brücken, die in die Tore münden, gegiebelte Häuser und der Giebelschmuck weisen nicht nur – wie etwa im Gedicht *Seegespenst* von Heine – auf eine alte deutsche Stadt hin; die Attribute von Grass' Vineta ergeben die Ikone von Danzig. Somit könnte Danzig-Vineta eine literarische Hommage an eine wirkliche Stadt sein, die allerdings nicht mehr existiert und als die verlorene Welt der Kindheit utopisch und mythisch ist. Nur als literarische Konstrukte haben Danzig und Gdańsk Unsterblichkeit erhalten. Das Gleiche gilt auch für Vineta. Die fünf Frauen in der *Rättin* haben ihr Ziel, ihr Wunschdenken beinahe erreicht. Der schöne Traum, das Paradies auf Erden bzw. „der apokalyptische Mythos"[436] konnte jedoch nicht verwirklicht werden und bleibt unerfüllt, weil der Untergang der Menschheit durch Atombomben einsetzt, ehe es den fünf Frauen gelingt, die Stadt zu betreten. Keine von ihnen überlebt den Angriff. Zuvor stellte sich heraus, dass die versunkene Stadt bereits von Ratten bewohnt ist, was umso mehr den Traum zerstört. Die ideale Stadt, in der Frauen einst das Sagen hatten, existiert nicht mehr. Sie ist zur Legende geworden.

---

434 Jabłkowska, Joanna: *Literatur ohne Hoffnung. Die Krise der Utopie in der deutschen Gegenwartsliteratur.* Wiesbaden 1993. S. 179.

435 Jabłkowska, Joanna: *Das ästhetische Spiel mit der Utopie.* In: Jucker, Rolf (Hg.): *Zeitgenössische Utopieentwürfe in Literatur und Gesellschaft. Zur Kontroverse seit den achtziger Jahren. Amsterdamer Beiträge zur neueren Germanistik* Band 41–1997. Amsterdam – Atlanta GA 1997. S. 159–177. hier S. 166.

436 Kniesche, Thomas W.: *Die Genealogie der Post-Apokalypse. Günter Grass' Die Rättin.* Wien 1991. S. 51.

5. Der kulturelle Schmelztiegel

Die Freie Stadt Danzig wird in der *Danziger Trilogie* von Grass als eine deutsch-polnisch-kaschubische Stadt und als multikultureller Schmelztiegel dargestellt, obwohl hier das Deutsche deutlich dominiert. Es ist die Welt, in der sich das Fremde mit dem Eigenen mischt. Für Gertrude Cepl-Kaufmann ist die literarische Rekonstruktion von Grass' Heimatregion mehr als eine Flucht in die Kindheit gewesen. Sie sei das Bekenntnis zu einem spezifischen Völkergemisch gewesen, das in einer spezifischen Landschaft ein hohes Maß an Authentizität lebte, die ohne die Stärke des polnischen und ohne das diesem nahestehende kaschubische Element undenkbar gewesen wäre. Die poetische Hommage, die Grass den Polen mit vielen Gedichten widme, sei getragen von einer geradezu zärtlichen Annäherung. Um ihre These zu bestätigen, nennt Cepl-Kaufmann exemplarisch gewählte Gedichte von Grass: *Pan Kiehot* und *Kleckerburg*[437]. Als Minderheiten existieren in dieser Grass'schen Welt, außer Deutschen und Polen, Kaschuben, Koschneider, Mennoniten, Juden und Russen. Zwar sind bei Grass die meisten Protagonisten Deutsche, aber zu den Helden gehören auch viele Polen (Kobyella, Doktor Michon – *Die Blechtommel*), Kaschuben (Anna Koljaiczek – die Großmutter von Oskar und seine Mutter Agnes, Annas Bruder Wincenty und sein Sohn Jan Bronski – *Die Blechtrommel*) und einige Juden (Spielwarenhändler Markus, Herr Fajngold – *Die Blechtrommel*). Manchmal schildert Grass auch Vertreter anderer Minderheiten, denen keine eindeutige Herkunft zugewiesen werden kann (z. B. Jenny Brunnies, die wahrscheinlich ein Zigeunerkind ist – *Hundejahre*; Tulla Pokriefke ist Vertreterin der Koschneider).

Für Maria Krysztofiak ist der „Schnittpunkt der deutsch-polnischen Konfrontation in der ehemaligen Freien Stadt Danzig"[438] bei Grass von zentraler Bedeutung. Tatsächlich wurden von Grass deutsch-polnische Begegnungen, wie auch Begegnungen mit den Vertretern anderer Kulturen und die Entwicklung der nationalsozialistischen Gedanken in dieser Gesellschaft in den Fokus genommen. Sie treffen sich, spielen zusammen Skat, machen gemeinsame Spaziergänge. Es existiert „im

---

437 Cepl-Kaufmann, Gertrude: *Askese und Pan Kiehot. Die frühe Lyrik als Parameter der Grass'schen Poetik*. In: Honsza, Norbert / Światłowska Irena (Hg.): *Günter Grass. Bürger und Schriftsteller*. S. 83f.

438 Krysztofiak, Maria: *Polnische Symbolik und Metaphorik in den Gedichten von Günter Grass und ihre Wiederspiegelung in den polnischen Übersetzungen*: Frank, Armin Paul (u. a.) (Hg.): *Übersetzen, Verstehen, Brücken bauen. Geisteswissenschaftliches und literarisches Übersetzen im internationalen Kulturaustausch*. Sonderdruck. Berlin 1993. S. 508.

Kopf eines jeden die Vorstellung ihrer Gemeinschaft."[439] Das, was sie verbindet, ist der Ort, an dem sie leben, und nicht die Religion oder Verwandtschaft. Es ist auch die gemeinsame Sprache (Missingsch), die sich vom Hochdeutschen unterscheidet und die alle sprechen können, obwohl viele zu Hause eine andere Sprache benutzen (Polnisch oder Kaschubisch). In den 30er Jahren des zwanzigsten Jahrhunderts zeigte sich jedoch, dass keine Loyalität den Nachbarn gegenüber existierte, obwohl sie alle die gleiche Sprache sprechen konnten. Man begann sich in unterschiedliche Gruppen aufzuteilen. Unterschiedliche Abstammung sowie die Zugehörigkeit zu unterschiedlichen Kirchen verursachte, dass die Minderheiten aus der Gesellschaft ausgeschlossen worden sind. Die Eigenen wurden zu Fremden.

5.1 Deutsche

In der Freien Stadt Danzig lebten über 90% Deutsche und somit war die Stadt fast ausschließlich deutsch. Die meisten Bewohner der Stadt lebten in kleinbürgerlichen Verhältnissen. Obwohl die Deutschen in Danzig vom Reich getrennt waren, gewannen auch hier die Nazis die Wahlen. Im Mai 1933 erhielten die Nationalsozialisten bei Wahlen zum Parlament 50,3% der Stimmen und damit die absolute Mehrheit[440]. Schon 1932 gab es in Danzig 9500 NSDAP-Mitglieder[441]. Frank Fischer erinnert daran, dass schon seit dem Frühjahr 1933 Juden aus öffentlichen Ämtern und aus den Reihen des Volkstages ausgeschlossen wurden[442]. Vertreter der Minderheiten, die bisher als Nachbarn akzeptiert worden waren, wurden allmählich ausgegrenzt: „Das Salz der Erde, das waren nun die kleinen Leute, jene, die nichts zu verlieren hatten, weil sie sich von ihrem Stand gelöst hatten und nun auf etwas Neues hofften, ohne zu wissen, wohin diese ersehnte neue Zeit sie führen würde."[443]

Günter Grass stellt in seiner *Danziger Trilogie* das Bild des deutschen Kleinbürgertums aus dem Danziger Vorort Langfuhr in den 30er und 40er Jahren des 20. Jahrhunderts dar. Grass zeigt in seinen Werken die Transformation dieser heterogenen Gesellschaft in eine homogene. Der Hitlerjugend und dem Jungvolk gehören mehrere Helden aus Grass' Werken an, z. B. Mahlke, Pilenz und ihre Kameraden aus *Katz und Maus*; Walter Matern aus *Hundejahre* und Alexander Reschke aus *Unkenrufe*. Sie bekommen also schon als Kinder und Jugendliche

---

439   Anderson, Benedict: *Die Erfindung der Nation*. S. 15.
440   Fischer, Frank: *Danzig. Die zerbrochene Stadt*. S. 326.
441   Ebd.
442   Ebd., S. 331.
443   Pintschovius, Joska: *Die Diktatur der Kleinbürger*. S. 382.

nationalsozialistische Erziehung und der Tod für das eigene Vaterland existiert in ihrem Bewusstsein als eine erhabene moralische Pflicht[444]. Helmut Koopmann argumentiert in diesem Zusammenhang, dass sich der Nationalsozialismus als Ausbruch des Kleinbürgertums enthüllt, als Mitläufertum, das aus Langeweile heraus den neuen Predigten gefolgt sei. Dass der Nationalsozialismus hochkommen konnte, sei nur möglich gewesen, weil es mehrere dieser Kleinbürger gab, die sich ebenso verhielten, wie Alfred Matzerath es tat[445]. Zygmunt Bauman interpretiert in seinem Buch *Dialektik der Unordnung. Die Moderne und der Holocaust* den Nationalsozialismus als eine Fortsetzung der Entwicklung der modernen Gesellschaft. Der Holocaust sei, so Bauman, Ergebnis der Zivilisation[446].

In allen Werken von Grass spielt die Charakteristik dieser kleinbürgerlichen Gesellschaft eine bedeutende Rolle. Er zeigt, wie die Kleinbürger wohnten, arbeiteten und wie sie ihre Freizeit verbrachten. Dass Hitler ohne das deutsche Kleinbürgertum nicht hätte regieren können, ist für Grass selbstverständlich[447]. Die kleine, beschränkte Welt Danzigs ist zu eng geworden, was Grass in seinen Werken illustriert. Kleinbürger wollten Großbürger werden. Deswegen war der Traum vom Tausendjährigen Reich so verlockend. Er zeigt wie sich diese Gesellschaft infolge des fortschreitenden Nationalsozialismus verändert hat. Er setzt sich auf seine ganz private Art und Weise mit dem Nationalsozialismus auseinander. Der Schriftsteller beschreibt die Welt, in der die Menschen normal zu leben versuchen und nicht sehen wollen, dass der zweite Weltkrieg unmittelbar bevorsteht oder bereits Krieg herrscht. „Eine kleinbürgerliche Idylle"[448] wird schon in seinen ersten Gedichten inszeniert:

> Der Keller steht unter Wasser, wir haben die Kisten hochgetragen
> und prüfen den Inhalt mit der Liste.
> Noch ist nichts verloren gegangen.-

444 Vgl. Anderson, Benedict: *Die Erfindung der Nation*. S. 145.

445 Koopmann, Helmut: *Der Faschismus als Kleinbürgertum und was daraus wurde*. In: Neuhaus, Volker / Hermes, Daniela (Hg.): *Die Danziger Trilogie von Günter Grass. Texte, Daten, Bilder*. Frankfurt am Main 1991. S. 208.

446 Vgl. Bauman, Zygmunt: *Nowoczesność i Zagłada*. Kraków 2009. Aus dem Englischen Tomasz Kunz.

447 Vgl. Grass' Gespräche mit Fac: *Günter Grass przyjaciel z ulicy Lelewela*. Gdańsk 1999. S. 10.

448 Frizen, Werner: *Günter Grass. Gedichte und Kurzprosa. Kommentar und Materialien*. Göttingen 2010. S. 171.

Weil das Wasser jetzt sicher bald fällt,
haben wir begonnen Sonnenschirmchen zu nähen.[449]

Im Gedicht *Drei Vater unser* wird die kleinbürgerliche Gesellschaft ironisch gezeigt. Grass beschreibt, wie das Leben in der Stadt während des Krieges aussah. Er nennt Symbole des Krieges, die zum Alltag gehörten: KZ Stutthof, „Bomben, die sich nur langsam verteilen,..."[450] Im Gedicht wird die scheinbare Normalität des Lebens und Gleichsetzung des Profanen (Kino) mit dem Religiösen (Kirche) ironisiert:

Vergrabt die Türme,
bringt das Bergwerk ans Licht,
stellt in den Kaufhäusern
Weihwasser auf.
Mater dolorosa in technic color,
und nach dem Kino zur Beichte.[451]

Diese von Grass sehr überzeugend geschilderte Tendenz der Danziger Gesellschaft, das normale Leben aufrechtzuerhalten, bestätigen auch Historiker. Dieter Schenk beschreibt beispielsweise die in der Stadt herrschende Atmosphäre in den Sommermonaten vor dem Krieg:

Während der Sommermonate, in denen die angespannte Stimmung in der Stadt stetig anwuchs, ging das Leben für viele Danziger wie gewohnt weiter.

Am 24.6.1939 wurde das Weichselland-Sängerfest in Danzig eröffnet, fünf Bürger der Stadt wurden als Sieger des Reichsberufswettkampfs gefeiert, unter den Ausgezeichneten waren ein Bonbonkocher und eine Hebamme.[452]

Diese Normalität des Lebens wird auch in *Katz und Maus* illustriert. Die Jungen wachsen auf in einem Weltkrieg, der zugleich ihr Alltag ist. Sie kennen keine andere Welt. Die deutschen Protagonisten der *Danziger Trilogie* bemerken kaum, was ihr Leben bestimmt: den Krieg, an dem ihre Nächsten teilnehmen und an dem sie mitschuldig sind. Während des Krieges gehört sogar das oben genannte Konzentrationslager Stutthof, das sich in der Nähe von Danzig befindet und dessen Existenz sie sich bewusst sind, für sie zum Alltag und wird kaum registriert.

449   Grass, Günter: *Hochwasser.* In: *Gedichte und Kurzprosa.* München 1999. S. 15.
450   Grass, Günter: *Drei Vater unser.* In: *Gedichte und Kurzprosa.* Göttingen 1999. S. 44.
451   Ebd., S. 44f.
452   Schenk, Dieter: *Die Post von Danzig.* S. 49.

In den Gedichten *Die Krönung* oder *Gasag* aus dem Gedichtband *Die Vorzüge der Wildhühner* (1956) wird das KZ Stutthof indirekt thematisiert:

In unserer Vorstadt
sitzt eine Kröte auf dem Gasometer.
Sie atmet ein und aus,
damit wir kochen können.[453]

Werner Frizen weist darauf hin, dass auch im Fugenmärchen in *Die Blechtrommel* das Wortfeld Gas, Gasmann, Gasanstalt aus dem Kapitel *Glaube, Liebe, Hoffnung* an die Vergasung der Juden und die Schuld der christlichen Heilslehre und ihrer Verkündiger verweist[454]. Grass beschreibt darüber hinaus in der ersten Szene der Novelle *Katz und Maus*, wie die Jungen in der Nähe der KZ-Schornsteine ruhig Fangball spielen[455]. Die Existenz dieses Konzentrationslagers wird von den meisten geduldet, nicht beachtet und nicht hinterfragt. Darauf macht Grass durch einfache, neutrale Sätze aufmerksam. Er schreibt über den Krieg so, als ob er über alltägliche Dinge wie z. B. Zahnschmerzen schreiben würde. Die Sätze, die den Krieg betreffen, befinden sich in einer Reihe mit anderen gleichwertigen Sätzen. Der Krieg wird nebenbei angesprochen, als ob er unwichtig wäre. Das Krematorium existiert zwar, wird aber nicht wirklich bemerkt:

Die Katze machte Umwege. Über den Himmel kroch langsam und laut ein dreimotoriges Flugzeug, konnte aber meinen Zahn nicht übertönen. Die schwarze Katze des Platzverwalters zeigte hinter Grashalmen ein weißes Lätzchen. Mahlke schlief. Das Krematorium zwischen den Vereinigten Friedhöfen und der Technischen Hochschule arbeitete bei Ostwind. Studienrat Mallenbrand pfiff: Wechsel Fangball Übergetreten.[456]

In der Stadt sind fast ausschließlich Frauen und Kinder geblieben, denn fast alle Männer kämpfen an der Front. Diejenigen, die in Danzig geblieben sind, führen ein unreflektiertes Leben. Als Beispiel kann die Mutter des Erzählers, Frau Pilenz, gelten. Ihr Sohn ist an der Front gefallen und ihr Mann kämpft im Namen des Vaterlandes in Griechenland. Ihre Trauer scheint aber nur äußerlich zu sein. Sie trägt Trauerschwarz, aber der Sohn ist unkenntlich auf dem Passfoto, weil es übermäßig vergrößert wurde: auf das Format kommt es an; die Kette ihrer außerehelichen Verhältnisse reißt keinen Augenblick ab, das Dekor

453 Grass, Günter: *Gasag*. In: *Gedichte und Kurzprosa*. München 1999. S. 39.
454 Frizen, Werner: *Günter Grass. Gedichte und Kurzprosa. Kommentar und Materialien.* S. 181.
455 Grass, Günter: *Katz und Maus*. S. 5f.
456 Ebd., S. 5.

und die Geschäftigkeit der trauernden Mutter wirken eher belebend[457]. Ähnlich sorgenfrei wie Frau Pilenz benehmen sich auch die anderen Erwachsenen der *Danziger Trilogie* sowie Kinder und Jugendliche.

Es ist symptomatisch, dass die jungen Menschen in Grass' Werken keine Vorbilder unter den Erwachsenen haben. Ihre Väter und älteren Brüder sind oft abwesend (tot oder an der Front), die Priester und Lehrer haben in der Situation des Krieges versagt. Es herrscht eine absolute Sorglosigkeit. Gegenstände, wie Torpedoboote, die im Krieg zum Töten des Feindes verwendet werden, haben für die kleineren Jungen die Bedeutung von Spielwaren. Gegen Ende des Krieges sind diese Kinder keine Kinder mehr. Hinter ihnen liegt eine mit dem Nationalsozialismus und dem Krieg verbundene Pubertät. Als Beispiel kann Mahlke genannt werden, der als Soldat das Ritterkreuz erhielt: „Große Ereignisse bewegten damals die Welt, doch Mahlkes Zeitrechnung hieß: Vor dem Freischwimmen, nach dem Freischwimmen (…)"[458] Mahlke engagiert sich gegen Ende des Krieges im Kampf. Er macht das aber ausschließlich aus privaten Gründen (er will das Ritterkreuz) und nicht fürs Vaterland. Die Weltereignisse sind für ihn unwichtig. Sein Verhalten ist durch eine bemerkenswerte Diskrepanz gekennzeichnet: im Krieg gegen Polen soll ihn als einen Deutschen die polnische Madonna schützen. Mahlke ist ein typisches Produkt dieser Zeit. Für die deutschen Nationalsozialisten dient er ausschließlich als Kanonenfutter, wessen er sich nicht bewusst ist. Seine gedankenlose, aber erfolgreiche Teilnahme am Krieg, wenn sie auch nicht aus patriotischen Gründen erfolgt, kann gegen Ende des Krieges den Nationalsozialisten nur willkommen sein.

Es ist naheliegend, dass Grass durch die Konstruktion solcher Figuren wie Mahlke seine eigene Jugend reflektiert. Die zentrale Frage der Autobiographie von Grass, die er sich als Erzähler selber stellt, lautet: Warum war dieser Junge, der ich damals war, „von der Nazi-Ideologie in Danzig damals so beeinflussbar"[459]. Grass hat sich, wie erwähnt, „freiwillig zum Dienst mit der Waffe gemeldet"[460]. Er verhielt sich also ähnlich wie die Protagonisten in seinen Büchern und fühlt sich wie ein Teil dieser kleinbürgerlichen deutschen Gesellschaft in Danzig. Grass machte mit seiner freiwilligen Meldung zum Dienst das Gleiche, was die Meisten gemacht

457   Vgl.: Tiesler, Ingrid: *Günter Grass "Katz und Maus". Interpretationen.* München 1975. S. 64.

458   Grass, Günter: *Katz und Maus.* S. 33.

459   Wesener, Sigried im Gespräch mit Grass, Günter: „*Spuren hinterlässt das schon.*" *Günter Grass zur Debatte um sein spätes Bekenntnis.* In: www.dradio.de/dkultur/ sendungen/kulturinterview/539270 (Stand 06.09.2006.)

460   Grass, Günter: *Beim Häuten der Zwiebel.* S. 75.

haben: Er passte sich an die herrschenden Verhältnisse an. Es zeigt sich, dass die „Enge der Zweizimmerwohnung"[461] und das „Außenklo", das er „wie eine Schande verbarg"[462], dabei eine zentrale Rolle spielten. Diese Enge, typisch für Langfuhr, war seine Welt, von der Grass wie von einem Trauma immer wieder erzählt[463]. Die Enge der kleinbürgerlichen Normen, vor der man nur fliehen wollte, bestätigt auch Joska Pintschovius in *Die Diktatur der Kleinbürger*: „In kargen Zeiten pflegen sich die Menschen (...) Mystisch-Mythischem zuzuwenden[464]. Grass sagt: „Ich rieche gern den Mief, zu dem ich gehöre."[465] Die einzige Möglichkeit der Flucht aus dem Mief schien für ihn und für die ihm ähnlichen die Armee zu sein. Dies zeigt, wie wenig reflektiert er und die Gleichaltrigen aus seinen Romanen damals lebten. Die engen kleinbürgerlichen Lebensverhältnisse waren der Grund der Faszination für den, wie es damals schien, bunten Nationalsozialismus. Grass will jedoch weder sich selbst noch seine Mitbürger aus der Schuld entlassen: „Um den Jungen und also mich zu entlassen, kann nicht einmal gesagt werden: Man hat uns verführt! Nein, wir haben und, ich habe mich verführen lassen."[466] Grass erinnert sich, dass in seiner Familie in der Zeit des Krieges viel verschwiegen und vergessen wurde, um ruhiger leben zu können. So verdrängte seine Familie gern ihre Wurzeln: Nach dem tragischen Tode des Onkels Franz, der kaschubischer Abstammung war und am Kampf um die Polnische Post teilgenommen hat, traf man sich nicht mehr mit diesem Teil der Familie[467]. Dieser Onkel gilt als Vorbild für Jan Bronski.

Das Kleinbürgertum zeigt Grass als das Milieu, aus dem das Mitläufertum als Einstellung zum Nationalsozialismus stammte, was vom Anfang an heftige Proteste unter den Deutschen hervorrief. In der Zeitschrift *Unser Danzig* stand 1960: „Die Danziger sind nicht besser und schlechter als andere Menschen. So sind sie aber nicht gewesen."[468] Grass zeigt „eine Frontalansicht des Kleinbürgertums, der Wohnküchenkultur und ihrer Bewohner. Über sie, zunächst ganz unmerklich und fast nicht spürbar, aber dann mit um so stärkerer Überflutung,

---

461 Ebd., S. 77.
462 Ebd., S. 78.
463 Vgl. z. B.: Jürgs, Michael: *Bürger Grass*. S. 23–47; Meyer-Iswandy, Claudia: *Günter Grass*. München 2002. 11–28.
464 Pintschovius, Joska: *Die Diktatur der Kleinbürger*. S. 392.
465 Grass, Günter: im Gespräch mit Michael Jürgs. In: Jürgs, Michael: *Bürger Grass*. S. 23.
466 Grass, Günter: *Beim Häuten der Zwiebel*. S. 44.
467 Ebd., S. 16.
468 Vgl. Die Blechtrommel. In: *Unser Danzig*. Lübeck 20.5.1960. S. 25.

brach der Nationalsozialismus herein."[469] Gemeint ist unter anderem das Verhalten Alfred Matzeraths z. B. nach der Brandstiftung der Danziger Synagoge 1938. Matzerath wärmt sich ruhig seine Hände am Feuer, das die Synagoge verschlang. Der Nationalsozialismus enthülle sich hier als „ausgebrochenes Kleinbürgertum, als Mitläufertum, das aus Langeweile heraus"[470] folgte. Wie einfach diese Gesellschaft ihre Meinung änderte, zeigt symbolisch das Kapitel *Die Tribüne* aus der *Blechtrommel*:

> Die Trommel lag mir schon maßgerecht. Himmlisch locker ließ ich die Knüppel in meinen Händen spielen und legte mit Zärtlichkeit in den Handgelenken einen kunstreichen, heiteren Walzertakt auf mein Blech, den ich immer eindringlicher Wien und die Donau beschwörend, laut werden ließ, bis oben die erste und zweite Landsknechttrommel an meinem Walzer Gefallen fand, auch Flachtrommmeln der älteren Burschen mehr oder weniger geschickt mein Vorspiel aufnahmen. (…) Schon wollte Oskar verzweifeln, da ging den Fanfaren ein Lichtchen auf, und die Querpfeifen, o Donau, pfiffen so blau. (…) Und das Volk dankte es mir.[471]

Die breite Masse verhielt sich so wie Oskar es möchte. Sie ist tatsächlich blind und dumm und weiss nicht, was sie tut. Die Kleinbürger als Gruppe reflektieren nicht darüber, was sie tun, sondern tanzen nach Oskars Pfeife.

5.1.1 Die Sprache der Danziger Kleinbürger

Deutsche Kleinbürger in Danzig, so wie sie von Grass gezeigt werden, sprachen eine spezifische Mundart: Missingsch[472]. Das sog. Danziger Misschingsch ist eine Stadtmundart aus Niederdeutsch und Hochdeutsch. Es wurde als Umgangssprache im deutschen kleinbürgerlichen Milieu von Danzig benutzt. So sind Tulla Pokriefke und Erna Brakup Mundartsprecherinnen, sie können auch kein Hochdeutsch. Grass versucht durch die Schreibweise den Klang dieser Sprache wiederzugeben[473]. Nicht durch Zufall benutzt er die Mundart nur an manchen Stellen. Auf diese Art und Weise scheint ihre Bedutung hervorgehoben gewesen

469 Koopmann, Helmut: *Der Faschismus als Kleinbürgertum und was daraus wurde.* S. 206.
470 Vormweg, Heinrich: *Günter Grass. Monographie.* Reinbek bei Hamburg 2002. S. 207.
471 Grass, Günter: *Die Blechtrommel.* S. 152.
472 Vgl. Tolksdorf, Ulrich: *Die Mundarten Danzigs und seines Umlandes.* In: Jähnig, Bernhart / Letkemann, Peter (Hg.): *Danzig in acht Jahrhunderten. Beiträge zur Geschichte eines hansischen und preußischen Mittelpunktes.* Münster 1985. S. 326.
473 Vgl. Jaroszewski, Marek: „*Das leuchtende Schiff". Der Untergang der „Wilhelm Gustloff" bei Günter Grass und Tanja Dückers.* In: Böning, Holger (u. a.) (Hg.): *Danzig und der Ostseeraum. Sprache, Literatur und Publizistik.* 2005. S. 288f.

zu sein. Die wichtigen Merkmale dieser Mundart sind beispielsweise die Benutzung von *j* für *g*; *e* für *ö*; *ie* für *ü*, *o* für *u*, *e* für *i*. Man sagt *is* statt *ist*; *nich* statt *nicht*, *leb* statt *lebe* und lässt Verben mit Personalpronomen verschmelzen. Beispiele für Missingsch-Dialekt in Texten von Grass sind beispielsweise:

Waas geihn mech de Jidden an?[474] (Hochdeutsch: Was gehen mich die Juden an?)
Ech leb nur dafier, daß main Sohn aines Tages mecht Zeugnis ablegen.[475] (Hochdeutsch: Ich lebe nur dafür, dass mein Sohn eines Tages Zeugnis ablegen möchte / kann.)
onser Kaadeäffschiff[476] (unser KDF-Schiff)
Das wurd nu alles anders als frieher.[477] (Das wurde nun alles anders als früher.)

Marek Jaroszewski bringt die Bedeutung dieser Sprache folgendermaßen auf den Punkt: „Was in *Die Blechtrommel* das Kaschubische für Agnes und Jan ist, ist in der Novelle *Im Krebsgang* das Missingsch für Tulla – die Sprache des Herzens, der Gefühle und der Emotionen."[478] Tulla versucht nämlich vor Gericht Hochdeutsch zu sprechen. Aber im Alltag lässt Grass sie Mundart sprechen. Die Mundart wird an den Stellen benutzt, an denen dies genannt wird, was geliebt wird. Dies betrifft beispielsweise die Namen der kaschubischen Gerichte: „Sie sagt Bulwen zu Kartoffeln, Glumse zu Quark und Pomuchel, wenn sie Dorsch in Mostrichsud kocht."[479] Danzig lebt fort dank der Sprache von Tulla. Auch als Tulla bereits mehrere Jahre nicht mehr in Danzig lebt, bringt sie sich die offizielle Sprache, das Hochdeutsch, nicht bei, sondern benutzt weiterhin die Danziger Mundart, obwohl die in der neuen Umgebung nicht ohne Schwierigkeiten verstanden werden kann.

Bei Grass stehen oft gerade alte Frauen, auch durch die benutzte Sprache, für „jene mündliche Erzähltradition des Epikers."[480] Auf diese Art und Weise sind gerade weibliche Figuren in seinen Werken diejenigen, die mündlich das kulturelle Gedächtnis tradieren. Durch ihre Sprache, durch Essgewohnheiten und spezifische Kleidung (kaschubische Röcke der Großmutter von Oskar) lebt die Mundart in den Büchern von Grass weiter.

---

474   Grass, Günter: *Aus dem Tagebuch einer Schnecke.* S. 90.
475   Grass, Günter: *Im Krebsgang.* S. 19.
476   Ebd., S. 32.
477   Ebd., S. 39.
478   Jaroszewski, Marek: *„Das leuchtende Schiff".* S. 289.
479   Grass, Günter: *Im Krebsgang.* S. 11f.
480   Paaß, Michael: *Kulturelles Gedächtnis als epische Reflexion. Zum Werk von Günter Grass.* Bielefeld 2009. S. 259.

5.2 Polen

Durch den Hitler-Stalin-Pakt wurde Polen nach Westen verschoben, also wurde meine Heimatstadt Danzig wieder polnisch. Wobei man sagen muß, dass die stark von Deutschen, von Holländern und weiteren Einwanderern geprägte Stadt ihre Blütezeit unter polnischer Herrschaft hatte.[481]

Die Liebe zum polnischen Element ist ein dominantes Merkmal der literarischen Aneignung der Ostseeregion bei Grass[482]. Auch Ryszard Ciemiński würdigte mehrmals die Rolle der Werke von Grass für die Verbreitung des kulturhistorischen Wissens über das Polentum[483]. Die Farben Weiß und Rot dominieren bei Grass (in *Die Blechtrommel*: weiß-rot ist die titelgebende Blechtrommel sowie auch die Zäune von Koljaiczek, Grass thematisiert auch die polnische weiß-rote Fahne). Die Atmosphäre des polnischen Katholizismus und des polnischen Patriotismus steht in Grass' Werk an zentraler Stelle. Im Folgenden soll die Szene der Verteidigung der Polnischen Post, den Pilsudski-Mythos, die polnische Kavallerie und die polnische Fahne näher eingegangen werden.

5.2.1 Der Anfang des Krieges und die Polnische Post

Danzig wurde im Augenblick des Kriegsausbruches zur Weltachse. Der Ausbruch des Krieges wurde auch im Werk von Grass zum Ereignis. Grass nennt in diesem Zusammenhang die wichtigsten Symbole des Krieges, die im Gedächtnis der Polen als Orte des Heldenkampfes ihrer Landsleute bewahrt werden: den polnischen Militärstützpunkt auf Westerplatte *(Beim Häuten der Zwiebel)* und die Polnische Post *(Die Blechtrommel)*. Grass sowie seine Erzähler erinnern sich an diesen Tag und wissen, dass der Krieg „bei anhaltend schönem Spätsommerwetter in Danzig und Umgebung"[484] anfing.

Die Westerplatte als Symbol des heroischen Kampfes der Polen gegen die Deutschen blieb im gesamten literarischen Werk von Grass lange ungenannt, was verwundern muss. Erstmalig wurde die Westerplatte in Grass' Autobiographie *Beim Häuten der Zwiebel* erwähnt, aber es wird auch in diesem Werk nicht auf ihre Geschichte eingegangen. Die Westerplatte wird nur zum Symbol des

481 Grass, Günter: *Vom Abenteuer der Aufklärung. Günter Grass. Harro Zimmermann. Werkstattgespräche.* Göttingen 1999. S. 78.

482 Vgl.: Cepl-Kaufmann, Gertrude: *Askese und Pan Kiehot. Die frühe Lyrik als Parameter der Grass'schen Poetik.* In: Honsza, Norbert; Światłowska, Irena (Hg.): *Günter Grass. Bürger und Schriftsteller.* Dresden 2008. S. 83.

483 Ciemiński, Ryszard: *I szukam ziemi Polaków.*

484 Grass, Günter: *Beim Häuten der Zwiebel.* S. 10.

Ausgangs der Kindheit von Grass und seinen Erzählern. Die Autobiographie beginnt am Tag des Kriegsausbruches, der mit dem deutschen Angriff auf die polnische Militäreinheit seinen Anfang nahm. Demzufolge verknüpften sich für Grass das politische und das private Ereignis. Dieser Tag bedeutete für den Schriftsteller symbolisch das Ende seiner Kindheit. Der Ausbruch des Krieges veränderte sowohl die ganze Welt wie auch das Leben des Kindes, das Grass damals war. Sein Erzähler erinnerte sich: „Auf engem Raum wurde meine Kindheit beendet, als dort, wo ich aufwuchs, an verschiedenen Stellen zeitgleich der Krieg ausbrach."[485]

Das Ende der Kindheit bedeutete Veränderungen, die die ganze Zukunft beeinflussen sollten. Es gibt aber auch einzelne Vorkriegsereignisse und -eindrücke, an die sich Grass in seiner Autobiographie erinnert: der abwaschbare Kragen seiner Lehrerin, der erste Steinpilz, die Haarspange seiner Mutter, der Kachelofen und viele andere[486]. Sie alle symbolisieren noch die unschuldige Kindheit vor dem Kriegsausbruch. Für das Kind scheinen sie wichtiger zu sein als das Weltereignis. Durch die Verbindung der privaten Erinnerung mit diesem Weltereignis bleibt die Westerplatte nicht nur ein toter Gedächtnisort. Er wird durch die private Erinnerung lebendig gemacht.

Viel mehr Platz als der polnischen Westerplatte widmet Grass der Verteidigung der Polnischen Post. Es ist bekannt, dass Franciszek Krause, Grass' kaschubischer Onkel, Briefträger im polnischen Postamt in Danzig war, als Verteidiger der Polnischen Post ums Leben kam und so zum polnischen Helden wurde. Sein Grab befindet sich auf dem Friedhof Saspe in Gdańsk. Auf dem Platz vor dem Gebäude der ehemaligen Polnischen Post (Plac Obrońców Poczty Gdańskiej) befindet sich heute ein Denkmal, das an den Kampf der polnischen Postbeamten am 1. September 1939 erinnert. Im Postamt gibt es ein Museum über seine Geschichte und seine Verteidigung. Grass widmet einige Kapitel in *Die Blechtrommel* den Ereignissen, die sich am 1. September 1939 im Gebäude der Polnischen Post abspielten. Die vier Kapitel über die symbolische Verteidigung der Polnischen Post in *Die Blechtrommel (Schrott, Die Polnische Post, Das Kartenhaus, Er liegt auf Saspe)* fanden eine entsprechende Resonanz in der Forschungsliteratur[487]. Die polnische Minderheit in Danzig fühlte sich schon mehrere Wochen vor dem Krieg bedroht. Polnische Briefträger wurden von den Nazis beschimpft

---

485 Ebd., S. 7.
486 Vgl. Ebd., S. 9f.
487 Vgl. z. B. Gesche, Janina: *Aus zweierlei Perspektiven... Zur Rezeption der Danziger Trilogie von Günter Grass in Polen und Schweden in den Jahren 1958–1990*; Loew, Peter Oliver: *Literarischer Reiseführer. Danzig. Acht Spaziergänge*. S. 172f.

und überfallen, manchmal verhaftet. In der Szene der Verteidigung der Polnischen Post in *Beim Häuten der Zwiebel* wird am Beispiel von Franciszek Krause der polnische melancholisch-donquijottische Charakter beschrieben. Der Onkel wird allerdings nicht als Held dargestellt, sondern als durchschnittlicher Mensch:

> Der Angestellte der Polnischen Post war ein ängstlich besorgter Familienmensch, nicht geschaffen, als Held zu sterben, dessen Namen späterhin als Franciszek Krauze auf einer Gedenktafel aus Bronze zu lesen steht und so verewigt sein soll.[488]

> Er verkehrte bei uns zu Hause wie auch andere Verwandte aus diesem Kreis. (…) Dieser Mann, der gar nichts Kriegerisches an sich hatte, tat am 1. September in der Post Dienst, gehörte zu den Verteidigern der Post, wurde in die Geschichte hineinverwoben und als Überlebender erschossen. Danach wurde der Kontakt eigentlich nur noch von meiner Mutter aufrechterhalten, und etwas, das vorher selbstverständlich war, war auf einmal etwas Anrüchiges.[489]

Franciszek Krause ist ein Vorbild für Jan Bronski, der aus dem Roman *Die Blechtrommel* sehr bekannt ist und auch als Verteidiger der Polnischen Post tragisch ums Leben gekommen ist. Janina Gesche unterstreicht, dass bei der Lektüre der *Blechtrommel* bei einem polnischen Leser zwei Darstellungsweisen desselben Geschehens aufeinanderprallen: „eine im Geschichtsunterricht erworbene und eine literarisch-fiktive"[490]. Das ist ein Zusammenstoß der offiziellen Version der Geschichte (des kulturellen Gedächtnisses) mit der privaten Erinnerung des Schriftstellers, die von der offiziellen Geschichtsbeschreibung abweicht. Grass entheroisiert die Helden der Polnischen Post, die als Symbol des polnischen Patriotismus gelten. Er zeigt ihre menschlichen Züge, auch ihre Schwächen: „Jan Bronski hatte Angst."[491] Er wurde nicht freiwillig, sondern zufällig Verteidiger der Polnischen Post: „Jan lag zusammengekauert, hielt den Kopf verborgen und zitterte."[492] Der Sohn des Leiters der Polnischen Post – Dr. Jan Michoń – protestierte gegen eine Veröffentlichung des Grass-Romans in polnischer Sprache. Unter anderem deswegen wurde das offizielle Erscheinen des Buches in Polen bis zum Jahr 1983 verhindert[493]:

---

488 Grass, Günter: *Beim Häuten der Zwiebel*. S. 17.
489 Vormweg, Heinrich: *Günter Grass*. S. x
490 Gesche, Janina: *Aus zweierlei Perspektiven…* S. 81.
491 Grass, Günter: *Die Blechtrommel*. S. 295.
492 Ebd.
493 Vgl. Neuhaus, Volker: *Günter Grass. „Die Blechtrommel" Kommentar und Materialien*. S. 81.

Jener Doktor Michon mit dem polnischen Stahlhelm auf dem Direktorenkopf vertei-
digte mich nicht, sondern gab mir, als ich die Treppe zur Schalterhalle hinunterhastete,
ihm zwischen die Beine lief, eine schmerzhafte Ohrfeige, um gleich nach dem Schlag,
laut und polnisch fluchend, abermals seinen Verteidigungsgeschäften nachzugehen.
Mir blieb nichts anderes übrig, als den Schlag hinzunehmen. Die Leute, mithin auch der
Doktor Michon, der schließlich die Verantwortung trug, waren aufgeregt, fürchteten
sich und konnten als entschuldigt gelten.[494]

Grass zeigt, dass der Leiter der Polnischen Post ein schwacher Mensch war, der
sich keinesfalls wie ein Held benahm. Die Verteidiger der Polnischen Post waren,
laut Grass, nicht gut organisiert: „Auch in den Büroräumen zum Posthof hin
fand ich keine Menschenseele. Leichtsinn, stellte ich fest. Man hätte das Gebäude
auch in Richtung Schneidemühlengasse sichern müssen."[495] In Grass' teilweise
kontrafaktischer Version der Geschichte werden die Verteidiger der Post von
dem Überfall sogar nicht überrascht:

> Wie schön wäre es gewesen, an der Pförtnerwohnung der Polnischen Post klingeln und
> eine harmlose Kinderblechtrommel dem Hausmeister Kobyella zur Reparatur anver-
> trauen zu können, wenn das Innere der Post nicht schon seit Monaten mit Panzerplatten
> in Verteidigungszustand versetzt, ein bislang harmloses Postpersonal, Beamte, Briefträ-
> ger, während Wochenendschulungen in Gdingen und Oxhöft in eine Festungsbesatzung
> verwandelt worden wäre.[496]

> Die Verteidigung der Polnischen Post wurde tatsächlich schon einige Monate früher,
> seit April 1939, vorbereitet. Armeeoberleutnant der Reserve Konrad Guderski wurde
> aus Warschau geschickt, um die Verteidigung zu organisieren. Er war sehr lange unter
> dem Decknamen ‚Inspektor Konrad' bekannt und wurde erst 1957 identifiziert.[497]

Die Verteidigung der Polnischen Post wurde auch durch die polnische Literatur
(Władysław Broniewski, Malwina Szczepkowska) zum Symbol der polnischen
heroischen Geschichte. Grass dagegen zeigt den Kampf im satirischen Spiegel,
indem er Oskars Kampf um die zerstörte Blechtrommel zum Kristallisationspunkt der Handlung macht. Das neue Spielzeug ist für Oskar unerreichbar. Kobyella verliert sein Leben, als er für Oskar die Blechtrommel holen will. Durch
diesen sinnlosen Tod wird die Verteidigung der Post und letztlich die Verteidigung Polens insgesamt mit dem Kinderspiel parallelisiert. Grass zeigt auf diese
Weise, dass die Polen seiner Ansicht nach Idealisten waren und im Kampf gegen
die Deutschen keine Chancen hatten. Trotzdem kämpften sie um ihre Ehre:

---

494   Grass, Günter: *Die Blechtrommel.* S. 289.
495   Ebd., S. 287.
496   Ebd., S. 280.
497   Schenk, Dieter: *Die Post von Danzig.* S. 43f.

Was hatte meine Trommel mit dem Blute Polens gemeinsam! (…) Schließlich ging es um Polen und nicht um meine Trommel! (…) Langsam setzte sich in mir der Gedanke fest: Es geht gar nicht um Polen, es geht um mein verbogenes Blech. Jan hatte mich in die Post gelockt, um den Beamten, denen Polen als Fanal nicht ausreichte, ein zündendes Feldzeichen zu bringen. Nachts, während ich in dem rollbaren Briefkorb schlief, doch weder rollte noch träumte, hatten es sich die wachenden Postbeamten wie eine Parole zugeflüstert: Eine sterbende Kindertrommel hat bei uns Zuflucht gesucht. Wir sind Polen, wir müssen sie schützen, zumal England und Frankreich einen Garantievertrag mit uns abgeschlossen haben.[498]

Oskar befindet sich in dieser Szene im Kinderzimmer. Es stellt sich die Frage, ob der symbolträchtige Kampf ums Gebäude der Polnischen Post vom Schriftsteller zum heroischen, aber sinnlosen Kinderspiel gemacht wurde. Volker Neuhaus äußert sich zur *Blechtrommel*-Verfilmung und interpretiert die Szene, in der das Motiv vom zerstörten Spielzeug mit dem Überfall auf Polen verknüpft wird. Er stellt fest, dass wir allein von den Bildern her begreifen, warum Oskar und Jan Bronski gerade im Kinderzimmer der Polnischen Post landen mussten[499]. Der Kampf um die Polnische Post wurde bei Grass als Kinderspiel gezeigt und nicht als Heroismus.

1991 wurde das Massengrab der Postverteidiger bei den Ausschachtungsarbeiten für die Tiefgarage des Bürohauses PEWEX in der Jana-Pawla-II-Straße entdeckt. Die Leichen der 21 Postangehörigen wurden umgebettet, sie sind nun auf dem Friedhof Saspe bestattet. Zwölf von ihnen kamen bei dem Kampf und bei der Kapitulation ums Leben, die anderen wurden später von der Gestapo oder im KZ Stutthof ermordet[500]. Die meisten überlebenden Verteidiger der Polnischen Post wurden im Oktober 1939 erschossen. Der ehemalige Exerzierplatz mit dem Schießstand und das Gelände des ehemaligen Flugplatzes sind heute ein Wohngebiet. In der offiziellen Version hieß es noch mehrere Jahre nach dem Kriegsende, dass alle Verteidiger der Polnischen Post erschossen worden seien. In Wirklichkeit nutzten sieben Postverteidiger „die unübersichtliche Situation bei der Kapitulation, um über den hinteren Teil des Postgrundstücks zu fliehen. (…) Einer von ihnen, Wladyslaw Hupka, kehrte auf halbem Weg um und wurde festgenommen. Die anderen sechs Postler setzten ihre Flucht fort. (…) Im Rahmen einer sofort eingesetzten umfangreichen Durchsuchungsaktion konnten

---

498   Grass, Günter: *Die Blechtrommel.* S. 291.
499   Neuhaus, Volker: *„Die Blechtrommel" und ihre Verfilmung.* In: Neuhaus, Volker: *Günter Grass. „Die Blechtrommel" Kommentar und Materialien.* Göttingen 2010. S. 39.
500   Schenk, Dieter: *Die Post von Danzig.* S. 109–118.

zwei polnische Postbeamte nachträglich festgenommen werden."[501] Im Danziger Prozeß gegen Gauleiter Albert Forster 1948 wurde Władysław Milewczyk als Zeuge vernommen:

> Ich bin einer der Überlebenden der Postverteidiger... Wir haben uns auf folgende Weise gerettet... Ich bog hinter dem Gebäude ab auf den Posthof. Von dort kam ich in die Postgarage, und dort waren Fahrräder. Die Räder benutzten wir, um auf das Dach zu kommen. Zu viert haben wir uns gehalten und kletterten auf das Garagendach. Von dort sind wir auf die Garage des Polizeireviers gesprungen. An einem Leitungskabel kletterten wir in den Hof eines Hauses in der Rähmgasse, Wir überstiegen dabei einen Schweinestall. Das Dach war schräg, der First etwa in der Höhe der ersten Etage des Hauses. (...) Wir sind dann vom Dach in eine Wohnung geklettert. (...) Die Kleidung fand ich in einem Schrank. Die Uniform ließ ich in der Wohnung zurück. (...) Da Danzig von den Deutschen besetzt war, liefen wir zu Fuß bis zum Wald von Oliva und von dort nach Karthaus...[502]

Als Grass 1958 zum ersten Mal nach dem Krieg Gdańsk besuchte, kannte er schon die Gerüchte, dass nicht alle Postverteidiger erschossen worden waren, obwohl sich auch die Namen der Überlebenden auf der Opfer-Gedenktafel befanden und erst nach Jahren entfernt wurden[503]. Er suchte und fand Menschen, die die Verteidigung der Polnischen Post überlebt hatten. Mit zwei Männern nahm er Kontakt auf. Der eine hatte sich durch ein Fenster retten können und war dann gleich ein Bier trinken gegangen. Der andere verlor seine Brille und „war in dem Durcheinander entkommen"[504]. Die zwei Verteidiger galten als Vorlage für die fiktive, grotesk dargestellte Figur des Viktor Weluhn. Der halbblinde Weluhn steht für einen polnischen romantischen Helden, der nicht im Stande ist, die Wirklichkeit richtig wahrzunehmen. Bei Grass sieht die Übergabe der Polnischen Post, die mit einem Kartenhaus verglichen wurde, folgendermaßen aus:

> Und sie verließen, an die dreißig halbblinde, versengte Männer, die erhobenen Arme und Hände im Nacken verschränkt, das Postgebäude durch den linken Nebenausgang, stellten sich vor die Hofmauer, warteten auf die langsam heranrückenden Heimwehrleute. Und später hieß es, während der kurzen Zeitspanne, da die Verteidiger sich im Hof aufstellten und die Angreifer noch nicht da, aber unterwegs waren, seien drei oder vier geflüchtet: über die Postgarage, über die angrenzende Polizeigarage in die leeren, weil geräumten Häuser am Rähm. Dort hätten sie Kleider gefunden, sogar mit Parteiabzeichen, hätten sich gewaschen, fein zum Ausgehen gemacht, (...) Die anderen

501 Ebd., S. 119.
502 Schenk, Dieter: *Die Post von Danzig.* S. 121.
503 Romanowicz, Barbara: *Grass opowiada Gdańsk.* In: *Życie Warszawy.* Nr. 297. S. 9.
504 Quinkenstein, Lothar: *Entzifferte Geschichte.* S. 43. Vgl. auch: Romanowicz, Barbara: *Grass opowiada Gdańsk.* In: *Życie Warszawy.* 297. S. 7–12.

aber – und ich sage es, es waren an die Dreißig, die sich nicht zur Flucht entschlossen –, die standen schon an der Mauer, dem Seitenportal gegenüber, als Jan gerade die Herz Königin gegen den Herz König lehnte und beglückt seine Hände zurückzog.[505]

In den Augen von Grass' Erzähler sind Polen in ihrer Donquichotterie gleich wie Viktor Weluhn, halbblind aber tapfer. Sie sind sympathisch, aber sie können nicht gewinnen, denn sie reagieren sehr emotional, statt die Strategie des Kampfes vorzubereiten. Sogar die Flucht deren, die überlebt haben, war ein Zufall und keine Strategie.

5.2.2 Der polnische Soldat, Pan Piłsudski, polnische Kavallerie und polnische Fahne

Grass macht manchmal polnische Soldaten zu Protagonisten seiner Prosa und Lyrik. Zum Beispiel im Gedicht *Pan Kiehot* ist der polnische Soldat als Don Quichotte dargestellt, was auf Kritik seitens der polnischen Rezipienten stoßen musste: „Die Grenze zur Lächerlichkeit liegt in dieser Darstellung des *Pan Kiehot* so empfindlich nah, dass sie von der Kritik leicht als schon überschritten angesehen werden kann."[506] Grass behauptet, Polen seien begabt, aber auch schwermütig. Ihre Charakterzüge stehen deutlich im Gegensatz zu den Charakterzügen der Deutschen. Gertrude Cepl-Kaufmann bemerkt, dass Pan Kiehot hier zum literarischen Gegenbild der Deutschen wurde, denn diese „wollen partout die Kirche im Dorf und niemals gegen die Windmühlen"[507] kämpfen. Sie weist auch darauf hin, dass das Gedicht *Pan Kiehot* eine Eloge auf die begabten Polen sei, die selbst im Untergang ihre schwermütige Tapferkeit behaupten und selbst im Tode nicht ihre Würde verlieren. Auch zu Beginn des Zweiten Weltkrieges hätte es ein Aufflackern eines solchen heldenhaften Anachronismus gegeben[508]. Als Beispiel für die polnische Donquichotterie wird von Grass die Schlacht bei Kutno (Schlacht an der Bzura) im September 1939 gewählt, in der die Polen sehr tapfer kämpften und trotzdem eine vernichtende Niederlage erlitten. Polen werden von Grass als solche charakterisiert, die ohne Vorbereitung und ohne vorherige Reflexion handeln. Manchmal gelingt es ihnen, manchmal nicht, aber sie glauben immer an ihre romantische Würde und an das Polentum. In *Die Blechtrommel* findet sich ein im Gedicht *Pan Kiehot* nur angedeuteter Angriff polnischer Reiter gegen verlassene deutsche Panzer in der Gegend von Lodz, Kutno und Modlin

---

505 Grass, Günter: *Die Blechtrommel.* S. 316.
506 Quinkenstein, Lothar: *Entzifferte Geschichte.* S. 35.
507 Cepl-Kaufmann, Gertrude: *Askese und Pan Kiehot.* S. 84.
508 Ebd.

im September 1939, die sich wie „eine lyrische Apotheose auf die polnischen Freiheitssehnsüchte"[509] liest:

> Oh, du irrsinnige Kavallerie! – Auf Pferden nach Blaubeeren süchtig. Mit Lanzen, weiß-rot bewimpelt. Schwadronen Schwermut und Tradition. Attacken aus Bilderbüchern. Über Felder bei Lodz und Kutno. Modlin, die Festung entsetzend. Oh, so begabt galoppierend. (...) Ulanen, (...) sie wenden, wo Strohmieten stehen, (...) ihre Pferde und sammeln sich hinter einem, in Spanien er Don Quijote heißt, doch der, Pan Kiehot ist sein Name, ein reingebürtiger Pole von traurig edler Gestalt, der allen seinen Ulanen den Handkuss beibrachte zu Pferde, so dass sie nun immer wieder dem Tod – als wär' der 'ne Dame – die Hände anständig küssen, [...] die deutschen Panzer von vorne, (...) Doch jener, halb spanisch, halb polnisch, (...) senkt die Lanzebewimpelt, weißrot lädt zum Handkuss Euch ein, und ruft, dass die Abendröte, weißrot klappern Störche auf Dächern, dass Kirschen, die Kerne ausspucken, ruft er der Kavallerie zu: „Ihr edlen Polen zu Pferde, das sind keine stählernen Panzer, sind Windmühlen nur oder Schafe, ich lade zum Handkuss Euch ein!"[510]

In dieser verkürzten Passage werden mehrere polnische Nationalsymbole genannt und kommentiert. Selbst die beschriebene Landschaft, die durch Störche und Kirschen repräsentiert wird, gilt als typisch polnisch. Außerdem werden die polnische Kavallerie, die 1939 in aussichtsloser Lage gegen Deutsche und Russen kämpfte, der edle und begabte Pole Pan Kiehot, die polnischen National-farben weiß-rot, der in Polen übliche Handkuss sowie Ortsnamen (Lodz, Kutno, Modlin), die den Verlauf des Krieges gegen Polen dokumentieren, genannt. Cepl-Kaufmann bezeichnet solche Bilder als nationale Stereotype und liest die oben zitierte Passage aus *Die Blechtrommel* als eine „Hommage an die polnische Identität"[511]. Zugleich kann man der Meinung von Benedict Engels zustimmen: „Konnte Pilsudskis Kavallerie in *Polnische Fahne* den Sieg erringen, so steht sie in *Die Blechtrommel* nur noch für die Absurdität und den Irrsinn des Krieges."[512] Gleichzeitig ist diese lyrische Passage eine Anspielung auf Homers Odyssee „und das durch seine Reise symbolisierte Herausfallen aus der Geborgenheit des Mythos"[513], der in diesem Falle Polen und den übertriebenen polnischen Patriotismus beschreibt. Die polnische Kavallerie setzt Grass als eines seiner Lieblings-motive in seinen Werken in solchen Passagen ein, die der Logik widersprechen.

---

509 Ebd.
510 Grass, Günter: *Die Blechtrommel*. S. 324f.
511 Cepl-Kaufmann, Gertrude: *Askese und Pan Kiehot*. S. 85.
512 Engels, Benedict: *Das lyrische Umfeld der Danziger Trilogie von Günter Grass*. Würzburg 2005. S. 107.
513 Ebd.

Beispielsweise erscheint sie am 7. Juli 1951 bei Düsseldorf, um Viktor Weluhn zu retten, der 1939 wegen der Verteidigung der polnischen Post zum Tode verurteilt wurde. Grass spielt hier (wie auch im Kapitel *Die Polnische Post*) in Bezug auf die Polnische Kavallerie ironisch, weil in Form eines Abzählverses für Kinder, auf die Polnische Nationalhymne an: „verloren, noch nicht verloren, noch ist nicht verloren, noch ist Polen nicht verloren!"[514] Die Polnische Kavallerie ist „donnernd, fleischlos, blutlos und dennoch polnisch und zügellos."[515]

Ein bekanntes Gedicht mit politisch-historischer Thematik ist auch die *Polnische Fahne*. Auch hier beschreibt Grass die polnische Landschaft und setzt sie in Bezug zur polnischen Romantik und Irrationalität im Kampf. Hier wird der Name Pilsudski direkt genannt:

> Im Schnee der Kopftücher beim Fest,
> Pilsudskis Herz, des Pferdes fünfter Huf,
> schlug an die Scheune, bis der Starost kam.[516]

Der Charakter von Józef Piłsudski ist im kollektiven Bewusstsein der Polen der beste Führer, Staatsoberhaupt, Autorität ohne Makel. In Polen existiert bis heute zweifelsohne der Mythos-Piłsudski. Der Name Piłsudski wird bei Grass sowohl in seinen Prosawerken (*Die Blechtrommel*) wie auch in Gedichten (*Polnische Fahne*) oft genannt und der Mythos, der um den Marschall entstanden war, wurde von ihm literarisch bearbeitet. Der Piłsudski-Mythos und das „Wunder an der Weichsel" sind Repräsentanten der polnischen Identität, für die „Schwermut und Mut"[517] charakteristisch sind. In diesem Gedicht werden historische Reminiszenzen (Pilsudskis Herz) und Naturbilder (Kirschen, Rüben) vermischt[518]. Zwei Farben, die die Polnische Fahne symbolisieren – Weiß und Rot – werden im Gedicht als politisches Symbol fokussiert. Die Kirschen verkörpern nicht nur die erfüllte Liebe, sondern auch die Sehnsucht nach der Freiheit, die durch mehrere verlorene, durch Leidenschaft und Irrationalität begonnene, donquichotterisch geführte Aufstände symbolisiert wird[519]. Der endgültige Sieg 1919 gilt als das Wunder an der Weichsel

---

514 Grass, Günter: *Die Blechtrommel.* S. 760.
515 Ebd.
516 Grass, Günter: *Polnische Fahne.* In: *Gedichte und Prosa.* Göttingen 1999. S. 31.
517 Cepl-Kaufmann, Gertrude: *Askese und Pan Kiehot.* S. 85.
518 Vgl. Øhrgaard, Per: *Günter Grass. Ein deutscher Schriftsteller wird besichtigt.* München 2007. S. 26.
519 Vgl. Frizen, Werner: *Günter Grass.* S. 175; Neuhaus, Volker: *„Polnische Fahne." Offene Gedichtinterpretation.* In: Graf von Nayhauss, Hans-Christoph / Kuczyński, Krzysztof A.: *Im Dialog mit der interkulturellen Germanistik.* Wrocław 1993. S. 141f; Bienek, Horst: *Auf der Suche nach einem Land.* In: *Frankfurter Anthologie.* Frankfurt am Main

und symbolisiert den polnischen Heroismus und das polnische Nationalbewusstsein, das sich vor allem in der Wahl der Sprache, dem Bekenntnis zur katholischen Religion und der Bindung an die Scholle ausdrückte[520].

5.3 Kaschuben

Kaschuben[521] sind bei Grass vor allem Bauern. Sie sind in der Umgebung von Danzig Autochthone, also diejenigen, die hier seit dem Mittelalter da waren: keine Deutschen, keine Polen, sondern Kaschuben, die Nachfahren der baltischen Slawen. Die ursprüngliche Sprache des Danziger Gebiets war wahrscheinlich Kaschubisch. Erst später wurde sie von Latein, Deutsch und Polnisch beeinflusst[522]. Die kaschubische Sprache ist das wichtigste Merkmal dieser Gemeinschaft, die nie einen eigenen souveränen Staat gebildet hat und immer zwischen Slawen und Germanen lebte[523]. Danzig ist das Zentrum der Kaschubei. Es heißt in der kaschubischen Sprache Gdińsk, Gduńsk, Gdunsk, Gdónsk. Durch diese Namen wird auch die Identität der Stadt gebildet.

Bei Grass werden die typischen Kaschuben vor allem von alten Frauen, wie Oskars Großmutter, die Bäuerin ist, repräsentiert. Im 20. Jahrhundert begann jedoch die Grenze zwischen Bauern und Bürgern zu verschwinden, was auch Grass illustriert. Während Oskars Großmutter noch Bäuerin ist, gehört Oskars Mutter schon zum Kleinbürgertum, wohnt nicht mehr auf dem Lande und spricht Kaschubisch nur noch selten, es ist aber immer noch ihre Muttersprache. Die nächste Generation, in diesem Falle Oskar, ist schon germanisiert worden. Insbesondere während des Krieges kommen die Beziehungen zwischen kaschubischen und deutschen Teilen von Familien fast gänzlich zum Erliegen: „Der von Mutters Seite her kaschubische Teil der Verwandtschaft und deren stubenwarmes Gebrabbel schien – von wem? – verschluckt zu sein."[524] „Gewiss, es gab kaschubische Verwandtschaft, aber die lebte auf dem Land, war nicht richtig

---

1983. S. 226–228; Hummel, Christine: *Ein Narr, der im Novemberregen weint. Metaphorik und Wirklichkeitsverhältnis der politischen Lyrik von Günter Grass*. In: Bergem, Wolfgang (Hg.): *Metapher und Modell. Ein Wuppertaler Kolloquium zu literarischen und wissenschaftlichen Formen der Wirklichkeitskonstruktion*. 1996. S. 85–101.

520 Vgl. Anderson, Benedict: *Die Erfindung der Nation*. S. 44–54.

521 Vgl. Borzyszkowski, Józef / Kulikowska, Katarzyna / Olbracht-Prondzyński, Cezary: *Kaszubi a Gdańsk, Kaszubi w Gdańsku*. Gdańsk 2009.

522 Ebd., S. 40.

523 Ebd., S. 67.

524 Grass, Günter: *Beim Häuten der Zwiebel*. München 2008. S. 16.

deutsch, zählte nicht mehr, seitdem es Gründe gab, sie zu verschweigen."[525] Bei Grass fühlen sich manche Kaschuben als Polen (Jan Bronski, *Die Blechtrommel*), die anderen aber als Deutsche (Anton Stomma, *Aus dem Tagebuch einer Schnecke*, Agnes Matzerath, *Die Blechtrommel*). Dies zeigt, wie kompliziert ihr Identitätsbewusstsein war. Einerseits waren sie zu Hause, aber andererseits wurden sie von niemandem richtig anerkannt:

> Von den Deutschen verachtet, vom zentral regierten polnischen Staat als Minderheit nicht ausreichend anerkannt, lebten sie wie zwischen Baum und Borke. Und weil sie dies schon lange taten, waren sie, seßhaft seit Jahrhunderten, im Überleben geübt.[526]

> Das Restvolk der Kaschuben siedelte seßhaft seit Urgedenken im hügeligen Hinterland der Stadt Danzig und galt unter wechselnder Herrschaft als nie polnisch, nie deutsch genug.[527]

Ganz gewiss sind Kaschuben in Danzig und Umgebung Autochthone, die sich hier wie zu Hause fühlen. Sie haben ihre eigene Geschichte, sie sind hier seit Jahrhunderten ansässig. Zugleich sind sie aber als Minderheit von niemandem so richtig akzeptiert, ja sogar, wie es Grass behauptet, sie werden verachtet. Lisbeth aus dem Buch *Aus dem Tagebuch einer Schnecke* ist ein gutes Beispiel, an dem die Problematik der nationalen Identität der Kaschuben erklärt werden kann: „Lisbeth hatte in der Schule polnisch sprechen, aber kaum lesen und schreiben gelernt. Zu Hause sprach man kaschubisch oder – als noch Besuch aus Berent und Dirschau kam – deutsch."[528] Auf diese Art und Weise lebte Lisbeth zwischen drei Völkern. Ihre Kultur und Sprache sind ganz deutlich gefährdet. Um zu überleben, ist man gezwungen, sich in andere Kulturen zu assimilieren. Das Kaschubische bleibt eine Geheimsprache. Für Grass ist das Sprachgemisch, in dem Kaschuben zu dieser Zeit lebten, besonders interessant. Die Menschen verständigten sich in verschiedenen Sprachen. Jede Ortschaft hatte zwei, drei oder vier Namen:

> Eigentlich müßte ich jetzt historisch-statistisch werden und vom gewachsenen und wechselnden Sprachgemisch in den Dörfern des Landkreises Karthaus erzählen. Wann hieß Klobschin Klobocin und warum Klobocin Klobschin? Wann und wie oft wurde der Flecken Neuendorf, der westlich vom Turnberg liegt, polnisch Novawies genannt? Warum schrieb sich Seeresen aber auf polnisch und kaschubisch zugleich zwischendurch immer wieder Dzierzaźno? Das ist Geschichte, wie sie sich auf dem Land niederschlägt.[529]

---

525 Ebd., S. 57.
526 Vgl. Mayer-Iswandy, Claudia: *Günter Grass*. München 2002. S. 17.
527 Grass, Günter: *Beim Häuten der Zwiebel*. S. 41.
528 Grass, Günter: *Aus dem Tagebuch einer Schnecke*. S. 146.
529 Ebd.

Grass unterstreicht oft, dass er selbst mütterlicherseits von Kaschuben abstammt. Mit Vorliebe schildert er in seinen Werken das kaschubische Lokalkolorit (kaschubische Sprache, Landschaft oder Essgewohnheiten). Deswegen wird er von Kaschuben auch sehr geschätzt, er wird der kaschubische Rabelais[530] genannt und ist Preisträger wichtiger kaschubischer Preise: der Bernard-Chrzanowski-Medaille *Poruszył wiatr od morza* und der Stolem-Medaille. Seit den 1970er Jahren weist die Forschungsliteratur auf Grass' kaschubische Herkunft oder auf kaschubische Elemente in seinen Werken hin[531]. Grass popularisiert weltweit das Leben und die Kultur der Kaschuben, wodurch viele Menschen überhaupt erst erfahren haben, dass Kaschuben in Europa existieren.

5.3.1 Essgewohnheiten: Kartoffel und kaschubische Kochkunst

Für das Werk und das private Leben von Grass spielt die kaschubische Ess- und Kochkultur eine besondere Rolle[532]. Hans Werner Richter beschreibt Grass' Kochkunst, „die er mit einer solchen Leidenschaft betreibt, als stände diese Kunst weit über der Kunst des Schreibens, des Bildhauerns, des Zeichnens. (…) Es war wieder eines seiner archaischen Gerichte, die wahrscheinlich auch schon seine weitentfernten Vorfahren in der Kaschubei gekocht hatten."[533] Auch die Tatsache, dass *Hundejahre* ursprünglich *Kartoffelschalen* heißen sollte, spricht für sich. Marek Jaroszewski zählt auf, dass in der *Danziger Trilogie* „Gemüse, Geflügel, Seefische, Fleisch und Pilze die Ernährungsbasis der Landbevölkerung

---

530   Schlott, Wolfgang: *Politischer Störenfeind, kaschubischer Rabelais, polnischer Don Quijote. Anmerkungen zur Grass-Rezeption in Polen.* In: Kesting, Hanjo (Hg.): *Die Medien und Günter Grass.* Köln 2008. S. 60.

531   Vgl. z. B.: Schlott, Wolfgang: *Politischer Störenfeind, kaschubischer Rabelais, polnischer Don Quijote.* S. 60ff; Ciemiński, Ryszard: *Droga Kaszubska (O rodzinie kaszubskiej Güntera Grassa).* In: *Kultura.* /1972; Szumowska, Henryka: *Das kulinarische Rezept von Günter Grass.* In: *Studia Germanica Posnanensia.* 1982, 10. S. 93–109; Fac, Bolesław: *O kaszubskich wątkach w twórczoci Grassa.* In: *Günter Grass. Przyjaciel z ulicy Lelewela.* S. 63–70; Ciemiński, Ryszard: *Kaszubski werblista;* Szulist, Władysław: *Noblista Günter Grass. Wybrane zagadnienia z życia i twórczości.* In: *Rocznik Gdański.* Tom LXI zeszyt 1 2001. S. 5–23.

532   Vgl.: Jaroszewski, Marek: *Die Kochkunst in der Danziger Trilogie von Günter Grass.*: Honsza, Norbert; Światłowska, Irena (Hg.): *Günter Grass. Bürger und Schriftsteller.* Dresden 2008. S. 115–118; Szumowska, Henryka: *Das kulinarische Rezept von Günter Grass.* In: *Studia Germanica Posnanensia.* 1982, 10. S. 97.

533   Richter, Hans Werner: *Im Etablissement der Schmetterlinge. Einundzwanzig Portraits aus der Gruppe 47.* S. 136.

in der Kaschubei und der Stadtbevölkerung von Danzig"[534] gewesen seien. Am liebsten bereiten Grass und seine Protagonisten verschiedene Kartoffelgerichte zu *(Die Blechtrommel, Der Butt)*, Kutteln *(Aus dem Tagebuch einer Schnecke, Beim Häuten der Zwiebel)*, gebratene Gans *(Die Blechtrommel, Hundejahre, Unkenrufe)*, verschiedene Arten von Seefisch, vor allem Aal *(Die Blechtrommel)*, Pfifferlinge und andere Pilze *(Die Blechtrommel, Unkenrufe, Der Butt)*. Grass' Küche „stützt sich auf einheimische Produkte und bleibt Teil des damaligen Sittenbildes."[535]

Zu den wichtigsten Nahrungsmittel-Motiven in Grass' Schaffen gehören Kartoffeln, die auf kaschubisch auch „Bulven"[536] genannt werden und neben „Wirsingkohl, Rosenkohl, Rotkohl und Weißkohl@"[537] direkt mit dem Kolorit der Kaschubei verbunden sind. Die Anfangsszene in *Die Blechtrommel* spielt bekanntlich auf dem Kartoffelacker. Die kaschubische Großmutter auf dem kaschubischen Feld „erscheint als Mutter Erde."[538] Sie wird assoziiert mit dem Geschmack („mit Sirup versüßtes Schmalzbrot", „in heißer Asche gebackene Kartoffel"[539]), dem Geruch (Kartoffelkrautfeuer), der Farbe (kartoffelfarbene Röcke) und Lauten (sie pfeift vor sich hin). Es hat eine große symbolische Aussagekraft, dass Oskars Mutter – Agnes – auf diesem kaschubischen Acker, im *Herz der Kaschubei*, gezeugt wurde, ohne dass das Kartoffelbacken unterbrochen wurde[540]. Auch Jan Bronski stammt „vom selben Kartoffelacker"[541] wie seine Tante Anna und seine Geliebte / Cousine Agnes. Er „weiß ländlich kaschubische Herkunft hinter der festlichen Eleganz eines polnischen Postsekretärs zu verbergen."[542]

Kartoffeln spielen in *Die Blechtrommel* immer wieder eine Rolle: Nachdem Agnes sich mit Alfred Matzerath verlobt hat, „zog sie [ihre Mutter – Anna Brońska] zu ihrem Bruder Vinzent nach Bissau, also ins Polnische, übernahm wie in vorkoljaiczekschen Zeiten den Hof mit Rüben- und Kartoffeläckern, gönnte dem mehr und mehr von der Gnade gerittenen Bruder Umgang und

534 Jaroszewski, Marek: *Die Kochkunst in der Danziger Trilogie von Günter Grass*. S. 115.
535 Ebd.
536 Grass, Günter: *Die Blechtrommel*. S. 108.
537 Ebd.
538 Neuhaus, Volker: *Günter Grass. „Die Blechtrommel" Kommentar und Materialien*. S. 45.
539 Grass, Günter: *Die Blechtrommel*. S. 15.
540 Vgl. Jaroszewski, Marek: *Die Kochkunst in der Danziger Trilogie von Günter Grass*. S. 115.
541 Grass, Günter: *Die Blechtrommel*. S. 63.
542 Ebd.

Zwiegespräch mit der jungfräulichen Königin Polens und begnügte sich damit, in ihren vier Röcken hinter herbstlichen Kartoffelkrautfeuern zu hocken und zum Horizont hinzublinzeln, den immer noch Telegrafenstangen einteilten.[543] „Rührei, Pilze und Bratkartoffeln"[544], „Aal Grün mit frischen Kartoffeln in Maibutter schwimmend"[545], „Kalbsbraten mit Stampfkartoffeln und Blumenkohl in brauner Butter"[546] oder „Spiegeleier und Bratkartoffeln"[547] gehören zu den Speisen, die Alfred Matzerath, der kein Kaschube, sondern Deutscher war, zubereitet. Dazu trinkt er Kartoffelschnaps, Bier oder selbstgemachten Eierlikör[548]. Das Wort ‚Kartoffel' wird aber auch im Zusammenhang mit Nazismus genannt: In einem Kartoffelsack werden die vier Kater des SA-Mannes Meyn begraben[549]. Am häufigsten (neun Mal) kommt das Wort ‚Kartoffel' im Kapitel *Fünfundsiebzig Kilo* vor, in dem Greff, der pädophile Neigungen hat, in seinem Kartoffelkeller Selbstmord begeht.

Kartoffeln symbolisieren bei Grass den Alltag. In ihnen scheint die Macht des normalen, kleinbürgerlichen Lebens zu stecken. Greff begeht Selbstmord, weil es in Langfuhr als Mikrokosmos keinen Platz für seine Abweichung von Normalität gibt. Am Atlantikwall beschreibt Oskar 1944 seine Heimat folgendermaßen: „schon unterwegs ins Land Pantoffel, / wo jeden Sonntag Salzkartoffel / und freitags Fisch, auch Spiegeleier: wir nähern uns dem Biedermeier"[550]. Nach dem Krieg wird von Walter Matern die Alltäglichkeit, zu der in erster Linie die Verdrängung des Krieges gehörte, folgendermaßen resümiert: „Jesus Christus, der uns allen verziehen hat, hat auch die Buhnen der Männertoilette frisch emaillieren lassen. Keine schuldbeladenen Namen, keine verräterischen Adressen mehr. Alle Leute wollten ihre Ruhe haben und jeden Tag frische Kartoffeln essen."[551]

In *Der Butt* spielen die Kochkunst und auch die Kartoffel eine zentrale Rolle: „Patata, Potato, Tartuffell, Erdäpfel, Bulwen... Raleigh oder Drake sollen sie nach Europa verschleppt haben."[552] Grass erzählt, auf welche Art und Weise verschiedene kaschubische und Danziger Gerichte zubereitet wurden. Der Roman ist auch

---

543 Grass, Günter: *Die Blechtrommel.* S. 48.
544 Ebd., S. 203.
545 Ebd., S. 206.
546 Ebd., S. 345.
547 Ebd., S. 455.
548 Vgl. Ebd., S. 216.
549 Ebd., S. 256.
550 Ebd., S. 444.
551 Grass, Günter: *Hundejahre.* S. 528.
552 Grass, Günter: *Der Butt.* S. 386.

als ein Kochbuch und als Geschichte der Kochkunst, vor allem der einfachen, kaschubischen Gesindeküche, konzipiert: „Aus der Praxis der Gesindeküche schöpfte sie die Utopie einer weltweit verabreichten westpreußischen Kartoffelsuppe."[553] Im *Butt* wird daran erinnert, welche Gerichte aus Kartoffeln zubereitet werden können:

> Heute essen wir: mehlige Salzkartoffeln, rohe Kartoffeln gerieben, in krauser Knochenbrühe gekochte, Petersilienkartoffeln oder nur Pellkartoffeln mit Quark. Wir kennen Kartoffeln mit Zwiebeln gedämpft oder in Senfsoße, Butterkartoffeln, mit Käse überkrustete, gestampfte, in Milch gekochte, in Folie gebackene, winterliche Lagerkartoffeln, Frühjahrkartoffeln. Oder solche in grüner Soße. Oder Kartoffelmus mit verlorenen Eiern. Oder thüringische, Vogtländer, hennebergische Kartoffelklöße in weißer Soße mit Semmelbröseln.[554]

Aber nicht nur die Kartoffel spielt im Roman eine Rolle. Grass erläuterte mehrmals in Interviews[555], dass *Der Butt* aus einer Idee entstand, die Geschichte der Ernährung zum Thema eines literarischen Projekts zu machen. Einzelne Kapitel haben in ihren Titeln Namen verschiedener Lebensmittel und Gerichte: *Fleisch; Die Runkelmuhme; Hasenpfeffer; Runkel und Gänseklein; Bei Kochfisch Agnes erinnert; Wogegen Kartoffelmehl hilft; Beim Eichelstoßen Gänserüpfen Kartoffelschälen erzählt; Warum Kartoffelsuppe himmlisch schmeckt; Rindfleisch und historische Hirse; In die Pilze gegangen; Auf der Suche nach ähnlichen Pilzen; Lena teilt Suppe aus; Bratkartoffeln; Dreimal Schweinekohl.* Durch Ernährungsgeschichte wird aber auch universell „die zirkulare Bewegung der Zeit"[556] dargestellt. „Dies geschieht durch die Fokussierung auf die Mahlzeiten, die in jedem Kapitel und in jedem Zeitalter zubereitet werden."[557] Die Erzählhandlung des Buches wird auf kontrafaktischen Annahmen aufgebaut, unter anderem deswegen, weil Grass den Butt zum hegelianischen Weltgeist macht und die Geschichte der Ernährung ins Zentrum stellt. Für Harro Zimmermann ist die Küche „das (verleugnete) Zentrum aller Geschichtsmächtigkeit."[558] Die Ernährungsgeschichte charakterisiert

---

553 Ebd., S. 383.
554 Ebd., S. 387.
555 Vgl. z. B.: Grass, Günter; Zimmermann, Harro: *Vom Abenteuer der Aufklärung.* S. 154; Raddatz, Fritz: „*Heute lüge ich lieber gedruckt.*" *Gespräch mit Günter Grass.* In: Raddatz, Fritz J.: *ZEIT-Gespräche.* Frankfurt am Main 1978. S. 7–18.
556 Widmann, Andreas Martin: *Kontrafaktische Geschichtsdarstellung. Untersuchungen an Romanen von Günter Grass, Thomas Pynchon, Thomas Brussig, Michael Kleeberg, Philip Roth und Christoph Ransmayr.* Heidelberg 2009. S. 163.
557 Ebd.
558 Ebd., S. 315.

bei Grass die menschliche Entwicklung. Andreas Widmann bemerkt, dass in *Der Butt* Nahrungsmittel und ihre Verbreitung ausdrücklich als eigentlicher Motor der Geschichte ausgewiesen werden[559]. Die Geschichte der Ernährung werde von Grass als einer der Entwicklungsprozesse verstanden, der historisch sei, komme aber in der Geschichtsschreibung so gut wie nicht oder nur nebenbei vor: „Wenn die Entwicklung unserer Ernährung, also mein Thema, am Rande vorkommt, dann wird zumeist mit Erstaunen wahrgenommen, dass natürlich die Einführung der Kartoffel geschichtlich mehr verändert hat, als der gesamte Siebenjährige Krieg oder dieser oder jener Friedensschluss Folgen hatten."[560] Grass stellt die Kartoffel nicht nur als ein Grundnahrungsmittel und somit als eine Lebensgrundlage dar, sondern auch als einen Faktor, der die Geschichte Europas grundsätzlich bestimmte: „Ich wollte ursprünglich die ungeschriebene Geschichte der Ernährung erzählen. Zum Beispiel wird meiner Meinung nach die Einführung der Kartoffel weit unterschätzt. Die Industrialisierung und damit die Proletarisierung Europas ist ohne die Kartoffel nicht denkbar."[561] Seiner fiktiven Figur, Amanda Woyke, die alles Mögliche aus Kartoffeln machen kann und unter anderem Bratkartoffeln, den Kartoffelsalat, die Kartoffelsuppe und Kartoffellinsen erfand, schreibt Grass das ansonsten Friedrich dem Großen angerechnete Verdienst der Einführung der Kartoffel als Grundnahrungsmittel zu:

> Und als Amanda Woyke nach der Zweiten Polnischen Teilung der preußischen Kartoffel zu Ansehen verhalf, meinte sie sogar (…), mit dem Kartoffelmehl ein Mittel gegen die Cholera gefunden zu haben; denn als nach dem Siebenjährigen Krieg mehrere Mißernten den Hunger bei den niederen Ständen allgemein machten und Ratten, zu Notsuppen verkocht, ihren Marktpreis hatten, wurde (neben anderen Seuchen) die Cholera läufig.[562]

Kartoffelmehl half, laut Amanda, gegen alles Mögliche, zum Beispiel gegen Brandwunden, gegen Migräne oder zur Geistervertreibung. Nicht durch Zufall konnte Amanda Woyke „die Bernsteinfunde in Zuckaus Kartoffeläckern historisch"[563] belegen.

Der früher besprochene Bernstein und die Kartoffel stehen hier nebeneinander als Erinnerungssymbole. Beide sind für Grass kaschubische Schätze und augenfällige Symbole des mythischen Ortes Danzig. Kartoffelschälen ist für Amanda etwas Permanentes. Darin „manifestiert sich ein potenziell infiniter

559   Ebd., S. 158.
560   Grass, Günter; Zimmermann, Harro: *Vom Abenteuer der Aufklärung.* S. 154.
561   Grass, Günter: *Am Anfang war die Kartoffel.* In: *Neue Presse.* 27.05.1980.
562   Grass, Günter: *Der Butt.* S. 369.
563   Ebd., S. 380.

Erzählprozess."[564] „Ihr Schälmesser wußte, wie die Geschichte weiterging."[565] Durch das immer wieder wiederholte Kartoffelschalen, die Erinnerungen trägen, wird erzählt:

Bratkartoffeln

Nein, mit Schmalz.
Es müssen alte mit fingernden Keimen sein.
Im Keller, auf trockenem Lattenrost,
wo das Licht ein Versprechen bleibt von weither,
haben sie überwintert.

Vor langer Zeit, im Jahrhundert der Hosenträger,
als Lena die Streikkasse unter der Schürze
schon in den sechsten Monat trug.

Ich will mit Zwiebeln und erinnertem Majoran
einen Stummfilm flimmern, in dem Großvater,
ich meine den Sozi, der bei Tannenberg fiel,
bevor er sich über den Teller beugt, flucht
und mit allen Fingern knackt.

Doch nur geschmälzt und in Gußeisen.
Bratkartoffeln mit
Schwarzsauer und ähnlichen Mythen.
Heringe, die sich im Mehl freiwillig wälzen,
oder bibbernde Sülze, in der gewürfelte Gürkchen
schön und natürlich bleiben.

Zum Frühstück schon aß Otto Stubbe,
bevor er zum Schichtwechsel auf die Werft ging,
seinen Teller voll leer;
und auch Sperlinge vor den Scheibengardinen
waren schon proletarisch bewusst.[566]

Kartoffel überwintern im Keller, was heißt, dass sie seit eh und je Zeugen der Geschichte sind und auch unbewusst und unbemerkt diese Geschichte kreieren. Der Großvater aß Kartoffeln in der Vergangenheit, wie auch das lyrische Ich heutzutage Kartoffeln isst. Kartoffeln als typisch kaschubisches Gericht gehören auch zur Mythologie der Stadt („Bratkartoffeln mit Schwarzsauern und ähnlichen Mythen"), weil sie die Vergangenheit symbolisieren und die Weltachse der Kaschubei

---

564 Paaß, Michael: *Kulturelles Gedächtnis als epische Reflexion.* S. 273.
565 Grass, Günter: *Der Butt.* S. 370.
566 Grass, Günter: *Gedichte und Kurzprosa.* S. 263; Grass, Günter: *Der Butt.* S. 541f.

als Lokalkolorit bestimmen lassen. Das lyrische Ich reflektiert über die Vergangenheit (sein Großvater war Sozialist und fiel bei Tannenberg), während es Kartoffeln zu sich nimmt. Einfache Kartoffeln, die das lebendige Gedächtnis repräsentieren, das durch Epochen hindurch fortbesteht, gehören zugleich zur Vergangenheit und zur Gegenwart und symbolisieren somit die Kontinuität der Geschichte. Sie sind ein Bindemittel zwischen dem, was schon vergangen ist, dem was gegenwärtig passiert und dem, was erst in der Zukunft kommt: „Die Vergangenheit entsteht erst dadurch, dass man sich auf sie bezieht."[567] Grass scheint die Kartoffel zu mythisieren, indem er an die Geschichte ihrer Einführung in der Kaschubei erinnert und sie immer wieder wie bei einer Initiation wiederholt. Einerseits sieht er die Anfänge des Ortes in der Geschichte, aber andererseits sucht er nach Mythen, die die Grundlage sowie die Ursache für diese Geschichte legen können[568]. Alle Gerichte, die von Köchinnen im *Butt* sowie von Matzerath in der *Blechtrommel* zubereitet werden, fungieren „als Bestandteile des kulturellen Gedächtnisses."[569] Die „Alltagsgeschichten"[570], die Grass im *Butt* durch das Zubereiten der Gerichte erzählt, lassen die lebendige Tradition – das Kochen – fortsetzen. Durch diese lebendige Tradition kann auch die Identität der Kaschuben teilweise überleben.

5.4 Juden

Juden bildeten eine Randgruppe im Vorkriegsdanzig und als solche wurden sie auch von Günter Grass dargestellt. In der *Danziger Trilogie* gibt es nur einzelne Vertreter der jüdischen Bevölkerung (Sigismund Markus und der aus Ostpolen vertriebene Jude Mariusz Fajngold, der symbolisch den Kolonialwarenladen Matzeraths übernimmt[571]). Juden haben wenig Kontakt mit Deutschen. Der bekannteste Grass'sche Jude aus Danzig, der mit großer Sympathie und ohne Ironie dargestellt wurde, ist sicherlich Sigismund Markus, um den Oskar nach dessen Selbstmord in der Reichskristallnacht ehrlich trauert. Laut Volker Neuhaus repräsentiert er bei Grass das Schicksal der Millionen ermordeten Juden[572]. Mit der jüdischen Problematik befasst sich Grass allerdings auch in vielen Reden und Aufsätzen sowie in *Aus dem Tagebuch einer Schnecke*, in *Die Rättin*, in *Im Krebsgang* und *Beim Häuten der Zwiebel*, nicht immer mit Bezug auf die Geschichte seiner

---

567 Assmann, Jan: *Das kulturelle Gedächtnis.* S. 31.
568 Vgl. Eliade, Mircea: *Aspekty mitu.* S. 17–25.
569 Paaß, Michael: *Kulturelles Gedächtnis als epische Reflexion.* S. 275.
570 Grass, Günter: *Vom Abenteuer der Aufklärung.* S. 160.
571 Vgl. Neuhaus, Volker: *Günter Grass.* S. 43.
572 Ebd.

Heimatstadt (der falsche Jude David alias Wolfgang Stremplin in *Im Krebsgang,* Ben aus der *Rede gegen die Gewöhnung*).

Der jüdischen Gemeinschaft wurde großer Raum nur im Collage-Werk *Aus dem Tagebuch einer Schnecke* (1971) gewidmet. In diesem Werk stellt Grass das Schicksal der Juden während des Krieges aus historischer Perspektive dar. Die Handlung eines Erzählstranges spielt in der Bundesrepublik 1969, die Handlung des anderen Stranges dagegen im nationalsozialistischen Danzig. Grass stellt zwar die Geschichte der Danziger Juden seit dem 19. Jahrhundert dar, aber der wichtigste Erzählstrang ist in den dreißiger Jahren des zwanzigsten Jahrhunderts angesiedelt. Grass beschäftigt sich im Buch mit dem Schicksal der jüdischen Gemeinde Danzigs und verknüpft dabei das Authentische mit dem Fiktiven, wodurch eine kontrafaktische Geschichte entsteht. Grass beantwortet hier aber auch die Fragen seiner Kinder nach dem Holocaust und danach, was er und seine Gleichaltrigen zu dieser Zeit machten: „Denn manchmal, Kinder, beim Essen, oder wenn das Fernsehen ein Wort (über Biafra) abwirft, höre ich Franz oder Raoul nach Juden fragen: Was war denn los mit denen?"[573] Grass erklärte den Kindern im Buch, was mit der jüdischen Gemeinde aus Danzig passiert ist, verbindet das mit der Geschichte seiner Heimatstadt und beruft sich dabei auf die Verfassung der Freien Stadt Danzig:

> Ich bin, wie ihr wißt, in der Freien Stadt Danzig geboren, die nach dem Ersten Weltkrieg vom Deutschen Reich getrennt worden war und mit den umliegenden Landkreisen der Aufsicht des Völkerbundes unterstand.

> Artikel 73 der Verfassung sagte: „Alle Staatsangehörigen der Freien Stadt Danzig sind vor dem Gesetze gleich. Ausnahme-Gesetz sind unstatthaft."

> Artikel 96 der Verfassung sagte: „Es besteht volle Glaubens- und Gewissensfreiheit."

> Doch wohnten (laut Volkszählung vom August 1929) zwischen den über vierhunderttausend Bürgern des Freistaates (zu denen knapp zweijährig, ich gezählt wurde) 10 448 mitgezählte Juden, unter ihnen nur wenige getaufte.[574]

Grass zeigt im Folgenden, wie sehr sich das Leben der jüdischen Gemeinde unter der Herrschaft der Nationalsozialisten veränderte. Er beschreibt, wie die Juden schrittweise aus Danzig verschwanden. Bisher galten viele von ihnen als assimilierte Deutsche. Das beste Beispiel ist Sigismund Markus aus der *Blechtrommel,* der sein Geschäft im Zentrum der Stadt hatte. Unter den Nationalsozialisten wurde das Leben der Juden allmählich immer schwieriger, was Grass kommentiert:

---

573 Grass, Günter, *Aus dem Tagebuch einer Schnecke.* S. 15.
574 Ebd., S. 17.

[D]ie NSDAP [rief] (…) zu einem Umzug auf, der vormittags durch die Innenstadt und nachmittags durch den Vorort Langfuhr zog, bis er unter Transparenten und Fahnen müde wurde und das Gartenlokal Kleinhammerpark füllte. Die Schlußkundgebung stand unter dem Motto "Die Juden sind unser Unglück": (…)

Zwar protestierte der sozialdemokratische Abgeordnete Kamnitzer im Namen der Danziger Staatsbürger jüdischen Glaubens, aber der Senator des Inneren sah keinen strafrechtlichen Tatbestand, obgleich ihm ein Foto der Transparentinschrift „Tod den Schiebern und Gaunern" vorlag. (Da es unter den Juden Schieber und Gauner gäbe, wie es unter Christen und Atheisten Schieber und Gauner gäbe, betreffe die Todandrohung, so sagte man, nicht nur die jüdischen Schieber und Gauner, sondern auch Schieber und Gauner anderer Konfessionen.)[575]

Grass erzählt, wie ausweglos die Situation der Juden unter der Herrschaft der Nationalsozialisten war. Er macht jedoch aus den Opfern keine Helden, gibt zu, dass es unter Juden auch Schieber und Gauner gibt, ähnlich wie es Schieber und Gauner unter allen Menschen gibt. Auf diese Art und Weise unterstreicht er die Gleichheit aller Menschen. Grass erklärt den Kindern genau, welche Beschränkungen Juden in der Öffentlichkeit hatten und auf welche Art und Weise sie stigmatisiert wurden:

Ab März 1933 wurden in Danzig die jüdischen Geschäfte boykottiert, wurden jüdische Justizbeamte ohne Begründung in untergeordnete Positionen abgeschoben, wurden selbst dort, wo sie als Spezialisten nicht zu ersetzen waren, jüdische Ärzte entlassen und nicht mehr im Hartmannbund geduldet, durften bei den Zoppoter Waldfestspielen keine jüdischen Künstler beschäftigt werden, wurde den jüdischen Mitarbeitern beim Landessender Danzig gekündigt, durfte der Turnverein Bar Kochba keine städtischen Turnhallen mehr benutzen, wurde es für jüdische Schüler unerträglich: sie mußten gesondert sitzen. Bei der Entbietung des „deutschen Grußes" mußten sie Haltung annehmen, durften aber nicht, wie es ihre Mitschüler taten, den rechten Arm heben, gleiches galt für jüdische Lehrer.[576]

In das Buch werden unter anderem authentische Passagen aus den lokalen Danziger Zeitungen *Der Vorposten, Das jüdische Gemeindeblatt* sowie der zionistischen Monatsschrift *Das jüdische Volk aus den Jahren* 1933 bis 1939 eingebaut, wodurch es teilweise zum Dokument geworden ist. Interessant ist für Grass auch die Geschichte dieser Zeitungen und Zeitschriften. Er hält sie für die besten Zeugen der Stimmungen, die in Danzig in den 30er Jahren herrschten. Es wurde beispielsweise immer noch ein Blatt der Synagogengemeinde veröffentlicht, in dem über die Vergangenheit und nicht über die gegenwärtigen Ereignisse berichtet wurde:

---

575   Ebd., S. 15f.
576   Ebd., S. 39.

Im März dreiunddreißig, als in Danzig die Aufmärsche der SA-Standarten und Jung-volkfähnlein schon alltäglich waren, stand im Blatt der Synagogengemeinde ein Fest-beitrag, gewidmet ihrem fünfzigjährigen Bestehen. Sein Verfasser erzählte aus der Zeit vor 1883, als es in Langfuhr und auf Mattenbuden, in den Siedlungen Schottland und Weinberg sowie in Danzig fünf isolierte Gemeinden gegeben hatte.[577]

Für Michael Nagel, der über das Judentum in Danzig in Bezug auf *Das Tagebuch einer Schnecke* forscht, sind im Buch besonders die Passagen interessant, die aus dem *Jüdischen Gemeindeblatt* stammen, weil eine jüdische Zeitung zur Zeit des Nationalsozialismus ein Unikat war. Die Zeitung galt als das zentrale Medium „der Orientierung für die Gemeinde in einer Zeit von Verfolgung und Chaos"[578]. Grass hatte darüber hinaus genaue Informationen über die jüdische Gemeinde von Erwin Lichtenstein, den er in Israel kennen gelernt hatte und der in Danzig geboren war. Lichtenstein gehörte in der Zeit des Nationalsozialismus dem Gemeindevorstand an. Während Grass' Reise nach Israel im Jahre 1966 war Lichtenstein gerade dabei, die Geschichte der jüdischen Gemeinschaft in Danzig zu erforschen. Daraus ist das Buch *Die Juden der Freien Stadt Danzig unter der Herrschaft des Nationalsozi-alismus*[579] entstanden, das 1973 veröffentlicht wurde. Grass hatte die Möglichkeit, die Ergebnisse dieser Arbeit in Form von Manuskripten bereits vor der Veröffent-lichung zu sehen und sie als Informationsquelle für sein Buch zu nutzen. Lichten-stein berichtet in dieser wissenschaftlichen Studie als Zeitzeuge aus erster Hand. Berichte zu der Stimmung, die in der Danziger Gemeinde damals herrscht, erhielt Grass von ihm im privaten Gespräch und verarbeitete sie in *Aus dem Tagebuch einer Schnecke*, indem er sich oft der direkten Rede bedient: „Damals war ich ein junger Dachs und Syndikus der Synagogengemeinde. Wir wollten keine jüdische Schule. Nur die zionistische Volkspartei stellte seit Jahren Anträge. Nun drängte auch der Senat …"[580] Viele Juden, wollten Teil der Gesellschaft bleiben und zu-gleich der jüdischen Gemeinde angehören. Die jüdische Gemeinde wird in Grass' Roman als nicht einheitlich gezeigt. Es gibt Streit zwischen einzelnen Gruppen

---

577 Ebd., S. 21.

578 Nagel, Michael: *Das Danziger „Jüdische Gemeindeblatt" im Nationalsozialismus und das „Tagebuch einer Schnecke" von Günter Grass. Wie die historische deutsch-jüdische Presse ihren Platz im Erzählen von der deutsch-jüdischen Geschichte finden kann.* In: *Danzig und der Ostseeraum. Sprache, Literatur und Publizistik.* S. 187.

579 Lichtenstein, Erwin: *Die Juden der Freien Stadt Danzig unter der Herrschaft des Na-tionalsozialismus.* Tübingen 1973. Vgl. auch Lichtenstein, Erwin: *Bericht an meine Familie. Ein Leben zwischen Danzig und Israel.* Mit einem Nachwort von Günter Grass. Darmstadt und Neuwied 1985.

580 Grass, Günter: *Aus dem Tagebuch einer Schnecke.* S. 39.

der Gemeinde. Es gibt Streit zwischen zionistischen und deutschnationalen Juden, zwischen reichen und armen Juden, zwischen Juden, die deutsch sprachen und denjenigen, die jiddisch sprechen. Im Rahmen der Gemeinde existieren sichtbare intellektuelle und finanzielle Unterschiede:

> (...) die Gemeinde war reich und zerstritten. Denn selbst als die Danziger Juden noch wohlangesehen gewesen waren, hatte es nie an offenem Streit zwischen zionistischen und deutschnationalen Juden gefehlt. Man unterschied sich: gutsituierte und auf Anpassung bedachte Bürger schämten sich der Armut, die aus Galizien, Pinsk und Bialystok nachwuchs, ungehemmt jiddisch sprach und trotz allgemeiner Wohltätigkeit peinlich auffällig blieb.[581]

Man unterschied also, laut Grass' Erzähler, nicht nur zwischen Ariern und Nicht-Ariern, sondern auch zwischen besseren (reichen, gut ausgebildeten) Juden und schlechteren (armen, nicht ausgebildeten) Juden. Nicht zum ersten Mal verhielt sich Grass politisch nicht korrekt. Durch diese Beurteilung der jüdischen Gemeinde zog er Kritik auf sich. Er sah in Juden keine Märtyrer, sondern Menschen, die auch ihre Vor- und Nachteile hatten und nicht immer so handelten, wie sie es sollten.

Die authentischen Ereignisse und Fakten, die im *Tagebuch einer Schnecke* sachlich und objektiv dargestellt worden sind, verbindet Grass mit der erfundenen Geschichte über Hermann Ott, geboren 1905, genannt Zweifel. Ott ist zwar kein Jude, aber er wird wegen seiner Solidarität mit den Juden für einen solchen gehalten. Sein Beispiel soll zeigen, dass zur Zeit des Nationalsozialismus nicht unbedingt derjenige als Jude galt, der als solcher geboren wurde, sondern derjenige, der für einen solchen gehalten wurde. Hermann Ott tut „das moralisch Richtige, während seine sich arisch gebärdenden Danziger Zeitgenossen das moralisch Falsche tun."[582] Unter den Ariern hat Hermann Ott viele Feinde, nur weil er den Juden hilft. 1940 flieht er aufs Land und verbringt mehrere Jahre im Keller des Kaschuben Stomma, der ihn für einen Juden hält. Da Ott oft den Juden hilft, wird er aus dem Schuldienst entlassen und unterrichtet an der tatsächlich existierenden Rosenbaumschen jüdischen Schule. Diese Schule war ein Zufluchtsort für junge Juden, die aus allgemeinen Schulen vertrieben wurden oder verhöhnt wurden: „In der Turnhalle des Kronprinz-Wilhelm-Gymnasiums erhängte sich – und zwar am hohen Reck – ein siebzehnjähriger Gymnasiast, nachdem ihn seine Mitschüler in der Toilette (nur so aus Quatsch) gezwungen hatten, seine beschnittene Vorhaut zu

---

581 Ebd., S. 22.
582 Nagel, Michael: *Das Danziger „Jüdische Gemeindeblatt" im Nationalsozialismus.* S. 203.

zeigen."[583] In der genannten jüdischen Schule versuchte man noch bis 1936 normal zu unterrichten. Es wurden sogar Ausflüge (z. B. nach Freudental oder Brentau) für die Schüler organisiert[584]. Mit der Zeit verschlechterte sich jedoch die Situation der Juden in der Stadt und sogar der Schein des normalen Lebens war nicht mehr möglich. 1937 wurden die jüdischen Markthändler vom Danziger Wochenmarkt vertrieben[585]. Die Deutschen, die danach hier als Verkäufer tätig wurden, interessierten sich nicht für das Schicksal der Juden: „Auf schwarzen Holztäfelchen stand, daß sie Erna hieß und aus Käsemark stammte. Als Ott nach ihrem Vorgänger, dem Händler Laban, fragte, verschränkte sie die Arme: >>Waas geihn mech de Jidden an?<<"[586] Mit der Zeit waren „Überfälle auf die Synagoge Mattenbuden und eingeworfene Fensterscheiben im Haus der Borussialoge am Olivaer Tor alltäglich."[587] In Danzig nahm die Zahl der Juden immer mehr ab. Hermann Ott half den Juden auch nach der Schließung der Rosenbaumschen Schule bei der Organisation von Kindertransporten nach Palästina oder der Versorgung der Gemeinde mit Nahrungsmitteln. Später erhielt er von ihnen Berichte, dass sie ihr Ziel erreichten und wie die Flucht aussah[588]. Wenig später entstand das KZ Stutthof[589]. Die meisten Danziger Juden, die in der Stadt zurückgeblieben waren, wurden ermordet, die letzten von ihnen wurden ins Warschauer Ghetto, nach Auschwitz und nach Theresienstadt deportiert[590].

6. Fazit

„In der Tat ist das Danzig von Grass keine real existierende Stadt, sondern eine literarische Stadt, seine eigene Sandburg – *Kleckerburg* heißt ein großes autobiographisches Gedicht. (...) Das gesamte Werk oszilliert zwischen Engagement und Eskapismus; diese Spannweite gibt ihm seine Tiefe."[591], behauptet Per Øhrgaard und stellt im Folgenden fest: „Mit seinem Danzig hat Grass ein Universum geschaffen, das zutiefst privat und zugleich doch von allgemeiner Gültigkeit ist."[592] Einerseits schrieb er von seiner privaten Welt und andererseits wurden die

---

583 Ebd., S. 31.
584 Ebd., S. 43.
585 Vgl. Ebd., S. 89.
586 Ebd., S. 90.
587 Ebd., S. 97.
588 Vgl. Ebd., S. 112–115.
589 Vgl. Ebd., S. 117.
590 Vgl. Ebd., S. 215.
591 Øhrgaard, Per: *Günter Grass*. Wien 2005. S. 14.
592 Ebd., S. 13.

privaten Geschichten zum kollektiven Gedächtnis. In *Danziger Trilogie, Örtlich betäubt, Der Butt, Die Rättin, Unkenrufe, Im Krebsgang* ist Danzig, das Grass verloren hat, immer anwesend. Aber auch *Aus dem Tagebuch einer Schnecke, Das Treffen in Telgte,* etliche dramatische Versuche, viele Gedichte und Bilder kommen ohne Danziger Reminiszenzen nicht aus. In Essays, Artikeln und Reden sind immer wieder Verweise auf heimatliche Erfahrungen zu finden.

Die Grasssche Schreibstrategie kennzeichnete stets eine Annäherung an und Rekonstruktion der realen Lebenswelt von Danzig. Meist spielte er mit den offiziell bekannten, historisch belegten Versionen der Geschichte und konfrontierte sie entweder mit seinen eigenen Erfahrungen oder mit seinen Fantasien. Er schlug eine immer wieder neue, private Version der Geschichte vor. Allerdings zeigten seine Bücher eine zeitliche Abfolge: In der *Danziger Trilogie* beschrieb Grass ausschließlich das Danzig der 20er, 30er und 40er Jahre und in *Unkenrufe* wurde das polnische Gdańsk dargestellt. Es war für Grass immer „notwendig, jüngste Vergangenheit zu beschwören"[593], „um politisches Unrecht in der Gegenwart aufzudecken"[594]. Der Schriftsteller schuf in der Literatur „eine Utopie, ein Land, das nirgends ist"[595] das dazu beitrug, dass das literarische Danzig / Gdańsk zu einer „assoziativen Erinnerungslandschaft"[596], also zu einem Geflecht aus materiellen Orten und immateriellen Topoi der Erinnerung, geworden ist. Dem Werk von Grass ist zu verdanken, dass die nicht mehr existierende Freie Stadt Danzig und ihr früheres Aussehen wie auch das heutige Gdańsk zum Erinnerungsraum und somit zu einem Teil des kulturellen Gedächtnisses sowohl der Deutschen als auch der Polen geworden ist, auch wenn die literarisch kreierte Stadt jeweils imaginär bleibt. Danzig wurde dank Günter Grass zu einer „erinnerten Landschaft der deutschen Literatur"[597].

---

593 Grass, Günter: *Der Arbeiter und seine Umwelt. Rede zum 1. Mai 1971 vor dem DGP in Hamburg.* In: Arnold, Heinz Ludwig / Görtz, Franz Josef (Hg.). *Dokumente zur politischen Wirkung.* München 1971. S. 259.

594 Cepl-Kaufmann, Gertrude: *Günter Grass. Eine Analyse des Gesamtwerkes.* S. 17.

595 Graf von Nayhauss, Hans-Christoph: In: Honsza, Norbert (Hg.): *Zeitbewußtsein und Zeitkonzeption.* Wrocław 2000. S. 38.

596 Loew, Peter Oliver: *Danzig und seine Vergangenheit 1793–1997.* S. 12f.

597 Graf von Nayhauss, Hans Christopf: „*Unkenrufe" in fünf Gängen zur deutsch – polnischen Versöhnung. Vom Krötenschlucken eines Dichters angesichts neuer Wirklichkeiten nach der Wende.* In: Honsza, Norbert (Hg.): *Zeitbewußtsein und Zeitkonzeption.* Wrocław 2000. S. 38.

V. Stefan Chwin – Die Metamorphose der Stadt

Der Großteil des Werkes von Stefan Chwin spielt in Danzig / Gdańsk, wobei die Stadt nicht nur den Hintergrund für die Handlung bildet, sondern ein Ort ist, der, gleich der literarischen Welt, in seiner Hybridität keine einheitliche Identität aufweist. Es ist ein Ort, an dem sich das Gute und Böse, das Schöne und Hässliche, das Harmonische und Nicht-Harmonische treffen. Zugleich muss betont werden, dass das Danzig-Bild im Werk von Chwin nicht konstant bleibt. In der *Kurzen Geschichte eines gewissen Scherzes* ist dieses Bild sehr realistisch. *Tod in Danzig* ist ein Spiel mit der Einbildungskraft; in den Büchern *Der goldene Pelikan* und *Dolina Radości* (Freudental) ist die realistische Topografie der Stadt nicht mehr zentral, allerdings weiterhin präsent[598]. Für die Darstellung des Ortes ist der Fremdheitsdiskurs fundamental wichtig. Chwin schafft seine eigene Version der Stadtgeschichte, indem er ähnlich wie Grass oder Huelle auf die Geschichte der Stadt, auf Legenden oder frühere literarische Texte anspielt.

Chwin, der zweifellos zu den Schöpfern der literarischen Mythos-Stadt Danzig / Gdańsk gehört, glaubt allerdings nicht an die Existenz jenes Phänomens, das als *Gdańskość* (Danzigtum) bezeichnet wird. Alfred Sproede behauptet, bei Chwin werde die Stadt Danzig zu einem fast mythischen Gelände. Diese Transformation gelinge Chwin vor allem dadurch, dass Dingbedeutungen und Namen sujetbildend geworden seien[599]. Der Autor sei sich – so Sproede – dessen bewusst, dass das Weiterleben verloren gegangener Gebiete wie Danzig nur in der Kunst und Literatur möglich sei. Er meint, dass das Mythische heute mit dem Realen verwachse[600]. Das Gleiche gilt auch für das Œuvre von Grass. Nicht die literarischen Orte Danzig bzw. Gdańsk erschaffen ihre Schriftsteller, sondern die Schriftsteller die literarischen Orte, wie Chwin zu Recht behauptet[601]. Diese Meinung deckt sich weitgehend mit der Ansicht von Ewa Rewers, die zeigt, dass nicht Orte die sie

---

598   Vgl. Nowaczewski, Artur: *Trzy miasta trzy pokolenia*. Gdańsk 2006. S. 113.
599   Sproede, Alfred: *Stätten des Erinnerns*. 168.
600   Chwin, Stefan: *Stätten des Erinnerns. Gedächtnisbilder aus Mitteleuropa. Dresdner Poetikvorlesung*. Dresden 2005. S. 451.
601   Chwin, Stefan: *Uroki wykorzenienia*. S. 72.

bestimmenden Ereignisse herstellen, sondern umgekehrt: Ereignisse beeinflussen die Entstehung der Orte, die ausschließlich neutraler Hintergrund seien[602].

Chwin unterstreicht in einem Interview[603], für das Verständnis seines Gesamtwerkes sei es bedeutsam, dass laut der *Bibel* die Stadt als solche von Kain erfunden wurde: „Und Kain erkannte sein Weib; die ward schwanger und gebar den Henoch. Und er baute eine Stadt, die nannte er nach seines Sohnes Namen Henoch."[604] Kain sei somit Schöpfer unserer Zivilisation gewesen. Unsere Zivilisation, deren Ziel es sei, den Tod aus unserem Leben zu entfernen, stünde somit auf dem Kain-Fundament. Chwin behauptet nun, Gdańsk (als symbolische Stadt, deren Grundlage die Kain-Stadt ist) sei ein äußerst interessanter Ort auf der Erde, wo sich das Schöne mit dem Bösen treffe[605]. Für ihn trifft zu, was Günter Grass einmal in den *Hundejahren* feststellte: „Langfuhr war so groß und so klein, dass alles, was sich auf dieser Welt ereignet oder ereignen könnte, sich auch in Langfuhr ereignete oder hätte ereignen können."[606] Chwin meint dazu in einem Interview, er fühle, dass alles, was sich auf der Erde ereignete, sich auch hier, an dem konkreten Ort Danzig / Gdańsk, ereignen könne[607]. Dadurch zeigt er die Universalität des Handlungsortes auf. Der Mikrokosmos wurde zu einem universellen Ort. Wobei er nicht Langfuhr meint, sondern seinen privaten Stadtteil Oliva. Orte sowie ihre Entwicklung und Bedeutung faszinieren Chwin. Der Schriftsteller behauptet, dass die Städte oft schöner seien als die Menschen, die sie gebaut haben:

> Denn in Wirklichkeit wurde die Stadt immer gegen die anderen Menschen gebaut. (…) Der Anfang der Stadt war immer die Angst vor den Fremden, die wir lieber Sicherheits- und Ruhebedürfnis nennen. (…) Aber die Schönheit der alten Städte, die wir so gern besuchen lässt uns das vergessen. Eine Stadt beginnt erst wirklich eine Stadt zu sein, wenn sich in ihr die Pracht der toten Dinge entfaltet.[608]

---

602 Rewers, Ewa: *Post-Polis. Wstęp do filozofii ponowoczesnego miasta*. Kraków 2005. S. 73.

603 Chwin, Stefan: http://tygodnik2003-2007.onet.pl/1548,1380401,1,dzial.html (Stand 21.04.2009).

604 AT, 1. Mose 4:17.

605 Chwin, Stefan: *Wściekły. Ze Stefanem Chwinem rozmawia Sebastian Łupak*. In *Gazeta Wyborcza*. 30.08.2005.

606 Grass, Günter: *Hundejahre*. S. 406.

607 Chwin, Stefan: *Uroki wykorzenienia*. S. 73.

608 Chwin, Stefan: *Kartki z dziennika*. Gdańsk 2004. S. 257f. Übersetzt: J.B.

Die Dinge werden bei Chwin fetischisiert. Es scheint, es soll ihnen eine magische Kraft innewohnen, wodurch sie als Agens fungieren können. Viele Protagonisten von Chwin haben ein besonderes Verhältnis zu den Dingen und werden so durch sie bestimmt. Der Raum in Chwins Werken ist zum großen Teil die Großstadt, die mit topographischer Sorgfalt und ohne Hektik beschrieben wird. Wenn auch realitätsnah, wird mit Hilfe der Landschaft eine fiktionale kognitive Karte gezeichnet, die als mentale Repräsentation des geographischen Raumes funktioniert. Dies kann allerdings irreführend sein, weil Chwin zuweilen Orte schildert, die gar nicht existieren (z. B. eine fiktionale juristische Fakultät auf der Speicherinsel im *Goldenen Pelikan,* das Haus in der Lessingstrasse 15 / *Grottgerastrasse 15* in *Tod in Danzig*). Zumeist entspricht jedoch die beschriebene Stadtlandschaft dem authentischen Danzig / Gdańsk. Es wäre möglich, sie in landkartenähnliche Bilder umzusetzen, die dann kognitive Karten Chwins repräsentieren würden.

Das Buch *Krótka historia* enthält drei Teile, die laut Quinkenstein die politischen Epizentren der Konfliktthemen umreißen[609]. Der erste Teil ist dem bestimmten, ganz außergewöhnlichen, möglicherweise magischen Ort, der Stadt Danzig / Gdańsk gewidmet, die als ein Ort-Symbol für den Krieg und das deutsche Verbrechen steht sowie einen aktiven Einfluss auf das Erwachsenwerden des Erzählers hat. Chwin befasst sich hier mit der privaten Sphäre des Lebens, denn die Entdeckung der Welt der Deutschen beginnt in der Wohnung des Erzählers. Der Erzähler erzählt auch von seiner nächsten Umgebung, das heißt von der Stadt seiner Kindheit, in erster Linie vom alten Oliva. Der zweite Teil konzentriert sich auf die Darstellung Amerikas in der kommunistischen Propaganda. Es werden vor allem die im kommunistischen Polen medial vermittelten, propagandistischen und antikapitalistischen Informationen über Amerika kritisch geschildert. Der dritte Teil beschäftigt sich mit der Ideologie des Kommunismus. Dieser Teil beginnt wiederum im Privaten und zeigt das Leben unter der Herrschaft der Kommunisten, unter anderem die 1.-Mai-Demonstrationen. Der Schriftsteller selbst sagt jedoch, dass er im Text versuche, sich zu den Geheimnissen des emotionalen Einverständnisses mit dem Faschismus und dem Kommunismus vorzutasten. Chwin behauptet, der Text sei dabei unterschwellig sehr ironisch und voller Humor und gehe geradezu ungeniert mit der Hauptfigur und dem Leser um[610]. Weder der zweite noch der dritte Teil sollen in dieser Arbeit näher besprochen werden, weil den Schriftsteller hier nicht die Mythos-Stadt

---

609 Quinkenstein, Lothar: *Entzifferte Geschichte.* S. 91.
610 Chwin, Stefan: *Stätten des Erinnerns.* S. 101.

Danzig / Gdańsk und ihre Identität beschäftigt, sondern eher die politischen Aspekte des Lebens unter kommunistischer Herrschaft.

Im Folgenden interessiert mich, welche Bedeutung der doppelte Erinnerungsort[611] Danzig / Gdańsk für Chwin hat. Im Zentrum des Kapitels steht die Frage, auf welche Art und Weise Chwin deutsche Spuren in der Stadt entdeckt und wie sich die deutsche Welt von der polnischen Welt nach dem Krieg unterscheidet.

1. Identitätsfrage, Kontinuität und Multikulturalität

Danzig gab es nicht mehr.[612]

Während sich Günter Grass v. a. mit der Stadt seiner Kindheit beschäftigt – dem deutschen Danzig – beschreibt Chwin die Welt, die sich von einer deutschen in eine polnische verwandelt, aber noch lange nach dem Krieg heterogen bleibt, obwohl man nach den Erfahrungen des Krieges so schnell wie möglich eine homogene polnische Stadt bilden wollte. Chwin erzählt dies aus der Perspektive des Kindes, die um Reflexionen des Erwachsenen erweitert wurde. Er bemerkt, dass die Danziger Bevölkerung nach dem Krieg sehr „atomisiert"[613], hybridisiert und entfremdet war, weil sie sich „aus Menschen verschiedener Herkunft, aus Vertriebenen und entwurzelten Menschen"[614] zusammensetzte. Sie hatten zwar keine gemeinsame Tradition, aber die Meisten verfügten über eine gemeinsame Religion und gemeinsame Sprache (obwohl diese durch eine unterschiedliche Sprachmelodie gekennzeichnet war). Es waren Menschen, die zuvor nichts oder wenig miteinander verband. Die Menschen, die nach dem Krieg Danzig und andere Städte, die durch eine ähnliche Geschichte geprägt waren (Wilna, Lemberg), verließen und diejenigen, die nach Gdańsk (bzw. Wilno, Lwów) als Zuwanderer kamen, hatten gemeinsame Erfahrungen und Erinnerungen, die noch sehr frisch waren. Sie erinnerten sich an den Krieg und wollten ihre zumeist grausamen Erfahrungen vergessen. In der Stadt wurden deshalb alle deutschen Symbole entfernt, um die deutsche Prägung der Straßen und Gebäude so schnell wie möglich aus dem Statdtbild zu tilgen. Die Umbenennung der Straßennamen in allen Städten, in denen wie in Gdańsk die Bevölkerung ausgetauscht wurde, hatte nach dem Krieg eine symbolische Bedeutung und diente der Herausbildung einer neuen Identität. Sprode spricht in Bezug auf das Werk von Chwin über den „Krieg

---

611   Vgl. Francois, Etienne / Schulze, Hagen (Hg.). *Deutsche Erinnerungsorte*, München 2005. S. 11.

612   Chwin, Stefan: *Stätten des Erinnerns*. S. 16.

613   Ebd., S. 39.

614   Ebd., S. 38.

der Namen"[615]. Die Menschen benötigten die Umbennenung der Straßennamen, um sich in dem für sie neuen Wohnort, wo noch kurz zuvor Feinde lebten, heimisch fühlen zu können. Daher wurden deutsche Spuren gleich nach dem Krieg entfernt. Auf keinen Fall wollte man sich damals die deutsche Kultur aneignen, obwohl man in deutschen Häusern zu wohnen gezwungen war[616]. Nach Gdańsk gezogene Polen wollten u. a. durch Namen unterstreichen, dass eine Phase der Geschichte zu Ende gegangen war und jetzt eine neue Zeitrechnung begann. Was jedoch verwundern muss, ist die frühere deutsche Benennung, die in vielen polnischen Namen der Straßen und Plätze erhalten oder erkennbar geblieben ist, „mithin eine ganze symbolische Geographie"[617]. Beispielsweise *Bischofsberg* heißt nach dem Krieg *Biskupia Górka*, *Brösen / Brzeźno*, *Ahornweg / Klonowa*, *Breitgasse / ulica Szeroka* usw. Man hat Namen übersetzt, anstatt neue zu erfinden. Das würde heißen, dass man sich möglicherweise – auch dem eigenen Willen zum Trotz – viel von der deutschen Kultur der Stadt aneignete[618]. Chwin hält die Entscheidung der Stadtbehörden für sehr weise und gibt zu, dass in seinen Texten, vor allem in *Krótka historia* und in *Tod in Danzig*, sprachliche Phänomene von großer Bedeutung sind, wobei für ihn die Frage nach den Namen besonders wichtig ist[619]. Er versucht in seiner Prosa dieses Phänomen festzuhalten, indem er genau und konsequent zwischen deutschen Namen in Danzig und polnischen Namen in Gdańsk unterscheidet[620]. Besonders deutlich ist dies in *Tod in Danzig*, wo er zeigt, wie die Straßennamen von einem Tag auf den anderen verändert wurden (z. B. Lessingstraße in die Grottgerastraße, Jäschkentalerweg in die Jaśkowa Dolina, Karenwall in die Okopowa).

Auch das Vergessen war also die notwendige Grundlage für die Herausbildung einer neuen Identität. Schon Ernest Renan vergleicht in seiner berühmten Rede *Was ist eine Nation?* den Begriff *Nation* mit einem Plebiszit und definiert ihn folgendermaßen: „Das Wesen einer Nation ist, dass alle einzelnen vieles gemeinsam und dass sie alle vieles vergessen haben. Jeder französische Bürger muss die Bartholomäusnacht und die Massaker des 13. Jahrhunderts im Süden vergessen

615 Sproede, Alfred: *Stätten des Erinnerns.* S. 160.
616 Vgl. Rewers, Ewa: *Post-Polis. Wstęp do filozofii ponowoczesnego miasta.* S. 294.
617 Chwin, Stefan: *Stätten des Erinnerns.* S. 28.
618 Vgl. Derrida, Jacques: *Jednojęzyczność innego czyli proteza oryginalna.* In: *Literatura na świecie.* 1998/11f. S. 53.
619 Chwin, Stefan: *Stätten des Erinnerns.* S. 32.
620 Ebd.

haben."[621] Die Menschen empfanden außerdem „ein starkes Bedürfnis nach jenen tieferen gesellschaftlichen Bindungen, die der Kommunismus vernichtet hatte."[622] Diese Beobachtung bestätigt die These von Eric Hobsbawm: Nicht die Nationen seien es, die Staaten und Nationalismen hervorbringen, sondern umgekehrt. Hobsbawm unterstreicht, dass Nationen Doppelphänomene seien, die im Wesentlichen zwar von oben konstruiert, aber nicht richtig zu verstehen seien, wenn sie nicht auch von unten analysiert werden, d. h. vor dem Hintergrund der Hoffnungen, Bedürfnisse, Sehnsüchte und Interessen der kleinen Leute[623]. Auch Ernst Gellner behauptet, dass der Nationalismus keineswegs das Erwachen von Nationen zu Selbstbewusstsein sei, sondern dass man Nationen erfinde, weil dies für Staaten und Gesellschaften eine wichtige ideologische Bedeutung besitze[624]. Dies bestätigt Benedict Anderson, wenn er feststellt, dass jede Gemeinschaft / Nation erfunden bzw. imaginär (imagined community) sei[625]. Es waren nicht die durchschnittlichen Menschen in Gdańsk und in ganz Polen kurz nach dem Krieg, die die nationale, sozialpolitische und kulturelle Gleichheit anstrebten, sondern es war der Staat, der ihnen diese Homogenität aufzwang. Gleichzeitig suchten diese Menschen nach Sicherheit und Stabilität, die ihnen nur durch den Staat gewährleistet werden konnten. Auf das allgemeine Egalitarismusbedürfnis in der modernen Industriegesellschaft weist Gellner in seiner Studie *Nationen und Nationalismus* hin[626]. Die neuen Stadtbewohner, durch zwei Totalitarismen gezeichnet, bildeten von sich aus eine neue, gemeinsame Identität, ohne dass ihnen diese vom Kommunismus aufgezwungen wurde. Paradoxerweise trugen die Kommunisten in einem gewissen Sinne dazu bei, dass in Polen (in Gdańsk) die Gewerkschaft Solidarität entstand, denn die polnischen Staatsbürger wurden einerseits in ihrer Freiheit eingeschränkt, andererseits wurde ihnen aber das Bewusstsein gegeben, dass sie ein Kollektiv seien und als Kollektiv Macht besäßen. In der Folge wollten die Menschen als Kollektiv die Möglichkeit bekommen, über sich selbst zu entscheiden und über die gleichen Chancen wie in den mobilen Industriegesellschaften im Westen zu verfügen. Denn das Grundbedürfnis der modernen Gesellschaften war nicht nur Egalität, sondern auch Mobilität, was die Kommunisten nicht berücksichtigten[627].

---

621 Renan, Ernest: *Qu'est-ce qu'une nation?* Zitiert nach: Anderson, Benedict: *Die Erfindung der Nation. Zur Karriere eines folgenreichen Konzepts.* S. 200f.

622 Chwin, Stefan: *Stätten des Erinnerns.* S. 39.

623 Vgl. Hobsbawm, Eric J.: *Nationen und Nationalismus.* S. 21.

624 Vgl. Gellner, Ernest: *Thought and Change.* London 1964. S. 169.

625 Vgl. Anderson, Benedict: *Die Erfindung der Nation.*

626 Vgl. Gellner, Ernest: *Narody i nacjonalizm.* S. 60f.

627 Vgl. Ebd., S. 37.

Deswegen war es Chwin zufolge kein Zufall, dass die Gewerkschaftsbewegung gerade in Gdańsk entstand, weil die hybridisierten Menschengruppen hier eine neue gemeinsame Identität als Kollektiv aufbauten. Die Arbeitervereinigung half ihnen „langsam ihre eigene Identität und Kraft"[628] wiederzufinden und machte aus Gdańsk einen „Ereignis-Ort"[629]. Der Schriftsteller paraphrasiert den Namen der Stadt Freie Stadt Danzig und spricht von der Stadt Freier Menschen, für die Solidarność kämpfte. Jede Art von Totalitarismus beschränkt die Freiheit und Eigenverantwortung der Menschen. Gdańszczanie (Gdańsk-Bewohner) und andere Polen wollten, auch wenn es idealistisch klingt, durch den Kampf gegen den Totalitarismus die natürliche Ordnung der Welt wieder herstellen.

Stefan Chwin erklärt in seiner Essaysammlung *Stätten des Erinnerns*, warum die Vergangenheit seiner Stadt sowohl für ihn persönlich als auch für sein Schaffen von großer Bedeutung ist. Im Zusammenhang mit Danzig / Gdańsk spricht der Schriftsteller nicht von einer Stadt, sondern von mehreren Städten, die sich voneinander unterscheiden. Er ist der Meinung, dass diese Städte in jeder Epoche nicht nur einen anderen Namen (z. B.: Gydancyk, Dantiscum, Gedanum, Danzig, Gdańsk, Gduńsk) trugen, sondern auch einen jeweils ganz anderen Charakter hatten, was man auch durch Unterschiede in der Bausubstanz sehen kann. Der heutige Charakter der Stadt wurde – dessen ist sich Chwin bewusst – durch das Aussehen und den Geist früherer Städte stark geprägt:

> Unser Unterricht über Mickiewicz, Kociuszko und Gałczyński fand in neugotischen dunklen Ziegelbauten aus der Wilhelminischen Ära statt – ehemals deutschen Gymnasien. Für den Sonntagsgottesdienst ging es zu den früheren deutschen Garnisonskirchen, in denen 1916 die Husaren des Generals von Treskow vor dem Aufbruch an die russische Front gebetet hatten. Mit der Schulklasse besuchten wir den Film über den sowjetischen Bürgerkriegshelden Tschapajew; die Vorführung fand in einem der evangelischen Gotteshäuser statt, die nach dem Krieg in Kinos umgewandelt worden waren. Eisenbahnreisen begannen für uns in den verglasten Bahnhofshallen aus der Zeit Friedrich Eberts. Unsere Ehen wurden auf ehemals deutschen Standesämtern geschlossen, die noch unter Bismarck eingerichtet worden waren. Die Städte von früher mit ihren fremden Namen gab es nicht mehr; aber es gab von ihnen ein Netz aus Straßen, Parks, Kanälen und Trambahnlinien übriggeblieben, die unsere Wege bestimmten.[630]

Chwin reflektiert, welche Bedeutung für ihn als Schriftsteller die Tatsache hat, dass er in einem Ort aufgewachsen ist, der einst ethnisch und kulturell gemischt war, auch wenn die meisten Bewohner der Stadt (circa 90%) Deutsche waren.

---

628   Chwin, Stefan: *Stätten des Erinnerns*. S. 39.
629   Vgl. Rewers, Ewa: *Post-Polis*. S. 79–85.
630   Chwin, Stefan: *Stätten des Erinnerns*. S. 15.

Werden die Charaktere der neuen Danziger dadurch geprägt, dass sie, die Polen, in den von Deutschen gebauten Häusern aufwuchsen und in den einst deutschen Schulen die polnische Literatur studierten? Wie beeinflusst sie, die Polen, das Leben unter der sowjetischen Herrschaft? Was für eine Bedeutung für die Identität der Polen hat die Tatsache, dass die bisherigen Zeichen der Stadt, z. B. Straßennamen, nach dem Krieg verändert wurden? Was heißt das überhaupt, dass sie als Polen geboren worden sind? Solche Fragen deutet Chwin an, um auf die Problematik der nationalen Identität in solchen Städten wie Gdańsk aufmerksam zu machen. Eine eindeutige Antwort ist in seiner Prosa selten zu finden.

Der Bruch in der Kontinuität der Geschichte betraf Chwin direkt, weil sich seine Eltern – wie andere Stadtbewohner – kaum der Stadtvergangenheit bewusst waren. Sie waren Zuwanderer in Gdańsk. Die Geschichte der Stadt war für sie kaum von Bedeutung. Die neuen Bewohner interessierte vor allem die Gegenwart. Sie wollten hier ihre eigene Welt aufbauen und nicht den Spuren der früheren Zeit nachgehen, was der Schriftsteller bereits als Kind und dann im erwachsenen Leben sehr bereute. Die deutsche Vergangenheit der Stadt wurde tabuisiert. Den Grund für diese Situation sieht Chwin u. a. darin, dass sich viele Bewohner aus den ehemaligen polnischen Ostgebieten in Danzig immer fremd und nie daheim fühlten. Ewa Rewers stellt fest, dass die Identität des Menschen darauf basiert, dass er sich einem konkreten Ort oder einer konkreten Sprache verbunden fühlt. Weder der Ort noch die Sprache kann ihm entzogen werden. Sich identifizieren heißt also zugleich, sich mit den Anderen solidarisieren[631]. Den Polen, die nach dem Krieg nach Gdańsk kamen, wurde ihre Heimat weggenommen. Sie kamen in eine Stadt, wo nicht ihre Muttersprache vorherrschte, sondern eine Sprache, die für sie fremd und feindlich war. Neue Nachbarn oder Mitarbeiter waren oft auf anderen Gebieten und in einer anderen Kultur als sie aufgewachsen. Chwin nennt diesen natürlichen Seelenzustand „das Gefühl der Entwurzelung"[632]. Mental lebten die neuen Stadtbewohner immer noch in den Städten, die sie auf der Flucht vor den Russen und Deutschen verlassen hatten[633]. Es war für sie kaum möglich, sich mit Gdańsk, geschweige denn mit Danzig, zu identifizieren. Nachdem 1945 Danzig zur polnischen Stadt wurde – ein Ereignis, das Renate Schmidgall eine „Ironie der Geschichte"[634] nannte, weil die Polen in

---

631   Rewers, Ewa: *Post-Polis.* S. 292.
632   Chwin, Stefan: *Stätten des Erinnerns.* S. 38.
633   Ebd.
634   Schmidgall, Renate: *Die Macht des Genius loci: Danzig in der Prosa von Stefan Chwin und Paweł Huelle.* In: *Ansichten,* Jahrbuch des Deutschen Polen-Instituts Darmstadt. Wiesbaden 7/1995/96. S. 97.

die Häuser ihrer Kriegsfeinde einziehen mussten – wurde die multikulturelle Geschichte der Stadt zum Tabu, was aus der Perspektive der neuen Bewohner – zum großen Teil Naziopfer – nichts Verwunderliches war. In den Deutschen, deren Häuser sie jetzt bewohnten, sahen die Polen vor allem Feinde. Deswegen wollten sie deren Kultur, auch ihre materielle Kultur nicht pflegen. Nicht nur die Kommunisten waren, wie allgemein angenommen wird, für die Ausblendung der Geschichte verantwortlich, sondern auch die durchschnittlichen Bürger wollten sich kein Wissen von der Vergangenheit der Stadt aneignen. Auch sie vernichteten die deutschen sowie die jüdischen Spuren in der Stadt, indem sie beispielsweise die Friedhöfe zerstörten oder sich nicht um sie kümmerten. Die Vergangenheit sollte in Gdańsk wie auch an anderen doppelten Erinnerungsorten von einem geschichtslosen Vakuum ersetzt werden. Chwin erklärt dies folgendermaßen:

> Sagen wir es deutlich: Zur Zeit meiner Kindheit und auch danach hatte kaum jemand Mitleid mit den vertriebenen Deutschen und kaum jemand interessierte sich für ihr Schicksal. Ganz im Gegenteil: Nicht nur die kommunistische Propaganda, sondern auch die durchschnittlichen Menschen behaupteten, dass den Deutschen diese peinigende Erfahrung aufgrund von Auschwitz und Treblinka gebühren würde.[635]

Das Vergessen der deutschen Vergangenheit der Stadt Danzig war auch die Grundlage für die Bewahrung ihres Polentums. Deswegen wurden die Gedächtnisbilder des Ortes als Augenzeugenschaft fragmentarisiert. Es ist möglich, die von Widerwillen bestimmte Einstellung gegenüber den ehemaligen Stadtbewohnern mit Hilfe von Worten von Jan Józef Lipski zu erklären:

> Das Heimatland existiert nur dann, wenn es auch ein Fremdland gibt; es gibt keine Eigenen, wo es keine Fremden gibt. Vom Verhältnis zu den Fremden hängt die Art des Patriotismus ab. Es ist immer etwas Paradoxes daran, dass die Liebe zum Heimatland und eigenem Volk erst durch das Verhältnis zu anderen Ländern und Völkern bestimmt werden kann.[636]

Die Deutschen aus Danzig, die in den Augen der Polen die Fremden verkörperten, wechselten ihre Rolle. Die Täter verwandelten sich für die Polen in Sündenböcke, die es verdienten, aus der Heimat vertrieben zu werden. Einer der

---

635 Chwin, Stefan: *Ujrzałem wypędzonych na własne oczy*. In: *Tygodnik powszechny*. 2002/10. In: http://www.tygodnik.com.pl/numer/274810/chwin.html (Stand 2000). (Übersetzung J.B.)

636 Lipski, Jan Józef: *Dwie ojczyzny, dwa patriotyzmy*. In: *Tunika Nessosa*. Warszawa 1992. S. 139. In deutscher Übersetzung zitiert nach: Kuczyńska, Katarzyna: *Zwischen den Spiegeln. Polen über Deutsche – Deutsche über Polen*. In: Zimmermann, Hans Dieter (Hg.). *Mythen und Stereotypen auf beiden Seiten der Oder*. Berlin 1997. S. 132.

wichtigsten Gründe für diese Situation war, dass auch das Schicksal der polnischen Vertriebenen und Flüchtlinge sowie die zerstörten polnischen Spuren in den ehemaligen polnischen Ostgebieten tabuisiert wurden. Bis heute ist man z. B. gezwungen, sich mit dem falschen Begriff *repatrianci* auseinander zu setzten[637]. Stanislaw Uliasz schreibt, Repatriierung bedeutet Rückkehr in die Heimat von jemandem, der sich seit einer längeren Zeit in der Fremde aufhält. Die Anwendung dieser Bezeichnung auf die Menschen, die die Ostgebiete der Zweiten Republik Polen bewohnten und die sich nach den Entscheidungen von Jalta endgültig außerhalb des Gebietes Polens befanden, war ein Zeichen der propagandistischen Einflüsterungen oder der Verbreitung der begrifflichen Destruktion durch die Machthaber der Polnischen Volksrepublik. Mit der Zeit änderte sich jedoch die Einstellung gegenüber den Vertriebenen:

> Zu einem bestimmten Zeitpunkt sahen die Polen in den vertriebenen Deutschen und in den vertriebenen Polen die Opfer von Jalta, weil (...) über das Schicksal der einen und anderen doch Stalin, Roosevelt und Churchill entschieden hatten, obwohl es natürlich die Deutschen waren, die, indem sie Polen überfielen, den Gewaltmechanismus in Gang gesetzt hatten, der zu Vertreibungen führte. Gerade das Gefühl des gemeinsamen Schicksals nach Jalta veränderte sehr viel in dem polnischen Bild über die Vertreibung.[638]

Stereotype Bilder des Fremden geben der nationalen Identität ihre Grundlage. Polen und Deutsche definieren sich zur Zeit als Europäer, die einen Teil eines gemeinsamen Europa bilden, deswegen suchen sie erst jetzt nach dem, was sie verbinden könnte, umso mehr, da wir es in der Epoche der Transkulturalität[639] mit einer relativ einheitlichen Kultur in ganz Europa zu tun haben. Die kulturellen Unterschiede sind kaum noch sichtbar. Dies gibt der Herausbildung eines neuen europäischen Gedächtnisses und der Überwindung von konträren privaten- und Familienerinnerungen eine ideologische Stütze. Chwins Schaffen antizipierte diese Tendenz bereits in den achtziger Jahren. Sein literarisches Werk siedelte er am Schnittpunkt der Kulturen an. Solch ein Schmelztiegel ist besonders interessant, zugleich aber gefährlich[640]. Es ist nicht zu leugnen, dass Chwin besonders das Fremde, das Multikulturelle und nicht zuletzt das Deutsche faszinieren, obwohl er selbst behauptet, dass das Deutsche ihn nur deswegen beschäftige, weil es fremd und unbekannt sei: „Jahrzehntelang betrieb man in der Stadt eine Politik

---

637 In: Uliasz, Stanisław: *Powroty do dzieciństwa na pograniczu. Wokół „Lidy" Aleksandra Jurewicza*. S. 166.
638 Chwin, Stefan: *Ujrzałem wypędzonych na własne oczy*. (Übersetzt: J.B.)
639 Vgl. Rewers, Ewa: *Post-Polis*. S. 201–213.
640 Chwin, Stefan: *Kartki z dziennika*. Gdańsk 2004. S. 61–74.

der Spurentilgung. Alles Deutsche sollte verschwinden."[641] Es wundert Chwin zugleich, dass sich polnische Nachkriegsschriftsteller kaum mit den Spuren der Vergangenheit befassen[642]. Er reflektiert kritisch über das Modell eines kulturell und sozial homogenen Polen. Dieses sei lediglich ein Propaganda-Konstrukt gewesen, das sich im historischen Bewusstsein der Polen nicht behaupten konnte:

> Das war doch ein Modell, das auf dem Mythos der Rückkehr auf uraltes polnisches Land aufbaute, ein Modell, das von Moczar, Przymanowski und vielen anderen kleineren Propagandaleuten verbreitet wurde. Es erwies sich jedoch, paradoxerweise, dass das sowohl moralisch wie physisch nicht mehr existierende Modell eines Jagiellonischen Polens, eines Polens vieler Glaubensbekenntnisse, Nationen und Sprachen, ansprechender war und (...), gleichsam aus dem Grabe heraus, den Sieg davongetragen hat und bis heute die Herzen gefangen hält.[643]

Begriffe wie Multikulturalität oder Identität sind für Chwin sehr wichtig, unter anderem deswegen, weil sein Vater vor dem Krieg und während des Krieges in der multikulturellen Stadt Wilna lebte, wo er als polnischer Intelektueller auch einer Gefahr ausgesetzt war. Am 19. September 1939 wurde Vilnius gemäß der Absprache des deutsch-sowjetischen Nichtangriffspaktes von der Roten Armee besetzt. Im Oktober wurde die Stadt formell an Litauen abgegeben. Schon im Juni 1940 wurde die Stadt wieder von der Roten Armee besetzt. Von den Russen wurde zu der Zeit verleumdende Propaganda gegen Polen geführt. 1944 spielten sich in Vilnius Kriegshandlungen ab. Am 13. Juli wurde die Stadt durch Polen mit Unterstützung der polnischen Heimatarmee (AK) erobert, aber schon am 18. Juli traten die Sowjets zur Entwaffnung der polnischen Truppen und Partisaneneinheiten um Vilnius an. Es begannen Verhaftungen auch unter Zivilisten. Der Terror umfasste die ganze polnische Bevölkerung der Region. Viele Polen wurden verhaftet (auch zwölfjährige Kinder) und in Gefängnissen unter schlimmen Lebensbedingungen interniert. Viele sind gestorben, weil die Sanitätsbedingungen schrecklich waren, es fehlte an Wasser und Essen, die Räume wurden nicht geheizt. Gemäß den Gerichtsurteilen wurden viele der verhafteten Polen in die Sowjetunion (nach Uchta, Kotlas, in das Donezbecken, Workuta) deportiert. Um dies zu vermeiden, entschieden sich viele Polen, Litauen zu verlassen. Ab dem 22. September 1944 war dies aufgrund des Abkommens zwischen dem Lubliner Komitee (Polnisches Komitee der Nationalen Befreiung) und der Regierung der Litauischen Sozialistischen Sowjetrepublik (LiSSR) möglich. Menschen

---

641 Ebd., S. 49.
642 Ebd., S. 16.
643 Chwin, Stefan: Gespräche „Tytuł". Gdańsk 1996. S. 141.

(Polen und Juden), die am 17. September 1939 die polnische Staatsangehörigkeit hatten, durften nach Polen emigrieren und nach Litauen durften[644] in Polen lebende Menschen mit litauischer Staatsangehörigkeit auswandern. Dieser Entschluss war für viele sehr schwer. Man durfte kaum etwas mit sich nehmen (z. B. keine Musikinstrumente, kein Werkzeug, keine Möbel). Die Transportbedingungen waren schwierig. Man wusste nicht, unter welchen Lebensbedingungen man in Polen leben würde. Wenn man sich entschied zu bleiben, wurde man zum sowjetischen Staatsbürger. Nur wenige Polen sind jedoch geblieben, weil Polen zu dieser Zeit (von Russen und Litauern) verfolgt und oft nach Sibirien deportiert wurden. Nach dem Zweiten Weltkrieg wurde Litauen immer mehr sowjetisiert und die polnische Bevölkerung vertrieben[645]. Diese Problematik wird von Chwin in fast jedem Buch und fast in jedem Interview thematisiert. Er erzählt, dass der Begriff Multikulturalität für seinen Vater keinesfalls positiv besetzt gewesen sei, weil er sich an scharfe Konflikte zwischen den Nationen (Litauen und Polen, Polen und Russen) und Religionen (Orthodoxe und Katholiken) erinnerte. Man hat sich damals für eine Partei aussprechen müssen. Chwins Vater hatte das nicht gerne. Er suchte nach seinem eigenen Leben und wollte kein Eigentum von jemandem sein. Chwins Vater erzählte nie viel von seiner verlorenen Heimat. Er wollte die Rolle des Augenzeugen nicht annehmen und trennte sich dadurch von den Wurzeln seiner Identität. In Wilna wurde er, wie jeder gut ausgebildete Pole nach dem Zweiten Weltkrieg, von den Sowjets verfolgt. Er musste aus seiner Heimat fliehen, um nicht nach Sibirien deportiert zu werden. Deswegen war für ihn das Wort Multikulturalität in erster Linie ein Synonym für Gefahr und Unordnung. Für ihn blieb das Andere unbekannt, obwohl es ihm sehr nah war. Chwin erklärt, warum sein Vater eine negative Einstellung zu der Multikulturalität hatte: „Mein Vater (…) versteckte sich in den Wäldern bei Wilna und lernte die schwere Kunst des Überlebens in einem Gebiet, das den Besitzer wechselt. Viel hat er dabei wohl nicht gelernt, wahrscheinlich nur eines: dass man solche Gebiete möglichst meiden soll."[646] Allerdings zieht der Schriftsteller nicht ausschließlich negative Schlussfolgerungen aus den Erfahrungen seines Vaters:

644   Chwin, Stefan: *Kartki z dziennika*. S. 60f.
645   Vgl.: Lewandowska, Stanisława: *Wilno 1944–1945*. Warszawa 2007; Lewandowska, Stanisława: *Losy Wilnian. Zapis rzeczywistości okupacyjnej. Ludzie, fakty, wydarzenia 1939–1945*. Warszawa 2004; Warakomski, Romuald: *Wileńskie dramaty w czasie wojny i w PRL*. Kraków 2006; Kiersnowski, Ryszard: *Tam i wtedy. W Podwerszyszkach, w Wilnie i w Puszczy 1939–1945*. 2007.
646   Chwin, Stefan: *Das Geheimnis der Vertreibung*. In: *Die Welt online*. 21.08.1999.

Was war also aus den Worten meines Vaters zu schließen? Dass man die Entstehung von multinationalen Gesellschaften, durchmischt und bunt wie ein aus Flicken genähtes Hemd, fördern soll, weil die Spannungen nur dort die Chance haben, sich in der wahren Farbenvielfalt des Lebens zu entladen, wenngleich die Menschen in solchen Gesellschaften ihre Identität verlieren und manchmal nicht wissen, wer sie wirklich sind?[647]

Ähnlich positiv verstehen auch andere Autoren aus Gdańsk den Terminus Multikulturalität. Für Grass hat dieser Begriff eine positive Bedeutung, obwohl er sich auch der mit ihm verbundenen politischen und wirtschaftlichen Gefahr bewusst ist. Die nationale Denkweise ist auf solchen Gebieten oft besonders stark ausgeprägt und bringt die Gefahr der Konflikte mit sich und doch stellt der deutsche Nobelpreisträger im Gespräch mit Huelle fest: „Die besten Geschichten entstehen da, wo die Kulturen zusammenstoßen, sich mischen."[648] Das sagt Grass allerdings in Bezug auf die imaginäre Welt der Kunst und Literatur und nicht bezogen auf die reale Welt. Er trennt deutlich diese Welten. Chwin lebte, im Gegensatz zu Grass, nie in einer multikulturellen, wenn auch in einer hybriden Welt, denn die meisten Bewohner von Gdańsk waren zwar Polen, aber sie stammten aus verschiedenen Regionen und, was damit verbunden ist: Sie waren Repräsentanten verschiedener Kulturen. Chwin als Schriftsteller wollte trotzdem immer versuchen, das Fremde kennen zu lernen. In den Kontexten seines Schaffens ist der Begriff Multikulturalität nicht eindeutig pejorativ, sondern eher ambivalent besetzt. Er nennt die Stadt „einen teuflischen Kessel"[649] und fügt hinzu:

Ein guter Teil meiner Seele ist auf der Seite der Multikulturalität, wenn ich jedoch tiefer in diesen Schmelztiegel hineinblicke, kann ich nicht daran glauben, dass der Krieg in Jugoslawien gut enden wird. Ich verstehe das Verlangen, einen solchen Mythos aufzubauen, andererseits sagen mir meine Kindheit, all die Ereignisse, die in diesem symbolischen Raum stattgefunden haben, dass diese positive Mythologie der Heimat nicht aufrechtzuerhalten ist.[650]

Chwin scheint nicht an eine friedliche Koexistenz verschiedener Kulturen in einer Gesellschaft zu glauben; gleichzeitig aber beurteilt er die künstliche polnische Homogenität eindeutig negativ. Das Beispiel Jugoslawien sei abschreckend, auch die schrecklichen Erfahrungen seines Vaters aus dem Krieg lassen sich nicht

---

647 Ebd.
648 Grass, Günter: *Günter Grass und Pawel Huelle im Gespräch: Danzig/Gdańsk.* In: Kobylińska, Ewa / Lawaty, Andreas / Stephan, Rüdiger (Hg.): *Deutsche und Polen 100 Schlüsselbegriffe.* München 1992. S. 557.
649 Chwin, Stefan: *Złe miejsce na ziemi. Ze Stefanem Chwinem rozmawia Andrzej Franaszek. Tygodnik Powszechny.* 1996 Nr. 1.
650 Ebd. S. 11.

vergessen: „Multikulturelle Gesellschaften ähneln ein wenig Bomben mit Zeit-
zünder. Lange geschieht nichts, und dann geschieht plötzlich etwas und alles fliegt
auseinander. Ich glaube nicht an eine einfache Mythologie der Heimat."[651] Ob-
wohl das Wort Multikulturalität für Chwin suspekt klingt, ist es für ihn wichtig, in
Bezug auf Danzig von Kontinuität zu sprechen. Er unterstreicht, dass in Danzig /
Gdańsk ein radikaler Bruch der historischen Kontinuität vollzogen worden ist.
Dies betrifft nur wenige Städte der Welt. Er betont ein interessantes Phänomen:
„Man konnte hier in drei oder sogar vier Straßen wohnen, ohne umzuziehen.
(...) Es gibt in Europa wohl kaum andere Orte mit einer ähnlich schwankenden
Identität."[652] Die Behauptung, dass die schwankende Identität eine Seltenheit sei,
entspricht nicht ganz der Wahrheit, denn dies betrifft nicht nur Gdańsk, sondern
mehrere Städte im Nachkriegspolen sowie in der ganzen Welt, die ihre Staatsangehörigkeit oder das gesellschaftliche System veränderten. Die Frage ist nun,
wie man die eigene Identität bilden und aufrechterhalten kann, während die äußere Welt nicht stabil ist. Der Schriftsteller erinnert daran, dass die Kontinuität
einer Stadt nicht nur mit dem Fortbestand der Gebäude, Straßen, Institutionen
und Namen zusammenhängt, sondern auch die zusammenhängende Lebensgeschichte von Familien und ihren Vorfahren voraussetzt. Diese Kontinuität wurde im Falle von Danzig / Gdańsk radikal durch demographische Veränderungen
von riesigem Ausmaß unterbrochen[653]. Chwin bemerkt jedoch, dass die Beschä-
digung der historischen Kontinuität seiner Heimatstadt schon früher begonnen
hatte und von den Nationalsozialisten eingeleitet wurde, die „die Grundlagen
der Danziger Kultur zerstörten: das Modell eines friedlichen Zusammenlebens
mehrerer Nationen und Konfessionen."[654] Der Schriftsteller erinnert daran, dass
Danzigs Kultur durch die ethnische Zusammensetzung der Stadtbevölkerung besonders beeinflusst worden war, weil hier Deutsche, Polen, Holländer, Flamen,
Juden, Schweden, Dänen, Engländer, Franzosen, Schotten lebten[655].

---

651 Chwin, Stefan: *Niebezpieczne zajęcie. Rozmowa ze Stefanem Chwinem. Salon literacki.
     Z polskimi pisarzami rozmawia Gabriela Łącką*. Warszawa 2000. Übersetzung ins
     Deutsche zitiert nach: Czapliński, Przemysław: *Stefan Chwin*. Kraków 2000. S. 11.
652 Chwin, Stefan: *Stätten des Erinnerns*. S. 32f.
653 Vgl. Ebd., S. 26.
654 Ebd., S. 44.
655 Ebd., S. 44f.

1.1 Friedhöfe

Das Bild der Stadt als Palimpsest, das auf sein ganzes Leben Einfluss nahm, beschreibt Chwin folgendermaßen:

> Danzig als ein Palimpsest – dieses Bild hat sich mir seit meiner Kindheit eingeprägt.
> Noch lange nach Kriegsende kamen unter dem abfallenden Verputz von Mauern die
> Reste von Schriftzeichen zum Vorschein, und zwar in mindestens drei Sprachschichten.
> Die oberste Schicht trug die frischesten Aufschriften in Polnisch, darunter kam Russisch, und unter dieser Schicht lag Deutsch in schwarzer gotischer Schicht; dazu kamen
> die Inschriften in Hebräisch, die man gelegentlich in den Kirchen antreffen konnte. Große Vorkommen gotischer Schrift gab es auf den deutschen Friedhöfen, die sich kilometerlang an der Adolf-Hitler-Straße, später Sieges-Allee erstreckten.[656]

Diese Friedhöfe wurden nach dem Krieg, in den 60er Jahren, zerstört. Chwin widmet der Reflexion über das Schicksal der evangelischen und jüdischen Friedhöfe viel Platz und zeigt, dass seine Heimatstadt einem Friedhof ähnelt:

> Es war eigentlich eine Stadt der Friedhöfe, die sich über viele Kilometer lang beiderseits
> der Siegesallee vom Olivaer Tor bis zur Technischen Hochschule erstreckte. Übrigens
> war das eine sehr schöne Stadt. Tausende von Kreuzen, Steinplatten, Figuren. Die in
> schöner Gotik in schwarzen Marmor geschlagenen Aufschriften. Efeu. Heinbuchen. Eiben. Lange Alleen unter Kastanienbäumen. Eine Grabstätte umgeben mit Eisengittern.
> Dicke Ketten. Gusseisentafeln. Granitkugeln. Obelisken. Alles wurde zerstört. Heutzutage gibt es dort gemähte Wiesen und Parkpfade, über die bei gutem Wetter Jungs in
> T-Shirts skateboarden. Nicht einmal ein Grab wurde in Ruhe gelassen.[657]

Im Folgenden weist er auf eine tiefere Dimension des Problems hin. All diese Friedhöfe sind nämlich zerstört worden. glaube, dass Friedhöfe, egal wer dort begraben sei, absolut unantastbar sein sollten, Das ist das Einzige, was wir den Toten garantieren sollten: einen Ort der wahrhaft ewigen Ruhe, in dem sie von niemandem behelligt werden sollten[658].

Das Palimpsest der Stadt, zu dem auch die zerstörten Friedhöfe gehören, lebt also heute v. a. in den Erinnerungen und in der Literatur. In *Unkenrufe* von Grass gibt es ein ähnliches Bild der vereinigten Friedhöfe. Die deutschen Friedhöfe in Gdańsk wurden zerstört. Die Hauptprotagonisten – eine in Vilnius geborene Polin und ein in Danzig geborener Deutsche kommen auf die „große, die Völker

---

656   Ebd., S. 33f.
657   Chwin, Stefan: *Uroki wykorzenienia. O narracji reistycznej, grach z losem i kilku innych pokusach ze Stefanem Chwinem rozmawia Wojciech Werochowski.* In: Chwin, Krystyna (Hg.): *Rozmowy „Tytułu".* Gdańsk 1996. S. 63. (Übersetzt: J.B.)
658   Vgl. Ebd., S. 64.

versöhnende Idee"[659] der Gründung des so genannten Versöhnungsfriedhofes, der auch als Träger der Erinnerung fungieren könnte:

> Was wir Heimat nennen, ist uns erlebbarer als die bloßen Begriffe Vaterland oder Nation, deshalb haben so viele, gewiß nicht alle, doch mit dem Älterwerden eine wachsende Zahl Menschen den Wunsch, sozusagen zu Haus unter die Erde zu kommen, ein Wunsch übrigens, der zumeist bitter unerfüllt bleibt, denn oft stehen die Umstände diesem Verlangen entgegen. Wir aber sollten von einem Naturrecht sprechen. Im Katalog der Menschenrechte müßte endlich auch dieser Anspruch verbrieft sein. Nein, nicht das von den Funktionären unserer Flüchtlingsverbände geforderte Recht auf Heimat meine ich – die uns eigentümliche Heimat ist schuldhaft und endgültig vertan worden –, aber das Recht der Toten auf Heimkehr könnte, sollte, dürfte angemahnt werden![660]

Es stellt sich die Frage, ob es überhaupt möglich ist, eine so weit gehende Versöhnung ins Leben zu rufen. Grass verneint die Frage eindeutig. Der Erzähler nennt die Idee von der Gründung des Friedhofes eine „Furzidee"[661] und stellt gleich fest: „Nun bin ich neugierig auf ihr Scheitern."[662] Dadurch wird darauf aufmerksam gemacht, dass – falls sich diese Idee weiterentwickelt – das Recht der gegenwärtigen Einwohner der Stadt auf die Heimat erschüttert werden könnte. Auch sie haben das Recht auf eigene Denkmäler, die als Hervorhebung der Märtyrergeschichte kritisiert werden.

In *Der goldene Pelikan* wird die Metamorphose der Stadt von einer deutschen in eine polnische kurz angesprochen. Bei aller Fiktionalität und Privatheit ist die Handlung von *Der goldene Pelikan* in die nicht-fiktionale Geschichte eingebettet[663]. Als der Protagonist noch ein Kind war, „begrüßten ihn auf dem lindenbestandenen Platz vor der Kirche auf der bloßen Erde sitzende, traurige Reminiszenzen des großen Krieges: in Lumpen gehüllte Rümpfe ohne Arme, beinlose Körper mit Lederriemen an aus Brettern gezimmerte Pritschen geschnallt, lebendige entrindete Baumstümpfe."[664] Die Toten, die die Vergangenheit der Stadt symbolisieren, sind auch im 21. Jahrhundert anwesend, obgleich nicht mehr sichtbar. Bei Chwin werden sie direkt gezeigt, als der obdachlose Jakub in den Kanal hinabsteigt. Chwin schafft eine Imaginationswelt und lässt Jakub im Tunnel auf Abfall aus verschiedenen Epochen stoßen, der ihm die vergessene Geschichte der Stadt erzählt. Unter anderem gibt es hier leere Shampooflaschen,

659 Grass, Günter: *Unkenrufe*. S. 14.
660 Ebd., S. 33.
661 Ebd., S. 45
662 Ebd.
663 Schulz, Gerhard: *Diese dumme Sache in Danzig*. In: *FAZ.*10.09.2005. Nr. 211. S. 50.
664 Chwin, Stefan: *Der goldene Pelikan*. München 2008. S. 19.

Ansichtskarten, kaiserliche Diplome mit dem deutschen Aufdruck ‚Technische Hochschule', vergilbte Flugblätter vom Dezember 1970, die zum Streik in der Werft aufrufen, von Albert Forster unterschriebene Bekanntmachungen, Formulare eines Geschäftsplans für das Jahr 2000[665]. In früheren Romanen beschrieb Chwin keine Gegenstände, die zu Müll geworden sind, sondern solche, die als Zeugen der Vergangenheit aufbewahrt werden. Müll in den Danziger Kanälen ist naturgemäß nicht nach seiner ursprünglichen Bedeutung sortiert. Alles ist in Vergessenheit geraten. Auch auf einen Lufschutzbunker, in dem es unberührte Leichen von Zivilisten gibt, stößt Jakub:

> Die schweigenden Menschen, die den Saal erfüllten, bewachten in absoluter Stille das schwarze Wasser, (…) Sie waren zu einer langen Reise bereit, schienen nur auf ein Zeichen zu warten. Manche hatten Katzen und Hunde im Arm, einen Käfig mit einem schmutziggelben toten Kanarienvogel oder leere Panzer von Hausschildkröten. Andere hielten ein Päckchen Briefe, mit einem Band zusammengehalten, vermoderte Ausweise, alte Schreibmaschinen, silbernes Besteck, Medizinköfferchen. (…) Wenn er sich näherte, ließen ihn alte Frauen mit auf der Stirn gebundenen Kopftüchern passieren und nickten schwerfällig mit dem Kopf, als ob sie ihr Einverständnis gäben. Kleine Mädchen in zerfallenden Pullovern aus faulender Wolle, mit leinenen Hampelmännern, Rasseln oder Holzpferdchen in den schlammverschmierten Fingern, schmiegten sich an ihre Mütter, das Gesicht bis zur Hälfte im Wasser.[666]

Wieder einmal kehrt das Motiv der Stadt der Friedhöfe zurück, aber:

> Vergangenheitsbewältigung steht (…) nicht mehr auf dem Programm, das macht das erste Kapitel deutlich, in dem Chwin die Nachkriegsgeschichte mit ironischer Geste als Quasi-Märchen vom Tisch wischt. Naturhaftes scheint mit der Zerstörung Danzigs geschehen zu sein, Opfer und Täter haben ihre Namen verloren, (…)[667]

In *Der goldene Pelikan* stellt Chwin dar, wie er sich die Stadt der Friedhöfe in der Gegenwart vorstellt. Es wird an die Geschichte Danzigs, an die Stadt der Friedhöfe kurz erinnert, aber nicht, um die Vergangenheit zu beschwören, sondern um zu zeigen, dass diese Geschichte keine Aktualität in der Gegenwart mehr hat. Soll das heißen, dass der Mythos-Danzig bereits begraben wurde? Diese Diagnose scheint Chwin mit seinem Roman zu stellen:

---

665   Ebd., S. 235.
666   Ebd., S. 236.
667   Breitenstein, Andreas: *Im Delirium der Mythologie. „Der goldene Pelikan"*: Stefan Chwin *lässt sich gehen*. 30. August 2005. In: *NZZ Online*. http://www.nzz. ch/2005/08/30/fe/articleD3GDS.print.html.

Die Stadt, in der Jakub auf die Welt kam, war verwüstet und leer.

Die große Armee, die aus dem Osten vorrückte und aus Tausenden von Geschützen die eilig nach Westen ziehenden Einheiten der Marinegarnison beschoß, hatte es geschafft, vor seiner Geburt fast alle Barockhäuser, neugotischen Amtsgebäude und Jugendstil-kaufhäuser durch Bomben fein säuberlich zu zermalmen. (...) Die früheren Bewohner der Stadt waren nicht mehr da. Die einen waren im Feuer umgekommen, andere mit Schiffen übers Meer geflohen, die restlichen hatte man hinter die sieben Berge abtrans-portiert. Sie hinterließen eitle, phantasievolle Schilder mit gotischen Buchstaben über den Türen zerstörter Restaurants und leere Wohnungen mit kalten Laken auf Eisenbet-ten, in denen man noch einige Wochen nach der Einnahme der Stadt durch die Solda-ten der großen Armee einen weichen, weiß schimmernden Kopf oder einen im Schlaf zusammengekauerten Leib sehen konnte.[668]

Im Roman *Der goldene Pelikan* formuliert Chwin die pessimistische These, dass die vergangene Welt für immer tot sei. Die mythische Stadt, die der Schriftstel-ler selbst schuf, gebe es nicht mehr. Sie ähnelt einem nicht mehr existierenden Friedhof und einem Mülleimer, in dem alles inkohärent ist. Chwin zeigt, dass die gegenwärtige westliche Kultur auf Müll basiere. Müll wird jedoch nicht nur durch Gegenstände repräsentiert, sondern auch durch Menschen, die, wie Ja-kub, wertlos geworden sind. Hartmut Böhme versteht Müll, zu dem Dinge am Ende ihrer „Biographie" werden, als eine der Formen der Entdifferenzierung, die nicht auf Seiten des Ich, sondern der Dinge liegt[669]. In den Dingen trium-phiere die Ewigkeit der Gegenwart, wodurch sie zur Entstehung des Mythos führen. Entdifferenzierte Dinge, die zu Müll verkommen sind, seien aber keine Zeugen der Vergangenheit. Keine Ewigkeit könne in ihnen triumphieren, weil sie und ihre Besitzer erniedrigt worden seien. Im Mülleimer befinden sich Din-ge nicht in einem logischen Zusammenhang, wie in einem Museum, das von Böhme als „Himmel der Dinge"[670] bezeichnet wird. Böhme unterstreicht zwar zu Recht, dass sich das Dingliche als solches ontologisch nie verlieren könne. Eine zerschlagene Tasse sei keine Tasse mehr, aber doch eine Vielzahl an Dingen: Scherben[671]. Die Materie, auf die Jakub in den Kanälen stößt, ist jedoch wertlos, abstoßend, bedeutungslos und vergessen.

Durch das Kapitel in den Kanälen wird das Ende des Mythos der Stadt Dan-zig / Gdańsk symbolisiert. Der Passus ist somit ein ironischer Kommentar Chwins zu seinem früheren Werk. Es ist kein Zufall, dass Jakub, nachdem er aus dem

---

668 Chwin, Stefan: *Der goldene Pelikan*. S. 5f.
669 Böhme, Hartmut: *Fetischismus und Kultur*. S. 126.
670 Ebd., S. 131.
671 Ebd., S. 129.

Abgrund der Kanäle wieder ans Tageslicht kommt, sprachlos geworden ist, obwohl er sich dessen nicht bewusst ist. Jakub gibt, noch bevor er in den Abgrund geht, Wittgenstein recht, dass die Grenzen unserer Sprache die Grenzen unserer Welt sind[672]. Die Namen der Gegenstände, die Jakub in den Kanälen findet, werden von niemandem mehr ausgesprochen, d. h. sie haben keine Namen mehr, obwohl sie einst von jemandem benannt worden sind. Sie gerieten in Vergessenheit. Nachdem Jakub die Welt der toten Dinge gesehen hat, wird er sprachlos. Diese Dinge sind nicht, wie im *Tod in Danzig*, personifiziert. Ihnen wird keine magische Bedeutung zugesprochen. Trotzdem erzählen sie ihre Geschichte, die aber niemand, außer Jakub, hören möchte. Ohne Rezipienten gibt es keine Geschichten. Jakub kann die Dinge auch nicht benennen, ihre Namen müssen ihm neu beigebracht werden. Die erneuerte Sprache macht Jakub wieder zum Menschen, der seine verlorene Identität wieder gewinnen möchte.

1.2 Die Stadt als Palimpsest

Przemysław Czapliński meint, dass Chwin seine Kindheit als Prozess der Entdeckung der Zeit-Schichten darstelle, die das Danziger Palimpsest bilden: verschiedene Kulturen, verschiedene Konfessionen und gegensätzliche Ästhetiken. Er erzählt dabei auf keinen Fall aus naiver oder unschuldiger Perspektive, obwohl dies oft behauptet wird[673]. Naivität ist durch Reflexion und Wissen über das Gesehene und Erfahrene ergänzt worden, worauf Chwin im Nachwort zur ergänzten Ausgabe *Krótka historia* hinweist[674]. Schon im ersten Absatz wird der Schwerpunkt auf eine pedantische Betrachtung der Stadt gelegt und der Blick des Lesers wird dadurch entsprechend gelenkt, und zwar auf „zwei Selbstverständlichkeiten der Welt der Erwachsenen: die von diesen festgesetzten Bedeutungen und das Prinzip der historischen Notwendigkeit."[675] Wichtig ist darüber hinaus das Lesen der Topographie der Stadt von Chwin zusammen mit Chwin:

> Ich bin geboren nach dem großen Krieg in einer zerstörten Stadt an der Bucht eines kalten Meeres, auf halbem Wege zwischen Moskau und dem Ärmelkanal, in einem alten Haus mit einem steilen, mit roten Dachziegeln gedeckten Dach, in der mit alten Linden bepflanzten Lutzovstraße, die sich im Januar des Jahres 1945 von einem Tag auf den anderen in die Poznańska-Straße verwandelte (...)[676]

---

672   Chwin, Stefan: *Der goldene Pelikan*. München 2008. S. 137.
673   Vgl. Czapliński, Przemysław: *Stefan Chwin*. Kraków 2000. S. 4.
674   Vgl. Chwin, Stefan: *Krótka historia pewnego żartu*. S. 280.
675   Czapliński, Przemysław: *Stefan Chwin*. S. 4.
676   Chwin, Stefan: *Krótka historia pewnego żartu*. S. 11. (Übersetzt: J.B.)

Auf diese Art und Weise beginnt das poetische Abenteuer, das Chwins Erzähler als Kind in Gdańsk erlebte; sowie die Suche nach den deutschen Spuren in der kommunistischen polnischen Stadt. Durch die Erfahrung, die Chwin mit seiner Heimatstadt hatte, ist für ihn die Unterscheidung zwischen Gut und Böse unmöglich:

> Vor allem wollte mich die Stadt verführen und bezaubern. Ich wusste, das war die Stadt des Bösen – des deutschen Bösen, das von hier aus auf die ganze Welt fast explodierte (…). Aber zugleich – anders als die Bewohner der Städte im Inneren des Landes, als ansässige Bewohner von Krakau oder Sandomir, Ciechanów oder Siedlce – hatte ich einen zutiefst persönlichen Einblick in die Privatsphäre des Bösen, weil es sich so getroffen hat, dass ich im Bett des Bösen schlief und in der Badewanne des Bösen badete. Das Haus war (…) vom Schornstein bis in den Keller deutsch, einschließlich der Möbel, der Fußabtreter und der Bettwäsche, aber schnell bemerkte ich, dass hier etwas nicht stimmte. Das Deutsche Böse war furchtbar, ich bezweifelte das nie, aber die Häuser, die durch dieses Böse gebaut worden waren, konnten mich bezaubern. (…) Als ich durch diese fremde Stadt bummelte, (…), geriet ich manchmal in einen schönen Traum, weil diese Stadt mich verführen und bezaubern konnte, (…). Hier erfuhr ich, was die zwei Wörter: schöne Stadt bedeuten.[677]

Der Schriftsteller und somit auch seine Erzähler lebten in den 50er Jahren in einer Welt, die einem Friedhof ähnelte. Doch der Friedhof ist ein Begriff, der nicht ausschließlich negativ konnotiert sein muss. Es lohnt sich auf Józef Tischners Überlegungen hinzuweisen. Tischner behauptet:

> Einen Friedhof und ein Grabmal zu errichten heißt: Eine Erbschaft aufzunehmen. (…) Wir stehen am Grab. Hier ruht ein Soldat, der im Kampf um die Heimat fiel. Hier ruht ein Vater einer großen Familie. Das ist ein Grab eines Lehrers – eines Erziehers vieler Generationen. Hier ein kleines vorzeitig gestorbenes Kind, das eine Hoffnug der Eltern war. Tote sprechen, sie stellen mehr oder weniger bestimmte Verpflichtungen dar. Das verbindet. Manchmal verpflichten Tote mehr als Lebende. Am Grab eines Toten wird es dem Menschen bewusst, dass er ein Erbe ist.[678]

Chwin beobachtete also, wie eine ganze Stadt starb, um einer anderen Platz zu machen. Die meisten Spuren der Vergangenheit wurden vernichtet. Die Stadt war mit der Zeit nicht mehr imstande, ihre Geschichte zu erzählen. Er verstand das fremde Erbe nicht, dessen Erbschaft er zufälligerweise antreten musste. Er begriff diese Welt nicht, aber er wollte sie sich zu Eigen machen. Die meisten Spuren sterbender oder bereits toter Vergangenheit waren diskret, wie z. B. kleine Patronenspuren, die man erst dann bemerken konnte, wenn man die Tür oder

---

677   Ebd., S. 275. (Übersetzt: J.B.)
678   Tischner, Józef: *Filozofia dramatu*. S. 186. (Übersetzt: J.B.)

den Fußboden sehr genau betrachtete. Manchmal konnte man wirklich wichtige Spuren des Krieges finden, wie z. B. die begrabenen Knochen eines deutschen Soldaten[679]. Als Kind hatte Chwin und somit auch seine Erzähler die Möglichkeit, nicht nur die deutschen Spuren in der Stadt zu verfolgen, sondern auch die Verwandlung der deutschen Stadt in eine polnische zu beobachten. Zu den von den Deutschen hinterlassenen Spuren zählten Friedhöfe, Häuser, Kirchen, Schulen, die Frakturschrift und schließlich Gebrauchsgegenstände, wie Handtücher mit eingestickten Monogrammen oder Streuer mit den fremd klingenden Aufschriften ‚Salz‘, ‚Pfeffer‘ und ‚Zucker‘. Der Schriftsteller sah schon als Kind sehr deutliche Unterschiede zwischen der polnischen (kommunistischen) und der deutschen Welt. Die Qualität der neuen Welt ist nicht hoch. Das Neue altert schneller als das Alte. „Die Fragwürdigkeit des menschlichen Ding-Umgangs"[680], wie Hartmut Böhme dies formuliert, ist bei Chwin beispielsweise in folgender Beschreibung präsent:

> Ich sah, wie die Stadt nach dem großen Krieg nachwuchs. Neue, schnell gebaute Häuser aus roten Ziegeln wurden einige Monate nach dem Einzug schwarz – wie ein fauler Zahn im kranken Kiefer. Im Herbstregen erloschen Fassaden, trübe Scheiben, zerbrochene Glühbirnen mit saurem Gestank des Urins. In Fluren erschreckte vergilbtes Papier mit der Aufschrift: Verwaltung an der Wand mit abblätternder Farbe. Es verbreiteten sich der stille Tod der Firnis an den Wandpaneelen, das Sterben der feinen Polituren auf den Tischplatten, der hinterlistige Angriff der Pilze auf den Gipsstuckarbeiten, die unter den Fingern zerbröckelten wie eine trockene Torte mit Zuckerguss. Später, im Meer der Ruinen, erschien eine neue Altstadt und durch die Tore der Läden, Milchbars, Bahnhofskneipen flossen die Flüsse der Aluminiummesser und – gabeln in die Stadt hinein. Die Herrschaft hat das Königreich des billigen Metalls übernommen, das nicht so wie vernickelter Gerlach-Stahl klimperte, wenn er einem dicken Porcelit-Teller begegnete. (…) Von gusseisernen Krügen, Waschschüsseln, Blechwasserkochern blätterte der hellblaue Guss ab, wodurch er eine schwarze Wunde an der abgerundeten Wand des warmen Geschirrs entblößte.[681]

Diese Darstellung, die aus Chwins Schaffen exemplarisch gewählt wurde, wäre eine Variante eines Totentanzes aus der Zeit des real existierenden Sozialismus. Der Tod ist zwar nicht personifiziert, d. h. als Gerippe oder Sensenmann präsent (wie im klassischen Totentanz – *Lübecker Totentanz, Heidelberger Totentanz*), aber seine Anwesenheit ist durchaus präsent, weil die Dinge im Zustand des Verfalls gezeigt werden. Das Buch-Museum von Chwin könnte als das Jenseits

---

679 Chwin, Stefan: *Krótka historia pewnego żartu*. S. 23.
680 Böhme, Hartmut: *Fetischismus und Kultur*. S. 47.
681 Chwin, Stefan: *Kartki z dziennika*. Gdańsk 2004. S. 81. (Übersetzt: J.B.)

für die Dinge verstanden werden, weil in seinem Werk diese Gegenstände noch nicht tot sind, aber dem Tod geweiht und sterbend. Obwohl jedoch in dieser Beschreibung die Landschaft des Todes entscheidend ist, werden die Dinge von Chwin „sprachlich animiert"[682] und anthropomorphisiert. Sie werden in der Literatur aufgehoben und gerettet.

In Chwins Werk haben Gegenstände, wie Menschen, Wunden, sie sterben und scheinen Gefühle zu haben. Sie haben ihre eigene Metaphysik. Vom Tod bleibt niemand verschont. Es stirbt sowohl die schöne, allerdings böse, vergangene deutsche Welt wie auch die neue polnische, die durch kommunistische Mittelmäßigkeit geprägt wurde und die aus der Perspektive des 21. Jahrhunderts auch tot ist. Ihr Imperium war kurzlebig. Es scheint, Chwins Erzähler suchen durch solche Beschreibungen nach Harmonie, die in der durch Widersprüche geprägten Welt nicht zu finden ist[683].

Die neue Fassade der Stadt war in den 50er Jahren größtenteils noch nicht errichtet worden. Deswegen konnte man überall Ruinen der früheren Zeiten, vom Altertum über das Mittelalter und den Barock bis zur Freien Stadt Danzig sehen. Diese Spuren erweckten die Fantasie des neugierigen und scharfsinnigen Kindes, das Stefan Chwin damals war: „Man kann in den Schutt aus Ziegeln, Holz und Metall immer tiefer eindringen und ältere Schichten erreichen. Die Zeit hatte hier die Reihenfolge vergessen, in der die Dinge gewöhnlich vergehen. Ich begriff schließlich, dass es das von mir gesuchte ‚Troja' nur in der Fantasie geben konnte."[684] Diese Beschreibung lässt an die Freudsche These vom ‚Wunderblock' denken. Freud entwickelt in seiner *Notiz über den Wunderblock* ein Modell des menschlichen Gedächtnisses. Das Kinderspielzeug – der Wunderblock –, das das immer neue Beschreiben und Löschen von Zeichen auf einer Wachsplatte ermöglicht, wobei Spuren aller früheren Einschreibungen als unsichtbare Vertiefungen erhalten bleiben, funktioniert laut Freud ähnlich wie das menschlichen Gedächtnis: „[E]r ist in unbegrenzter Weise aufnahmefähig für immer neue Wahrnehmungen und schafft doch dauerhafte – wenn auch nicht unveränderliche – Erinnerungsspuren von ihnen."[685] Freud nimmt in dieser Passage die Unterteilung in Kurzzeitgedächtnis (Deckblatt) und Langzeitgedächtnis

682   Böhme, Hartmut: *Fetischismus und Kultur.* S. 46.
683   Vgl.: Kuś, Szymon: *Stefan Chwin. Człowiek z właściwościami.* In: *Jama. Kulturalno-literacko-artystyczna per aspera ad astra.* Nr. 6 April 2008. S. 18.
684   Chwin, Stefan: *Stätten des Erinnerns.* S. 17f.
685   Freud, Sigmund: *Notiz über den Wunderblock.* In: *Das Lesebuch. Schriften aus vier Jahrzehnten.* Frankfurt am Main 2006. S. 401.

(Wachsschicht) vor. Auf eine ähnliche Art und Weise sieht Stefan Chwin das Erinnerungssystem der Stadt. Er beschreibt, was er in seiner Kindheit sah:

> Unter dem Straßenpflaster der wirklichen Stadt eröffnete sich eine andere, die nicht mehr vorhanden war. Das Bild der Stadt als Palimpsest hat auch mein Verständnis von der Sprache der Literatur geprägt. Sehr früh merkte ich, dass das Wort verschiedene Schichten hat – so wie auch mein niedergebranntes Troja des Nordens in verschiedenen Erdschichten erhalten war.[686]

Der Autor denkt darüber nach, welche der vielen Städte, deren Trümmer er als Kind betrachtete, authentisch sei. In einer Stadt, die dem Betrachter so viele Gesichter auf einmal offenbarte, waren zugleich kein Gesicht und alle Gesichter wahr. Nur zusammen konnten sie ein Antlitz ergeben, das sich der Wahrheit näherte. Die vielen verschiedenen Gesichter bewirkten, dass Chwin die Magie dieser Stadt bemerkte, was ihn als Schriftsteller später beeinflussen sollte. Als Erwachsene reflektierten er und sein Erzähler über die Stadt, die er als Palimpsest beschreibt. Er sah, wie die alte Fassade der Stadt durch eine neue Vorderfront ersetzt wurde, gleich wie auf dem Pergamentschriftstück ein Text den anderen ersetzt. Chwin merkt an, dass dies nicht bedeute, dass die alte, nun nicht mehr sichtbare Fassade nie existiert habe. Es ist sehr wichtig, dass bei einem Palimpsest die ältere Schrift wieder lesbar gemacht werden kann. Die alte Fassade der Stadt ist jedoch schwer zu erkennen und ihr ursprüngliches Aussehen ist kaum mehr zu rekonstruieren.

In der neuesten Ausgabe der Sammlung *Krótka historia* finden sich Texte mit Fotos der Stadt, die von Chwin, seiner Frau und seinem Sohn gemacht wurden. Auf den Fotos sieht man die Spuren der alten, nicht mehr existierenden Welt. Dieses Alte (im Sinne des Unerreichbaren) wird durch Sepia-Farben hervorgehoben, dank denen die Welt verschönert wird und makellos zu sein scheint. Die Stadt, die man auf den Fotos sieht, ist zwar ein Teil einer realen Welt, aber sie sieht nicht realistisch aus. Die Stadt, von der Chwin in seiner Prosa schreibt, ist dagegen ein imaginärer Raum, obwohl er sich durch Namen sowie detaillierte Beschreibungen der konkreten Orte direkt auf den real existierenden Raum Danzig / Gdańsk bezieht. Die Fotos bereichern die Rezeption der Texte von Chwin, weil man sich die Spuren von Danzig in Gdańsk nicht nur anhand des Geschriebenen vorstellen kann, sondern man kann sie sich auch auf den Fotos ansehen. Dadurch ist der Leser der Wirklichkeit und dem realen Ort näher. Es ist unmöglich, sich bei der Lektüre von der konkreten Stadt Danzig / Gdańsk zu entfernen. Roland Barthes behauptet in seinem Essay *Die helle Kammer*, durch

---

686 Chwin, Stefan: *Stätten des Erinnerns*. S. 33.

Photographien habe man teil an den äußeren Formen und an den Handlungen. Was aber für Barthes am wichtigsten ist, ist nicht das, was auf dem Foto abgebildet ist, sondern seine sinnliche, atopische Wirkung auf den Betrachter[687]. Die Fotos bei Chwin zeigen keine Leute, sondern nur Orte und manchmal Gegenstände. Sie verursachen, dass der Text die Züge eines Dokuments trägt, obwohl er ein essayistischer Roman sein will. Wie ein Dokument zeigt er Spuren der Vergangenheit, die manchmal in Gdańsk sehr schwer zu bemerken sind. Es scheint, Chwin geht wie ein Flaneur langsam durch die Stadt spazieren. Indem er Fotos macht und Bücher schreibt, macht er diese vergangene Welt durch Musealisierung unsterblich.

Das Ziel der Beschreibung der Spuren ist nicht nur das Festhalten ihrer Existenz für die Nachkommenden, sondern auch die Beunruhigung des Rezipienten durch den Hinweis auf ihre Ambivalenz. Hier lässt sich auch auf Renate Schmidgall verweisen, die behauptet, dass Chwin das Deutsche und die Deutschen explizit zum Gegenstand seiner Bücher macht[688]. Alle Straßen, Gebäude, Kunstgegenstände, Bücher und Gebrauchsgegenstände erinnern an die Vergangenheit der Stadt, auch wenn ihre bisherigen Bewohner und Besitzer in der Katastrophe der ‚Wilhelm Gustloff‘ oder ‚Friedrich Bernhoff‘ oder vor Hunger und Erschöpfung unter tragischen Umständen ums Leben gekommen sind.

1.3 Die unbelebte Welt der Gegenstände

Die Beschreibung der unbelebten Sachen ist fürs Chwins Schaffen entscheidend. Sie geben dem Raum seinen Charakter und seine Aura. Er hat es geschafft, das Vorkriegs- und Nachkriegsleben von Danzig darzustellen, indem er Nippes und Alltagsgegenstände oder Kleider beschreibt. Dagegen werden bei ihm historische und politische Ereignisse kaum erwähnt[689]. Es scheint, die Suche nach der sterbenden Stadt, die ihre Geschichte erzählte, wurde für Chwin mit der obsessiven Suche eines Sammlers nach dem eigenen Ich identisch. Im vorangegangenen Kapitel wurde darauf aufmerksam gemacht, dass Gdańsk nach dem Krieg eine Stadt ohne kontinuierliche Identität und mit einer atomisierten Bevölkerung war. Diese Suche, die in Form der Beschreibung der Gegenstände

687 Barthes, Roland: *Die helle Kammer. Bemerkung zur Photographie.* Frankfurt am Main 1985.

688 Schmidgall, Renate: *Die Macht des Genius loci: Danzig in der Prosa von Stefan Chwin und Paweł Huelle.* S. 98.

689 Vgl. Czapliński, Przemysław / Śliwiński, Piotr: *Literatura polska 1976–1998.* Kraków 1999. S. 202.

ausgedrückt wird, wurde für den Schriftsteller zum Fetisch. Von Artur Bagajewski wurde Chwin ein „Detail-Fanatiker"[690] genannt. Durch Nostalgie und
„reistische Narratologie"[691], also durch detailgetreue Beschreibung der Dinge als
Memorialobjekte, die einem konkreten Ort und einer konkreten Zeit angehören[692], versucht Chwin die vergangene Welt zu musealisieren. Mit einer solchen
Interpretation des Werkes von Chwin ist jedoch z. B. Krzysztof Uniłowski nicht
einverstanden, der behauptet, dass man vom Reismus nicht sprechen könne, weil
die Dinge bei ihm nicht ihre eigene Welt schaffen, sondern ihre Eigentümer nur
charakterisieren. Sie seien, laut Uniłowski, als „Ersatz / Substitut des Anderen"[693]
zu verstehen. Chwin schafft somit sein privates Museum und Kulturgedächtnis
und bewahrt die Dinge vor dem Verfall. Hartmut Böhme stellt fest, dass nur wenige der Dingsorten, die zum Adel der Sachen gehören und deren Wert mit dem
Alter ansteigt, von Menschen musealisiert werden[694]. Bei Chwin werden Dinge,
die keinen Gebrauchswert mehr haben, die aber die Vergangenheit symbolisieren, mit „sekundärem Wert besetzt."[695] Böhme nennt in diesem Zusammenhang
Gebrauchsdinge untergegangener Kulturen, etwa die Alltagsdinge der DDR-Kul-
tur. Ihre Musealisierung ist „Stillegung der Zeit und damit der Gegensatz zum
stillen Verfall der Dinge."[696] Chwin erzählt mit Nostalgie vom Ursprung seiner
Faszination für die tote Materie und die Pflanzenwelt. Seine Mutter sagte ihm
einmal, dass man den Rasen nicht betreten dürfte, weil dies dem Gras weh tut.
Das Bewusstsein des Weltschmerzes spielte seitdem eine große Rolle in seinem
Leben und auch in seinen Büchern. In *Kartki z dziennika* sagt Chwin:

> Es war gerade die warme Stimme der Mutter, die verursachte, dass das taubstumme, ge-
> fühlskalte Weltall sich in meinen Augen belebte. Ich empfand seine Schmerzhaftigkeit.
> Dass es Bäumen und Blumen weh tut, wenn man sie bricht, wussten wir seit langem,
> aber sogar tote Gegenstände (…) begannen, Verdacht zu erwecken, dass in ihnen ir-
> gendein symptomloser, gedämpfter, unter der Oberfläche eingesperrter Schmerz glüht,

690 Bagajewski, Artur: „*Fanatyk* detalu i miejsc. Kilka uwag interpretacyjnych o prozie
     Stefana Chwina*. In: Fa-art. 1997. Nr. 4. S. 7–14.
691 Werochowski, Wojciech: *O narracji reistycznej, grach z losem i kilku innych pokusach
     ze Stefanem Chwinem rozmawia Wojciech Werochowski*. In: Chwin, Krystyna (Hg.):
     Rozmowy „Tytułu". Gdańsk 1996. S. 61.
692 Czapliński, Przemysław / Śliwiński, Piotr: *Literatura polska 1976–1998*. S. 202.
693 Uniłowski, Krzysztof: *Konstruowanie pamięci wokół* nowych powieści Jerzego Limo-
     na i Stefana Chwina. In: Uniłowski, Krzysztof: *Koloniści i koczownicy. O najnowszej
     prozie i krytyce literackiej*. Kraków 2002. S. 29–54.
694 Böhme, Hartmut: *Fetischismus und Kultur*. S. 130.
695 Ebd.
696 Ebd., S. 131.

der schrecklichste von allen möglichen, der nie mit entsetzlichem Geschrei oder Weinen nach außen dringt.[697]

Chwin bemerkte, wie sich die Einstellung der Menschen zu den Gegenständen im Laufe der Jahrhunderte änderte. Früher hatten die Gegenstände ihre Identität. Sie wurden vererbt, auch wenn sie zerstört waren. Heute kaufen wir identitätslose Gegenstände ohne Geschichte. Sie haben, laut Chwin, für uns keine Bedeutung[698]. Das Urteil ist sehr pauschal und sicherlich ist nicht jeder mit ihm einverstanden. An technologischen Gadgets hängen die Menschen sehr und das sind auch Dinge. Chwin behauptet in einem Interview mit Andrzej Franaszek, dass in seinen Romanen vor allem diejenigen Gegenstände dargestellt werden, die handgemacht sind. Der Gegenstand, der mechanisch hergestellt wird, wird zu einem indifferenten Ding[699].

Auch Gegenstände sind Zeugen der Vergangenheit und eine Schicht der verschollenen Welt. Die sterbenden Dinge erzählen die Geschichte dieser Welt besser, als man dies in Worte zu fassen vermag. Trotzdem versucht Chwin, das Unmögliche zu tun und von der Vergangenheit zu erzählen. Chwin sieht große Kontraste zwischen der polnischen und deutschen Welt der Dinge. Die von Deutschen hinterlassenen Gegenstände waren fast immer ordentlich, massiv, stabil und praktisch, und zugleich sahen sie schön aus. Die polnischen Waren wurden nach dem Kriegsende „holterdiepolter" hergestellt. Die polnischen Gebrauchsgegenstände waren zu dieser Zeit, was Chwin sehr genau skizziert, meistens nicht nur unschön, sondern sie gingen sehr schnell kaputt. Deswegen konnten sie kaum als praktisch gelten. Diese Unterschiede fielen sofort auf, auch wenn man sich dessen bewusst war, dass es nach dem Krieg aus ganz praktischen Gründen, nämlich aus Mangel an Geld und Materialien, unmöglich war, hochwertige Dinge zu produzieren. Weil man von Ruinen und grauen Fassaden sowie Hässlichkeit umgeben war, beeindruckten die geretteten soliden deutschen Sachen, die man entweder finden oder von den zurückgebliebenen Deutschen kaufen konnte, umso mehr. Zugleich fragt Chwin, wie es möglich sei, dass diese bösen Deutschen, in denen man zur Zeit der kommunistischen Propaganda ausschließlich Nazis sah, solche guten Gegenstände herstellen konnten. Er sieht die wichtigsten Unterschiede in den Kleinigkeiten, von denen er im Kapitel *Dotyk* erzählt:

> Viel wichtiger waren die Unterschiede, die einem nicht gleich ins Auge fielen, kleine und unaufdringliche Details. Es enthüllte sich eine ganze Welt von nebensächlichen

---

697 Chwin, Stefan: *Kartki z dziennika*. S. 55f. (Übersetzt: J.B.)
698 Ebd., S. 80.
699 Vgl. Chwin, Stefan: *Złe miejsce na ziemi*.

Ähnlichkeiten und Abweichungen: in der Welt der Türriegel, der Haken, der Klinken, der Schlußklappen, der Stöpsel, der Beschläge, der Sockel, der Griffe, der Öffner- und Verschlußteile, der Widerlager und Flügelmuttern... Ein ganzes Gewimmel von Kleinteilen, das bisher im Gewohnheitsleben versteckt war, kam plötzlich an die Oberfläche. (...) [J]etzt waren die Dinge wichtiger, die man mit dem Finger berühren konnte, die man streicheln, in die Hand nehmen, ziehen, drehen, aufdrehen, zudrehen konnte. (...) All das hatte für mich bis dahin gar nicht existiert, war wie eine Art Luft, die man bloß atmet, weil sie ganz unsichtbar ist. (...) Erst mit dieser Entdeckung eröffnete sich mir wirklich die Welt des alten Oliva.[700]

Auffallend ist die große Sorgfalt, mit der Chwin Details beschreibt. Der Schriftsteller scheint Kleinigkeiten zu bemerken, die für einen durchschnittlichen Menschen gar nicht zu sehen sind. Jerzy Samp weist darauf hin, dass für Chwin ursprünglich nicht der Dialog im Sinne der deutsch-polnischen Versöhnung wichtig war, sondern die kindliche Faszination für die materielle Welt der Deutschen,[701] die im Alltag des Erzählers allgegenwärtig waren. Tatsächlich spielt diese kindliche Faszination in seinem Werk eine große Rolle, weil sie den Erzähler dazu zwingen, sich über die Spuren der deutschen Welt, die sich ihm die ganze Zeit über aufdrängen, Gedanken zu machen. Alfred Sproede weist darauf hin, dass Chwin sich in *Krótka historia* Gedanken darüber macht, ob die „verhexten Gegenstände"[702] der Deutschen die Unschuld des neuen Alltagslebens vergiften könnten: „In der Stadt, in der ich zur Welt kam, führten die Sachen seit Jahrhunderten Krieg gegeneinander"[703]. Mit dieser Feststellung verweist Chwin darauf, dass die Sachen den Menschen ähnlich sind, indem sie gegeneinander kämpfen. Die Auseinandersetzung zwischen verschiedenen Nationalitäten hatte auch einen enormen Einfluss auf die äußere Gestalt der Stadt und darauf, welche Epoche in ihr dominierte. Für Chwin gehören auch die in Fraktur geschriebenen Buchstaben, die man, als er noch ein Kind war, an vielen Orten finden konnte und denen man bis heute noch gelegentlich begegnet, zu den wichtigsten „Erinnerungsspuren", „Wiedererkenntnismerkmalen"[704] und Geheimnissen der deutschen Vergangenheit. Der Autor kann dieses System der geheimnisvollen Zeichen nicht dekodieren, weil er Vertreter einer anderen Kultur ist. Aber als

---

700 Chwin, Stefan: in der deutschen Übersetzung zitiert nach: Sproede, Alfred: *Stätten des Erinnerns*. S. 161 f. Vgl. auch Chwin, Stefan: *Kartki z dziennika*. S. 82.

701 Vgl. Samp, Jerzy: *Versöhnung zwischen Deutschen und Polen im Spiegel der Danziger Literatur*. In: *Külzer Hefte. Pommern in der Literatur nach 1945*. Kulice 2005. S. 224.

702 Sproede, Alfred: *Stätten des Erinnerns*. S. 160.

703 Chwin, Stefan: *Kartki z dziennika*. S. 81. (Übersetzt: J.B.)

704 Vgl. Kloock, Daniela: *Oralität und Literalität*. In: Kloock, Daniela / Spahr, Angela (Hg.): *Medientheorien. Eine Einführung*. München 1997. S. 237.

Repräsentant der modernen Literaturwissenschaft versteht er ganz deutlich die Schrift als eines der wichtigsten Medien zur Herstellung, Speicherung und Verteilung von Informationen. Er weiß, dass sie einer der Grundpfeiler der menschlichen (westlichen) Zivilisation ist[705]. Günter Grass assoziiert die Sütterlinschrift ganz deutlich mit „dem Ungeist der Hitlerzeit"[706], obwohl die Nationalsozialisten, die zuerst die Fraktur förderten, 1941 diese Schrift zugunsten der Antiqua verboten. Grass' frühe Manuskripte sind in Sütterlinschrift verfasst[707]. Er konnotiert die deutschen Buchstaben im Gedicht *Der Dichter* negativ. Die Sütterlinschrift ist für ihn deutlich ein Symbol des Bösen:

Böse,
wie nur eine Sütterlinschrift böse sein kann,
verbreitet er sich auf liniertem Papier.
Alle Kinder können ihn lesen
und laufen davon
und erzählen es den Kaninchen,
und die Kaninchen sterben, sterben aus –
für wen noch Tinte, wenn es keine Kaninchen mehr gibt![708]

Die Fraktur ist für Chwin wie auch für Grass ein besonderes Symbol der Existenz der deutschen Kultur in Gdańsk. Renate Schmidgall bemerkt, dass Chwin zwischen den ‚bösen' und ‚guten' Buchstaben unterscheidet[709], so wie er zwischen den guten und bösen Gegenständen differenziert. Scheinbar sind die Buchstaben immer die gleichen. Es werden unzählige Gegenstände, auf denen deutsche Schrift zu erkennen ist, aufgezählt: Wasserzähler, Hydranten, Ventile. Es ist ihnen egal, wem sie dienen und zu welchen Zwecken sie gebraucht werden. Für mehrere Polen sind sie jedoch unheimlich, weil sie die deutsche Welt repräsentieren:

Schwabacha, Fraktur, Gotik hielten sich an den Blechen, Riegeln, Rohren, Deckeln, Brückengeländern, Straßenüberführungen, Schleusen, Schloten fest, sie hingen stur im Bahnland der Schienen, Eisenbahnsignale, Wassertürme und Eisenbahnweichen, gewöhnt an ihre Anwesenheit auf den Eisenrädern der alten Lokomotiven und Wagen. Kleinbuchstaben, verwischt, eingeschmolzen in Ruß und Schmiermittel, (…) taube

---

705 Vgl. Ebd.
706 Frizen, Werner: *Günter Grass. Gedichte und Kurzprosa. Kommentar und Materialien.* S. 208.
707 Ebd.
708 Grass, Günter: *Gedichte und Kurzprosa.* S. 80.
709 Schmidgall, Renate: *Die Macht des Genius loci. Danzig in der Prosa von Stefan Chwin und Paweł Huelle.* In: *Ansichten. Jahrbuch des Deutschen Polen-Instituts Darmstadt.* S. 99.

Spuren der Menschen, die ihr ganzes Leben den schwindelerregenden Geheimnissen der Wasserhähne, Sperrungen, Ventile (...) gewidmet haben.[710]

Chwin bemerkt, dass auch deutsche, d.h. böse Buchstaben freundlich sein können. Er charakterisiert sie folgendermaßen:

> Wenn ich auf jemanden wartete und dabei in der Hitze auf das Haus Nummer 16 schaute, strich ich gerne mit den Fingern über die gewölbten freundlichen Buchstaben, sie bildeten an den abgerundeten Rändern den Namen irgendeines Unternehmens aus Hamburg – sie waren so angenehm kalt und glatt.[711]

Aber es gab auch andere Buchstaben, die von Chwin böse Buchstaben genannt werden. Als der Schriftsteller noch ein Kind war, stellte sich plötzlich heraus, dass im Zimmer, in dem er schlief, sich unter der Tapete als Untergrund Ausschnitte aus nationalsozialistischen Zeitungen befanden. Die Fotos und Buchstaben, die man sah, nachdem die Tapete abgerissen wurde, waren für den Jungen einerseits böse, weil sie vom Unheil erzählten, andererseits erweckten sie jedoch seine Neugier. Diese Buchstaben und Bilder erzählten ihm von der Stadt seiner Geburt und seiner Kindheit anders als er es bisher irgendwo erfahren konnte. Sie zeigten eine Schicht, die der Vergangenheit angehörte. Aber diese vergangene Stadt erschien dem Kind unheimlich und fremd. Chwin wohnte in einem Zimmer, dessen Wände von der Geschichte aus einer neuen Perspektive erzählten. Die neue Situation, in der er sich als Kind befand, war für ihn unheimlich. Einerseits wollte der Erzähler, dass die Spuren der Vergangenheit verschwinden, weil sie das Gefühl der Sicherheit zerstörten, andererseits empfand er eine unklare Notwendigkeit, sie vor der Vergessenheit zu bewahren, als ob auch sie zu seinem Zuhause gehören würden. Das Kind sah in den sprechenden Wänden die letzten Augenzeugen der Vergangenheit. Deswegen beobachtete er sie mit gemischten Gefühlen. Diese vergangene Stadt schien ihm fremd. Es war für ihn unheimlich, dass seine Heimatstadt in der Vergangenheit anders aussah als in seiner Gegenwart. Nur mit Mühe erkannte er auf den Fotos aus *Danziger Vorposten* die einzelnen Orte. Die Straßen, durch die er mehrmals spazieren gegangen war und die er sich jetzt auf den Fotos ansah, hießen seltsam: Frauengasse, Hundegasse, Karenwall[712]. Einerseits wollte Chwin als Erzähler der Geschichte, dass die Spuren der Vergangenheit verschwinden, und andererseits empfand er ein unklares Gefühl, dass er sie vor Vergessenheit bewahren wollte:

---

710   Chwin, Stefan: *Krótka historia pewnego żartu*. S. 53f. (Übersetzt: J.B.)
711   Ebd., S. 56. (Übersetzung: J.B.)
712   Vgl. Ebd., S. 18.

So viele Jahre hatte ich hier also ruhig geschlafen, unter den teerosengelben Tapeten mit den Pekinesen aus Königsberg, (…) Gauleiter Forster (…), der Panzerkreuzer ‚Schleswig Holstein' – groß, schwer wie ein stählerner Panzerschrank – (…) während die blonden Hitlerjugend-Burschen in glänzenden Schaftstiefeln durch die Hindenburgallee marschierten (…). Großmutter (…), schüttelte nur mit dem Kopf. Mutter begann gleich die angeklebten Zeitungen mit der Reisebürste am langen Stiel abzureißen. (…) Ich? Was fühlte ich damals? (…) Angst, Ekel und Abscheu – oder eher einen merkwürdigen Wunsch, dass diese grässlichen Spuren von etwas, was fremd, schrecklich und feindlich war, trotzdem überleben würden.[713]

Dieser Fund machte auf den Erzähler, den damals zwölfjährigen Jungen, einen besonderen Eindruck. Er betrachtete die alten Zeitungen mit großem Interesse. Er machte sich Gedanken darüber, wie es möglich sei, dass er hier ruhig schlafen konnte, während es unter der Tapete die Zeichen des Bösen in Form der bösen Schrift gab. Sein Zuhause war ihm plötzlich nicht mehr vertraut. Er glaubte immer, dass er hier sicher sei. Für Józef Tischner bedeutet das Besitzen von einem Zuhause, dass man um sich einen Raum der ursprünglichen Vertrautheit hat. Die Wände des Hauses schützen vor der Unbarmherzigkeit der Elemente und der Unfreundlichkeit der Menschen[714]. Bei Chwin wird diese Vertrautheit deutlich gestört. Einerseits sieht das Kind die bösen Buchstaben unter der Tapete, andererseits sieht es aber die gleichen Buchstaben auf den Hydranten oder Wasserhähnen und auch – was ihn am meisten verwirrt – im Dom in Oliwa. Es ist dem Kind klar, dass auch die Kirche von den bösen Deutschen gebaut wurde. Das Phänomen der Schrift als Medium der Erinnerung ist ein sehr weites Feld und eine kulturell zentrale Angelegenheit (vgl. Jan Assmann: *Schrift und Gedächtnis, Das kulturelle Gedächtnis. Schrift, Erinnerung und politische Identität in frühen Hochkulturen;* Astrid Erll: *Kollektives Gedächtnis und Erinnerungskulturen;* Daniela Kloock: *Oralität und Literalität*). Beispielsweise Daniela Kloock behauptet, die Schrift entwickle eine Mnemotechnik, sie garantieren einen Akt des Wiedererkennens und Erinnerns. Für viele Kulturen stelle sie den zentralen kulturellen Gedächtnisspeicher dar[715]. Bei Chwin wird durch das Wiedererkennen die Ambivalenz der vergangenen Welt, die Faszination des Jungen für diese Welt und das Bedürfnis nach der Dekodierung der geheimnisvollen Zeichen aus den früheren Zeiten unterstrichen. Die Fraktur gehört zu dem zentralen kulturellen Gedächtnisspeicher der deutschen Kultur und sie will von Chwin vor dem Vergessen bewahrt werden. Kloock erinnert daran, dass in Gesellschaften ohne Schrift der Dichter der geistige

---

713   Chwin, Stefan: *Krótka historia pewnego żartu.* S. 19. (Übersetzt: J.B.)
714   Tischner, Józef: *Filozofia dramatu.* S. 181.
715   Kloock, Daniela: *Oralität und Literalität.* S. 240.

Führer war, der in seinem Gedächtnis das verbindliche Wissen speicherte, organisierte und publizierte. Er sei Träger und Garant des kulturellen Gedächtnisses gewesen, indem er alle Informationen, die für eine Gesellschaft notwendig waren, speichere und vermittle[716]. Es sei für Chwin unmöglich, sich in der Gegenwart von der Vergangenheit abzuspalten. Die Erinnerung an sie ist nicht nur für seine private Erinnerung von Bedeutung, sondern auch für das soziale und kulturelle Gedächtnis. Daher bildet er seinen privaten Mythos über die Stadt Danzig / Gdańsk. Chwin erzählt in den *Stätten des Erinnerns*, seine Kindheit sei geradezu eine Privat-Archäologie auf Danziger Dachböden, in Kellern und unterirdischen Gängen gewesen[717]. Diese Kindheit auf deutschen Spuren und somit auch die Stadt Danzig / Gdańsk wurden von ihm mythologisiert, auch wenn er kein Heimatschriftsteller ist und nach keiner lokalen Identität und Essenz des Danzigtums sucht. Allerdings verlieren Elemente des kulturellen Erbes in der Gegenwart ihre Bedeutung oder sie werden durch eine andere Bedeutung ersetzt, weil das durch Bücher erworbene Wissen kein Erfahrungswissen mehr ist, sondern es ist nur angelesen. Chwin hat kaum Zeugen der Vergangenheit kennengelernt. Daher versucht er, mit den sichtbaren Zeichen der Vergangenheit zu sprechen, mit den Gegenständen und mit der Fraktur, und versucht einen Dialog zu entwickeln. Deswegen animiert er in seinem Werk Spuren der Vergangenheit. Seine Erzähler suchen nach einer eigenen Identität durch die Mythologie der Stadt, können sie aber nicht finden.

2. Leben und Tod – Tod in Danzig

Laut Renate Schmidgall knüpft Chwin mit dem Roman *Tod in Danzig* an die autobiographischen Erkenntnisse aus *Krótka historia* an, indem er jene Welt, die in den Kindheitserinnerungen freigelegt wurde, fiktiv ausgestaltet[718]. Im Buch wird retrospektiv die Geschichte der Freien Stadt Danzig, Danzigs während des 2. Weltkrieges und Gdańsks während der Nachkriegszeit bis in die späten 50er Jahre rekonstruiert. Die ganze Handlung wird aber aus der Perspektive der 80er Jahre erzählt. Der Roman *Tod in Danzig*, für den die Bilder aus der Kindheit eine so große Inspiration waren, ist ein autobiografischer Roman. Chwin unterstreicht aber seine Universalität, indem er feststellt:

---

716 Ebd., S. 244.
717 Chwin, Stefan: *Stätten des Erinnerns*. S. 20.
718 Schmidgall, Renate: *Die Macht des Genius loci*. S. 104; Lothar Quinkenstein wiederholt in seiner Dissertation diese These wörtlich, ohne auf Schmidgall hinzuweisen: Vgl. Quinkenstein, Lothar: *Entzifferte Geschichte*. S. 97.

Es ist ein im hohen Maße autobiografisches Buch, dazu will ich jedoch anmerken, dass wir es hier mit einer besonderen Art von biografischem Schreiben zu tun haben. Im Leben meines Helden gibt es Begebenheiten, die nicht nur meiner Familie passiert sind, sondern auch vielen anderen Menschen.[719]

Der Erzähler und zugleich Protagonist hat, was Chwin unterstreicht, viele gemeinsame Züge mit dem Autor selbst, auch wenn er vier Jahre älter ist (Chwin wurde 1949 geboren, sein Erzähler 1945). Seine Eltern sind, gleich wie die des Schriftstellers, nach dem Krieg nach Danzig gekommen – die Mutter aus Warschau, der Vater aus Vilnius – und sie haben sich in Oliva ein Haus gesucht. Sie haben eine ähnliche Vergangenheit wie die Eltern des Schriftstellers. Sie hatten nach dem Krieg eine Haushaltshilfe aus dem Osten, die, wie Hanka aus dem Buch, Selbstmord zu begehen versuchte. Der Schriftsteller lernte sie aber persönlich nie kennen. Am wichtigsten für die autobiografische Genese des Romans scheint die Tatsache zu sein, dass Chwin – wie sein Erzähler – in einer Welt voller Spuren aus früheren Zeiten lebte; zwischen Gegenständen, Kirchen, Häusern, deutschen Aufschriften und Inschriften sowie den in Danzig gebliebenen Deutschen.

Der 1995 entstandene Roman *Tod in Danzig* ist ein Text, der mit Hilfe von Bildern erzählt wird. Auf dem Umschlag der polnischen Ausgabe aus dem Jahr 2001 ist Caspar David Friedrichs Bild *Mondaufgang am Meer* (um 1822) zu sehen. Im Unterschied zu vielen Bildern von Friedrich, wo der Mensch allein in der Natur ist (*Mönch am Meer*), sind auf diesem Bild drei Gestalten zu sehen. Es sind auch zwei Schiffe auf dem Meer abgebildet. Man kann die Gesichter der Menschen nicht sehen. Alle drei schauen in die Ferne, wodurch die Leere und Melancholie der umgebenden Natur hervorgehoben wird. Die Landschaft ist bei Friedrich kein Abbild der Wirklichkeit, sondern sie scheint die Verkörperung der melancholischen Stimmung der dargestellten Figuren zu sein. Es ist eine so genannte ideale Landschaft, aber man kann vermuten, dass sich eine Katastrophe nähert, so wie sie im Buch beschrieben wird. Es scheint, als wäre es die Ruhe vor dem Sturm. Auf der Ebene der dargestellten Objekte dominiert eine Vanitas-Stimmung (das können Ruinen, alte Bäume, Figuren, die in die Ferne schauen, sein), die seit der Renaissance eine ikonografische Repräsentation der Melancholie ist. Es scheint, dass auf dem Bild die Natur teilweise vom Menschen gebändigt wurde, worauf die Schiffe hinweisen, die das Unmögliche – die Meerüberquerung – möglich

---

719   Chwin, Stefan: *„Das geheime Leben der Dinge…"* *Interview mit Stefan Chwin.* Mit dem Schriftsteller sprach in Danzig Thomas Schulz. In: *Die Künstlergilde.* 3/1999. S. 10.

machen. Piotr Śniedziewski bemerkt, dass es möglich ist, hier eine charakteristische Neigung zu einer symbolischen Ästhetik zu sehen.

Chwin erzählt in einem Gespräch mit Wojciech Werochowski von Ereignissen, deren Bilder sich in sein Gedächtnis eingeprägt haben und als Folge derer sich im Nachhinein das Buch entwickelte. In den 60er Jahren versank eine Fähre in der Ostsee. Elf Personen kamen dabei ums Leben. Alles passierte so schnell, dass die Menschen, die alles von der Küste aus beobachteten, keinen einzigen Schrei hörten. Manchmal scheint es dem Schriftsteller noch heute, dass er dieses Bild vor seinem inneren Auge sieht. Diese Traumvisionen beschreibt er in *Tod in Danzig*. Als Illustration zu diesem Ereignis kann das Bild *Mondaufgang am Meer* von Caspar David Friedrich verstanden werden. Ein anderes Bild, das auf die Entwicklung des Romans einen Einfluss ausübte, war eine Ertrunkene, die Chwin einmal am Strand bei der Mole tatsächlich sah. Der Schriftsteller nennt solche Bilder gewaltsame Veranschaulichungen des Todes. Für die Genese des Romans war auch die Entdeckung wichtig, dass der Mensch zwar einige Jahrzehnte auf der Welt lebt, aber danach keine Spur von ihm übrigbleibt[720]. Relevant für das Buch sind auch Bilder, die der Schriftsteller nicht mit eigenen Augen sah, die aber stark mit dem Tod verbunden sind. Chwin schildert in *Tod in Danzig* die Flucht der deutschen Einwohner aus dem brennenden Danzig. Er zeigt und thematisiert kurz die Katastrophe des Schiffes ‚Friedrich Bernhoff' und beschäftigt sich somit bereits Mitte der 1990er Jahre (eine Dekade früher als Grass in seiner Novelle *Im Krebsgang*) mit einem für die deutsche Erinnerung traumatischen Ereignis: mit der Flucht und Vertreibung der Deutschen aus den polnischen Ostgebieten. Diejenigen, die in Deutschland die Tragödie zumindest kurz aufgriffen, sind unter anderem Siegfried Lenz *(Heimatmuseum*, 1978*)*, Hans Ulrich Treichel *(Der Verlorene*, 1998*)*, oder Reinhard Jirgl *(Die Unvollendeten*, 2003*)* sowie Günter Grass *(Im Krebsgang*, 2002*)*. Im Roman wird das Schicksal eines Danziger Deutschen – Hanemann – rekonstruiert, der eine fiktive Figur ist. Aber während einer Lesereise mit *Tod in Danzig* in Deutschland erfuhr Chwin, dass in Danzig tatsächlich ein Mensch namens Hanemann lebte, der wie der Romanheld 1946 nach Deutschland ausgewandert war[721]. Marta Kowalczyk weist darauf hin, dass Chwin durch die Figur Hanemanns die Geschichte der Stadt Danzig in den biographischen Alltag der polnischen Umsiedler schreibt. Sie bemerkt, dass der Schriftsteller das polnische und deutsche Erbe als eine gemeinsame Tradition des heutigen Danzig, als eine gemeinsame Kette von Aus- und Ansiedlungen

---

720 Chwin, Stefan: *Uroki wykorzenienia. O narracji reistycznej*. S. 63.
721 Chwin, Stefan: *Kartki z dziennika*. S. 76.

zeige[722]. Es ist symptomatisch, dass der Leser den Vornamen des Protagonisten nicht kennenlernt. Es scheint, Hanemann repräsentiere alle Danziger Deutschen. Hanemann ist Professor für Anatomie und Pathologe am Gerichtsmedizinischen Institut. Er fällt nach dem Tod seiner Geliebten Luise Berger in einen Zustand langjähriger Apathie und Gleichgültigkeit. Hanemann erfährt erst vom tragischen Tod seiner Geliebten, als er ihren Leib auf seinem Seziertisch vor sich sieht. In Folge dessen verfällt er in eine Depression. Er legt sein Amt als Professor am Institut nieder, 1945 verzichtet er, immer noch von einer Art innerer Lähmung befallen, auf die Chance, vor den Russen an Bord der ‚Friedrich Bernhoff‘ zu fliehen. Er bleibt in Danzig, das sich in Gdańsk verwandelt, und versucht sich an die neuen Umstände anzupassen. Er kehrt in seine alte Wohnung in Oliva zurück, die glücklicherweise nicht zerstört wurde. Er ist jetzt ein Gespenst aus dem vergangenen deutschen Danzig und dessen Spur, die aus der neuen Welt verschwinden soll. Schmidgall behauptet, er selbst sei die Kontinuität in der Zerstörung. In seinem Blick lebe das Alte weiter[723]. Hanemann erfährt nach Jahren, dass das Schiff ‚Friedrich Bernhoff‘, an Bord dessen sich seine Mitbewohner aus der Lessingstraße 17 befanden, von der Roten Armee vor Bornholm beschossen wurde und infolgedessen versank. Nur wenige Passagiere wurden gerettet. An Bord befand sich unter anderem die Familie Wallmann, in deren verwaister Wohnung die Familie des Ich-Erzählers eine neue Heimat fand.

Scheinbar schafft es Hanemann mit der Zeit, sich in die neue Gesellschaft zu integrieren. Er bringt seinen polnischen Schülern die deutsche Sprache bei. Beim Prozess seiner Integration ist die Verhinderung des Selbstmordes einer jungen Frau – Hanka, die aus dem Osten (wahrscheinlich aus der Ukraine) kommt und als Dienstmädchen bei Hanemanns Nachbarn, den Eltern des Erzählers, arbeitet – wichtig. Hanemann hilft auch bei dem Assimilationsprozess des obdachlosen, taubstummen Jungen Adam, der von der Familie des Erzählers auf Hankas Wunsch aufgenommen wird, vor allem dadurch, dass er ihm die Gebärdensprache beibringt, die er in Berlin beherrscht hatte. Allerdings zeigt es sich, dass es im neuen Gdańsk keinen Platz mehr für die Deutschen wie auch für andere Ausländer gibt. Deutsche, die in der Stadt geblieben sind, sind nicht imstande, sich in der homogenen Gesellschaft zu assimilieren, auch wenn sie keine

---

722 Kowalczyk, Marta: *Die Vertreibung der Deutschen (in Texten der jüngsten Generation polnischer Schriftsteller und Schriftstellerinnen aus den Vertreibungsgebieten)* In: Mehnert, Elke (Hg.): *Landschaft der Erinnerung. Flucht und Vertreibung aus deutscher, polnischer und tschechischer Sicht*. Frankfurt am Main 2001. S. 235.

723 Schmidgall, Renate: *Die Macht des Genius loci: Danzig in der Prosa von Stefan Chwin und Paweł Huelle*. S. 105.

nationalsozialistische Vergangenheit haben und sehr gut die polnische Sprache beherrschen. Trotz der scheinbaren Anpassung wird Hanemann fälschlich der Spionage für den Westen verdächtigt, nur weil er einmal einen Brief aus dem Westen von seinem ehemaligen Mitarbeiter bekam. Es wird ihm von den polnischen Behörden angeraten, die Stadt zu verlassen. Es zeigt sich, dass er die ganze Zeit als Deutscher überwacht wurde. Chwin zeigt damit die Atmosphäre unter der kommunistischen Herrschaft. Hannemann muss fliehen, um nicht vom Geheimdienst verhaftet zu werden. Mit ihm zusammen fliehen Hanka und Adam, weil der taubstumme Junge als Waisenkind von den Behörden gesucht wird und seiner Betreuerin weggenommen werden soll. Hanka will aber den Jungen auf keinen Fall dem Erziehungsheim überlassen. Bei der Flucht helfen ihnen die Eltern des Erzählers und er selbst. Das weitere Schicksal von Hanemann, Hanka und Adam bleibt unbekannt. Roland Erb behauptet glaubhaft, dass die Danziger Hausgemeinschaft, die den Ansatz zu einem existenziellen Gleichgewicht erreicht zu haben schien, am Schluss wieder zerfällt[724]. Es ist nicht möglich, dass sich die drei oben genannten Protagonisten in die Gesellschaft integrieren.

Es ist unter anderem die Sprache, die es Hanemann, Hanka und Adam unmöglich macht, sich als Teil der polnischen Gesellschaft zu fühlen. Durch die Sprache erinnert man sich und die anderen an die Vergangenheit. Chwin unterstreicht, dass Hanemann mit hartem deutschen Akzent spricht und Hanka singend und melodisch, wie Menschen aus dem Osten. Die Art ihres Sprechens wird aber im Text nicht dargestellt, so wie es bei Grass der Fall ist, bei dem Danziger tatsächlich Plattdeutsch sprechen. Grass stellt den Dialekt auch in der Schrift dar, sodass es nicht immer leicht fällt, alles zu verstehen. Chwin weist nur selten auf Unterschiede im Sprachgebrauch hin. Mieczysław Dąbrowski meint zu Recht: „Stefan Chwin, der so feines Gespür hat für das Aussehen und die Beschaffenheit der Dinge, zeigt keine besondere Sensibilität, wenn es um die Idiolekte seiner Figuren geht; alle sprechen sie bei ihm auf ein und dieselbe Weise."[725] Chwin beschäftigt sich in seinem Roman nicht nur mit den deutschen Vertriebenen aus Danzig, sondern auch mit dem Schicksal der Menschen, die aus den ehemaligen polnischen Ostgebieten, den so genannten ‚kresy‘, vertrieben worden sind und nicht freiwillig nach Gdańsk kamen. Sie fühlen sich in ihrem neuen Wohnort oft wie Eindringlinge. Die meisten neuen Einwohner der Stadt Danzig sind Polen,

724 Erb, Roland: *Rede auf Stefan Chwin*. In: Schmitz, Walter / Udolph, Ludger (Hg.): *Stätten des Erinnerns*. 2005. S. 12.

725 Dąbrowski, Mieczysław: *Polnische Wege auf deutschen Spuren. Die Literatur und die Dialektik der Geschichte*. In: Kątny, Andrzej (Hg.): *Das literarische und kulturelle Erbe von Danzig und Gdańsk*. Frankfurt am Main 2004. S. 12.

Umsiedler aus den zerstörten polnischen Städten, zum Beispiel aus Warschau, wie die Eltern des Erzählers, sowie Vertriebene und Flüchtlinge aus den ‚kresy'. Unter ihnen befinden sich auch hundertfünfzigtausend Ukrainer und Lemken, die für die Hilfe, die sie der ukrainischen aufständischen Armee geleistet haben, als potentiell „terroristische" Gruppe aus Südpolen nach Nordpolen deportiert wurden. Eine von ihnen ist Hanka, die aus Galizien stammt. Dabei wird sie von den meisten Polen zwar sofort als Fremde klassifiziert, aber nicht abgelehnt. Ein anderer Fremder ist Adam, ein taubstummer Waisenjunge, von dem man nicht weiß, woher er stammt. Möglicherweise ist er ein Zigeuner- oder Judenkind, ein Shoah-Opfer. Chwin fragt nach der Möglichkeit der Integration dieser ‚fremden' Menschen in die Gesellschaft. Hanemann, Hanka und Adam verlassen die Stadt, da sie in ihr als ein störender Fremdkörper empfunden werden, der es unmöglich macht, eine homogene Gesellschaft zu bilden.

Der polnische Titel des Romans ist *Hanemann*, der deutsche *Tod in Danzig*. In Deutschland wird also schon im Titel darauf aufmerksam gemacht, dass die Handlung des Buches in Danzig spielt. Der Titel wurde verändert, und zwar nicht von der Übersetzerin, sondern vom Verlag[726]. Als *Tod in Danzig* erschien der Roman im Juni 1997 bei Rowohlt Berlin in der Übersetzung von Renate Schmidgall. Den Titel *Tod in Danzig* kann man in Deutschland bestimmt viel besser verkaufen als *Hanemann*, weil man als Rezipient sofort eine Assoziation sowohl mit der alten deutschen Stadt Danzig als auch mit der Novelle von Thomas Mann *Tod in Venedig* hat. Möglicherweise wurde deswegen das Buch in Deutschland überhaupt bemerkt. Diese Titelveränderung hat in Deutschland jedoch nicht allen Kritikern gefallen[727]. *Tod in Danzig* wurde in fast allen wichtigen deutschen Zeitungen und Zeitschriften rezensiert. Es wurden in Deutschland auch mehrere Lesungen von Chwin organisiert (z. B. in Düsseldorf am 9. Oktober 1997; in Frankfurt am Main am 15. Oktober 1997). Am ausführlichsten wurde der Roman in Deutschland von Alfred Sproede im Nachwort zu *Stätten des Erinnerns* analysiert. Sproede behauptet sogar, dass einige Passagen aus Chwins Roman zu den intensivsten Texten zählen, die nach der Prosa von Bruno Schulz aus Osteuropa nach Deutschland kamen. Der Roman *Tod in Danzig* war ausschlaggebend für die Verleihung des Andreas-Gryphius-Preises im Jahre 1999 an Chwin. Die Jury sagte zur Begründung ihrer Entscheidung, der Wert des Buches liege darin, dass der Schriftsteller das Schicksal seiner Heimatstadt und ihrer ehemals deutschen,

---

726 Aus einem privaten Gespräch mit Renate Schmidgall. Darmstadt August 2008.
727 Christoph Marschall äußerte Vorbehalte gegen die Veränderung des Romantitels. von Marschall, Christoph: *Sieg über die Ideologie. Eine polnische Liebeserklärung an das deutsche Danzig.* In: *Der Tagesspiegel.* 29.07.1997.

nachmals polnischen Bewohner behutsam umkreise, ohne dabei die Dramatik des Zeitgeschehens zu verhehlen. Chwin entwerfe ein so reiches wie schmerzliches Erinnerungspanorama in den düsteren Grundfarben des Verlustes, frei von jeder Ideologie[728]. Artur Nowaczewski weist darauf hin, dass der zweifellose künstlerische Erfolg des Romanes *Tod in Danzig* von Chwin bisher nicht überboten wurde[729]. In der *NZZ* hat Andreas Breitenstein festgestellt, dass ein polnischer Autor, wenn er ein deutsches Heimatvertriebenenschicksal zum Thema eines Romans mache, er sich der Aufmerksamkeit beiderseits der Grenzen sicher sein dürfe[730]. Problematisch in dieser mit Ironie gefärbten Feststellung ist jedoch die Tatsache, dass in *Tod in Danzig* das Schicksal der Heimatvertriebenen zwar thematisiert wird, aber bestimmt nicht als Hauptproblem gelten kann. Auch der Handlungsort ist in dem Roman rein universell, was Breitenstein nicht zu bemerken scheint. Marschall konzentriert sich in seinem Artikel für den *Tagesspiegel* auf die Bilder der brennenden Stadt, die von den Deutschen verlassen wurde. Er vergleicht Danzig aus der Sicht von Chwin mit der Stadt aus den Werken von Grass und Huelle. Er bemerkt allerdings, dass das Buch kein Stück Heimatliteratur sei. Auch für ihn ist jedoch der Ort der Handlung Danzig / Gdańsk der Kernpunkt des Romans. Davon zeugt schon der Titel des Artikels: *Sieg über die Ideologie. Eine polnische Liebeserklärung an das Deutsche Danzig*[731]. Sehr ähnliche Schlussfolgerungen zieht auch Adalbert Reif in *Die Welt*. Er widmet den Werken von Grass und Huelle viel Platz, obwohl er ihre Bücher mit *Tod in Danzig* im Endeffekt gar nicht vergleicht[732]. Das Schicksal der Heimatvertriebenen spielt für ihn die wichtigste Rolle im Roman von Chwin. Es scheint bedeutsam anzumerken, dass in der deutschen Presse kaum darüber gesprochen wurde, dass Danzig / Gdańsk ein Ort der doppelten Vertreibung ist. Es wird nur über die deutschen Bewohner der Stadt geschrieben und nicht über die polnischen. Wenn schon, dann war es nur eine kurze Bemerkung[733]. Nur Schmidgall zeigt, dass das Schicksal der polnischen

---

728   Zitiert nach Schulz, Thomas: *„Das geheime Leben der Dinge..."*

729   Nowaczewski, Artur: *Trzy miasta, trzy pokolenia*. Gdańsk 2006. S. 106.

730   Breitenstein, Andreas: *Durch die Milchglasscheibe. „Tod in Danzig": Stefan Chwin betreibt Völkerversöhnung.* In: *Neue Zürcher Zeitung*. 29.07.1997.

731   von Marschall, Christoph: *Sieg über die Ideologie. Eine polnische Liebeserklärung an das deutsche Danzig.* In: *Der Tagesspiegel*. 29.07.1997.

732   Reif, Adalbert: *Neues Leben in einer untergegangenen Welt. Der polnische Schriftsteller Stefan Chwin und sein Roman „Tod in Danzig".* In: *Die Welt*. 05.07.1997.

733   Breitenstein, Andreas: *Durch die Milchglasscheibe*; Reif, Adalbert: *Neues Leben in einer untergegangenen Welt.*

Vertriebenen ein wichtiges Motiv fürs Chwins Werk ist[734]. Sie ist natürlich auch eine der wenigen deutschen Literaturwissenschaftler, die sich dieses Teils der Geschichte bewusst ist und den historischen Hintergrund kennt.

2.1 Zufälligkeit des Handlungsortes

Mich beunruhigt es, wenn man in der Lektüre von *Tod in Danzig* Bezüge zu dem Heimat-Motiv sieht. Im Grunde genommen hat mich dieser Mythos nicht berührt. In einem bestimmten Moment ist mir im Gegenteil bewusst geworden, dass der Ort, an dem der Roman spielt, recht zufällig ist, dass er lediglich eine gute symbolische Sprache bietet. So ist weniger Danzig wichtig als vielmehr – in dessen Geschichte sichtbar – die dramatische Verstrickung von Schicksalen, als ob ein Geheimnis des menschlichen Schicksals enthüllt wurde.[735]

Auf diese Art und Weise charakterisiert Chwin den Bezug seines Romans zum Handlungsort Danzig / Gdańsk. Er unterstreicht jedoch vor allem die Universalität des Handlungsortes. In einem anderen Interview stellt der Schriftsteller mit großer Überzeugung fest, dass er in jedem Buch über einen Menschen schreibt, der Selbstmordgedanken hat. Darum gehe es in *Tod in Danzig* nicht um die Heimat[736]. Das Buch *Tod in Danzig* wird, wie die anderen Bücher von Chwin, sehr oft als Danziger Literatur klassifiziert, ein Begriff, der auf diese Art von Prosa nicht zutrifft, weil er von der Wahrheit weit entfernt ist. Chwin, ähnlich wie Grass und Huelle, wird, trotz seines Widerspruchs dagegen, oft als Danziger Schriftsteller bezeichnet. Es ist tatsächlich nicht zu leugnen, da im Werk der drei wichtigsten, sich mit der Stadt identifizierenden Autoren ihre Heimatstadt eine wichtige Rolle spielt, obwohl man sich selbstverständlich nicht nur auf diese Ebene konzentrieren sollte. Chwin ist sich dessen bewusst, dass die von ihm geschaffene und beschriebene Stadt keine reale ist:

Erfand ich in meinen Büchern nicht, gleich wie er [Thomas Venclova, J.B.] ein eigenes Papier-Fürstentum Litauen, das alte Gdańsk auf Papier, das schon lange nicht mehr existierte, weil ich in diesem alten, frei erfundenem Gdańsk meine eigene Entfremdung verbergen wollte, den schrecklichen Unterschied, zu dem ich vom Schicksal verurteilt wurde.[737]

---

734 Schmidgall, Renate: *Die Macht des Genius loci: Danzig in der Prosa von Stefan Chwin und Paweł Huelle*. S. 97.

735 Chwin, Stefan: *Złe miejsce na ziemi*. Zitiert nach: Czapliński, Przemysław: *Stefan Chwin*. Kraków 2000. S. 11f.

736 Chwin, Stefan: *Wściekły. Ze Stefanem Chwinem rozmawia Sebastian Łupak*. In: *Gazeta Wyborcza*. 30.08.2005.

737 Chwin, Stefan: *Dziennik dla dorosłych*. S. 292. (Übersetzt: J.B.)

Es sollte unterstrichen werden, dass der Handlungsort trotz seiner offensichtlichen Zufälligkeit eine besonders wichtige Rolle sowohl im Roman *Tod in Danzig* als auch in den im vorangehenden Kapitel besprochenen Texten (*Kurze Geschichte eines Scherzes, Kartki z dziennika*) spielt. Danzig / Gdańsk wird oft als Miasto [die Stadt] bezeichnet[738]. Das Wort Miasto wird groß geschrieben, wodurch einerseits seine Bedeutsamkeit unterstrichen wird und andererseits, dadurch dass der Name fehlt, seine Universalität. An einer anderen Stelle wird aber die Stadt nicht nur klein geschrieben, sondern sie wird auch als eine tote Stadt bezeichnet[739]. Es scheint, dass durch die Differenzierung in Benennungen unterschiedliche Einstellungen verschiedener Protagonisten zur Stadt unterstrichen werden. Im *Tod in Danzig* offenbaren sich verschiedene Gesichter der Stadt Danzig / Gdańsk. Es wird sehr detailliert dargestellt, wie sich die Stadt von der deutschen in eine polnische verwandelt. Die Eltern des Erzählers ziehen „auf dem verordneten Weg von Osten nach Westen"[740], in Hanemanns Haus ein. Sie beziehen die Wohnung der in einer Schiffskatastrophe umgekommenen Familie Wallmann. Mit der Zeit entsteht eine neue Wohngemeinschaft. Doch bevor dies geschieht, wird eine in Flammen stehende Stadt beschrieben: „Aber als sie auf die Allee mit den Straßenbahnschienen kamen, die direkt zum Meer führte, schoß vor ihren Augen eine Feuersäule zum Himmel, sie hielten auf dem zertrampelten Schnee an (...)"[741] Danach folgt die Beschreibung einer toten Stadt, in der es keine Spuren des Aufenthaltes der Menschen mehr gibt: „Sie erreichten die ersten Häuser, Holzvillen mit chinesischen Dächern, auf denen hoher Schnee lag, und wunderten sich, dass mitten in der Stadt so etwas möglich war: die Häuser waren unberührt, nicht die geringste Spur trübte die taubenweiße Decke auf der Fahrbahn."[742] Endlich wurde von Chwin die polnische Stadt Gdańsk beschrieben, in der nur die Spuren der Vergangenheit davon zeugen, dass Gdańsk einst eine deutsche Stadt namens Danzig war: „Delbrück-Allee hieß nicht mehr Delbrück-Allee, zur Medizinischen Akademie kam man jetzt durch die Ulica Curie-Skłodowskiej, (...)"[743] Ein Teil der vergangenen Welt überstand jedoch die Zerstörung. Darauf macht Schmidgall aufmerksam: zunächst ist das die Natur – das Meer, die Danziger Bucht und die Wälder. Auch

---

738 Chwin, Stefan: *Tod in Danzig*. S. 28.
739 Ebd., S. 32.
740 Emmerich, Wolfgang: *Dürfen die Deutschen ihre eigenen Opfer beklagen? Schiffsuntergänge 1945 bei Uwe Johnson, Walter Kempowski, Günter Grass, Tanja Dückers und Stefan Chwin*. In: *Danzig und der Ostseeraum*. S. 317.
741 Ebd., S. 51.
742 Ebd., S. 69f.
743 Ebd., S. 102.

ein Teil der Kulturlandschaft ist erhalten geblieben: die Kirchen, die Straßen und die Häuser[744]. Es sind v. a. die Stadtteile, die – wie Oliva oder Langfuhr – nicht zerstört wurden. Man fühlte in der polnischen Stadt die Anwesenheit der Vergangenheit, die ein Grund für das Fremdheitsgefühl der neuen Bewohner war. Es gab Häuser und andere Gebäude aus der Vergangenheit. Es gab deutsche Gegenstände, die kurz nach dem Krieg die Rolle von Gespenstern spielten. Chwin beschäftigt sich im *Tod in Danzig* v. a. mit den Gebrauchsgegenständen. Viel weniger Aufmerksamkeit widmet er den Bauten oder Kulturdenkmälern. Schon in einigen Kapitelüberschriften seines Romans wird der Fokus auf die Sachen gelegt: *Die Dinge; Flanell, Leinen, Seide; Zerbrechlichkeit; Abnäher, Perlmuttknöpfe*. Einerseits störten die Gegenstände jeden und andererseits waren sie eine notwendige Bedingung für das Überleben. All die von Chwin beschriebenen Sachen sind Träger der Erinnerung. Diese Gegenstände wie auch Menschen, die – wie Hanemann – noch in Danzig gelebt haben, ließen die Vergangenheit der Stadt nicht vergessen und deswegen wollten die neuen Bewohner so tun, als ob sie sie nicht sehen würden. Chwin identifiziert sich in seinem Roman nicht nur mit den neuen Bewohnern der Stadt, sondern auch mit den Deutschen. Der Schriftsteller rekonstruiert die Mechanismen, die das Gedächtnis der Protagonisten bestimmen und zeigt, auf welche Art und Weise sie sich an die Vergangenheit erinnern und die Gegenwart wahrnehmen:

> Doch er besuchte sie ein paarmal im Ahornweg, der jetzt Ulica Klonowa hieß. (…) Frau Stein klagte über den Lärm im Hof, das Geschrei, die streitsuchenden Stimmen. Vor allem konnte sie aber den Gestank im Treppenhaus nicht ertragen. Dort prangten gelbe Flecken an den Wänden, deren Zahl Samstag abends zunahm. Früher, als der Schutzmann Gustav Joppe, (…) seinen Gang durch den Mirchauer Weg machte, wäre so etwas nie vorgekommen. Im Steffensweg sah sie, wie zwei Arbeiter am Haus der Familie Horovitz ein Emaileschild mit der Aufschrift ulica Stefana Batorego anbrachten. Der Mirchauer Weg hieß jetzt Ulica Partyzantów, der Hochstrieß hieß Słowackiego. Zu Langfuhr sagte man Wrzeszcz, zu Neufahrwasser Nowy Port, zu Brösen Brzeźno. Es waren Namen, die schwierig auszusprechen und zu merken waren.[745]

Aleida Assmann nennt in ihrem Buch *Schatten der Vergangenheit* die privaten Orte, an die man sich erinnert, ‚lieux de souvenir', um ihre private und subjektive Qualität von Noras kollektiven und kulturellen Gedächtnisorten, den ‚lieux de

---

744 Schmidgall, Renate: *Die Macht des Genius loci: Danzig in der Prosa von Stefan Chwin und Paweł Huelle*. S. 104.
745 Chwin, Stefan: *Tod in Danzig*. S. 106.

mémoire' abzusetzen[746]. Chwin sucht in der fiktiven Stadt vor allem nach privaten ,lieux de souvenir' (z. B. nach Gegenständen oder konkreten Häusern) und nur selten nach ,lieux de mémoire'. Eine Illustration dazu ist die oben zitierte Passage. Chwin sucht nach dem, was von der übrigen, von ihnen mythologisierten Multikulturalität der Stadt übrig geblieben oder spurlos verschwunden ist. Chwin verbindet das Reale mit dem Nicht-Realen, indem er neben den tatsächlich existierenden Orten solche beschreibt, die es nie gab, wie das Haus in der Lessingstraße. Artur Nowaczewski nennt das Buch „Fiktion aus Prinzip"[747] und behauptet, dass es im Falle des Romans sinnlos ist, auf die Fälschung der Geschichte hinzuweisen, weil das Buch kein historischer Roman ist[748]. Es hat keinen Sinn, sich nur auf die Orte zu konzentrieren und sie alle detailliert zu beschreiben, weil sie sehr oft nur den Hintergrund für die erzählte Geschichte bilden. Reale Orte sind neben der Lessingstrasse (im Nachkriegspolen ulica Grottgera) u. a. die Delbrück-Allee (im Nachkriegspolen ulica Curie Skłodowskiej), in der sich sowohl im Buch als auch in der Wirklichkeit das Institut für Anatomie befindet.

Chwin stellt in seinem Roman die These von der Ewigkeit der Stadt auf, die idealistisch zu sein scheint – gerade so, als wollte er Schillers Ideen paraphrasieren: „Was unsterblich im Gesang soll leben, / Muss im Leben untergehn."[749] Doch er zeigt auch ein neues Bild der Stadt. Sein Danzig / Gdańsk gleicht einem Palimpsest. Die unteren Schichten vergisst man zwar, wenn sie nicht sichtbar sind, doch das Vergessen vermag der Stadt ihr ewiges Leben nicht zu nehmen. Die Stadt ist ganz deutlich zum Mythos geworden:

> Und die Stadt lag in dunkelbraunes Licht getaucht da, blitzte mit Sonnenstrahlen aus ihren geöffneten Fenstern und wob ein zartes Netz aus Rauchschwaden über den hohen Kaminen aus geschwärztem Backstein. Die Ramme der Firma Lehr aus Dresden ächzte in einer Grube des ehemaligen Stadtgrabens, über dem Hohen Tor flog ein Taubenschwarm auf, und als wir die Augen zusammenkniffen und auf den fernen Horizont blickten, den die Türme der St. Katharinenkirche, des kleinen und des großen Rathauses, die Kuppel der Synagoge und die gezackte Silhouette der St. Trinitatiskirche durchschnitten, sahen wir hinter einem Nebelschleier den dunklen Streifen des Meeres, der sich von der Frischen Nehrung bis zum Steilufer von Orlowo hinzog, und wir wußten, die Stadt würde ewig stehen.[750]

---

746 Assmann, Aleida: *Schatten der Vergangenheit. Erinnerungskultur und Geschichtspolitik*. München 2006. S. 43–47.
747 Nowaczewski, Artur: *Trzy miasta, trzy pokolenia*. S. 110.
748 Ebd.
749 Schiller, Friedrich: *Die Götter Griechenlands*. In: *Werke IV. Dramen IV Wilhelm Tell. Gedichte*. Köln 1999. S. 178.
750 Chwin, Stefan: *Tod in Danzig*, S. 40f.

Der Mythos von Danzig kann dann aufrechterhalten werden, wenn seiner Identität eine weit gefasste Kulturlandschaft zugrunde liegt. Die materielle Kultur gleicht der Natur. Sie überlebt den Menschen und legt von seiner Existenz Zeugnis ab. In seinem jüngsten Buch *Dziennik dla dorosłych* schreibt Chwin, es sei ihm bewusst, dass er den Mythos über die Stadt Danzig mit kreiere. Seine Einstellung zu diesem Mythos hat sich jedoch im Laufe der Jahre verändert. Er glaubt nicht mehr an multikulturelle Gesellschaften, die im Frieden nebeneinander zu leben imstande sind[751]. Er weist darüber hinaus auf die Instrumentalisierung des Mythos hin. Chwin antwortet auf die Vorwürfe, dass sein Buch solchen Menschen wie Erika Steinbach Argumente geliefert hat, weil das Buch gezeigt hat, wie die Polen nach 1945 gesetzwidrig ehemals deutsche Wohnungen in Pommern und Ostpreußen bezogen und sie ruiniert haben. Er erklärt, dass eine solche Lesart seines Textes ein interpretatorischer Missbrauch ist. *Tod in Danzig* habe Chwin sowohl gegen die Nachkriegsvertreibungen der Deutschen aus Danzig geschrieben, denn er habe damals geglaubt, dass fremde Völker nebeneinander friedlich leben können, als auch gegen die Deutschen, die 1933 kollektiv eine teuflische Maschinerie von Morden, Vertreibungen und Massendeportationen in Gang gesetzt haben, indem sie das Leben von Millionen Menschen in ganz Europa vernichtet haben, woran sich heute nicht alle in Deutschland erinnern wollen[752]. Heute würde Chwin solch ein Buch nicht schreiben können, weil seine Einstellung zur Multikulturalität nicht mehr so idealistisch sei. Eine in Frieden lebende multinationale Gesellschaft ist für Chwin zu einer Utopie geworden.

2.2 Das Leben der Danziger Gegenstände in Gdańsk

„Das Gefühl der Entwurzelung"[753], von dem schon im Kapitel *Die Stadt als Palimpsest* die Rede war, war der Grund dafür, dass der neue Wohnort von den Zugereisten in Danzig / Gdańsk als fremd empfunden wurde. Chwin erinnert daran, dass man sich zur Zeit seiner Kindheit und auch später um die aus der deutschen Zeit übriggebliebenen Gegenstände gar nicht gekümmert hat. „Kaum jemand sah in ihnen die Erbschaft einer erhaltenswerten Zivilisation."[754] Chwin sieht, dass die Menschen Angst hatten, dass die Deutschen irgendwann zurückkehren könnten, und er gibt zu, dass es „dabei um eine Art magischer Rache

---

751 Chwin, Stefan: *Kartki z dziennika*. S. 61–74.
752 Chwin, Stefan: *Dziennik dla dorosłych*. S. 203.
753 Chwin, Stefan: *Stätten des Erinnerns*. S. 38.
754 Ebd.

an den Dingen"[755] ging: „Man hasste und vernichtete Gegenstände, und meinte dabei die Deutschen."[756] Dieses Phänomen beunruhigte ihn sehr und aus dieser Beunruhigung heraus entstand ein Kapitel von *Tod in Danzig*, mit dem Titel *Die Gegenstände*. Chwin nennt dieses Kapitel „ein Kapitel der Trauer – eine Elegie auf den Tod der Danziger Gegenstände."[757] Lothar Quinkenstein stellt fest, dass im Roman die Gegenstände mehr noch als die Spuren der Straßennamen oder Häuseraufschriften deutlich machen, dass das Netz der deutschen Ordnung zerrissen ist, weil etwa zwei Drittel der Romankapitel in Innenräumen spielen[758]. Chwin behauptet jedoch, dass der Zusammenhang zwischen dem heutigen Gdańsk und der deutschen Vergangenheit Danzigs viel tiefer sei als es auf den ersten Blick erscheine, obwohl die Stadt im Grunde neu errichtet wurde. Und dies erinnert daran, dass in vielen Danziger Wohnungen die Wasserhähne in Bädern und Küchen noch immer die deutschen Aufschriften kalt und warm trügen, und auch andere Spuren der früheren Bewohner erhalten geblieben seien – Inneneinrichtungen, Bücher, Atlanten, alte Spiegel, Enzyklopädien und Kunstbücher[759]. Dies erregt allerdings ambivalente Gefühle, denn einerseits provozierten alle Spuren der deutschen Vergangenheit Ablehnung. Andererseits spürte man aber auch so etwas wie Gewissensbisse. Chwin stellt fest, dass ihn solche Überlegungen darauf vorbereiteten, den Roman über Hanemann und die Familie Wallmann zu schreiben. Die Gegenstände können dabei als ein Mittel verstanden werden, die Denkweise der einstigen Bewohner besser nachzuvollziehen. Am Anfang reagierte die Mutter des Erzählers auf die fremden Spuren mit Abneigung, obwohl es nicht um die Abneigung gegenüber den Deutschen ging, sondern gegen das Fremde im Allgemeinen:

> Sie wollte die Seife in die Schale legen, die über der Badewanne hing, aber da bemerkte sie, dass dort bereits ein flaches, ausgetrocknetes Seifenstückchen lag, an dem ein paar Härchen klebten. Sie beugte sich mit leichtem Abscheu hinunter, als betrachtete sie eine tote Schnecke, und sah plötzlich, dass es nur winzige Risse waren. Sie nahm das rosa Stück aus dem Drahtkörbchen, hielt es eine Weile in der Hand, weil sie nicht wusste, wohin damit, und legte es schließlich auf die Glasablage unter dem Spiegel, neben zwei Zahnputzgläser und ein leeres Päckchen Zahnpulver mit der Aufschrift Vera. In das Drahtkörbchen legte sie ihre Seife – gelblich-grau– und spülte schnell die Hände ab. Unwillkürlich streckte sie die nasse Hand nach dem ausgebleichtem Handtuch aus, das am

755 Ebd.
756 Ebd.
757 Ebd., S. 39.
758 Quinkenstein, Lothar: *Entzifferte Geschichte*. S. 97f.
759 Chwin, Stefan: *Stätten des Erinnerns*. S. 52.

Haken hing. Doch als sie den mit blauem Garn eingestickten Buchstaben W erblickte, zog sie die Hand zurück. Sie zögerte einen Moment, dann nahm sie es ab und legte es in das Schränkchen. An den Haken hängte sie ihr eigenes – weiß mit grünen Streifen.[760]

Bei Chwin, den die Schönheit der vergangenen Welt empfindlich machte, verdeutlicht selbst die stumme Anwesenheit der Dinge, dass es unmöglich ist, die deutsche Vergangenheit der Stadt zu vergessen. Wie Schmidgall bemerkt, überstehen die dem Untergang geweihten Gegenstände aus den deutschen Häusern den Krieg und sie leben in den polnischen Häusern weiter, obwohl sie den neuen Bewohnern bei der ersten Begegnung fremd zu sein scheinen:

> In der Luft lag ein fremdartiger Duft – Lavendel, wie es schien, der sich mit dem Geruch ausgekühlter, leerer Räume mischte. Es war, als betrete sie das Badezimmer in einem Hotel: neugierig auf die Farbe der Kacheln, besorgt, ob in der Wanne keine Rostspuren waren, mit einem raschen Blick, ob der Spiegel unter der Lampe auch keine grauen Flecken hatte. Aber dies hier war kein Badezimmer im Hotel.[761]

Die deutsche Fremdheit der Gegenstände wird mit der Zeit in die polnische Welt integriert und bildet sogar einen festen Bestandteil dieser Welt. Das Fremde wird ganz deutlich zum Eigenen. Man vergisst, dass es einst fremd war.

Chwin zeigt nicht nur, wie die Polen in eine für sie neue Stadt und in neue Häuser einzogen, sondern auch wie sich die Deutschen vor der Abreise auf den Weg vorbereiteten. Manche von ihnen glaubten noch kurz vor der Abreise, dass sie zurückkehren würden: „Wir kommen doch wieder zurück!"[762] Andere wollten aus Rache alles vernichten, was ihnen gehörte, damit der Feind, der Pole, den sie hassten, davon nicht profitieren könnte:

> Sie werden nichts bekommen, verstehst du? Nichts! Glaubst du vielleicht, ich könnte in einem Haus leben, in dem dieses Vieh aus dem Osten gewohnt hat? Würdest du vielleicht in die Badewanne steigen, wo vor dir so ein polnisches Schwein mit seiner verlausten Frau gebadet hat? Du wirst sehen, er senkte die Stimme, überall werden Läuse sein, überall. Du wirst doch nicht aus Tellern essen, aus denen die gefressen haben. Nichts lassen wir ihnen übrig, nichts![763]

Auch die deutschen Gegenstände bereiteten sich zusammen mit ihren Besitzern auf die Reise vor. Es scheint, dass die Dinge bei Chwin lebendige Wesen sind, die sich ebenso wie Menschen an ihre Vergangenheit erinnern können. Chwin erreicht diesen Effekt dadurch, dass er Gegenstände personifiziert und sie dadurch

---

760   Chwin, Stefan, *Tod in Danzig.* S. 96.
761   Ebd., S. 95.
762   Ebd., S. 66.
763   Ebd., S. 66f.

lebendig macht. In manchen Abschnitten scheint es, dass sich die Gegenstände von selbst, ohne Hilfe der Menschen bewegen (z. B. die Beschreibung, wie sich die Gegenstände auf den Weg vorbereiteten). Rainer Zekert spricht in diesem Zusammenhang vom „Schicksal der Dinge"[764] und konstatiert: „Die Dinge werden zu handelnden Subjekten, sie haben Schicksale. In ihnen spiegelt sich eine Zeitwende."[765] In Chwins Roman werden Dinge nicht nur personifiziert, sondern sie bekommen auch eine eigene magische Bedeutung:

> In den Schubladen, Schränken und Kredenzen, auf den Böden von Kisten, Koffern und Blechdosen, in Abstellräumen und auf Speichern, auf Regalen und Gestellen, in Kellern, Speisekammern, auf Tischen und Fensterbänken schickten sich die Dinge, die man für alle Fälle bereithielt, und die Dinge, die man tagtäglich benutzte – zum Nähen, Einschlagen, Schneiden, Polieren, Zertrennen, Schälen und Schreiben –, all diese zarten und spöttischen Dinge, die in der reglosen Arche der Stadt schwammen, zusammen mit Frau Stein, Hannemann, Frau Wallmann, Anna, Herrn Kroll, Alfred Rotke, Stella (…), all diese Dinge schickten sich schon zur Abreise an. (…) Sie nahmen günstige Plätze ein, hielten sich in Sichtweite bereit, um schnell zur Hand zu sein und nicht zu spät zu kommen. Die Dinge, ohne die man nicht leben konnte, schieden sich von denen, die dem Untergang geweiht waren.[766]

Auf die Reise wurden nur die Dinge mitgenommen, die nützlich und brauchbar sind. Stefan Chwin behauptet, dass in *Tod in Danzig* die Dinge wie die Menschen sterben – „vielleicht noch schmerzhafter als diese"[767], weil sie die „materielle Essenz"[768] dessen sind, „was an den Menschen am Besten ist."[769] Auch in einem Interview mit Thomas Schulz sagt der Schriftsteller Ähnliches:

> Außerdem hat mich schon immer die Wehrlosigkeit der Gegenstände gerührt, die von Menschen vernichtet werden. (…) Und dabei zahlen sie doch den Preis für all die menschlichen Verrücktheiten. Der Krieg tötet im gleichen Maße Menschen wie auch die von Menschen geschaffenen Dinge. Aber Menschen können grausam sein, wohingegen Gegenstände immer unschuldig sind. Sie stehen auf niemandes Seite und werden getötet, wie man Feinde tötet.[770]

Dinge werden getötet, obwohl sie unschuldig sind, weil sie das Böse repräsentieren und weil man sie dem anderen Menschen nicht gönnt, den man als Feind

---

764 Zekert, Rainer: *Nähe und Distanz.* S. 371.
765 Ebd.
766 Chwin, Stefan: *Tod in Danzig.* S. 33.
767 Chwin, Stefan: *Stätten des Erinnerns.* S. 99.
768 Ebd.
769 Ebd.
770 Chwin, Stefan: *„Das geheime Leben der Dinge…"* S. 11f.

sieht. Chwin wiederholt diese These mehrmals z. B. im Gespräch mit Wojciech Werochowski[771].

Chwin bemerkt Kleinigkeiten, die für einen durchschnittlichen Menschen gar nicht zu sehen sind. Er behauptet, er verdanke diese Sichtweise u. a. Bruno Schulz, der das Spiel von Sein und Nichtsein im Gewebe der Dinge selbst, auf dem Grund ihres prekären Seins enthülle. Die Philosophie der Dinge, ähnlich wie die Philosophie der Materie in seinem Schaffen, gab Chwin sehr zu denken. Seine Faszination für die Geschichte Ostmitteleuropas als einer Geschichte von Dingen (genauer gesagt: als einer Geschichte des Überlebens und Sterbens der Dinge), so wie sie im Roman *Tod in Danzig* wohl deutlich zu erkennen sei, nahm ihren Anfang in einer Meditation über Schicksal und Werk von Bruno Schulz[772]. Gleich wie Bruno Schulz ist auch Stefan Chwin Graphiker, was beiden ermöglicht, die Welt mit Hilfe von Bildern wahrzunehmen. Sie besitzen beide eine besondere Fähigkeit, mit außergewöhnlicher Sorgfalt in Bild und Wort zugleich von der Welt zu erzählen. Jerzy Jarzbski bemerkt, dass bei Schulz der Künstler ein Medium ist, das das Dargestellte nicht rationalisiert[773]. Bei Chwin wird, ähnlich wie bei Schulz, eine Traumwelt dargestellt, aber der Erzähler versucht meistens, das Geschriebene zu rationalisieren. Nur in den Gegenstände-Kapiteln wird die Grenze zwischen dem Wach- und Traumzustand überschritten. Man weiß nicht, was real ist und was nicht. Die Wirklichkeit wird mit dem Traum verflochten. Dadurch ist die Alltäglichkeit nicht mehr banal und unrealistisch. Während Schulz in seiner Prosa immer über die Alltäglichkeit hinausgeht und somit die Traumwelt nachahmt, benutzt Chwin in *Tod in Danzig* diese Schreibtechnik nur, wenn er die Welt der Gegenstände beschreibt. Die Menschen leben bei Chwin – anders als bei Schulz – in einer realen Wirklichkeit. Bei Schulz fällt die Alltäglichkeit nicht aus dem Rahmen, sondern sie wird von dem Jungen, dem Ich-Erzähler, der sie beobachtet, auf eine außergewöhnliche Art und Weise gesehen. In Chwins Werk erzählt ein allwissender Erzähler von den Gegenständen. Es scheint, als hätte der Junge, der Ich-Erzähler, keinen Zugang zu dieser Traumwelt. Das Innenleben der Ich-Erzähler ist eine Welt, die einem Labyrinth gleicht, in dem alles passieren kann.

3. Fazit

In *Krótka historia* oder in *Tod in Danzig* konfrontiert Chwin die Welt seiner Kindheit (oder seiner kreierten Kindheit) mit der deutschen Vergangenheit der

771 Chwin, Stefan: *O narracji reistycznej*. S. 69.
772 Vgl. Chwin, Stefan: *Stätten des Erinnerns*. S. 93.
773 Jarzębski, Jerzy: *Schulz i dramat tworzenia*. In: *Teksty drugie*. 5/2003. S. 10.

Stadt und will dabei Tabus entziffern, die sowohl die Vergangenheit des Krieges als auch die Gegenwart des sozialistischen Polen betreffen[774]. Es ist wichtig, dass Chwin die Mythen von der Wiedergewinnung früherer polnischer Westgebiete wie Danzig oder Schlesien thematisiert. Allerdings muss man betonen, dass die Widergewinnung früherer polnischer Westgebiete bei Chwin nicht mythologisiert und lediglich als Nebenthema besprochen wird. Der Schriftsteller selbst sagt zu Themen, die er berührt:

> Mir ist ‚die Wonne' des Mythos ‚der Kindheitsarkadien' (ähnlich wie ‚die Wonne' der multinationalen Republik Polen der Jagiellonen) absolut fremd. In meinem Schreiben suche ich nach keiner jahrhundertealten Lokalidentität, ich destilliere keine Geheimnisse der ‚Danzig-Essenz', ich erforsche keine Geheimnisse der ‚Persönlichkeit von Pommern' – nichts in der Art. (…) Mich interessieren Orte der Instabilität.[775]

Chwin beschreibt kein Kindheitsparadies. Viel wichtiger als die Schilderung der Heimat – Gdańsk, die ohnehin nicht idyllisch, wenn auch interessant ist, ist die Darstellung der Kindheit unter dem Einfluss der Totalitarismen und die Suche nach der eigenen Identität sowie nach der Identität der mythischen Stadt. Das Problem instabiler Orts-Identitäten taucht in seinen literarischen Werken immer wieder auf[776]. Selbst Chwin distanziert sich aber von dem Mythos über die multikulturelle Stadt Danzig / Gdańsk, zu dessen Begründer er gehört und somit stellt er die Frage, wie lange er noch fortbestehen kann?

---

774 Quinkenstein, Lothar: *Entzifferte Geschichte. Bild und Funktion der Stadt Danzig bei Günter Grass, Bolesław Fac, Stefan Chwin, Paweł Huelle und Jerzy Limon*. Poznań 1998. S. 89.

775 Chwin, Stefan: *Uroki wykorzenienia. O narracji reistycznej, grach z losem i kilku innych pokusach ze Stefanem Chwinem rozmawia Wojciech Werochowski*. In: Chwin, Krystyna (Hg.) *Rozmowy Tytułu*. Gdańsk 1996. S. 71. (Übersetzt: J.B.)

776 Chwin, Stefan: *Stätten des Erinnerns. Gedächtnisbilder aus Mitteleuropa. Dresdner Poetikvorlesung*. S. 33.

VI. Paweł Huelle – Spuren der Vergangenheit

1. Überblick über die Entstehung und Rezeption des Romans Weiser Dawidek

Vierundzwanzig Jahre nach der Veröffentlichung der Novelle *Katz und Maus* (1961) von Günter Grass erschien in Polen der Debütroman von Paweł Huelle, *Weiser Dawidek*, mit dem der Autor einen großen Erfolg hatte. Das Buch wurde von Kritikern und Lesern gut aufgenommen. Für die Schüler, die Weisers Schule besuchten, wurde das Buch zur Quelle der Suche nach der Vergangenheit. Sie suchten nach Weisers Spuren in Gdańsk[777]. Maria Jentys war eine der wenigen Kritikerinnen, die sich zum Roman kritisch äußerten. Sie behauptet, dass der Erfolg des Buches auf der sehr positiven Rezeption in der Presse basiere[778]. In der Tat bezeichnen die meisten RezensentInnen *Weiser Dawidek* als einen der wichtigsten polnischen Romane der 80er Jahre[779]. Das Werk erschien zu einer Zeit, die durch das Interesse an kleinen Regionen sowie durch die Entwicklung der lokalen Narrationen charakterisiert war[780]. Im Roman ist natürlich die Rolle der Heimatregion für die Identitätsbildung eines Menschen hervorgehoben, zugleich jedoch ist sein Charakter universell. Jadwiga Moroń bemerkt zum Beispiel, dass in *Weiser Dawidek* der Begriff der Freiheit im Zentrum steht, sowohl im politischen als auch im

---

777   Die Information stammt von einer ehemaligen Schülerin der Schule, die angeblich von Weiser und seinen Kommilitonen besucht wurde – Dr. Miłosława Borzysz-kowska-Szewczyk, die als Assistentin an der Universität Gdańsk in der Abteilung Germanistik arbeitet.

778   Jentys, Maria: *Arcydzieło czy arcyreklama?* In: *Kresy Literackie.* 2/1992. S. 46f.

779   Błoński, Jan: *Duch Powieści i Wąs Stalina.* In: Tygodnik Powszechny 44. 1.11.1987. S. 3; Adamiec, Marek: *Ktokolwiek wiedziałby....* In: *Res Publica.* 4/1988. S. 118; Żuliński, Leszek: *Dziwny nieznajomy.* In: *Literatura.* 2/1988; Zaleski, Marek: *Pamięć wielonarodowej Rzeczypospolitej.* In: *Sporne postaci polskiej literatury współczesnej.* Brodzka, Alina (Hg.). Warszawa 1994. S. 141; Maciejewski, Janusz: *Systematyka prozy polskiej ostatnich lat dwunastu.* In: *Współczesna literatura polska lat osiemdziesiątych i dziewięćdziesiątych. Opinie, poglądy, prognozy literaturoznawców polskich i niemieckich w referatach i dyskusji lipskiej konferencji 4–6 czerwca 1993 r.* Lipsk 1993. S. 29; Bolecki, Włodzimierz: *O literaturze polskiej w latach osiemdziesiątych.* In: Ebd., S 37.

780   Vgl. Rybicka, Elżbieta: *Powrót lokalności.* In: Madurowicz, Mikołaj (Hg.): *Percepcja współczesnej przestrzeni miejskiej.* Warszawa 2007.

privaten Sinne[781]. Antoni Libera sieht in Huelles Text eine Entstehungsgeschichte und Morphologie des Mythos[782]. Viele Kritiker weisen darauf hin, dass Huelle sich als Autor auf das Geheimnis fokussiert[783]. Barbara Zielińska charakterisiert den Roman als Erörterung über Erkenntnis[784]. Er wurde u. a. von Jan Błoński, Marek Zaleski, Leszek Żuliński und Jerzy Jarzbski empfohlen und kurz nach der Veröffentlichung als Buch des Jahrzehnts bezeichnet. Błoński meint:

> Was mich am Weiser am meisten in den Bann schlug (...): Er lässt sich auf ganz verschiedene Arten lesen. Ist er nicht ein echter Gesellschaftsroman, solide verwurzelt im Polen vor fünfundzwanzig Jahren? So waren damals die Schule, die Gemeinde, die proletarische Nachbarschaft – oder so konnten sie damals zumindest sein. Aber jemand, den es nach Andeutungen, Anspielungen und Prophezeiungen dürstet, kann im *Weiser* auch eine politische Parabel sehen.[785]

Huelle avancierte dank des Romans zu einem der wichtigsten polnischen Gegenwartsautoren.

Weiser Dawidek wurde in mehrere Sprachen übersetzt, darunter ins Deutsche von Renate Schmidgall. Die deutsche Übersetzung erschien 1990 bei Luchterhand. In der Bundesrepublik wurde das Buch in fast allen Zeitungen und Zeitschriften besprochen und erhielt ebenfalls gute Kritiken. Es wurden vor allem Bezüge zur Vergangenheit und deutscher Kultur, darunter zur Grass-Trilogie hervorgehoben[786]. Von Dietrich Scholze wurde Paweł Huelle „ein neuer Stern am Himmel der polnischen Literatur" genannt[787]. Sehr positiv äußert sich zu *Weiser*

---

781 Moroń, Jadwiga: *Zniknięcie Dawida Weisera*. In: *Życie Literackie*. Nr. 23. 5.6.1988.

782 Libera, Antoni: *Mały „dzień słońca".* In: *Puls*. Nr. 11–12 1991. S. 67.

783 Vgl. z. B. Moroń, Jadwiga: *Zniknięcie Dawida Weisera*; Czerwiakowska, Ewa: *„Weiser Dawidek" – pamięć obudzona*. In: *Puls*. 38/1988.

784 Zielińska, Barbara: *Weiser Dawidek i nierozstrzygalniki. Dywagacja postmodernistyczna*. In: Lalak, Mirosław (Hg.): *Z problemów podmiotowości w literaturze polskiej*. Szczecin 1993. S. 136.

785 Błoński, Jan: *Duch Powieści i Wąs Stalina*. In: *Tygodnik Powszechny*. 1.11.1987. S. 3. Deutsche Übersetzung zitiert nach: Nowacki, Dariusz: *Pawel Huelle*. Kraków 2000. S. 6.

786 Es werden hier exemplarisch einige deutschsprachige Kritiken genannt: Niklowitz, Gisela: *Ort der Handlung: Danzig*. In: *Zürichsee-Zeitung*. 15.09.1990; Melchinger, Christa: *Mal Engel, mal Sportskanone*. In: *Die Zeit*. 6.04.1990; Trojansky, Ewald: *Pawel Huelle und der Geist von Danzig*. In: *Darmstädter Echo*. 15.05.1990; Zufall, Rainer: *Von Polen, verschwindend*. In: *Frankfurter Rundschau*. 29.05.1990.

787 Scholze, Dietrich: *Paweł Huelle: „Weiser Dawidek"*. In: *Weimarer Beiträge. Zeitschrift für Literaturwissenschaft, Ästhetik und Kulturwissenschaften*. 1991. S. 124.

Dawidek auch Peter Mohr[788]. In der jüdischen Presse aus Deutschland werden Bezüge zur jüdischen Kultur, die aus Polen im 20. Jahrhundert verschwunden ist, hervorgehoben. Von Elvira Grözinger wird das Buch in diesem Zusammenhang „Geschichte der Abwesenheit"[789] genannt.

1.1 Ein Grass – Spiel

Von manchen Kritikern wurde Huelle nach *Weiser Dawidek* als „polnischsprachiger kleiner Grass"[790] bezeichnet, weil der Roman relevante intertextuelle Bezüge zu *Danziger Trilogie* von Grass herstellt. Diese Bezeichnung kann auch pejorativ verstanden werden, weil Huelle manchmal als Epigone von Grass gesehen wird. Huelle sagt, mit Grass habe er Glück und Unglück. Es habe ihn ziemlich geärgert, als man ihn als jemanden bezeichnet habe, der Grass nachahme, als einen polnischsprachigen, kleinen Grass[791]. Huelle meint, dass Literatur nicht nur eine Sammlung von Büchern sei, sondern auch ein Dialog zwischen ihnen. Es gebe seiner Meinung nach zwei Arten der Rezeption von Literatur: Mit der ersten habe man zu tun, wenn man ein Buch liest. Die zweite Art der Rezeption entstehe dagegen aus Gesprächen zwischen Büchern. Der Schriftsteller behauptet manchmal, dieses Flüstern der Bücher in der Bibliothek zu hören[792], was eine Anspielung auf die unendliche, labyrinth-ähnliche Bibliothek aus der Erzählung von Jorge Louis Borges *Die Bibliothek von Babel* (1941)[793] sein kann, wo Bücher zufällig angeordnet und für die meisten Leser unverständlich sind. Im literarischen Feuilletonband *Das verschollene Kapitel* schrieb Huelle ein Feuilleton über Jorge Louis Borges und seinen *Atlas,* der als Reisebeschreibung entstand, als der Schriftsteller schon blind war und frühere Reiseerfahrungen mit neuen Erfahrungen, die er als Blinder machte, konfrontierte. Huelle bemerkt, Borges habe eine zutiefst innere Landschaft geschaffen, eine Landschaft von Erscheinungen, die sich unter dem

---

788 Mohr, Peter: *Paweł Huelle: „Weiser Dawidek".* In: *Neue Deutsche Hefte.* Jahrgang 36. Heft 3/89. S. 512.

789 Grözinger, Elvira: *Die Geschichte von der Abwesenheit.* In: *Frankfurter Jüdische Nachrichten.* Pessach-Ausgabe. 1990.

790 Vgl. Prunitsch, Christian: *Intertextualität als Vollzug literarischer und geschichtlicher Kontinuität am Beispiel von Günter Grass' "Katz und Maus" und Paweł Huelles „Weiser Dawidek".* S. 149.

791 Huelle, Paweł in: Adaszyńska, Natalia: *Jestem tradycjonalistą.* In: *Teatr* 9/1993. S. 46. (Ich bin ein Traditionalist. Gespräch mit Paweł Huelle). Zitiert nach: Quinkenstein, Lothar: *Entzifferte Geschichte.* S. 106.

792 Huelle, Paweł: Die Lesung: *Castorp.* Colloquium Berlin. 21. November 2005.

793 Huelle, Paweł: *Borges.* In: *Das verschollene Kapitel.* S. 45ff.

Einfluss von Berührung, Gehör und Gedächtnis im Bewusstsein des Schriftstellers einstellen, und durch Legenden, Mythen und Erzählungen. In Wirklichkeit existiere nur das, was wir in unserem Inneren besitzen, so Borges.

In *Weiser Dawidek* bezieht sich Huelle allerdings direkt auf das Werk von Grass: „Es ging mir um ein Experiment in der literarischen Werkstatt, das heißt um ein Gespräch zweier Texte, die sich um das Thema Danzig drehen; ein – wie sich zeigt – für zwei Nationalliteraturen, die polnische und die deutsche, wichtiges Thema."[794] Grass freut sich, dass so ein Gespräch zwischen seinem Werk und dem Werk seines jungen Kollegen existiert, aber er hat darauf nie literarisch geantwortet[795]. Grass, der Huelles Roman las, bemerkt Parallelen zwischen seinen Geschichten und *Weiser Dawidek*:

> Meine Geschichte, die ich über Danzig erzählt habe, musste 1945 aufhören. Dann lese ich Ihren *Weiser Dawidek* und sehe, wie Sie eine ganz andere, aber dennoch ähnliche Jugendkonstellation zehn Jahre später in den 50er Jahren, an vergleichbaren Schauplätzen, ihre eigene Geschichte weiter erzählen.[796]

Die Antwort von Huelle auf diese Worte lautet:

> Das ist ein herrliches Gefühl, wenn sich die Bücher jenseits der Ideologien und der Politik miteinander unterhalten können, wenn Schriftsteller, die aus verschiedenen Kulturen, aber aus derselben Stadt stammen, sich begegnen. Gerade darin sehe ich einen Sieg der Literatur.[797]

Die Tatsache, dass Grass seine Heimat verloren hat, in der Huelle später geboren und erzogen wurde, empfand der polnische Schriftsteller als Herausforderung. Wichtig war für ihn auch, dass Grass in seiner Kindheit nur einen Kilometer entfernt von seinem eigenen Haus wohnte[798]. Darüber hinaus haben Huelle die Werke von Grass sowie seine Haltung gegenüber den Polen fasziniert. Es gab keine Spur von Überlegenheit oder Verachtung. Und dieses fantastische Gedicht von Grass – *Polnische Fahne*. Damit habe Grass Huelle gewonnen und bezaubert, mit diesem Gedicht. Grass, auch wenn er Polens Schwächen kritisiert – macht dies mit einer

---

794 Huelle, Paweł, zitiert nach: Jaroszewski, Marek: *Parallelen und Kontraste. „Katz und Maus (G. Grass) und „Weiser Dawidek" (P. Huelle).* In: Rudolph Andrea / Ute Scholz (Hg.): *Ein weiter Mantel. Polenbilder in Gesellschaft, Politik und Dichtung.* Dettelbach 2002. S. 356.
795 Aus einem privaten Gespräch der Autorin mit Günter Grass. Juli 2012.
796 Günter Grass und Paweł Huelle im Gespräch: *Danzig/Gdańsk.* S. 560.
797 Ebd., S. 560.
798 Aus der privaten Korrespondenz der Autorin mit Huelle.

warmen Ironie. Wie kein anderer Schriftsteller aus dem Westen – nicht nur aus Deutschland – hat Grass, laut Huelle, Polens fatales Schicksal verstanden[799].

Die Intertextualität in *Weiser Dawidek* erreicht ein hohes Niveau an Komplexität[800]. Man erkennt, dass der Roman als beabsichtigter Dialog mit der Novelle *Katz und Maus* gedacht ist. Solch eine Nachahmung setzt voraus, dass man im Hypertext eine bestimmte, typische stilistische Manier erkennt[801]. *Weiser Dawidek* ist als ein authentischer Hypertext zu verstehen, d. h. ein Text, der ohne seinen Hypotext – *Katz und Maus* – nicht vorstellbar ist. Zusammenfassend bezeichnet Genette jeden Text als Hypertext, der von einem früheren Text durch eine einfache Transformation oder durch eine indirekte Transformation – Nachahmung – abgeleitet worden sei. Hypertextualität sei auch ein universeller Aspekt der Literarität. Es gebe kein literarisches Werk, das nicht, in einem bestimmten Maß und je nach Lektüre, an ein anderes erinnere. In diesem Sinne seien alle Texte Hypertexte[802]. Doch die Werke von Huelle und Grass stehen in einem besonderen Bezug zueinander.

Katz und Maus ist einer der Schlüsseltexte für Huelle. *Weiser Dawidek* versteht sich in diesem Sinne als Hommage an das Werk von Günter Grass. Huelle zeigt in der Novelle als Schriftsteller, von wem er das Schreiben lernte. Auf die Parallelen zwischen *Katz und Maus* und *Weiser Dawidek* wurde von mehreren Literaturwissenschaftlern hingewiesen. Keine der vorliegenden Arbeiten ist jedoch erschöpfend. Maciejewski schreibt, dass sich Huelle mit der Sammlung der Erzählungen *Schnecken, Pfützen, Regen und andere Geschichten* sowie mit dem Roman *Weiser Dawidek* in den Grass'schen Mythos einschreibe, dass er sogar eine neue, polnische Version dieses Mythos schaffe[803]. Renate Schmidgall meint, deutsche Kultur und Literatur, besonders die *Danziger Trilogie* von Grass, wurde für Huelle zum anregenden Hintergrund für das eigene Schreiben[804]. Auf die Parallelen zwischen

---

799 Aus der privaten Korrespondenz der Autorin mit Huelle.

800 Auch für *Weiser Dawidek* und *Dolina Radości* sind ihre Ausgangstexte (entsprechend: *Katz und Maus* Grass und *Metamorphosen* Ovid) wesentlich. Vgl. Genette, Gérard: *Palimpseste. Die Literatur auf zweiter Stufe.* Frankfurt am Main 1993. S. 17.

801 Vgl. Genette, Gérard: *Palimpseste. Die Literatur auf zweiter Stufe.* S. 17.

802 Ebd., S. 19ff.

803 Maciejewski, Janusz. In: *Was ist das Bleibende? Zwanzig Einmischungen von Schriftstellern und Literaturwissenschaftlern.* Gosse, Roland/ Opitz, Peter (Hg.). Berlin 2000. S. 166.

804 Schmidgall, Renate: *Die Macht des Genius loci.* S. 111.

den Texten weist Jaroszewski hin[805]. Er bemerkt, ähnlich wie Schmidgall, dass Ähnlichkeiten zwischen den Werken schon auf der Ebene der Handlung bestehen, und findet drei Aspekte, die wichtig für die Interpretation des Romans sind: Die deutsche Vergangenheit von Gdańsk, die subtile Abrechnung mit beiden totalitären Systemen: dem Nationalsozialismus und dem Kommunismus, und schließlich die Lage der in die Pubertät eintretenden Jugendlichen aus den in den 50er Jahren in Armut lebenden Arbeiterfamilien[806]. Für Jaroszewski ist besonders der dritte Aspekt wichtig, weil aus seiner Sicht die Jugendlichen die Hautpfiguren der Romane sind. Demzufolge sind nicht so sehr vergleichbare Figuren und Motive (z. B. Feldschermotiv und Kleinbahnmotiv) von ausschlaggebender Bedeutung, sondern die von beiden Autoren behandelte Thematik, da sie das Verhalten zweier Gruppen von Jugendlichen zeigen, allerdings nicht an gleichen Orten und zu verschiedenen Zeiten[807].

Die Handlung der beiden Texte spielt zu verschiedenen Zeiten, aber die in den Romanen erzählten Geschichten spielen in Danzig bzw. in Gdańsk. Beide Werke sind auch durch die Perspektive der Ich-Erzähler miteinander verwandt. Beide erzählen von ihren Traumata, obwohl – was Lothar Quinkenstein unterstreicht[808] – die Motivationen verschieden angelegt sind. Beide schreiben ihre privaten Mythologien. Ihre Phantasien haben die Kraft, Mythen zu erschaffen, die zu Obsessionen werden. Bei der Herausbildung der Mythologien spielen Gefühle und Vorstellungskraft eine enorme Rolle[809]. Dies soll den Erzählern helfen, mit der Vergangenheit zurechtzukommen. François Rosset bemerkt, dass Huelles Erzähler danach fragt, wer Weiser war, um nach seiner eigenen Identität zu fragen[810]. Der Erzähler ist entsetzt, weil etwas, woran er sich erinnert, zugleich seinem Verständnis entgleitet. Indem er nach Dawidek sucht und ihn zum Mythos macht, sucht er vergeblich nach seiner Identität. Das Gleiche gilt für den Erzähler aus der Novelle von Grass. Pilenz schreibe aus einem Schuldgefühl heraus („mea culpa"[811] „aber ich schreibe, denn das muss weg"[812]), während Hellers Chronisten-Handlung frei von jener Schuldkomponente sei. Durch sein Schreiben versuche

---

805 Jaroszewski, Marek: *Parallelen und Kontraste. „Katz und Maus (G. Grass) und „Weiser Dawidek" (P. Huelle)*. S. 356.
806 Ebd., S. 353.
807 Ebd., S. 356.
808 Quinkenstein, Lothar: *Entzifferte Geschichte*. S. 110.
809 Vgl. Armstrong, Karen: *Krótka historia mitu*. Kraków 2005. S. 6.
810 Rosset, François: *Dawidek, der Weise*. In: *Zeszyty Literackie*. Nr. 22 1900. S. 125.
811 Grass, Günter: *Katz und Maus*. S. 81.
812 Ebd., S. 84.

er, aus der Rückschau die Ereignisse zu verstehen[813]. Quinkenstein bemerkt weitere Unterschiede zwischen den Erzählperspektiven, indem er auf die Schlusswendungen der beiden Texte hinweist. Pilenz wechselt zunächst vom Präteritum ins Präsens, in die Gegenwart seiner immer noch anhaltenden Gewissensbisse, um mit einem Satz zu schließen, der Mahlkes Verschwinden endgültig macht: „Aber Du wolltest nicht auftauchen."[814] Auch Huelle geht am Ende zum Präsens über: „Ja, hier hört die Erzählung eigentlich auf."[815] Er entwirft „in einer langen, durchgängig im Futur gehaltenen Passage eine Zukunftsvision, die die Suche nach Weiser als fortwährende, hilflose Wiederholung imaginiert[.]"[816] Weiser, wirst du rufen, ich weiß, dass du da bist! Und wirst einen Stein in das schwarze Loch werfen. Aber nur das Platschen des Wassers wird dir antworten. Weiser, wirst du wieder schreien, ich weiß, dass du da bist, komm sofort raus! In dem Rauschen und Glucksen wird es keine Antwort geben[817]. Bei Grass wird das Verschwinden Mahlkes durch den letzten Satz noch einmal vollzogen und als vergangen bestätigt. Die Schlusssequenz Huelles projiziert die vergebliche Suche nach Weiser als Endlosschleife in die Zukunft[818].

Die Erzählweise beider Erzähler ist von wiederkehrenden Erzählmustern geprägt, die ihnen helfen sollen, mit ihren traumatischen Erinnerungen zurechtzukommen und somit die Gegenwart zu akzeptieren. Dies gelingt in beiden Fällen nicht, weil weder Mahlke noch Weiser, die ja beide mythologisiert wurden, gefunden werden können. Karen Armstrong versteht den Mythos als einen Wegweiser. Sie erklärt, dass der Mythos nur dann das Leben eines Menschen verändern kann, wenn dieser Mensch den Riten gemäß handelt. Sonst bleibt der Mythos unverständlich[819]. Pilenz und Heller versuchen von ihnen selbst geschaffene Mythen zu verstehen, müssen aber scheitern, weil sie moderne Menschen sind, die den Sinn mithilfe des Verstandes verstehen wollen und nicht intuitiv, wie man es ursprünglich tat. Sie sind Menschen, denen Mythologie fremd geworden ist. Mythen (Glauben) durch Logos (Verstand)[820] zu verstehen sei unmöglich, weil es den Mythen an ihren ursprünglichen Rahmen[821] fehlt. Man

813 Quinkenstein, Lothar: *Entzifferte Geschichte.* S. 110.
814 Grass, Günter: *Katz und Maus.* S. 104.
815 Huelle, Paweł: *Weiser Dawidek.* S. 276.
816 Quinkenstein, Lothar: *Entzifferte Geschichte.* S. 111.
817 Huelle, Paweł: *Weiser Dawidek.* S. 281.
818 Vgl.: Quinkenstein, Lothar: *Entzifferte Geschichte.* S. 111.
819 Armstrong, Karen: *Krótka historia mitu.* S. 13.
820 Ebd., S. 31f.
821 Ebd., S. 13.

könne Mythen ausschließlich durch eine bestimmte Lebensweise (d. h. instinkti-
ve Suche nach der Identität / Seele) verwirklichen, verstehen könne man sie aber
auf diese Weise nie[822].

Was Mahlke und Weiser verbindet, ist, dass sie durch ihr Verschwinden von
den Erzählern zu mythischen Helden gemacht wurden. Sie werden als Außenseiter präsentiert, was noch durch ihre Familiensituation akzentuiert wird. Das
Einzige, was der Erzähler über die Herkunft von Weiser erfährt, ist sein Geburts-
ort Brody. Die Jungen unterscheiden sich voneinander durch ihre Herkunft und
die Kultur, in der sie erzogen wurden, doch – wie Quinkenstein bemerkt – sind
sowohl Mahlke als auch Weiser Bindeglieder zu einer anderen Kultur[823]. Mahlke ist Deutscher, Weiser angeblich Jude. Mahlke steht auf der Seite der Täter,
Dawidek auf der Seite der Opfer. Die Novelle *Katz und Maus* beginnt, als Joachim Mahlke bereits schwimmen und tauchen kann, was seine Macht und Verwandlung von einem Schwächling in einen starken Menschen symbolisiert. Die
Novelle beginnt mit einem Ereignis, das sich als Ventil der ganzen Geschichte
darstellt. Es wird Mahlke bewusst gemacht, dass er sich durch seinen überdimensionalen Adamsapfel von den anderen unterscheidet. Außerdem hat er auch
zu große, rote, abstehende Ohren, große Hände und er ist knochig, sein Haar
frisiert er mit Zuckerwasser und er trägt einen symmetrischen Zuckerwasser-
scheitel, wodurch unterstrichen wird, dass er – so Klaus Stallbaum im Gespräch
mit Günter Grass – extrem um die Symmetrie bemüht sei. Grass selbst betont,
dass Mahlke in diesem Bemühen, symmetrisch zu leben, scheitert, weil ihn das
starr und geradlinig macht[824]. Auch Weiser unterscheidet sich äußerlich von den
anderen. Er sieht schwach aus, ist klein, schlank, hat einen weißen Teint. Auch er
ist am Anfang ein typischer Außenseiter:

> Dawid, Dawidek, Weiser ist ein Itzig! Und erst jetzt, da dies ausgesprochen war, spürten
> wir ihm gegenüber eine ganz gewöhnliche Abneigung, die zum Hass anwuchs, dafür,
> dass er nie mit uns zusammen war, nie zu uns gehörte sowie für den Blick der leicht
> hervorstehenden Augen, mit dem er uns ganz offensichtlich zu verstehen gab, dass wir
> uns von ihm unterscheiden, nicht er sich von uns.[825]

---

822   Ebd.
823   Ebd., S. 113.
824   Grass, Günter: Günter Grass / Klaus Stallbaum: *Der vitale und vulgäre Wunsch,
      Künstler zu werden* – ein Gespräch. In: Neuhaus, Volker / Hermes, Daniela (Hg.):
      Die „Danziger Trilogie" von Günter Grass. Texte, Daten, Bilder. Luchterhand Litera-
      turverlag. S. 14.
825   Huelle, Paweł: *Weiser Dawidek.* S. 15.

Dawidek wurde wie ein Sündenbock behandelt. Der Unterschied zu Mahlke beruht darauf, dass Weiser sich selbst nicht als Opfer, sondern als Messias begreift. Scheinbar ist Weiser schwächlich, aber er verfügt über eine innere Kraft, die ihm ermöglicht, einen Panther zu zähmen[826] oder in der Luft zu schweben[827], was ihn einem Schamanen ähnlich werden lässt. Zum ersten Mal taucht Dawidek in der Romanhandlung bei der Fronleichnamsprozession auf, die eine Erinnerung an das Osterfest und die Auferstehung Jesu Christi darstellt[828]. Der Erzähler will den Tod von Weiser als ein schamanisches Ritual des Übergangs auf die andere Seite verstehen.

Mahlke blieb im Gegensatz zu Dawidek immer menschlich. Soldat wollte er nur werden, um ein Ritterkreuz zu erhalten. Er hatte vor, im wörtlichen und symbolischen Sinne, seinen Knorpel am Hals zu verbergen, und somit seine Minderwertigkeitskomplexe zu beseitigen. Deswegen musste er als Übermensch scheitern. Mahlke scheint sich u. a. durch seine „Erlösermiene"[829], wie Weiser, als Messias zu begreifen, aber vor allem in dem Sinne, dass er sich als Sohn der Gottesmutter sieht. Quinkenstein sieht Christus-Züge bei Mahlke, die durch sein Verhältnis zur Jungfrau Maria zur Schau gestellt werden[830]. Mahlkes Madonnenkult kann das Ergebnis verdrängter Erotik sein. Vor der Mutter Gottes braucht er seinen überdimensionalen Knorpel nicht zu verbergen. Sein erotisches Verhältnis zu ihr wäre wohl durch einen Ödipus-Komplex bestimmt. Wie ich bereits angedeutet habe, könnte man seine Funkerkabine als Mutterleib verstehen, umso mehr, da ausschließlich er Zugang zur Kabine hat und dort einen privaten Hausaltar für Maria schafft. Sein Verschwinden könnte man also als Rückkehr in den Mutterschoß deuten.

Es wurden in diesem Kapitel die wichtigsten Aspekte genannt, die die Parallelen zwischen *Weiser Dawidek* und *Katz und Maus* aufzeigen. Mein Ziel war es nicht, alle Parallelen zwischen den Werken zu besprechen, sondern darauf hinzuweisen, dass Huelle als Grass-Fortsetzer ein Nachfolger ist, der sein Erbe zu schätzen weiß, der aber zugleich über seinen eigenen Stil verfügt. Huelle erzählt die Geschichte der Stadt Gdańsk weiter, die schon Grass erzählte, wobei die Verortung der beiden Geschichten eine entscheidende Rolle spielt. Huelle zeigt, wie das Leben einen Kreis zeichnet und durch Kultur und Literatur zum Mythos wird.

826 Ebd., S. 61f.
827 Ebd., 138.
828 Vgl. Quinkenstein, Lothar: *Entzifferte Geschichte*. 1998. S. 112.
829 Grass, Günter: *Katz und Maus*. S. 22.
830 Quinkenstein, Lothar: *Entzifferte Geschichte*. S. 111.

1.2 Jener Sommer voller Mysterien - Raum- und Zeitsemantik

Weiser Dawidek ist der Erstlingsroman von Huelle. Die Orte, die für die Handlung des Romans wichtig sind, kommen später in seinen anderen Romanen und Erzählungen immer wieder vor. Die Stadt Danzig / Gdańsk steht im Zentrum des Buches. Im Roman werden u. a. folgende Orte in den Fokus gerückt: *Wrzeszcz*, die abwesende Ostsee und der Friedhof. Die bekanntesten Sehenswürdigkeiten der Stadt (Krantor, Marienkirche, Artushof, Langgasse) interessieren die Protagonisten von Huelle nicht. Barbara Bossak-Herbst bemerkt zu Recht, dass die Orte immer mit Geschichten der Protagonisten der Helden verflochten sind. Die Geschichte der Orte / Räume verwandelt sich in private Geschichten und Erinnerungen der konkreten Menschen. Das Wissen über Orte wird mündlich oder durch private Dokumente (z. B. Fotos) überliefert. Weder Eltern noch die Schule oder verschiedene offizielle Organisationen helfen den Kindern, die Stadt kennen zu lernen[831].

Die deutsche und polnische Geschichte Gdańsks / Danzigs verbindet das topographische Motiv der Ostsee. Zwar ist es nicht möglich, dass die Protagonisten aus Huelles Roman die Zeit an der Ostsee verbringen, weil in diesem Sommer eine Umweltkatastrophe zur Verseuchung des Meeres führte, doch verbringen sie ihre Sommerferien in Danzig. Die Ostsee wird im Roman thematisiert, obwohl sie abwesend ist. Es wird unterstrichen, dass das Meer für sie ein Symbol der Sommerferien und somit der Freiheit sei. Quinkenstein weist darauf hin, dass der Roman seine eigentliche Handlung entfalte, nachdem der Zugang zum Meer, dem zentralen Element aus *Katz und Maus* blockiert war; nutze de Autor diese Sperre dramaturgisch, indem er von ihr aus zu seiner Hauptfigur finde[832]. Die ,Fischsuppe', die von toten Fischen verseuchte Ostsee, spielt die Rolle des Schicksals. Jaroszewski meint allerdings, dass Huelle in *Weiser Dawidek* deswegen den Handlungsort wechsele, weil er damit beweisen wolle, dass er imstande sei, Interessantes über die Jugendlichen zu erzählen, auch wenn der Strand ausgespart wird. Krzysztof Gajewski nennt *Weiser Dawidek* das Evangelium nach Huelle[833] und konzentriert sich v. a. auf die Gestalt des Messias (Dawidek). Er beschreibt Anzeichen vor der Ankunft des Messias, seine Ankunft, Tätigkeit und Abgang. Besonders sichtbar sind die Omina, die an die ägyptischen Plagen anknüpfen. In der Bibel werden zehn biblische Plagen oder Landplagen geschildert.

---

831 Bossak-Herbst, Barbara: *Antropolis.* S. 105.
832 Quinkenstein, Lothar: *Entzifferte Geschichte.* S. 110.
833 Gajewski, Krzysztof: „*Weiser Dawidek*" *jako opis doświadczenia religijnego.* In: *Teksty Drugie,* 2004 Nr 1–2. S. 291–305.

Sie bezeichnen eine Reihe von Katastrophen, mit denen die Ägypter getroffen wurden, nachdem der Pharao den Israeliten nicht erlaubt hatte, Ägypten zu verlassen. Die Verseuchung kann als Vorspiel einer ökologischen Katastrophe gedeutet werden, die in den 80ern die Strände zerstörte[834]. Diese Ereignisse könnten auch zu den Vorboten des künftigen Untergangs der kommunistischen Welt oder des Endes der Kindheit der Protagonisten. Die Plagen können aber auch als ein Ergebnis des Zweiten Weltkrieges verstanden werden. Die Protagonisten der Novelle *Katz und Maus* spielten auf dem Wrack eines versenkten Torpedobootes. Für Mahlke wurde das Wrack wahrscheinlich zum Grab. Viele Opfer des Krieges, unter anderem diejenigen, die sich an Bord der gesunkenen ‚Friedrich Bernhoff' und ‚Wilhelm Gustloff' befanden, fanden den Tod in der Ostsee. Die Plagen in *Weiser Dawidek* betreffen nicht zufälligerweise den Strand und die Ostsee, die von toten Fischen verseucht ist:

> Statt eines Bades hatten wir eine Fischsuppe, in die man vor Ekel hineinspucken konnte. (…) In der Glut des Junis verwesten die toten Fische, aufquellend wie aufgeblähte Fischblasen, und der Gestank der Zersetzung war sogar in der Straßenbahnhaltestelle zu spüren. (…) Über dem Schlamm an der Küste, dessen Farbe von einer Stunde auf die andere von einem hellen Grün zu einem dunklen Braun wechselte, erschienen Schwärme von Fliegen von einer bis dahin nicht gekannten Größe, die sich von Aas nährten und dort ihre Eier legten.[835]

Gajewski vergleicht diese Beschreibung mit den Plagen aus der Bibel: Die erste Plage: *Verwandlung aller Gewässer in Blut*: „Und die Fische im Strom starben, und der Strom wurde stinkend, so dass die Ägypter das Wasser aus dem Nil nicht trinken konnten; und es war Blut in ganz Ägyptenland."[836] Bei Huelle wird Wasser nicht zu Blut, es ist wahrscheinlich mit der giftigen Substanz Yperit verseucht. Die Folge ist allerdings ähnlich. Das Wasser ist untrinkbar und wird braun.

Von Bedeutung ist, auf welche Weise die Einwohner Gdańsks mit den toten Fischen umgehen. Sie werden wie Frösche in Ägypten gestapelt – „(…) und die Frösche starben in den Häusern, in den Höfen und auf dem Felde."[837] Selbst die Tatsache, dass bei Huelle Fische sterben, ist nicht bedeutungslos, weil, was Gajewski auch richtig erkennt, der Fisch eines der wichtigsten christlichen Symbole ist und für Christus selbst steht. Es lassen sich darüber hinaus Ähnlichkeiten zu

---

834   Vgl.: Nowaczewski, Artur: *Trzy miasta trzy pokolenia.* Gdańsk 2006. S. 89.
835   Huelle, Paweł: *Weiser Dawidek.* S. 18f.
836   AT, 2. Mose 7:21.
837   Ebd., S. 8ff.

anderen Plagen finden. In *Weiser Dawidek* sterben als Folge der dargestellten Katastrophe Katzen und Hunde: „(…) und die Zeitungen berichteten über ein Massensterben von Katzen und Hunden (…)"[838], so wie in der *Bibel* Vieh stirbt, was in der fünften Plage: „*Viehpest* dargestellt wird: (…) da starb alles Vieh der Ägypter (…)"[839] Gajewski meint, dass auch die achte Plage: *Heuschrecken* bei Huelle als Zitat vorkommt, aber nur andeutungsweise. In *Weiser Dawidek* ernähren sich Schmeißfliegen von Aas und sie vermehren sich infolge dessen blitzschnell und sind besonders groß. Der Erzähler vergleicht sie deswegen mit Heuschrecken: „(…) der Gestank am Strand noch größer war, und Schwärme von Schmeißfliegen, groß wie Heuschrecken, über der Suppe in der Bucht hingen."[840] Huelle knüpft nicht nur an die bereits erwähnten zehn ägyptischen Plagen an, sondern auch an die sieben Plagen der Endzeit, die in der *Offenbarung des Johannes* genannt werden. Die sieben Plagen sind vor dem Jüngsten Gericht einzuordnen. Sie sind dazu erdacht, Gottes Volk zu befreien. In der *Offenbarung* wird Meereswasser zu Blut, wie im *Buch Moses*. Außerdem beruft sich der Erzähler auf die Dürre. In der *Offenbarung* wird sie als Austrocknung der Wasserquellen beschrieben: „Und der vierte Engel goss aus seiner Schale über die Sonne; und es wurde ihr Macht gegeben, die Menschen zu versengen mit Feuer."[841] Die Dürre in *Weiser Dawidek* wird tatsächlich als Strafe Gottes verstanden. Bei Huelle heißt es: „(…) seit zwei Monaten, das heißt seit Anfang Mai, kein Tropfen Regen mehr gefallen ist, was die älteren Leute bereitwillig als Strafe Gottes deuteten."[842] Gajewski bemerkt noch weitere Zeichen. Vor der Ankunft des Messias war der Stern von Bethlehem am Himmel zu sehen, der den drei Königen den richtigen Weg zum Neugeborenen zeigt: „Und siehe, der Stern, den sie im Morgenland gesehen hatten, ging vor ihnen her, bis er ankam und über dem Ort stillstand, wo das Kind war."[843] Vor dem Treffen der Jungen (zwei tragen apostolische Namen: Piotr – Petrus und Szymon – Simon. Der Erzähler heißt Paweł – Paul) mit Weiser erscheint ein Komet am Himmel. Nach seiner Ankunft passieren weitere Wunder:

(…) dass Fischer aus Hela über den Gewässern der Bucht einen orangenroten Ball gesehen hätten, der wie ein Kugelblitz aussah, dass sich einer Frau, die durch den Wald nach Brtowo ging, die Muttergottes von Matemblewo gezeigt habe, dass Matrosen mit eigenen

---

838 Huelle, Paweł: *Weiser Dawidek*. S. 35f.
839 AT, 2. Mose 9,6.
840 Huelle, Paweł: *Weiser Dawidek*. S. 36.
841 NT, Apokalypse 16:8.
842 Huelle, Paweł: *Weiser Dawidek*. S. 36.
843 NT, Matthäusevangelium, 2:9.

Augen ein Segelschiff ohne Mannschaft gesehen hätten, (…) Es gab auch solche, die einen Kometen in Gestalt eines Pferdekopfes über der Stadt hätten kreisen sehen (…).[844]

Diese „Flut der Wunder" wie auch das Sterben der Fische sollen für abergläubische Menschen und für den Pfarrer Dudak eine Strafe Gottes sein. Zu bemerken ist, dass Gajewski diese Wunder im Indikativ aufzählt, als ob sie in der Geschichte tatsächlich passiert wären, wobei sie bei Huelle im Konjunktiv genannt werden, was ihre Authentizität in Frage stellt. Im Buch werden zwei Erklärungen für das Sterben der Fische gefunden, die sich beide auch nicht ausschließen müssen, sondern ergänzen können, obwohl eine von ihnen durchaus rational ist, während die zweite einen religiösen oder abergläubischen Charakter hat. Nach der rationalen Erklärung wurden die Fische durch Yperit vergiftet. Dieses chemische Kampfgas soll sich an Bord eines während des Krieges versunkenen Bootes befunden haben und jetzt frei geworden sein, was zur ökologischen Katastrophe geführt hat. Laut der zweiten Erklärung sei das Sterben der Fische und seine Folgen eine Strafe Gottes. Huelle zeigt die Apokalypse dieser Welt – d. h. der Kindheit, des Kommunismus, der deutschen Welt und der jüdischen Welt. Die Ostsee ist im Roman zwar abwesend als Ort des Vergnügens und des Spielens, zugleich aber sei sie stark präsent als Ort des Todes.

Ohne diesen Wechsel des Handlungsortes hätten die Protagonisten keine Möglichkeit, auf die in der Stadt und deren Umgebung hinterlassenen deutschen Spuren zu stoßen, die ihnen Dawidek zeigt. Erst dank des Fremden – des angeblichen Juden – wird Gdańsk für die Einheimischen zum magischen Ort und zugleich zur Heimat, die es für ihre Eltern, die sich hier immer fremd fühlen, nie geworden ist. Weiser kennt die Stadt sehr gut, als ob er hier geboren wäre. Obwohl er noch ein Kind ist, kennt er die Geschichte der Stadt und ihre Topographie:

> Denn Weiser zeigte uns einen anderen Weg nach Hause als den, auf dem wir zum Zoo von Oliva gekommen waren. Da waren weder die Haltestelle noch die klapprige Straßenbahn der Linie 2 (…). Statt dessen war da der Weg das Tal der Freude hinauf, an der stillgelegten Schmiede der Zisterzienser vorbei, oberhalb des Zuflusses des Bachs von Oliva, da war kniehohes Gras auf dem Plateau, und von dort aus konnte man das Meer sehen, wie von Bukowa Górka aus, da waren tiefe Schluchten und Klüfte im Schatten von Buchen, und da war der schmale, sandige Weg durch das Kiefernaltholz, das sich stellenweise mit Birkenwäldchen und dem Dickicht der Haselsträucher mischte.[845]

Weiser ist eindeutig ein Vertreter der Vergangenheit, die verschwindet, wenn man sie nicht weiter tradiert. Er beschreibt Orte, wie nicht mehr existierende

---

844 Huelle, Paweł: *Weiser Dawidek*. S. 120f.
845 Huelle, Paweł: *Weiser Dawidek*. S. 63.

Friedhöfe, die die Vergangenheit repräsentieren, sowie den kommunistischen Wohnungsbau. Daher suchen sie nach den Spuren der Geschichte, die langsam verschwinden. Teilweise werden sie durch Menschen vernichtet, teilweise durch die Natur. Je stärker solche Spuren getilgt worden sind, desto spannender und magischer sind sie für die Jungen. In seinen Romanen und in den Erzählungen entdeckt Huelle die komplizierten Schicksale der Stadt in der privaten Perspektive wieder und zeigt, dass Danzig / Gdańsk ein doppelter Erinnerungsort sei, der für zwei Nationen Bedeutung besitze:

> Danzig ist ein sehr besonderer und seltsamer Ort, und an einem seltsamen Ort geschehen seltsame Dinge. (…) Schon in meiner Kindheit war für mich die Suche nach der deutschen Vergangenheit Danzigs etwas Entsetzliches und zugleich Faszinierendes. Ich bin in einer Zeit grauenhafter antideutscher Propaganda aufgewachsen, und der Schulunterricht zu Zeiten Gomułka hat das Seinige getan. Meine Familie wurde schon vor dem Krieg und während des Krieges von den Nazis verfolgt, aber zu Hause hat man mich nicht zum Hass gegen die Deutschen erzogen. Ja, die Danziger Autochthonen haben mir eine völlig andere Geschichte dieser Stadt erzählt als die, die wir in der Schule gelernt hatten – die Einteilung in Täter und Opfer erwies sich plötzlich als problematisch.[846]

Es macht den Jungen viel Spaß, wenn sie deutsche Spuren in der Stadt finden. Renate Schmidgall erinnert daran, dass Paweł Huelle selbst als Kind oft auf die nicht-polnische Vergangenheit in seiner Heimatstadt stieß:

> Da fand er in einer Seitenstraße den erwähnten Kanaldeckel mit der deutschen Aufschrift, da schimmerten deutsche Wörter unter dem abblätternden Putz von Häusern durch, da gab es die gesprengten Brücken an der ehemaligen Eisenbahnlinie, da fand man hier und da Blindgänger und alte deutsche Waffen wie die Schmeisser, da gab es ältere Menschen, die die fremde Sprache sprachen.[847]

Der polnische Schriftsteller geht von der These aus, dass man sich an Orten mit heterogener Tradition nur selbst bestimmen könne, wenn man das Fremde in die eigene Identität integriert[848]. In Huelles Roman werden auch lange nach dem zweiten Weltkrieg immer noch Gegenstände gefunden, die an die Deutschen erinnern und die die Rolle der Gedächtnisträger übernehmen. Beispielsweise entdecken die Kinder ein Album mit Briefmarken aus dem Generalgouvernement,

---

846   Huelle, Paweł im Gespräch mit Piotr Fedorczyk für das *Magazyn Literacki*. In: Nowacki, Dariusz: *Paweł Huelle*. Krakau 1999. S. 19.
847   Schmidgall, Renate. *Die Macht des Genius loci*. S. 111.
848   Vgl. Samp Jerzy, S. 222. Huelle, Paweł: In einem Interview mit Anna Ubertowska. In: *Przegląd Polityczny*. 1997. Nr. 33/34. S. 104.

das ab 1939 die östliche Hälfte Polens umfasste – neben Adolf Hitler ist darauf Hans Frank zu sehen, der als Generalgouverneur in Krakau residierte:

> Im Innern lagen fast auf allen Seiten, gleichmäßig eingereiht, zweierlei Briefmarken des Generalgouvernements – die einen stellten Hitler dar, auf den anderen war ein Bild vom Schloßhof des Wawel, wo während der Besatzung Hans Frank residierte. (…) Von denen mit Hitler gab es entschieden mehr, fast aus allen Seiten, in Reih und Glied wie bei der Parade, schaute uns das finstere Gesicht mit dem Schnurrbart entgegen. ‚Adolfs gibt's hier', flüsterte Piotr, ‚im Laden kriegt man dafür zwei Złoty das Stück!'[849]

Im Gegensatz zu Chwins Alltagsgegenständen in den zurückgelassenen Wohnungen handelt es sich bei diesem Fund um explizit deutsche Machtsymbole, die in direkter Verbindung zum für Polen folgenreichsten Abschnitt deutscher Geschichte stehen. Als Zeugen einer deutschen Vergangenheit, die in den fünfziger Jahren und darüber hinaus instrumentalisiert bzw. negiert wird, sind die deutschen Gegenstände für die Nachkriegsgeneration von Bedeutung.

Die oben zitierte Textstelle zeigt, dass die Dinge, die in der Stadt aufgefunden oder dorthin mitgebracht werden, in besonderer Weise von der Lebensgeschichte der Bewohner der Stadt zeugen. Jan Assmann spricht daher von einem Gedächtnis der Dinge, die als kulturelle Gedächtnisträger an ihre Besitzer erinnern:

> [Mit] (…) den alltäglichen und intimen Gerätschaften wie Bett und Stuhl, Eß- und Waschgeschirr, Kleidung und Werkzeug (…) ist der Mensch seit alters her von Dingen umgeben, in die er seine Vorstellungen von Zweckmäßigkeit, Bequemlichkeit und Schönheit, und damit in gewisser Weise sich selbst investiert. Daher spiegeln die Dinge ihm ein Bild seiner selbst wider, erinnern ihn an sich, seine Vergangenheit, seine Vorfahren usw. Die Dingwelt, in der er lebt, hat einen Zeitindex, der mit der Gegenwart zugleich auch auf verschiedene Vergangenheitsschichten deutet.[850]

Obwohl das Ende des Krieges bereits einige Jahre zurückliegt, ist die Stadt in dieser Zeit noch geprägt von den ehemals deutschen Häusern, Straßen, Friedhöfen und Denkmälern, die allmählich in polnischen Besitz übergehen. Beim Spielen in den Ruinen finden die Kinder, allen voran ihr jüdischer Spielkamerad Weiser, immer wieder Gegenstände, die die Deutschen zurückgelassen haben. Wird allerdings das deutsche und das jüdische Leben des alten Danzig nur noch anhand unscheinbarer Details wahrnehmbar, ist der Alltag der Kinder vom mittlerweile etablierten kommunistischen System geprägt. Die Vergangenheit der Stadt erscheint als etwas Mythisches und Unergründbares, das der Erzähler im Rückblick seiner Erinnerungen an die eigene Kindheit zu beschreiben versucht. Während

---

849 Huelle, Paweł: *Weiser Dawidek*. S. 175.
850 Assmann, Jan: *Das kulturelle Gedächtnis*. S. 20.

die Zerstörung Danzigs für die Deutschen mit dem Verlust ihrer Heimat gleich-
zusetzen ist, bedeutet sie für die Polen einen Neuanfang in der zunehmend polnischen Stadt. Diese veränderte Wahrnehmung macht Huelle in seinem Roman
Weiser Dawidek noch deutlicher, wenn er seinen jungen Protagonisten Weiser
über den Krieg erzählen lässt:

> Hier stand ein deutscher Panzer (…), hier griffen die Soldaten mit Flammenwerfern
> an, und dort, ein Stück weiter, standen die MGs, und von dort, an dieser Stelle, ist ein
> deutscher Soldat vom Dach geflogen, er war von einem Postbeamten in den Kopf getrof-
> fen, und hier haben sie sie rausgeführt. (…) Und als wir auf den Langen Markt kamen,
> erzählte er uns, an welcher Stelle der Parteigenosse Gauleiter Forster stand, als er den
> Anschluß unserer Stadt an das Tausendjährige Reich verkündete.[851]

Durch geheimnisvolle deutsche Spuren wird die Stadt Gdańsk zum unheimli-
chen Raum. Es wird vom Erzähler eine Welt geschildert, in der sich die Protagonisten bewegen. Sie kennen keine andere. Die Handlung spielt im mysteriösen
Sommer 1957, der apokalyptische Züge trägt, die durch die magischen Kräfte
Weisers verstärkt werden. Es ist von einer Welt die Rede, die zwar nicht heil ist,
die aber – weil sie aus der Perspektive von Kindern gesehen wird – mit Nostalgie beschrieben wird. Deswegen auch ist diese Welt keine reale, sondern eine
„Nachschöpfung aus Erinnerung und Phantasie"[852]. In Erinnerungen sieht die
Stadt aus, als wenn die Jungen sie vor Jahren vom Hügel beobachtet hätten:

> Alle Häuser in unserem Teil Wrzeszczs hatten diese roten Dachziegel, an einem Nach-
> mittag wie diesem also, im Spätsommer, wenn die Sonne besondere Eigenschaften hat,
> musste das von Bukowa Górka aus am interessantesten aussehen, dachte ich, von dort
> aus konnte man außer den roten, steilen Dächern den Flugplatz sehen, der hinter den
> Eisenbahngleisen lag, und die Bucht mit dem weißen Streifen des Strandes. Jedes Mal,
> wenn wir dort auf der Anhöhe standen, erschien unsere Stadt uns völlig anders als die,
> in der wir Tag für Tag lebten.[853]

Der letzte zitierte Satz ist auf den ganzen Roman von Huelle zu beziehen. Der
Blick auf die Stadt aus der Vogelperspektive verändert die Wahrnehmung. Durch
den nostalgischen Rückblick in die Vergangenheit erscheint die Stadt schöner,
als sie in der Wirklichkeit ist. Zugleich ist sich der Erzähler bewusst, dass diese
verlorene Welt nicht immer so idyllisch war, wie sie aus der Vogelperspektive erscheint. Huelle zeigt deutsche Spuren, z. B. deutsche Architektur in *Wrzeszcz*, die

---

851   Huelle, Paweł: *Weiser Dawidek*. S. 78.
852   Mrugalla, Georg. In: *Kritisches Lexikon zur fremdsprachigen Gegenwartsliteratur*.
      Wiesbaden 2000. S. 3.
853   Huelle, Paweł: *Weiser Dawidek*. S. 27.

in Folge des Krieges nicht zerstört wurde: „Zu unserer Rechten lag wie auf dem Präsentierteller das alte Wrzeszcz mit seiner dunklen, ziegelroten Farbe und den Kirchtürmen."[854] Die jungen Protagonisten entdecken, dass Gdańsk letztendlich nicht nur die Ostsee zu bieten hat. 1957 spielen sie im Wald, am Bach im Tal der Freude und auf dem Friedhof von Brętowo:

> Ja, das erste Kapitel dieses nicht geschriebenen Buches beginnt (...) mit unseren Spielen auf dem Friedhof von Brętowo, wohin wir – statt an den Strand – seither gingen und wo wir im Dickicht der Haselsträucher und Erlen, in der Stille der verlassenen Gräber und zersprungenen Platten mit deutschen Inschriften unsere Kriege entschieden.[855]

Sie finden hier Gräber, die von Deutschen verlassen wurden. Diese Gräber bleiben für sie ein Geheimnis, weil sie kein Deutsch sprechen und lesen können. Sie assoziieren einerseits das Deutsche mit etwas was fremd, ja sogar feindlich ist, andererseits finden sie aber auf dem Friedhof ein Grab ihres Gleichaltrigen. Solch ein Grab zeigt ihnen, das es unter den Deutschen auch Menschen gab, die ihnen ähnlich waren. Diese Entdeckung regt ihre Phantasie an. Die Jungen fragen sich, wer der Junge gewesen sein könnte und warum er so früh gestorben ist. Sie gehören der ersten Generation an, die sich nicht mehr an den Krieg erinnert. Der Krieg betrifft sie aber trotzdem, denn seine Spuren sind noch sichtbar. Die Jungen spielen dieselben Spiele wie die Figuren aus der Grassschen Novelle *Katz und Maus*. Der Krieg fasziniert sie. Der zerstörte und verlassene Friedhof ist ein zentraler Ort des Romans, wo die Jungen Krieg spielen. Hier hören sie die Prophezeiungen des gerade aus dem Irrenhaus entflohenen Gelbflüglers, der eine Parallelfigur Schugger Leos aus der *Blechtrommel* ist. Heller macht sich mit dem deutschen Friedhof durch das Grab dieses elfjährigen Jungen – Horst Meller – vertraut. Auf dem Friedhof kommt es zur Initiation des Erzählers. Hier beginnt der Prozess der Wandlung eines glücklichen Kindes zum unglücklichen Erwachsenen, weil er zum ersten Mal mit eigenen Augen sieht, wie eine Welt verschwindet, um einer anderen Platz zu machen. Aus der Einebnung deutscher Friedhöfe geht die Ablehnung gegenüber allem Deutschen im kommunistischen Polen besonders eindrücklich hervor: „Linker Hand müßte ich am Friedhof von Brętowo vorbeikommen. Das ist hier. Auf dem großen Platz gibt es keine Grabsteine mit gotischen Buchstaben. Die Bäume sind abgesägt. Ein Bulldozer schiebt, gleich neben der Backsteinkirche, Massen von Steinen und zertrümmerten Platten auf einen Haufen."[856] Nicht nur die deutschen Grabsteine werden

---

854   Ebd., S. 45f.
855   Ebd., S. 23.
856   Huelle, Paweł: *Weiser Dawidek*. S. 277.

vernichtet, selbst die sie umgebende Natur fällt der Beseitigung deutscher Spuren zum Opfer. Huelle beschreibt hier den radikalen Bruch in der historischen Kontinuität der Stadt, bei dem selbst religiöse Institutionen von der Vernichtung nicht verschont bleiben: In der Erinnerung des Erzählers ist der Friedhof noch genau lokalisierbar, der reale Ort aber existiert nicht mehr. Der Erzähler betont die Plötzlichkeit und Brutalität der Veränderung im Stadtbild. Die Veränderungen sind nicht allmählich und natürlich. Die Einebnung der deutschen Friedhöfe zeugt von dem tiefen Wunsch, die deutschen Elemente bis in die Tiefe der Erde zu entfernen und die deutsche Vergangenheit aus dem Geschichtsbuch der Stadt zu tilgen. Das Erscheinungsbild der neuen Stadt Gdańsk soll in nichts mehr an das alte, überwiegend deutsch geprägte Danzig erinnern. Der Hass auf alles Deutsche lässt die Unterschiede zwischen Deutschen, die aktiv am Krieg und seinen Verbrechen beteiligt waren, und Danziger Bürgern, die vielleicht vor Jahrhunderten in der Stadt gelebt haben und lange vor dem Krieg gestorben sind, verwischen: Die Erfahrungen, die Polen unter der deutschen Besatzung im zweiten Weltkrieg, aber auch unter preußischer Herrschaft gemacht haben, ließen sich entsprechend von den kommunistischen Machthabern zum „Mythos der tausendjährigen Feindschaft"[857] zwischen beiden Ländern instrumentalisieren.

Weiser zeigt den Jungen auch, wie die ihnen vertraute Welt durch die geistlose Urbanisierung verschwindet. Die Jungen retten eine Ringelnatter vor dem Tod auf dem Gebiet des neu angelegten Schrebergartens. Nach Jahren werden an demselben Ort Plattenbauten errichtet (die Wohnsiedlung Niedwiednik entstand in der ersten Hälfte der 80er Jahre). Die Entstehung der neuen Wohnsiedlungen inspirierte auch andere Schriftsteller aus Gdańsk, Stefan Chwin z. B. beschreibt (*Kurze Geschichte eines gewissen Scherzes*) die Entstehung von *Stalinowce* und Bolesław Fac in *Na widoku* die Entstehung der *Zaspa*-Siedlung[858]. Nicht nur die deutsche Vergangenheit der Stadt, sondern auch die im Roman beschriebene Welt existiert nicht mehr. Sie verschwand von der Erdoberfläche unter der neuen Schicht des Palimpsestes. Aus der inneren, privaten Welt des Erzählers werden diese Spuren aber nicht getilgt. Jeder erinnert sich jedoch anders und Heller ist im Roman der Einzige, der die Vergangenheit heraufbeschwört.

Weiser Dawidek ist ein Buch, das die Stadt in den 50er Jahren des 20. Jahrhunderts zeigt, aber die Zusammenstellung der Handlungsräume, unter anderem der Vergleich der Ostsee mit *Morze Bałtyckie*, ist auch der erste Schritt zum

---

857 Orłowski, Hubert: *Polen.* In: Stierstorfer, Klaus (Hg.): *Deutschlandbilder im Spiegel anderer Nationen.* S. 272.

858 Vgl. Nowaczewski, Artur: *Trzy miasta trzy pokolenia.* S. 90.

Vergleich der Werke *Weiser Dawidek* und *Katz und Maus*. Auch andere Orte spielen eine große Rolle für beide Werke. Zum Vergleich der Schauplätze äußert sich Christian Prunitsch, der das Bootswrack aus *Katz und Maus* mit der Ziegelei aus *Weiser Dawidek* und die Schulen, die die Jungen besuchen, parallelisiert. In den wichtigsten Schauplätzen sind, so Prunitsch, Äquivalenzen angelegt, durch die sich die Kontinuität der Orte manifestiert[859]. Für die Jungen sind gefährliche Orte, die mit dem Krieg in Verbindung stehen, faszinierend. Für Weiser ist die alte Ziegelei ein magischer Ort. Die Ziegelei ist nicht nur ein Ort, wo er sich in einen Trancezustand versetzt und infolgedessen in der Luft schwebt, sondern auch der Ort, wo er das Gewehr aus dem zweiten Weltkrieg findet und aufbewahrt, also den Spuren Mahlkes aus *Katz und Maus* folgt. Die alte Ziegelei entwickelt ein ähnliches Zeichennetz wie das Wrack des polnischen Minensuchbootes *Rybitwa*, auf dem die Jungen in *Katz und Maus* spielen, was im Grass-Unterkapitel *Ostsee und Strand* beschrieben wurde. Bei Grass stirbt Mahlke als Vertreter der alten Welt. Huelle setzt dort ein, wo Grass seine Geschichte unterbricht. Pilenz erzählt nur wenig später nach der Zeit, in der *Weiser Dawidek* spielt. Es ist, als ob Huelle die Zeit, die Grass für seine Novelle bestimmt hat, aufgenommen hätte und sie weiter erzählen wollte. Warum musste aber Weiser, wie Mahlke, verschwinden? Dies kann man unterschiedlich deuten: entweder ist er als jüdisches Waisenkind ein Vertreter der Vergangenheit, die keinen Platz mehr in der neuen Welt hat, oder er ist doch ein Vertreter der Gegenwart, die von den bedrohlichen Spuren der Vergangenheit vernichtet werden muss. Die Ziegelei von Weiser verbindet Prunitsch auch mit der Ortsangabe unten. So entsteht eine direkte Parallele zwischen dem Verschwinden der beiden Protagonisten: Mahlke bei Grass und Weiser bei Huelle. Mahlke war Vertreter der alten Welt, aber dann kam das Neue: die Welt, die mehr als zwanzig Jahre später von Paweł Huelle beschrieben wird. Das Verschwinden von Weiser ist auch als Verschwinden der magischen Kinderwelt zu verstehen, die in der Welt der Erwachsenen nur in der Erinnerung weiter leben könnte. Huelle sehnt sich nostalgisch nach seiner eigenen Kindheit. Hier könnte man Kant paraphrasieren, der in der *Antrophologie in pragmatischer Hinsicht* behauptet, dass man sich nicht nach dem Ort der Kindheit und der Jugendzeit sehnt. Deswegen sind Menschen oft nach ihrer Rückkehr an den Ort, an dem sie ihre Kindheit verbracht haben, enttäuscht, denn sie suchen in der Wirklichkeit nach der vergangenen Zeit, zu

---

859 Prunitsch, Christian: *Intertextualität als Vollzug literarischer und geschichtlicher Kontinuität am Beispiel von Günter Grass' "Katz und Maus" und Paweł Huelles „Weiser Dawidek".* S. 165.

der man nie zurückfindet. Dies scheint Huelle in seinem Roman zu bestätigen, denn der Erzähler findet Weiser nicht. Das Gleiche gilt auch für die Novelle von Günter Grass. Auch Mahlke verschwindet für immer und es bleibt für Pilenz ein Geheimnis, was mit ihm passiert ist.

2. Huelles Erzählungen

Paweł Huelle ist bekannt u. a. als Autor von vier Bänden der Erzählungen: *Opowiadania na czas przeprowadzki* (1991) (die deutsche Ausgabe in der Übersetzung von Renate Schmidgall ist 1992 im Luchterhand Verlag u. d. T. *Schnecken, Pfützen, Regen und andere Geschichten aus Gdańsk* erschienen), *Pierwsza miłość i inne opowiadania* (1999) (die deutsche Ausgabe u. d. T. *Silberregen* in der Übersetzung von Renate Schmidgall erschien 2000 im Rowohlt Verlag), *Byłem samotny i szczęśliwy* (2002), *Opowieści chłodnego morza* (2008). *Byłem samotny i szczęśliwy* enthält Erzählungen, die aus den zwei ersten Bänden der Erzählungen bekannt sind und die auch alle ins Deutsche übersetzt wurden.

Danzig / Gdańsk oder dessen Umgebung (Kaschubei) und so genannte *urban legends*[860] bekommen in den meisten Erzählungen Huelles eine besondere, autobiographisch gefärbte Bedeutung. Die meisten Protagonisten Huelles bewegen sich in bestimmten topographischen Rahmen. Wie in den Romanen baut Huelle in seinen Erzählungen seine private Topographie der Stadt, indem er für ihn wichtige Orte und Straßen genau beschreibt sowie ihre gegenwärtigen Namen und ihre Entsprechungen aus der Vorkriegs- oder Kriegszeit präsentiert. Die Topographie der Stadt ist klar umrahmt und wiederholt sich in verschiedenen Werken. Die meisten Figuren gehen auf den gleichen Straßen spazieren, sie fahren mit den gleichen Trambahnen die gleichen Strecken durch die Stadt, besuchen immer den Cyrson-Laden, in dem sie rote oder gelbe Limonade kaufen oder die Bar Liliput, in dem ihre Väter am Lohntag Bier trinken. Die Gegend, in der sie sich bewegen, umfasst vor allem Langfuhr, die Oliva-Wälder, Brentau und den Flughafen[861]. Für die Leser ist es sogar möglich, sich die Raumanordnung vorzustellen. In allen Erzählungssammlungen setzt sich Huelle v. a. mit der deutsch-polnisch-kaschubisch-mennonitischen Kulturlandschaft Danzig / Gdańsk auseinander. In Huelles Erzählungen sind verschiedene Schichten und Kreise sichtbar, die ein Palimpsest bilden. Huelle versucht immer wieder, seine eigene Version einer mythischen

---

860   Vgl. *Kuchenne metafizyki*. Gespräch mit Roch Sulima. In: *Wyspa*. 2009/03. S. 126–135.
861   Vgl. Bossak-Herbst, Barbara: *Antropolis. Współczesny Gdańsk w wymiarze symbolicznym*. Gdańsk 2009. S. 87.

Stadt zu schaffen. Das Fiktive und das Imaginäre[862] stehen im Zentrum, sind jedoch lebensweltlich verankert[863]. Huelle beschreibt tatsächlich die Welt seiner Imagination, obwohl die Handlung meistens an realen Orten spielt. In der Erzählung *Schnecken, Pfützen, Regen und andere Geschichten* geschehen beispielsweise irreale Ereignisse an real existierenden Orten. Der Erzähler und sein arbeitsloser Vater sammeln im Sommer Schnecken und verkaufen sie, um Geld fürs Überleben zu verdienen. Auf dem alten, ehemals deutschen Brentauer Friedhof sind mehrere Schnecken zu finden. Die Schnecken haben ihre Rituale und verhalten sich nicht wie Schnecken, wenn die Menschen sie nicht sehen. Die dargestellte Welt wird wie die in *Weiser Dawidek* als private Mythologie präsentiert, die durch die Verbindung des Realen und Autobiographischen mit dem Fiktiven und Imaginären potenziell möglich ist. Die Welt der Handlung ist irreal, obwohl sie auf dem Realen basiert und durch authentische Ereignisse ergänzt wird.

2.1 Private Hybridität

Huelles Erzählungen sind ein Versuch der Herausbildung der Identität einer Stadt, die keinesfalls einen homogenen Charakter hat. Sie werden auch auf diese Art und Weise von der Kritik gelesen[864]. Die Erzählungen bilden eine Mythologie, die aus archetypischen Legenden und privaten, oft prosaischen Erinnerungen des Protagonisten besteht, der auch ein Teil dieser Mythologie ist und aus allen Einzelerzählungen ein Ganzes bildet. Lothar Quinkenstein behauptet, die Wiederholung des Ortes schaffe innerhalb der Prosastücke von Huelle eine Kontinuität. Zusätzlich erkenne man einzelne Orte und Personen wieder. Vor allem in jenen Geschichten, die Kindheitserinnerungen gestalten, bleibe die Zeichnung der Familiensituation einprägsam; die in wenigen Strichen entworfenen Charakterzeichnungen von Vater und Mutter kehren mehrmals wieder[865]. Anna Grześkowiak-Krwawicz bemerkt, dass Huelle einen gewöhnlichen Spaziergang durch die Stadt in eine Suche nach der Geschichte verwandelt[866]. Wie bei Chwin ist auch bei Huelle das deutsche Danzig nicht völlig verschwunden. Beide Schriftsteller lassen ihre Protagonisten Spuren der Anwesenheit der anderen Nationen in

---

862 Vgl. Iser, Wolfgang: *Das Fiktive und das Imaginäre. Perspektiven literarischer Anthropologie.* Frankfurt am Main 1991.

863 Vgl. Ebd., S. 190.

864 Ławrynowicz, Marek: *W podróży.* In: *Wyspa.* 2009/03. S. 100; Darska, Bernadetta: *Pisanie na piasku.* In: *Twórczość.* 2009/2. S. 108.

865 Quinkenstein, Lothar: *Entzifferte Geschichte.* S. 121.

866 Grześkowiak-Krwawicz, Anna: *Alicja przed lustrem. Rzecz o Gdańsku i prozie Pawła Huellego.* In: *Teksty Drugie.* S. 143.

der Stadt finden. Die Spuren können materiellen, z. B. eine in der Schublade versteckte Münzensammlung in der Erzählung *Silberregen,* oder nicht-materiellen
Charakter haben, wie z. B. in der Erzählung *Der Tisch,* in welcher der Erzähler die
geheimnisvolle Ahnung hat, dass der Geist des ehemaligen Besitzers sein Haus
besucht, um stumm um seinen runden Tisch zu gehen[867]. Die Erinnerung an die
deutsche Geschichte der Stadt lässt das Schaffen Huelles als Gedächtniskunst erscheinen. Die Erzählperspektive wirke, laut Lothar Quinkenstein, als wichtiges
Element in diesem Kontinuum[868]. Die meisten Erzählungen sind aus der Sicht
eines Ich-Erzählers verfasst, wodurch eine private Perspektive gezeigt wird, die
nicht unbedingt mit der kollektiven übereinstimmen muss. Quinkenstein bemerkt, dass manche Erzählungen, wie beispielsweise *Mimesis,* zwar eine aukto-
riale Erzählweise zeigen, aber am Ende ein Autoren-Ich enthüllen. In den zwei
ersten Erzählbänden wird nur ein Text, nämlich *Silberregen,* auktorial erzählt[869].

Huelle bringt zum Ausdruck, dass die Danziger Vielfalt von Kulturen, Sprachen und Nationen verloren gegangen ist und es die Aufgabe der Literatur ist,
den Mythos der verloren gegangenen Stadt auf eine solche Art und Weise zu
beschreiben, dass sowohl Polen, Deutsche als auch Kaschuben und Mennoniten
berechtigt sind, hier nach ihren Wurzeln und ihrer Identität zu suchen. Die reale
Stadt Danzig / Gdańsk war nicht so sehr durch die Hybridität gekennzeichnet
wie im Werk von Huelle, wo die kleinen Minderheiten präsenter sind als in der
Wirklichkeit. So sind Geschichte und Kultur der Minderheiten (v. a. Mennoniten)
in Danzig / Gdańsk und dessen Umgebung für die Erzählungen am wichtigsten.
Huelle interessiert, wie die Minderheiten als Enklaven funktionieren. Welchen
Einfluss hatten sie auf die kulturelle, politische und nationale Entwicklung der
Stadt? Die Handlung spielt in Huelles Erzählungen zu verschiedenen Zeiten
(vor, im und unmittelbar nach dem Krieg sowie in der Gegenwart). Die einst
vertriebenen Gdańsk-Besucher finden in Huelles Prosa ihre verlorene Heimat,
die Einwanderer aus den ehemaligen Ostgebieten Polens finden hier ihre Kindheitslandschaften wieder, ihre Kinder empfinden zuerst eine Art der Fremdheit
gegenüber der einst deutschen Stadt[870] und dann Solidarität angesichts der ersten
gemeinsamen, historischen Ereignisse: Dezember 1970, die Danziger Verträge

---

867   Vgl. Ebd., S. 141–145.
868   Quinkenstein, Lothar: *Entzifferte Geschichte.* S. 121.
869   Ebd.
870   Vgl. Szydłowska, Joanna: *Obcowanie z tajemnicą. Topos Gdańska w prozie S. Chwina
      i P. Huellego.* In: Staniszewski, Andrzej / Hul, Leokadia (Hg.): *Literackie strategie lat
      dziewięćdziesiątych. Przełomy, kontynuacje, powroty.* Olsztyn 2002. S. 43–51.

1980[871]. Huelle beschreibt das Gedächtnis der Stadt am Beispiel der verschiedenen mit der Stadt verbundenen Generationen (in erster Linie: die Generation der Vertriebenen, der Einwanderer sowie ihrer Kinder). Die Stadt überlebte zwei Totalitarismen. Renate Schmidgall meint zu Recht, dass Huelle eine verlorene Welt zeigt, indem er die Welt seiner Kindheit darstellt[872]. Darin ähnelt seine erzählerische Verfahrensweise der von Grass oder Chwin. Dabei bedient Huelle in den Erzählungen sowie in *Weiser Dawidek* die Nostalgie, die durch die Sehnsucht nach der Kindheit und Jugend ausgedrückt wird. Zugleich setzt er jedoch Ironie ein, die verursacht, dass die nostalgische Erzählweise nicht kitschig oder pathetisch wirkt[873]. Die Unwiederbringlichkeit der alten Welt ist in den meisten Erzählungen präsent. Als Beispiele können gelten: *Der Tisch, Gute Luisa, Silberregen, Glückliche Tage*. Die Reiseführer (oft Deutsche, Mennoniten oder Juden) aus der Vergangenheit sind diejenigen, die hier einst wohnten und die zuerst real scheinen, es zeigt sich jedoch, dass sie nur als Geister der Vergangenheit gesehen werden können. Die Vertreter dieser Minderheiten sind erfahrener als die Erzähler, die die Geschichte der Stadt erst kennen lernen. So etwa in der Erzählung *Gute Luisa,* deren Handlung auf der Speicherinsel spielt: Hier zeigt Huelle, wie alles, was Vergangenheit repräsentiert, systematisch verschwindet: Kopfsteinpflaster und Gaslaternen, der Scherenschleifer und nicht zuletzt die Protagonisten Lucjan und Ida selbst. Es scheint als verwische Huelle in seinen Werken die Grenzen zwischen Realität und Phantasie. Er kombiniert zwei Konzepte, die in den Industrienationen als gegensätzlich gelten: Realität und Mythologie / Phantasie / Magie. Realität und Phantasie existieren gleichzeitig in seinen Werken. Die magische Perspektive des Kindes, das träumt und phantasiert, ist einerseits eine Identitätssuche und andererseits ein literarisches Mittel, um „die Wirklichkeit zu zeigen, in ihrer völligen Gestalt, zusammen mit ihrem unentbehrlichen Attribut, dem Geheimnis."[874] Das Verlorengegangene (sowohl die Kindheit als auch die deutsche Vergangenheit der Stadt) ist als ein Geheimnis dargestellt. Die grausame Wirklichkeit wird als Gegensatz zur nostalgischen Phantasie gezeigt.

Einen Gegenpol zu Danzig / Gdańsk bilden die auf nostalgische Art und Weise skizzierten *kresy* und in erster Linie Lemberg, wo die Familie von Huelles Vaters herstammt. Die Eltern und Großeltern leben in seinen Erzählungen

---

871 Vgl. Huelle, Paweł: *Krnąbrne miasto.* In. *Rzeczpospolita.* 1997/3. S. 3.

872 Schmidgall, Renate: *Heimat Danzig als literarisches Thema bei Paweł Huelle.* S. 177.

873 Czapliński, Przemysław: *Wzniosłe tęsknoty. Nostalgie w prozie lat dziewięćdziesiątych.* Kraków 2001. S. 220–225.

874 Huelle, Paweł: *Interesuje mnie zmyślenie i forma.* In: *Puls.* 1991/3. S. 37. (Übersetzt: Aleksandra Gajewska).

(*Schnecken, Pfützen und andere Geschichten*, *In Dublin's fair city*, *Das Wunder*) und im Roman *Mercedes-Benz* in einer idyllischen, weil sicheren Vergangenheit. Die beiden Großväter (Antoni mütterlicherseits und Karol väterlicherseits) stehen für die untergegangene Epoche[875]. Die *kresy* erscheinen im Werk Huelles als verlorene Heimat und locus amoenus und dienen der Entdeckung der eigenen Identität sowie der *Erfahrung* der eigenen Geschichte. Durch den Heimatverlust der Vorfahren entsteht im Werk von Huelle ein Mythos, der die *kresy* zum Thema macht und idealisiert.

2.2 Danziger Schmelztiegelgesellschaft

2.2.1 Deutsche

Deutsche Figuren sind bei Huelle, genau wie in der Realität der Nachkriegszeit, nicht zahlreich vertreten. Es können beispielsweise Frau Greta, Herr Kosterke, Herr Polaske oder die *Gute Luisa* genannt werden. Oft wird ihre Anwesenheit ausschließlich durch Gegenstände symbolisiert. Sie erinnern daran, dass in der Stadt einmal vor allem Deutsche wohnten. Der Gegenstand der Erzählung *Der Tisch* ist ein deutscher Tisch, um den in der Familie des Erzählers Konflikte ausbrechen. Der Ort der Handlung (die Wohnung) kann nicht zum Zuhause werden, weil der Gegenstand (der Tisch) entfremdend wirkt. Nicht nur der Tisch, sondern die ganze Wohnung ist fremd, weil hier noch vor kurzem Fremde wohnten. Der Streit um den Tisch ist ein Teil des nationalen Traumas. So hört der kleine Protagonist den Streit der Eltern darüber, was für Polen schlimmer war: die Deutschen oder die Sowjets. Den Tisch hatte der Vater 1946 von Herrn Polaske gekauft, bevor dieser mit dem letzten Zug nach Westen fuhr. Die Mutter hasst die Deutschen, bzw. sie empfindet vielmehr eine panische Angst vor ihnen, da sie in einem Konzentrationslager war. Mieczysław Dąbrowski behauptet, sie hasse die Deutschen „pathologisch"[876]. Ein Symbol ihrer Angst ist gerade der genannte Tisch. Für Quinkenstein wird die Herkunft des Tisches zu einem Brennglas des historischen Konfliktes, weil er jenen Tischen bedrohlich nahe stehe, auf denen Generalstabskarten ausgebreitet und Grenzen neu gezogen worden seien[877]. Die Mutter des Erzählers streitet mit ihrem Mann um den Tisch, den er von einem Deutschen hat; übrigens von einem Kommunisten, der in Stutthof war. Sie will

---

875 Vgl. Quinkenstein, Lothar: *Entzifferte Geschichte*. S. 133.
876 Dąbrowski, Mieczysław: *Polnische Wege auf deutschen Spuren. Die Literatur und die Dialektik der Geschichte*. In: Kątny, Andrzej (Hg.): *Das literarische und kulturelle Erbe von Danzig und Gdańsk*. Frankfurt am Main 2004. S. 10.
877 Quinkenstein, Lothar: *Entzifferte Geschichte*. S. 122.

das Möbelstück aber trotzdem nicht zu Hause haben. Quinkenstein sieht in dem Tisch mit seinem verkürzten Bein, das ein Holzklotz provisorisch ausgleicht, ein Sinnbild historischer Beschädigungen[878]. Für den Vater der Familie ist der Tisch jedoch ein Gegenstand, den man zu eigenen Zwecken nutzen kann. Der Vater behauptet, er sei gegen Verallgemeinerungen, doch zugleich kann er die Russen nicht akzeptieren. Einerseits begreift er die Vorurteile seiner Frau nicht und andererseits pflegt er seine eigene Voreingenommenheit den Russen gegenüber. Auch Stefan Chwin gibt zu, dass das antirussische Trauma in Gdańsk stärker war als das antideutsche Trauma, denn in fast jeder aus dem Osten stammenden Neu-Danziger Familie gab es Erinnerungen an Verwandte und Bekannte, die von den Russen verhaftet und ins Innere Russlands verschleppt wurden, von wo sie nicht mehr zurückkehrten[879]. Huelles Erzähler konfrontieren in den Erzählungen und Romanen zwei totalitäre Systeme, durch die Danzig betroffen wurde: Nationalsozialismus und Kommunismus (*Der Tisch*, *Weiser Dawidek*). Oft scheint es, als ob er den Kommunismus stärker verurteilte als den Nationalsozialismus. Huelle behauptet, er schätze an den Menschen, dass sie zur Zeit des Kommunismus versuchten, ihre Ideale und Werte zu bewahren, auch wenn sie dem brutalen Regime gegenüber scheitern mussten, ohne jemals Freiheit und Genugtuung zu erlangen[880].

Als der Tisch von daheim verschwunden ist, findet laut Quinkenstein in der Psyche der Mutter eine Katharsis statt, die ihr Verhältnis zu den Deutschen grundlegend ändere. Als unerwartet Herr Polaske auftaucht, lädt sie ihn zum Mittagessen ein. Quinkenstein sieht in diesem unmotivierten Erscheinen Herrn Polaskes die Bestätigung der Transfiguration, die durch seinen Tisch ausgelöst wurde[881]. Sehr treffend bemerkt er, dass das Kind aus der Erzählung zeitgleich lesen lernt, also die Initiation der Schrift erfuhr, „was durch die Bemerkung des Vaters ‚Alles ist erfunden. Einfach alles!' schon den Keim einer weiteren Verwandlung in sich trägt – der Fiktionalisierung."[882] Diese Fiktionalisierung wird noch dadurch unterstrichen, dass am Anfang der Erzählung ein altes Foto Danzigs als ein Schlüsselmotiv auftaucht, das für die Imagination des Jungen interessanter ist als die gegenwärtige Stadt[883]. „Die Stadt in ihrer realen Existenz ist

---

878   Ebd., S. 122.
879   Chwin, Stefan: *Stätten des Erinnerns*. S. 37.
880   Vgl. Huelle, Paweł: *Interesuje mnie zmyślenie i forma*. In: *Puls*. 1991/3. S. 34ff.
881   Quinkenstein, Lothar: *Entzifferte Geschichte*. S. 124f.
882   Ebd., S. 125.
883   Vgl. Ebd.

zweitrangig gegenüber ihrer Funktion, Anlass zur Erinnerung zu sein."[884] Quinkenstein bemerkt zu Recht, dass der erste Kontakt mit der Welt der Deutschen nichts Gemeinsames mit dem Schock habe, der in Chwins *Krótka historia pewnego żartu* mit der Entdeckung der Zeitungen unter der Tapete einherging[885].

In der Stadt sind nach dem Krieg nur noch wenige Deutsche zurückgeblieben. Sehr oft waren das durchschnittliche Menschen (Herr Kosterke oder Frau Greta). In den meisten Fällen bleibt unklar, was sie während des Krieges machten. Von Herrn Kosterke aus der Erzählung *Schnecken, Pfützen, Regen...*, bei dem der Erzähler und sein Vater die gesammelten Schnecken abliefern, weiß man wenig. Er spricht mit hartem deutschen Akzent, wodurch er sich von den Stadtbewohnern unterscheidet. 1946 verlor er sein Bein, als er auf eine deutsche Mine getreten ist. Vor dem Krieg hatte er einen Kolonialwarenladen an der Ecke der Hubertusburger Allee[886] und rauchte Zigaretten der Marke Vineta[887]. In *Weiser Dawidek* erscheint auch der Laden Cyrsons, der in der Chrzanowskiego-Straße liegt. Dies muss der Laden von Herrn Kosterke sein, denn die Hubertusburger Allee heißt nach dem Krieg *Chrzanowskiego*-Straße. Er versteht sich selbst als Danziger: „es war sehr schwer für ihn, wenn die Leute sagten, dass er, Kosterke, Deutscher sei, dabei war er Danziger, nur Danziger, und polnisch sprach er fast genauso gut wie deutsch."[888] Durch Herrn Kosterkes Erzählung scheint die Zeit zurückgedreht, wobei die deutsche Vergangenheit der Stadt unheimlich erscheint. Dem Erzähler scheint es, als könnte er diese vergangene Welt mit eigenen Augen sehen:

> Und plötzlich, wie durch die Berührung einer unsichtbaren Hand, begannen sich in der dünnen Luft der Holzbude die Zeitebenen zu vermischen, und der dunkle Geschäftsraum füllte sich mit dem Duft von Kaffee, Zimt, Ingwer, Muskat, mit dem Duft von Nelken und Moselwein, Herr Kosterke besaß wieder sein echtes Bein und stand hinter der blitzenden Theke aus Eichenholz, (...), ,Wie geht das Geschäft?' (...) Nicht so gut wie früher, denn seit die Braunhemden die Straßen unserer freien Stadt beherrschten, seit die Braunhemden den Senat und die Außenpolitik beherrschten, seit sie einen Zollkrieg mit Polen führten, gingen die Geschäfte nicht besonders. (...) es werde eine schwere Zeit kommen für die Juden und Polen und alle anständigen Leute (...)[889]

Die Zeitebenen vermischen sich in mehreren Erzählungen von Huelle (auch in *Mimesis, Onkel Henryk, Frau Greta und so weiter*). Man weiß nicht mehr, ob es

---

884 Ebd.
885 Ebd.
886 Schmidgall, Renate: *Heimat Danzig als literarisches Thema bei Pawel Huelle.* S. 175.
887 Vgl. Grass, Günter: *Die Rättin.*
888 Huelle, Paweł: *Schnecken, Pfützen, Regen und andere Geschichten aus Gdańsk.* S. 64.
889 Ebd., S. 65ff.

Vergangenheit ist oder schon Gegenwart. Sogar Düfte der Vergangenheit werden beschrieben. Zuerst wird eine ideale magische Welt dargestellt, die nach Kaffee, Ingwer und Muskat duftet. Dann kommt die Zeit des Nationalsozialismus, die für Herrn Kosterke traumatisch zu sein schien, denn es war eine schwere Zeit für alle anständigen Leute. So ähnlich wie sich Herr Kosterke an die Vergangenheit erinnert, so sehnt sich auch der Vater des Erzählers nach der Heimat seiner Familie in Lemberg. Diese Ebene wird auch in *Weiser Dawidek* sowie in *Mercedes Benz* hervorgehoben.

Laut Quinkenstein intensiviert sich der Kontakt mit der deutschen Vergangenheit der Stadt in der Erzählung *Der Umzug*[890]. Greta Hofmann *(Der Umzug)* kann als Trägerin der deutschen Kultur angesehen werden. Die alte Danzigerin erinnert, ähnlich wie Herr Kosterke, an die bereits verloren gegangene Zeit. Sie pflegt keine Kontakte zu polnischen Nachbarn und umgibt sich mit Gegenständen, die die Vergangenheit repräsentieren:

> Das Große Zimmer lag im Halbdunkel, und ich konnte nicht viel erkennen. Eigentlich war nur der Tisch einigermaßen zu sehen. Er stand am nächsten bei der Tür und war mit unzähligen Gegenständen überhäuft. (…) Da waren Leuchter aus Silber und Messing, Stöße von dicken Büchern und Noten, lose Blätter, Figurinen und Döschen aus Porzellan, Glasgefäße, Stoffe für Kleider, Garnrollen, steinerne Blumentöpfe, ein Paar Handschuhe, ein Spielzeugrechen, Damenhüte, Tassen mit und ohne Untertassen, Briefbeschwerer aus Lack und Bronze, die kleine Büste eines Mannes, eine silberne Zuckerdose, mehrere Fotographien in Rahmen, schließlich ein Wecker mit großer Glocke, einem Hämmerchen und einem abgebrochenen Zeiger. Doch die Konturen aller dieser Gegenstände waren verwischt und so verschwommen, als betrachtete man sie durch eine unscharfe Linse. (…) Aufeinandergetürmt erinnerten sie an eine zerstörte Stadt mit ihren Straßenschluchten, den engen Durchgängen zwischen einer Wand und der anderen.[891]

Im Zimmer entdeckt der Erzähler eine Menge ungewöhnlicher Dinge:

> Zum Beispiel die Bilder: Sie waren alle sehr dunkel und sehr alt, und es waren viele Pferde, Droschken und Pferdewagen darauf – um die Marienkirche herum, beim Neptunsbrunnen und unter dem Gefängnisturm. Oder das Klavier: Über das Nussbaumholz liefen Zierbuchstaben und fügten sich zu einer Inschrift, die sich nur mühsam entziffern konnte: Gerhard Richter und Söhne. Danzig 1932. Im Bücherschrank wiederum standen Reihen von dicken Bänden mit vergoldeten Rücken, über die das Licht glitt.[892]

Die Mutter des Erzählers akzeptiert die alte Dame nicht. Sie hasst sie sogar und hat Angst vor ihr. Der Grund dafür ist, dass sie eine Deutsche ist und dass sie

---

890 Quinkenstein, Lothar: *Entzifferte Geschichte*. S. 128.
891 Huelle, Paweł: *Schnecken, Pfützen, Regen und andere Geschichten aus Gdańsk*. S. 81f.
892 Ebd., S. 85.

sich nicht schämt, deutsche Musik zu spielen. Es stört die Mutter, dass die alte Dame ihre Identität nicht aufgeben will. Es geht allerdings nicht darum, dass sie ihr Deutschsein zur Schau trägt, weil sie dies gar nicht tut, sondern darum, dass sie überhaupt im polnischen Gdańsk geblieben ist und hier immer noch lebt. Die Mutter des Erzählers erlaubt ihrem Sohn nicht, sich mit Frau Greta zu treffen und deutsche Musik zu hören. Huelle, ähnlich wie Stefan Chwin, erkennt deutsche Verdienste im Bereich der Kultur an, die in Gdańsk sichtbar sind. Der Junge gelangt ins Haus von Greta Hoffmann „und erlebt so die intimste Form des Kontaktes mit dieser Enklave innerhalb seiner eigenen Welt."[893] Frau Greta spielt Wagner und erzählt dem Jungen von den Wagnerschen Vorkriegsfestspielen in der Waldoper. In ihrer Wohnung scheint die Zeit stehen geblieben zu sein. Aber die alte Danzigerin ist sich dessen bewusst, dass ihre Heimat schon zur Vergangenheit gehört: Im Fotoalbum, das Frau Greta gehört, erkennt der Junge den ihm bekannten Ort: „Aber das ist ja unser Park!" Frau Greta antwortet: „Ja, (…) das war der Park."[894]

Frau Greta unterscheidet zwischen Danzig und Gdańsk. Sie identifiziert sich mit Danzig und kann sich in der Welt nach dem Krieg nicht zurechtfinden. Sie fühlt sich hier nicht daheim, deutsch ist nur ihre Wohnung geblieben, die ganze Stadt ist dagegen polnisch geworden.

2.2.2 Kaschuben

Huelles Erzähler sind, ähnlich wie Grass' Erzähler und anders als Chwins Erzähler, von der Landschaft der Kaschubei, den Sitten und Bräuchen sowie von den Menschen, die dort lebten und leben, fasziniert. In der Kaschubei spielt die Handlung der Erzählungen *Silberregen, Onkel Henryk, Rzepka-Depka.*

Die Kaschubei scheint bei Huelle symbolisch das Land der Träume zu sein. Es ist eine irreale und vergangene Welt. Nur ihre Spuren haben sich erhalten. Es ist das Land des Mythischen und des Ursprünglichen und das Land, in dem alles beginnt. Dies wird sehr schön in der Erzählung *Onkel Henryk,* aus dem Band *Byłem samotny i szczęśliwy,* illustriert. Die Protagonisten wandern im Winter durch die Kaschubei. Auf einem Ski-Ausflug in die verschneiten Wälder geraten sie in einen halluzinativen Rausch. Sie verirren sich, obwohl Onkel Henryk diese Gegend sehr gut kennt, und bemerken plötzlich in der Dunkelheit ein seltsames Dorf. Die Bewohner bereiten gerade einen Hahnenkampf vor und als

---

893 Quinkenstein, Lothar: *Entzifferte Geschichte.* S. 128.
894 Huelle, Paweł: *Schnecken, Pfützen, Regen und andere Geschichten aus Gdańsk.* S. 90.

Schiedsrichter muss Onkel Henryk dienen[895]. Nach der Rückkehr wollen sie die geheimnisvolle Ortschaft auf der Landkarte finden, was jedoch nicht gelingt. Sie brechen im Mai wieder auf, aber von der Siedlung finden sie keine Spur. Sie entdecken dies mit großer Verwunderung. Das Dorf und der Hahnenkampf waren wahrscheinlich, wie so oft bei Huelle, ein Spiel ihrer Imagination und eine Sinnestäuschung. Diese Erzählung, wie auch viele andere Werke von Huelle, wurde in der Tradition des Magischen Realismus geschrieben. Es scheint, als wäre diese Ortschaft eine Anspielung auf Macondo aus *Hundert Jahre Einsamkeit* von Gabriel García Márquez, einen unwirklichen Ort, wo auch ein illegaler Hahnenkampf als wichtiges Motiv dargestellt wird. Die Bauern aus Huelles Erzählung leben isoliert und symbolisieren, wie auch die Bewohner von Macondo eine orale Kultur, die in der zivilisierten Welt keinen Bestand mehr hat. Solch ein illusorischer Ort soll in diesem Falle die Kaschubei sein. Es ist die Welt, die nicht mehr real existiert und ausschließlich in der Erinnerung und in der Literatur möglich ist. Macondo wie die Kaschubei existieren jenseits jeder Wahrnehmbarkeit.

In der Erzählung *Depka – Rzepka* kauft der Erzähler von den kaschubischen Fischern Fisch für das Weihnachtsfest. Wieder einmal wird deutlich unterstrichen, dass man sich an die vergangenen Ereignisse erinnert. Der Erzähler erfährt dabei von einer Ostsee-Legende, die die Identität des Ortes, also der Kaschubei, zu rekonstruieren hilft. In der kaschubischen Legende wird der Name der Halbinsel *Hel* erklärt. Hela bedeutet einfach die Hölle, weil die Hela-Bewohner Diener des Teufels waren. Einst brachten sie während starker Stürme falsche Wegweiser am Strand an. Versunkene Schiffe waren für sie eine Quelle verschiedener Waren und sie töteten alle Schiffbrüchigen. Erst als einer der Überlebenden ein Bischof war, wagte niemand, ihn zu töten. Er wurde angekettet und musste zehn Jahre lang den Mühlstein in Bewegung halten. Erst nach zehn Jahren wurde der Bischof Sendenza von einem Beamten des Herzogs Zwentibold gerettet. Das Urteil des Herzogs war grausam, aber gerecht: Jeder zweite Mann aus dem Dorfe wurde erhängt. Depka – der Herrscher der Seeräuber – wurde mit Teer bestrichen. Dann wurde er an einen Segelmast gebunden und in Brand gesetzt. Seit dieser Zeit muss jeder sterben, der dem Schiffsgespenst begegnet[896]. Diese kaschubische Legende ist in das Pommersche Lokalkolorit integriert und wurde oft in nur wenig veränderten Versionen wiederholt[897]. Huelle erinnert in seinen Prosawerken

895   Jokostra, Peter: *Traum und Phantasie verschmelzen.* In: *Rheinische Post.* 23.01.1993.
896   Huelle, Paweł: *Opowieści chłodnego morza.* Kraków 2008. S. 67f.
897   Vgl. z. B.: Samp, Jerzy: *Z woli morza. Bałtyckie mitopeje.* Gdańsk 1987. S. 14–20; Woźniak, Tadeusz: *Ognista kula.* In: Szcesiak, Edmund (Hg.): *Opowieść o trwaniu Kaszub.* Gdańsk 1985. S. 155–160.

an derartige kaschubische Legenden, die außerhalb der Kaschubei unbekannt sind. So verewigt er diese Welt, die kaum mehr erreichbar und sichtbar ist.

2.2.3 Mennoniten (Hauländer)

Mennoniten bilden eine evangelische Glaubensgemeinschaft in der Tradition der Täufer (Anabaptisten). Der Namensgeber der Mennoniten war der Theologe Menno Simons (1496–1561). Ende des 15. Jahrhunderts kamen die ersten Mennoniten aus den Niederlanden nach Danzig und Umgebung. Unter ihnen war Dirk Philips aus Leeuwarden, der die mennonitische Gemeinde in Danzig (eigentlich außerhalb der Stadtmauern, zwischen der Radaune und dem Bischoffsberg) gründete. Schon in den zwei ersten Bänden der Erzählungen zeigt Huelle gelegentlich die nicht mehr existierende Welt der Mennoniten. So ist beispielsweise die Frau von Herrn Kosterke eine Mennonitin. Erst für den Band *Opowieści chłodnego morza* scheint die Welt der Mennoniten aber eine zentrale Bedeutung zu bekommen, denn die erste und die letzte Erzählung (*Mimesis* und *Pierwsze lato*), welche die Mennoniten thematisieren, bilden einen Rahmen, indem sie sich auf deren Welt konzentrieren[898]. In der ersten Erzählung wird ein Dorf beschrieben, das nach dem Krieg von den Mennoniten verlassen wurde. Nur zwei Personen sind geblieben: ein Mann und eine stumme Frau. Von einem allwissenden Erzähler wird die Geschichte des Dorfes erzählt, dessen Name nicht genannt wird und welches – seltsamerweise – nach dem Krieg nicht zerstört wurde. Der Titel der Erzählung *Mimesis* bezieht sich indirekt nicht nur auf die Konzeptionen Platons und Aristoteles, sondern auch auf René Girard und seine mimetische Theorie. Die äußere Welt ist für die Mennoniten die Verkörperung des Bösen und der Sünde. Mennoniten bilden eine geschlossene Enklave, die nach ihren eigenen Regeln funktioniert. Sie sind sehr gläubig und verstehen ihren Glauben als Leben in sehr ärmlichen Verhältnissen. Die Regeln, nach denen sie leben, sind sehr streng. In Huelles Erzählungen wird gezeigt, dass sie noch kurz vor dem Krieg keine Elektrizität hatten. Die meisten sprachen sich auch gegen die Elektrifizierung des Dorfes aus. Man durfte nicht tanzen, keine Musik hören und sich keine Filme ansehen. Männer und Frauen, die nicht verheiratet oder verwandt waren, durften nicht im gleichen Haus übernachten. Jeder, der gegen diese und andere Grundsätze verstieß, wurde aus der Gemeinde ausgeschlossen. Hanna, die Schwester der Protagonistin, die jahrelang in der Gemeinde lebte, beurteilt die Mennoniten wie folgt: „Sie sagen, dass sie Gott nachahmen. Aber darf sich

---

898   Vgl.: http://www.mennoniten.de/geschichte.html; http://www.g-gruppen.net/mennot.htm; www.taeufergeschichte.net/index.php?id=113.

der Mensch an solche Sachen wagen? Zu hoch! Deswegen ist das Leben für sie eine Qual, weil wenn es ihnen nicht gelingt, dann sind sie grausam, glauben Sie mir, ich habe das selbst erfahren."[899] Andere Gemeinde-Mitglieder durften keine Kontakte zu Menschen pflegen, die die Regeln der Gemeinde verletzt haben. Dies beschreibt Huelle am Beispiel von Hanna, die die Gemeinde verließ, sich katholisch taufen ließ und heiratete. Ihre Schwester, die sie einmal zufällig besuchte, musste sie vor der ganzen Gemeinde verleugnen. Aus Angst vor Gottesstrafe (Gemeindestrafe?) verstummte sie. Die Protagonistin steht außerhalb der herrschenden Ordnung, weil sie mit ihrer Schwester Hanna Kontakt hält. Somit wird die Protagonistin zum Opfer der Gemeinschaft.

In der Erzählung *Pierwsze lato* entdeckt der Held das Dorf der Mennoniten und findet dort die gesegnete Bibel, die Harmenszoon (dem Pfarrer der Gemeinde) gehörte. Dort, wo nach dem Krieg noch Häuser der Mennoniten standen, gibt es nach 25 Jahren, als der Protagonist den Ort besucht, keine Spuren ihrer Existenz. Dort, wo einst ein verlassenes Mennonitenhaus stand, steht heute ein Gästehaus. Ironischerweise wird hier gerade eine Homosexuellen-Hochzeit organisiert. Es blieb keine Spur, dass hier einst das Volk lebte, das die moralischen Grundsätze der Bibel streng befolgte. Auf der Wiese, auf der der Held und seine Freundin 25 Jahren zuvor ein Zelt aufschlugen, gibt es jetzt einen Parkplatz, einen Sportplatz und einen Grillplatz. Er macht hier keine Fotos, da die Welt, nach der er sich sehnt, nicht mehr existiert. Nach Jahren zerstört er die letzte Spur der Mennoniten. Er wirft die Bibel ins Meer und zeigt mit dieser Geste, dass er versteht, dass diese Welt verloren gegangen ist. Dieser Akt der Zerstörung der letzten Spur ist symbolisch als endgültiger Abschied von der Vergangenheit zu deuten.

2.2.4 Polen

Polen sind bei Huelle Menschen, die erst initiiert werden müssen. Sie haben keine Ahnung von der Vergangenheit der Stadt. Sie sind hier die Neuen, die nach dem Krieg die Geschichte der Stadt erst kennen lernen und ihre Erfahrungen sammeln müssen und ihre eigene Identität aufbauen. In dieser Arbeit wird das Leben in Nachkriegspolen nicht thematisiert. Die meisten Hauptfiguren sind in Huelles Erzählungen Polen, die ihren Träumen (zumeist aus ihrer Kindheit im Nachkriegspolen) folgen. Dabei schimmert die Diktatur nur durch (z. B. in *Schnecken, Pfützen, Regen...*, wo der Vater zuerst seine Arbeit als Schiffsingenieur aus politischen Gründen verlor und dann Bahnsteige kehrt. Schließlich wird ihm auch diese Arbeit weggenommen und er verdient sein Geld als Sammler von

---

899   Huelle: Paweł: *Mimesis*. In: *Opowieści chłodnego morza*. S. 40. (Übersetzung J.B.)

Weinbergschnecken). Die Privatheit der kindlichen Gegenwart führt „schnell und jederzeit zur Bestandsaufnahme polnischer Geschichte und polnischer Befindlichkeit."[900]

Für Huelles Protagonisten ist das private und nicht das kulturelle Gedächtnis von zentraler Bedeutung. Ihr Wissen stammt nicht von der Schule, sondern wird durch Erfahrung erworben. Sie lernen die Geschichte der Stadt von denen, die hier einst wohnten und nur als Gespenster zurückgeblieben sind. Dieses Private wird mit dem Öffentlichen nur selten konfrontiert. Die einzelnen Erzähler sind einander ähnlich, unter anderem deswegen, weil die meisten in Gdańsk geboren wurden und hier ihre Kindheit verbrachten. Ihre Eltern sind oft erst nach dem Krieg nach Gdańsk gekommen und identifizieren sich nicht mit der Stadt, sondern eher mit den *kresy* oder mit Warschau. Huelles Protagonisten (die oft zugleich Erzähler sind) suchen nach der eigenen Identität, indem sie den deutschen Spuren in der Stadt und ihrer Umgebung folgen. Im Unterschied zu der Generation ihrer Eltern wollen sie sich hier zu Hause fühlen. Sie sind Polen, die in Gdańsk oder Umgebung wohnen oder wohnten. Dies erlaubt ihnen einen Blick aus der Innenperspektive auf die Stadt.

Die meisten Protagonisten aus dem Erzählband *Opowieści chłodnego morza* verließen die Stadt ihrer Kindheit und kommen als Erwachsene zurück: in Wirklichkeit und / oder in Erinnerungen, Träumen und Gedanken. Es sind nostalgische Reisen, denn als Kinder waren sie hier glücklich. Daraus ergibt sich eine für Huelle charakteristische Abstufung: die Vergangenheit wird verklärt, die Gegenwart kritisch bewertet und für die Zukunft kann man schon eine Katastrophe ahnen. Die Stadt der Kindheit der Protagonisten befand sich in einem kommunistischen Land. Das Reiseverbot macht Huelle zu einem wichtigen Element dieser Welt. Einerseits war es eine Beschränkung, andererseits war es jedoch eine Chance, in der Phantasie zu reisen. In der Erzählung *Franz Carl Weber* reisen der Held und sein Bruder mit Hilfe einer Spielzeugeisenbahn, die sie vom Vater geschenkt bekamen, in die ganze Welt. Diese Kreisreisen haben eine symbolische Bedeutung, worauf Ławrynowicz hinweist[901]. In der Volksrepublik Polen, die nicht als Heimat dargestellt wird, fühlt sich ihr Vater wie ein Gefangener, weil er keinen Pass bekommen kann. Der Erzähler beweist jedoch, dass eine Traumreise in die Kinderwelt trotzdem möglich sei. Die authentische Heimat, in der man sich glücklich fühlt, ist in dieser Erzählung, wie auch in anderen Erzählungen

---

900 Derbacher, Mark: *Zauberer melodiöser Wörter. Pawel Huelles neue Geschichten aus Gdansk*. In: *Fränkischer Sonntag*. Nr. 37/42 vom 12. September 1992.

901 Ławrynowicz, Marek: *W podróży*. In: *Wyspa*. 2009/03. S. 100.

und Romanen Huelles, die mythologisierte und idealistisch gesehene Welt der Kindheit. Die Jungen kehren auf verschiedenen Zeitebenen immer an den gleichen Ort zurück.

Huelles Erzähler und Protagonisten scheitern meistens als Menschen. Vor der Rückkehr an den Ort ihrer Kindheit haben sie Angst, obwohl sich diese auch mit Hoffnung verbindet. Manche kehren in die Welt ihrer Kindheit zurück, um zu sterben, was symbolisch als Tod am Ort des Glücks zu deuten ist.

2.3 Die Unwiederbringlichkeit des Vergangenen

In den meisten Erzählungen von Huelle werden die Spuren der Vergangenheit in verschiedenen Formen skizziert. Die Stadt als Palimpsest mit ihren mehr oder weniger sichtbaren Schichten ist für Huelle ebenso interessant wie für Stefan Chwin.

Die Stadt als Palimpsest ist beispielsweise in der Erzählung *Ulica Polanki* sehr einleuchtend beschrieben. Es wird hier eine authentisch in Gdańsk existierende Straße dargestellt, in der im Laufe der Jahrzehnte viele für die Stadt wichtige Ereignisse stattgefunden haben. Seit dem 16. und 17. Jahrhundert befanden sich dort große Landsitze reicher Danziger Patrizierfamilien. Sechs dieser sogenannten Pelonker Höfe sind erhalten geblieben. Der dritte Hof gehörte zwischen 1784 und 1793 dem Vater des Philosophen Arthur Schopenhauer[902]. Die Erzählung *Ulica Polanki* hat aber auch einen deutlich autobiographischen Hintergrund, denn mehrere authentische Fakten aus dem Leben des Schriftstellers stimmen mit der Handlung der Erzählung überein. Der Sohn von Huelle heißt tatsächlich Juliusz. Die Fakten aus dem Leben des Großvaters des Schriftstellers entsprechen der Wahrheit.

„Der Text ist auf mehreren Zeitebenen konstruiert und vollzieht gewissermaßen eine Sammlung von Elementen, die bereits in früheren Erzählungen verstreut vorhanden waren: Kindheit / Familiengeschichte, Studentenzeit, Stadtgeschichte (Schopenhauer, Napoleon), Gegenwartsgeschichte – Wałęsas Geburtstag, als Gäste sind Donald Tusk und Pfarrer Jankowski zu erkennen. Als negativer Held wird Aleksander Kwaśniewski dargestellt, der zur Zeit der Entstehung der Erzählung das Amt des Staatspräsidenten Polens innehatte – gebündelt über die eine Straße, die jeder Episode als Medium dient."[903] Kindheitserinnerungen werden mit der Geburtstagsparty des Präsidenten Wałęsa parallelisiert und das ist wieder ein Anlass zur Erinnerung an eine andere für die Stadt wichtige Persönlichkeit – Arthur

---

902 Loew, Peter Oliver: *Literarischer Reiseführer. Danzig. Acht Stadtspaziergänge.* S. 318–322.

903 Quinkenstein, Lothar: *Entzifferte Geschichte.* S. 143.

Schopenhauer – der in dieser Straße auch wohnte[904]. Die Figur Schopenhauers ist auch für den Roman *Castorp* von Bedeutung.

Zum Thema der Erzählung macht Huelle die Erinnerungen des Schriftstellers, die mit der beschriebenen Straße in Danzig / Gdańsk in Verbindung stehen, sowie die Familienerinnerungen. Der Großvater des Schriftstellers trifft in der Erzählung in einem Danziger Kasino seinen Freund, Kapitän von Moll, den ehemaligen Kapitän einer k.u.k. Geschützbatterie, der als Croupier arbeitet. „Danach, vor dem Kasino, fallen sie einander in die Arme, denn ihre Kameradschaft aus den Schützengräben des Ersten Weltkriegs ist enger als jede Freundschaft (…)."[905] Der Großvater des Erzählers / des Schriftstellers, Karol Huelle ist Pole. Nach dem Zerfall der k.u.k. Monarchie kehrt er endlich in seine Heimat zurück. Dem Großvater fällt auf, dass das Schicksal seines Freundes genau das Gegenteil von seinem ist: „Der Kapitän hatte seine Heimat verloren, als die Monarchie zerfallen war."[906] Er versuchte, sich in seine Geschäfte zu stürzen, was ihm nicht gelang. Später ging er zu den Sozialisten, was sich auch als Fehler erwies. „Am Tage des Anschlusses musste er Österreich verlassen, und die Freie Stadt Danzig, jene Enklave unter dem Schutz des Völkerbunds, schien ihm der einzige Ort in Europa zu sein, wo man noch deutsch sprechen konnte, ohne sich zu schämen."[907] Gustav von Moll konstatiert jedoch: „Du siehst [,] (…) wie sehr ich mich geirrt habe."[908] Bei Huelle lebt E.T.A. Hoffmann 1938 in Danzig. Karol Huelle und Gustav von Moll sind bei ihm zu Besuch und sie sprechen miteinander über die Braunhemden, den „Anschluss" Österreichs an Deutschland sowie die Annexion der Tschechoslowakei. Für sie alle ist es klar, dass Polen gegen die Nationalsozialisten in einem unvermeidlichen Krieg kämpfen wird. Die Frage lautet jedoch, wie lange. Im Haus, in dem sie miteinander sprechen, verbrachte angeblich Napoleon Bonaparte eine Nacht. In der Erzählung werden die eigenen Erinnerungen des Autors mit den Familienerinnerungen und der Fantasie konfrontiert. Alle fallen zusammen mit der bereits erwähnten Geburtstagsparty des Präsidenten Wałęsa, die in der Polanki-Straße stattfindet und Auslöser dieser Erinnerungswelle ist. Darüber reflektiert Huelle, indem er die Geschichte der Entwicklung der Straße erzählt:

---

904   Vgl. Huelle, Paweł: *Weiser Dawidek*. S. 73f.
905   Huelle, Paweł: *Silberregen. Danziger Erzählungen*. 2000. S. 254.
906   Ebd., S. 255.
907   Ebd., S. 256.
908   Ebd.

(…), denn an der Einladung des Präsidenten machte mich ein Wort nachdenklich und wirkte dann wie die Madeleine bei Proust, indem es einen höchst seltsamen, launischen und mäanderhaften Mechanismus des Erinnerns in Gang setzte. Dieses Wort war der Name der Straße, wo in einer kleinen Villa mit Garten der Präsident seit einigen Jahren wohnte – Ulica Polanki.

Auf einem Stadtplan vom Anfang des Jahrhunderts zog sich der Pelonker Weg von den Kasernen der gelben Husaren, das heißt von der heutigen Ulica Słowackiego, bis nach Oliwa, wo er direkt in den Park des Klosters mündete. Zu jener Zeit war sie nicht mit Pflaster oder Asphalt bedeckt, sondern mit Katzenkopfsteinen, und der Pferdegespanne, die von Matarnia, Matemblewo oder Firoga zum Oliwaer Park fuhren und am Hochstrieß in die Ulica Polanki abbogen, müssen fürchterlich gepoltert haben. (…) Diese [die Wohnhäuser, J.B.] begannen erst an der Kurve, wo 1911 eine Eisenbahnbrücke für die Linie Langfuhr – Brentau – Karthaus gebaut worden war, genauer gesagt, es standen dort staatliche Villen, Höfe und kleine Palais der reichen Patrizier, zwischen die sich mit der Zeit hier und da bescheidenere Häuser mischten.[909]

Es wird nicht nur die Geschichte der Straße akribisch erklärt, sondern auch die Bedeutung des Straßennamens. Diese sehr präzise Beschreibung gilt jedoch in erster Linie als Auslöser für die Erinnerungen des Erzählers. Huelle erinnert auch daran, wie Danzig zu Gdańsk und der „Pelonker Weg unmerklich zur Ulica Polanki"[910] wurde. Er erinnert sich sodann wieder mit Nostalgie an seine Studentenzeit:

Meine Gedanken kreisten zwar immer noch um die Polanki, aber sie betrafen eine ganz andere Zeit – die Zeit, die durch den revolutionären Körper der üppigen Ewelina gekennzeichnet war.[911]

(…), desto mehr spürte ich einen Hauch von Nostalgie, die Sehnsucht nach einer anderen Epoche in der Ulica Polanki: nach der, die noch keinen Geruch von Druckerschwärze kannte, von illegalen Schriften, Beschlagnahmungen, Verurteilungen wegen Kolportage – und auch nicht den Busen der üppigen Ewelina.[912]

Huelle zeigt in seiner Erzählung verschiedene Epochen, in denen die Ulica Polanki verschiedene Gesichter hatte. Die Straße wird zum Kristallisationsort der Stadtgeschichte. Hier kreuzen sich die Wege von Menschen, die einander nie begegneten und zu völlig unterschiedlichen nationalen, sozialen, sprachlichen Gruppen gehörten, wie Schopenhauer und Wałęsa. Das fasziniert Huelle: historische Kontinuitäten, die unterbrochen wurden und in der Fantasie zu neuen Konstellationen zusammengestellt werden können.

---

909   Ebd., S. 228.
910   Ebd., S. 230.
911   Ebd.
912   Ebd., S. 238.

Die Erzählung *Silberregen* ist in diesem Kontext von besonderer Bedeutung. Hier treten symbolische Figuren auf: Die drei Protagonisten sind ein in Danzig geborener Deutscher, ein im heutigen Weißrussland geborener Pole, der nach dem Krieg in Gdańsk wohnt, und ein Kaschube. Es verbindet sie ein Danziger Schatz – die in Danzig geprägten goldenen Münzen, die vom Vater des Deutschen in einer alten Kommode versteckt wurden, als noch die Freie Stadt Danzig existierte. Mieczysław Dąbrowski bemerkt zu Recht, dieses Motiv sei wichtig, weil es nicht um deutsche oder polnische, preußische oder schwedische Münzen geht – es handele sich um Münzen, die das Zeichen Danzigs tragen. Wieder tritt der Genius loci hervor – ein übernationaler, für eben diesen geographisch-kulturellen Raum spezifischer und in besonderen historischen Umständen entstandener genius loci[913].

Der Schatz, der zunächst zur Auseinandersetzung, dann wieder zur Versöhnung führt, geht schließlich in Mottlau / Motława verloren. Aber die außergewöhnliche Freundschaft zwischen dem Polen, Deutschen und Kaschuben wird dadurch gefestigt und wird selbst zu einem Schatz. Das bringt zum Ausdruck, dass Huelles Erzählung in übernationalen Kategorien zu denken lehrt: „(…) sie [die Erzählung] konstruiert einen lokalen, mit einem bestimmten, durch nichts ersetzbaren Raum verbundene Wert.[914]

Die goldenen Münzen sind ein Symbol dafür, was in der Stadt übriggeblieben ist.

2.4 Literatur als Bernsteinmetapher

Für Günter Grass „bewahrt der Bernstein Vergangenes."[915] In den meisten Erzählungen von Huelle erinnert sich der Erzähler an seine Kindheit. In manchen Erzählungen jedoch werden aktuelle Ereignisse thematisiert oder Ereignisse, die erst vor relativ kurzer Zeit stattgefunden haben. Als Beispiel kann die Erzählung *Glückliche Tage* aus dem Band *Silberregen* dienen. Sie erschien zudem im Band *Byłem samotny i szczęśliwy* (2002). Die Erzählung ist Wojciech Hrynkiewicz, einem Schriftsteller aus der Kaschubei, gewidmet. Auch Zbigniew Żakiewicz wird beim Namen genannt. Die Erzähler heißen Aleksander H. und Paweł J. (ein Wortspiel mit den Namen Aleksander Jurewicz und Paweł Huelle).

---

913 Dąbrowski, Mieczysław: *Polnische Wege auf deutschen Spuren. Die Literatur und die Dialektik der Geschichte.* In: Kątny, Andrzej (Hg.): *Das literarische und kulturelle Erbe von Danzig und Gdańsk.* S. 10.
914 Ebd.
915 Grass, Günter im Gespräch mit Wesener, Sigried: *„Spuren hinterlässt das schon." Günter Grass zur Debatte um sein spätes Bekenntnis.* In: www.dradio.de/dkultur/sendungen/kulturinterview/539270 (Stand 06.09.2006.).

Quinkenstein unterstreicht, dass in dieser Erzählung die Unwiederbringlichkeit des Vergangenen zu einer eigenständigen Textschicht ausgebaut wurde[916]. Die Protagonisten erinnern sich in dialogischer Form an ihre Studentenzeit, während derer sie als Bernsteinschürfer arbeiteten. Den Rahmen für diese Reminiszenzen bildet das Begräbnis ihres damaligen Arbeitgebers Barba, eines Deutschen Danzigers, der immer hoffte, „dass wieder Zeiten kommen würden, wo niemand nach Gesinnung, Religion und Abstammung fragt."[917] Mehrmals wird gefragt: „Erinnerst du dich?" Die Antwort lautet: „Ich erinnere mich."[918] Sie erinnern sich vor allem an „den Geruch von Asphalt, Kalmus und Rost."[919] Die Protagonisten bestätigen einander, dass sie die gleichen Erinnerungen haben. Sie wollen, dass ihre Erinnerungen wahr sind. Die Bernsteinschürferei ist in die Erzählung nicht nur als Lokalkolorit integriert, sondern sie fungiert vielmehr als das Symbol der Zeit. Nicht zufällig vermachte Barba den beiden Erzählern einen außergewöhnlich großen Bernsteinklumpen. „Doch dieses Erbe versinkt unwiederbringlich wie die Zeit, der es entstammt, von einer Lumpensammlerin in die Motlawa geworfen."[920] In Form von Bernstein werden vergangene Zeiten und Welten konserviert, ähnlich wie sie auf sepiafarbenen Fotografien konserviert sind, die in vielen Erzählungen Huelles eine zentrale Rolle spielen (*Gute Luisa, Der Umzug, Der Tisch, Glückliche Tage*). Eine ähnliche Funktion scheint die Literatur zu haben, die verschiedene Spuren der Vergangenheit festhält. Das Konservierungsmittel sind in diesem Falle Erinnerungen, die in schriftlicher Form fixiert werden. Bernstein ist zum Symbol der Stadt Danzig / Gdańsk geworden. Durch die Literatur wird die Stadt, die als Mythos verstanden wird, selbst bernsteinähnlich. Einerseits verhindert oder verzögert eine Konservierung Zerfallsprozesse (es ist möglich, das Konservierte immer noch zu verwenden, weil es haltbar ist), andererseits verursacht sie aber, dass den konservierten Gegenständen ihr Leben entzogen wird. Sie verändern sich nicht so, wie sie es sonst machen würden. Konservierung ist die zum Stillstand gebrachte Zeit und Letalität, die nicht weiter vererbt werden kann. Bernstein bleibt ewig schön, kann aber seine Form nicht verändern. Die Fossilien von kleinen Tieren oder Pflanzenteilen (Inklusen) wurden im Bernstein eingeschlossen und somit über Jahrmillionen hinweg perfekt konserviert, aber sie unterliegen nicht jenen Wandlungen, die für Lebewesen charakteristisch sind. Fossilien als Zeugen vergangener Lebensräume

---

916 Ebd.
917 Huelle, Paweł: *Silberregen. Danziger Erzählungen.* S. 123.
918 Ebd., z. B. S. 101, 103.
919 Ebd., S. 101.
920 Ebd.

erzählen heute von der Vielfalt der Lebewesen, die auf der Erde gelebt haben und wieder verschwunden sind. So ist es auch mit der Literatur. Schriftsteller wie Huelle, Grass und Chwin geben Auskunft über die Stadt, die nicht mehr existiert und nur noch in Erinnerungen – wie eine Inkluse im Bernstein – eingeschlossen ist.

Die Wende 1989 bildet eine Zäsur. Es verändert sich auch die Welt um die Erzähler. Die neue Epoche präsentiert „mit merkantiler Aufdringlichkeit Toyota-, Mercedes- und BMW-Modelle"[921] und verwandelt „die Kneipe Cichy Kącik in ein Geschäft für Kamine"[922]:

> Die ehemalige Veranda war umgebaut. Eine Zufahrt für Behinderte, diskrete Nickelklinken, schalldichte Fenster aus PVC – all das gehörte einer anderen Epoche an, von der alten war nichts übrig geblieben. Sogar der Zwergbirnbaum, der jeden Sommer von den Kunden reichlich besprengt worden war, war abgehackt und verbrannt worden.[923]

Doch es gibt auch Orte, die sich nicht so schnell verändern. Sie symbolisieren jene Vergangenheit, an die sich die Erzähler gar nicht mehr erinnern können:

> Wir hatten schon die ehemalige Mennonitenkirche und das erlenbestandene Ufer der Radaune hinter uns. Die gotischen Fialen des Franziskanerklosters warfen in der Nachmittagssonne immer längere Schatten. (…) [D]ie schlecht gepflasterten Straßen, die Miethäuser mit dem melancholisch wirkenden Fachwerk, die Hafenmagazine, die Forts und die holländischen Ziegel des Kleinen Arsenals. Sogar das Gras, das zwischen Katzenkopfpflaster wuchs, sogar die etwas kühlere Brise von den Kanälen, die nach Schlick und schmutzigem stehendem Wasser roch, waren wie früher… .[924]

Die Protagonisten empfinden Sehnsucht nach der Vergangenheit, nach der Zeit, als sie noch jung waren. Die Umgebung erinnert sie an diese Zeit, die für immer verloren gegangen ist:

> Die Pferde schlurften immer langsamer, der Wagen glitt an den Häusern der Ulica Strakowskiego entlang, und als er die Kartusche mit den Löwen passierte, die an dieser Stelle seit dreihundertfünfzig Jahren ununterbrochen das Wappen der Kaufmannsrepublik trugen, spürten wir einen Hauch von Nostalgie, von Sehnsucht, mitnichten nach der Epoche der Feudalherren, der Getreidevermögen oder holländischen Ölbilder, sondern Sehnsucht nach der Zeit unserer Jugend, die gerade in diesem Augenblick an uns vorüberzog wie der alte klapprige Pferdewagen, der den Steindamm entlangfuhr, um

---

921   Ebd., S. 141.
922   Ebd.
923   Huelle, Paweł: *Silberregen. Danziger Erzählungen.* S. 105.
924   Ebd., S. 116.

kurz darauf durch das kühle Portal der Nizinna Brama für immer in der von Kanälen durchschnittenen Niederung zu verschwinden.[925]

Die Frage: „Hättest du gern, dass es wie früher wäre?"[926] beantwortet Alek nicht, „aber in seinen Augen sah ich eine tiefe Melancholie, ein Wissen um die Vergänglichkeit; sicher trauerte er nicht den Paraden am Ersten Mai nach, den Ansprachen der Parteiführer oder der Zensur – aber der Zeit, die uns nur einmal gegeben war."[927] Das Gdańsk der Nachkriegsjahre macht in besonderer Weise jenen zeitlichen Sog spürbar, der alles Geschehene unwiderruflich mit sich fort in die Vergangenheit zieht und Nostalgie hervorruft. In Städten, die nicht den Wechsel in eine andere Sprache und Kultur erlebt haben, existiert ein anderes Gefühl von Kontinuität[928]. In Danzig / Gdańsk wird man nicht nur mit den eigenen Erinnerungen konfrontiert, sondern auch mit den Erinnerungen der Stadt an verschiedene Kulturen, die in Form eines Palimpsests ein zusammengehöriges Ganzes bilden.

---

925   Ebd., S. 118.
926   Ebd., S. 120.
927   Ebd.
928   Quinkenstein, Lothar: *Entzifferte Geschichte*. S. 145.

VII. Zusammenfassung und Ausblick

Für Günter Grass, Stefan Chwin und Paweł Huelle ist die Empfindung des Ortes im Sinne der Heimat immer ein Ausgangspunkt. Die Stadt wird wiederholt als Ort der eigenen Kindheit und der ersten Lebenserfahrungen beschrieben. Die meisten Werke der besprochenen Schriftsteller sind Initiationstexte und es wird in ihnen die Entwicklung der Identität der Protagonisten beschrieben. Zwar betonen sie alle, dass die Handlung auch an anderen Orten der Welt spielen könnte, allerdings unter einer Voraussetzung: sie müssten ein ähnliches Schicksal wie Danzig / Gdańsk haben (z. B. Breslau / Wrocław; Stettin / Szczecin; Wilna / Wilno). Sie verhelfen der Stadt dazu, eine mythologisierte Rolle zu spielen, indem sie vor jeweils anderen zeitlichen Hintergründen die wichtigsten Wendepunkte der Metamorphose von Danzig zu Gdańsk anschaulich werden lassen. Eine zentrale Bedeutung hat dabei das Jahr 1945 und die Trennung der deutschen Stadtgeschichte von der polnischen. Dieser Moment wurde vor allem von Stefan Chwin als einer gezeigt, in dem Deutsche und Polen ein ähnliches Schicksal erlitten und als Opfer des Krieges dargestellt wurden, obwohl sie ganz gegensätzliche Kriegserfahrungen gemacht hatten.

Es ist interessant, wie sich die Perspektiven unterscheiden, aus denen heraus die Stadt beobachtet wird. Alle drei Schriftsteller schreiben über die Stadt ihrer Kindheit, die theoretisch immer die gleiche ist. In Wirklichkeit kann man aber feststellen, dass es drei verschiedene, wie gesagt, in der Phantasie entstandene Städte sind, die nur der gemeinsame Ort auf der Landkarte verbindet. Es scheint aber zugleich, dass die Schöpfer dieser Stadt miteinander ein Gespräch führen. In ihren Romanen und Erzählungen entdecken also Grass, Chwin und Huelle die komplizierte Geschichte der Stadt Danzig und auch die Legenden und Mythen über die Stadt wieder und zeigen, dass Danzig / Gdańsk ein „doppelter Erinnerungsort"[929] ist, auch wenn der Genius loci nur in der Literatur existiert.

Günter Grass (geb. 1927) war sich schon bewusst, dass „sein Danzig" nur in der Phantasie existiert, als er *Die Blechtrommel* schrieb. In einem Gespräch mit Paweł Huelle stellt Grass fest, dass er wusste, dass das, was er hier vorfindet, für

---

929 Vgl. François, Etienne / Schulze, Hagen (Hg.): *Deutsche Erinnerungsorte. Eine Auswahl.* München 2005. S. 11.

ihn verloren und etwas ganz Fremdes sei. Und dennoch war er in Gdańsk auf der Suche nach Spuren von Danzig[930].

Das Gleiche versuchen auch seine jüngeren Kollegen zu tun. Stefan Chwin (geb. 1949) erinnert sich an die Welt kurz nach dem Krieg. Er behauptet, in einer Welt zu leben, die einem Friedhof ähnelte. Man konnte überall die Ruinen der früheren Zeiten vom Mittelalter, über den Barock, bis zur Freien Stadt Danzig sehen. Die Schichten der Stadt, die normalerweise nicht zu sehen sind, für Chwin aber zentral waren, führten dazu, dass dem Schriftsteller klar wurde, dass nicht nur das wahr sei, was man auf den ersten Blick sieht. Auch Paweł Huelle (geb. 1957) findet deutsche Spuren, obwohl sie nicht mehr so deutlich sind. Er beschreibt sie in *Weiser Dawidek* sowie auch in seinen Erzählungen. Sichtbare Spuren sind z. B. in Danzig hinterlassene Spuren des Krieges wie Munition und mehrere Gewehre, die die Jungen problemlos finden und mit ihnen spielen können, oder die Gräber der ehemaligen Einwohner der Stadt.

Erinnerung wird in mehrfacher Hinsicht zum zentralen Motiv der Autoren. Es wird die Bedeutung der Zeitzeugen und der Träger der Geschichte thematisiert, Elemente, die auch bei Aleida und Jan Assmann in ihrer Erinnerungstheorie von zentraler Bedeutung sind. Es wird in den literarischen Werken der Übergang vom kommunikativen zum kulturellen Gedächtnis – im Sinne der Assmanns – geschildert. Für die Schriftsteller ist die Geschichte, von der sie schreiben, nur manchmal tot, meistens ist sie jedoch lebendig[931]. Obwohl Grass, Chwin und Huelle keine Geschichtsbücher schreiben, sondern Fiktion, wurde dank ihnen die vermittelte (tote)[932] Geschichte der Stadt zu einer erinnerten Landschaft der deutschen[933] und der polnischen Literatur. Nicht nur die Menschen, sondern auch die Literatur, alte Photographien, Gräber oder historische und legendäre Ereignisse sind zum Träger der mythischen Aussage geworden. Aus diesen unterschiedlichen Varianten der Geschichte entsteht ein Palimpsest. Die Autoren sehen in der Stadt Gdańsk sich überkreuzende Fäden der Vergangenheit und der Gegenwart, die die Zukunft mitbestimmen und die sich in den eigenen Biografien wiederfinden. Deswegen

---

930 Grass, Günter: *Günter Grass und Paweł Huelle* im Gespräch. In: Kobylińska, Ewa / Lawaty, Andreas / Rüdiger, Stephan (Hg.): *Deutsche und Polen 100 Schlüsselbegriffe.* München 1992. S. 547.

931 Vgl. Loew, Peter Oliver: *Danzig und seine Vergangenheit 1793–1997.* S. 11.

932 Vgl. Ebd.

933 Vgl. von Nayhauss, Hans-Christoph: *„Unkenrufe" in fünf Gängen zur deutsch – polnischen Versöhnung. Vom Krötenschlucken eines Dichters angesichts neuer Wirklichkeiten nach der Wende.* In: Norbert Honsza (Hg.) *Zeitbewußtsein und Zeitkonzeption.* Wrocław 2000. S. 38.

suchen sie in ihrer Heimatstadt nach deutschen Spuren (in Form von Fraktur-Inschriften in Kirchen oder auf Friedhöfen, aber auch als Kriegs-Überreste, wie auf dem Friedhof und am Strand gefundene Geschosse) sowie nach den Spuren ihrer verlorenen Kindheit. Es ist neu in der Literatur, dass Grass, Chwin und Huelle der polnischen und der deutschen Opfer gedenken und sich zugleich mit der deutschen und polnischen Verantwortung auseinandersetzen.

Autoren auf deutscher wie auf polnischer Seite, die zumeist autobiographisch mit der Stadt in Beziehung stehen, begeben sich in ihren Werken auf die Suche nach den vielfältigen kulturellen Wurzeln der Danziger Stadtgeschichte. Nach der Zerstörung des historischen Danzig begann die Stadt als Mythos weiterzuleben. Gemäß der kommunistischen Geschichtsinterpretation, die unter anderem die polnischen Grenzverschiebungen nach Westen legitimieren musste, wurde die Stadt als urpolnisches Gebiet präsentiert, in das die Polen aus dem Osten nun zurückkehrten. So wurde beispielsweise durch die Inszenierung von Gedenktagen wie die Befreiung vom Deutschen Orden 1454 oder die Wiederbelebung des Piastenmythos[934] der „Mythos historischer Polonität mit den Anforderungen der aktuellen Politik"[935] verbunden. Es gibt aber auch andere in diesem Zusammenhang relevante Mythen: die Tilgung deutscher Spuren in der Stadt und der Wiederaufbau der Altstadt oder auch der Solidarność-Mythos. Im Gegensatz dazu wurde nach der politischen Wende 1989 vor allem der Mythos eines Danzig, in dem verschiedene Bevölkerungsgruppen beheimatet waren, wiederbelebt. So gab beispielsweise Donald Tusk 1996 den Bildband *Był sobie Gdańsk* (dt. *Einst in Danzig*, 1997) heraus, der überwiegend unbekannte Stadtansichten aus der Zeit zwischen der Mitte des 19. Jahrhunderts und dem Zweiten Weltkrieg zeigte. Auf diesen Bildern erscheint die Bevölkerung von Danzig in ihrer ganzen kulturellen Vielfalt. Ebenso hat die Literatur in der „alten, multikulturellen Handelsrepublik, wo das Phänomen des friedlichen Zusammenlebens verschiedener Völker historische Wirklichkeit wurde"[936], ein Motiv gefunden, das insbesondere in den letzten Jahren in Deutschland wie in Polen vielfach aufgegriffen wurde und die Erinnerung an die Vielvölkerstadt wiederbelebte.

Das Phänomen der doppelten Erinnerungsorte, die unterschiedliche nationale Identitäten herausbilden, ist nicht nur für das deutsch-polnische Gedächtnis charakteristisch. Es gilt beispielsweise auch für Polen und Litauer (Wilna),

---

934 Vgl. Kotte, Eugen: *Mythen und Stereotype im deutsch-polnischen Kontext*. In: Lasatowicz, Maria Katarzyna / Zybura, Marek (Hg.): *Regionalität als Kategorie der Sprach- und Literaturwissenschaft*. Frankfurt am Main 2002. S. 303.

935 Loew, Peter Oliver: *Danzig und seine Vergangenheit 1793–1997*. S. 367.

936 Huelle, Paweł: *Heimat in Europa*. S. 291.

Polen und Ukrainer (Lemberg) oder Deutsche und Franzosen (Straßburg). Doch selten entsteht dabei eine gemeinsame kulturelle Erinnerung, die sich über die nationalen Antagonismen und das gegenseitige Misstrauen hinwegsetzt. Polnische Schriftsteller, wie Stefan Chwin oder Paweł Huelle, versuchen die deutsche Vergangenheit ihrer Stadt nachzuvollziehen, ohne dass sie die deutsche Sprache beherrschen und in Nazi-Deutschland gelebt haben. Günter Grass versucht auch nach dem Krieg die Ereignisse in seiner Heimatstadt zu verfolgen und sich mit ihnen zu identifizieren, ohne dass er die polnische Sprache spricht und Lebensverhältnisse in der kommunistischen oder postkommunistischen Wirklichkeit kennt. Was diese Schriftsteller verbindet, ist ein Blick auf die fremde Kultur als Spiegel der eigenen Kultur, weil alle drei in totalitären Staaten aufgewachsen sind, was sie erst durch die Selbstreflexion sowie durch die kritische Sicht auf die Ideologie des eigenen Staates begreifen. Diese Versuche des Verstehens der fremden Kultur geschehen immer auf der Grundlage der Reflexion in Form von Selbstbeobachtungen. Grass, Chwin und Huelle schauen jedoch nicht nur in die Zukunft, sondern auch in die Vergangenheit, wodurch sie ihre jeweils eigenen privaten Mythologien über die Kindheit schaffen. So behauptet der Schriftsteller Günter Grass zurecht: „Die besten Geschichten entstehen da, wo die Kulturen zusammenstoßen, sich mischen."[937] Die Stadt wird im Schaffen der in dieser Arbeit besprochenen Autoren zu einem regionalen und zugleich transnationalen Erinnerungsort. Sie eröffnet neue Sichtweisen und ermöglicht damit einen Einblick in die Vergangenheit und ein Verständnis derselben, das über eine nationale Geschichtsschreibung hinausgeht.

Die literarische Schöpfung Danzigs – so Lothar Quinkenstein – beginnt mit seiner Zerstörung[938]. Diese These ließe sich radikalisieren: Die Bedingung für die Entstehung einer Mythos-Stadt ist ihre materielle Zerstörung. Diese Zerstörung bedeutet in diesem Falle auch den ambivalent gemeinten Zusammenstoß der Kulturen, der unter anderem dadurch möglich war, dass in den Ruinen die Schichten der Stadt zu sehen waren. Wichtig ist dabei auch, was Roland Barthes unterstreicht, nämlich dass es keine ewigen Mythen gebe[939]. Daher stellt sich nun die Frage: Wie lange kann der Mythos über die Stadt Danzig / Gdańsk überleben?

937   Grass, Günter: *Günter Grass und Paweł Huelle im Gespräch: Danzig/Gdańsk*. In: Kobylińska, Ewa / Lawaty, Andreas / Stephan, Rüdiger (Hg.): *Deutsche und Polen. 100 Schlüsselbegriffe*. München 1992. S. 557.
938   Quinkenstein, Lothar: *Danzig/Gdańsk – ein literarischer Spiegel*. In: Zimmermann, Hans Dieter (Hg.): *Mythen und Stereotypen auf beiden Seiten der Oder*. S. 221.
939   Barthes, Roland: *Mythen des Alltags*. Frankfurt am Main. S. 86.

Literaturverzeichnis

Primärliteratur

Stefan Chwin

Chwin, Stefan: *Krótka historia pewnego żartu.* Gdańsk 2007.

Chwin, Stefan: *Hanemann.* Gdańsk 2001.

Chwin, Stefan: *Tod in Danzig.* Reinbek bei Hamburg 2005. Übersetzung: Schmidgall, Renate.

Chwin, Stefan: *Złoty pelikan.* Gdańsk 2003.

Chwin, Stefan: *Der goldene Pelikan.* München 2008. Übersetzung: Schmidgall, Renate.

Chwin, Stefan: *Kartki z dziennika.* Gdańsk 2004.

Günter Grass

Grass, Günter: *Ausgewählte Texte. Abbildungen. Faximiles. Bio-Bibliographie.* Berlin 1968.

Grass, Günter: *Essays und Reden Band I 1955–1969.* Göttingen 1997.

Grass, Günter: *Essays und Reden. Band II 1970–1979.* Göttingen 1997.

Grass, Günter: *Essays und Reden. Band III 1980–1997.* Göttingen 1997.

Grass, Günter: *Der Autor als fragwürdiger Zeuge.* München 1997.

Grass, Günter: *Gedichte und Kurzprosa.* München 1999.

Grass, Günter: *Hundejahre.* München 1999.

Grass, Günter: *Aus dem Tagebuch einer Schnecke.* München 1999.

Grass, Günter: *Die Rättin.* München 1999.

Grass, Günter: *Die Blechtrommel.* München 2003.

Grass, Günter: *Katz und Maus.* Göttingen 2003.

Grass, Günter: *Der Butt.* München 2007.

Grass, Günter: *Steine wälzen. Essays und Reden 1997–2007.* Göttingen 2007.

Grass, Günter: *Beim Häuten der Zwiebel.* München 2008.

Grass, Günter: *Am Pranger. Aus dem Zyklus: Dummer August.* http://www.kunsthaus-luebeck.de/sites/grass/august/aug02.html (Stand 2007)

Paweł Huelle

Huelle, Paweł: *Inne historie.* Gdańsk 1999.

Huelle, Paweł: *Weiser Dawidek.* Gdańsk 2003.

Huelle, Paweł: *Weiser Dawidek.* Frankfurt am Main 1990. Aus dem Polnischen von Schmidgall, Renate.

Huelle, Paweł: *Opowiadania na czas przeprowadzki.* Warszawa 1991.

Huelle, Paweł: *Schnecken, Pfützen, Regen und andere Geschichten.* Hamburg Zürich 1992. Aus dem Polnischen von Schmidgall, Renate.

Huelle, Paweł: *Silberregen. Danziger Erzählungen.* Berlin 2000. Aus dem Polnischen von Schmidgall, Renate.

Huelle, Paweł: *Byłem samotny i szczęśliwy.* Warszawa 2006.

Huelle, Paweł: *Castorp.* München 2007. Aus dem Polnischen von Schmidgall, Renate.

Huelle, Paweł: *Castorp.* Gdańsk 2004.

Huelle, Paweł: *Opowieści chłodnego morza.* Kraków 2008.

Sonstige Literatur

Abramowicz, Mieczysław: *Gdańsk według Güntera Grassa.* Gdańsk 2007.

Abramowska, Janina: *Serie tematyczne.* In: Ziomek, Jerzy / Sławiński, Janusz / Bolecki, Włodzimierz (Hg.): *Między tekstami. intertekstualność jako problem poetyki historycznej.* Warszawa 1992. S. 43–62.

Adamiec, Marek: *Ktokolwiek wiedziałby... .* In: *Res Publica.* 4/1988. S. 118.

Adaszyńska, Natalia: *Jestem tradycjonalistą.* In: *Teatr* 9/1993. S. 46f.

o.A.: Akademie für Lehrerfortbildung Dillingen / Institut Nordostdeutsches Kulturwerk Lüneburg / Thüringer Institut f. LehrerfortbildungAkademie für Lehrerfortbildung Dillingen / Institut Norddeutsches Kulturwerk Lüneburg / Thüringer Institut für Lehrerfortbildung (Hg.): *Danzig Gdańsk, Deutsch – polnische Geschichte, Politik und Literatur.* Dillingen 1996.

Anderson, Benedict: *Die Erfindung der Nation. Zur Karriere eines folgenreichen Konzepts.* Frankfurt am Main 1996.

Armstrong, Karen: *Krótka historia mitu.* Kraków 2005.

Arnold, Heinz Ludwig: *Gespräche mit Günter Grass.* In: Arnold, Heinz Ludwig (Hg.): *Text + Kritik. Zeitschrift für Literatur.* München 1978. Heft 1/1a.

Arnold, Heinz Ludwig: *Text + Kritik. Zeitschrift für Literatur. 1 Günter Grass.* 1988.

Assmann, Aleida: *Erinnerungsräume. Formen und Wandel des kulturellen Gedächtnisses.* München 1999.

Assmann, Aleida: *Der lange Schatten der Vergangenheit. Erinnerungskultur und Geschichtspolitik.* München 2006.

Assmann, Aleida: *Generationsidentitäten und Vorurteilsstrukturen in der neuen deutschen Erinnerungskultur.* Wien 2006.

Assmann, Aleida; Assmann, Jan: *Niemand lebt im Augenblick.* In: *Die Zeit,* 50/1998. In: http://www.zeit.de/archiv/1998/50/199850.assmann_.xml (Stand 3.12.1998).

Assmann, Jan: *Das kulturelle Gedächtnis. Schrift, Erinnerung und politische Identität in frühen Hochkulturen.* München 2002.

Assmann, Jan: *Kollektives Gedächtnis und kulturelle Identität.* In: Assmann, Jan / Hälscher, Tonio (Hg.): *Kultur und Gedächtnis.* Frankfurt am Main 1988. S. 9–19.

Aust, Stefan / Burgdorff, Stephan (Hg.): *Die Flucht. Über die Vertreibung der Deutschen aus dem Osten.* Bonn 2003.

Bagajewski, Artur: *„Fanatyk" detalu i miejsc. Kilka uwag interpretacyjnych o prozie Stefana Chwina.* In: *Fa-art.* 1997. Nr. 4. S. 7–14.

Barthes, Roland: *Mythen des Alltags.* Frankfurt am Main 2008.

Bastian, Andrea: *Der Heimat-Begriff. Eine begriffsgeschichtliche Untersuchung in verschiedenen Funktionsbereichen der deutschen Sprache.* Tübingen 1995.

Bauman, Zygmunt: *Nowoczesność i Zagłada.* Kraków 2009.

Benevolo, Leonardo: *Die Stadt in der europäischen Geschichte.* München 1999.

Bednarska-Kociołek, Joanna: *Zur Magie der Stadt Danzig – „Tod in Danzig" von Stefan Chwin und „Unkenrufe" von Günter Grass.* In: Michoń, Marcin / Sadziński, Witold (Hg.): *Texte und Kontexte.* Łódź 2008. S. 259–282.

Bednarska-Kociołek, Joanna: *Die Stadt als Palimpsest im Werk von Stefan Chwin.* In: Kardach, Magdalena / Płomińska-Krawiec, Ewa (Hg.): *Posener Beiträge zur Literatur. Band 22. Literarische Erfahrungsräume. Zentrum und Peripherie in der deutschsprachigen Literatur des 19. und 20. Jahrhunderts.* Frankfurt am Main 2009. S. 11–21.

Bednarska-Kociołek, Joanna: *Die mythologisierte Stadt Danzig / Gdańsk bei Günter Grass und Stefan Chwin.* In: Hartmann, Regina (Hg.): *Grenzen auf der Landkarte – Grenzen im Kopf.* Bielefeld 2010. S. 55–70.

Bednarska-Kociołek, Joanna: *Grass Rezeption bei Huelle.* In: Kucner, Monika (Hg.): *Keine Kultur kann auf Dauer von eigener Substanz leben. Günter Grass als Botschafter der Multikulturalität.* Fernwald 2010. S. 33–42.

Bednarska-Kociołek, Joanna: „Castorp" von Paweł Huelle als Vorgeschichte für den Zauberberg. In: Kochanowska-Nieborak, Anna / Płomińska-Krawiec, Ewa (Hg.): Literatur und Literaturwissenschaft im Zeichen der Globalisierung. Frankfurt am Main 2012. S. 249–256.

Bednarska-Kociołek, Joanna: Das Alte lebt im Neuen. Die Stadttransformationen im polnischen Gdańsk. In: Ossowski, Mirosław (Hg.): Studia Germanica Gedanensia, 28. Gdańsk 2013. S. 119–129.

Bhabha, Homi K.: Die Verortung der Kultur. Tübingen 2007.

Die Bibel. Nach der Übersetzung Martin Luthers. Stuttgart 1985.

Biedermann, Johann: Wygnanie. „Magisch-reales" u autora i w utworach Stefana Chwina, Pawła Huellego i Olgi Tokarczuk – miejsca i rzeczy. In: Biedermann, Johann / Gazda, Grzegorz / Hübner, Irena (Hg.): Realizm magiczny. Teoria i realizacje artystyczne. Łódź 2007. S. 319–328.

Bienek, Horst: Auf der Suche nach einem Land. In: Frankfurter Anthologie. Bd. 7. Frankfurt am Main 1983.

Błoński, Jan: Duch Powieści i Wąs Stalina. In: Tygodnik Powszechny 44. 1.11.1987. S. 3.

Böhme, Hartmut: Fetischismus und Kultur. Eine andere Theorie der Moderne. Reinbek bei Hamburg 2006.

Bolecki, Włodzimierz: O literaturze polskiej w latach osiemdziesiątych. In: Współczesna literatura polska lat osiemdziesiątych i dziewięćdziesiątych. Opinie, poglądy, prognozy literaturoznawców polskich i niemieckich w referatach i dyskusji lipskiej konferencji 4–6 czerwca 1993 r. Lipsk 1993.

Borzyszkowski, Józef / Kulikowska, Katarzyna / Olbracht-Prondzyński, Cezary (Hg.): Kaszubi a Gdańsk, Kaszubi w Gdańsku. Gdańsk 2009.

Bossak-Herbst, Barbara: Antropolis. Współczesny Gdańsk w wymiarze symbolicznym. Warszawa 2009.

Böning, Holger / Jäger, Hans Wolf / Kątny, Andrzej / Szczodrowski, Marian (Hg.): Danzig und der Ostseeraum. Sprache, Literatur und Publizistik. Bremen 2005.

Brandt, Marion / Jaroszewski, Marek / Ossowski, Mirosław: Günter Grass. Literatura. Sztuka. Polityka. Gdańsk 2009.

Breitenstein, Andreas: Im Delirium der Mythologie. „Der goldene Pelikan": Stefan Chwin lässt sich gehen. 30. August 2005. In: NZZ Online.

Brodzka, Alina (Hg.): Sporne postaci polskiej literatury współczesnej. Warszawa 1994.

Bukowski, Andrzej: Pomorze Gdańskie w Powstaniu Styczniowym. Gdańsk 1964.

Cavanagh, Clare: *Postkolonialna Polska. Biała plama na mapie współczesnej teorii.* In: *Teksty Drugie.* 2003 Nr. 2/3.

Cepl-Kaufmann, Gertrude: *Günter Grass. Eine Analyse des Gesamtwerkes unter dem Aspekt von Literatur und Politik.* Kronberg/Ts. 1975.

Cepl-Kaufmann, Gertrude: *Günter Grass und Danzig.* In: Stüben, Jens: *Ostpreußen-Westpreußen-Danzig. Eine historische Literaturlandschaft.* München 2007.

Chłopecki, Jerzy: *Czas, wiadomość, historia.* Warszawa 1989.

Chwin, Krystyna (Hg.): *Tytuł.* 1991–2001.

Chwin, Krystyna (Hg.): *Rozmowy Tytułu.* Gdańsk 1996.

Chwin, Stefan: *Wciekły. Ze Stefanem Chwinem rozmawia Sebastian Łupak.* In: *Gazeta Wyborcza.* 30.08.2005.

Chwin, Stefan: *Stätten des Erinnerns. Gedächtnisbilder aus Mitteleuropa. Dresdner Poetikvorlesung.* Dresden 2005.

Chwin, Stefan: *Złe miejsce na ziemi. Ze Stefanem Chwinem rozmawia Andrzej Franaszek.* In: *Tygodnik Powszechny.* 1996 Nr. 1. S. 13.

Chwin, Stefan: *Niebezpieczne zajęcie. Rozmowa ze Stefanem Chwinem. Salon literacki. Z polskimi pisarzami rozmawia Gabriela Łącka.* Warszawa 2000.

Chwin, Stefan: *„Das geheime Leben der Dinge…"* Interview mit Stefan Chwin. Mit dem Schriftsteller sprach in Danzig Thomas Schulz. In: *Die Künstlergilde.* 3/1999.

Ciemiński, Ryszard: *I szukam ziemi Polaków.* Warszawa 1989.

Ciemiński, Ryszard: *Droga Kaszubska (O rodzinie kaszubskiej Güntera Grassa).* In: *Kultura.* 23/1972.

Ciemiński, Ryszard: *Kaszubski werblista. Rzecz o Günterze Grassie.* Gdańsk 1999.

Conrad, Joseph: *Listy.* Warszawa 1968.

Csáky, Moritz: *Das Gedächtnis der Städte. Kulturelle Verflechtung Wien und die urbanen Milieus in Zentraleuropa.* Wien / Köln / Weimar 2010.

Czapliński, Przemysław / Śliwiński, Piotr: *Literatura polska 1976–1998. Przewodnik po prozie i poezji.* Kraków 2000.

Czapliński, Przemysław: *Stefan Chwin.* Kraków 2000.

Czapliński, Przemysław: *Wzniosłe tęsknoty. Nostalgie w prozie lat dziewięćdziesiątych.* Kraków 2001.

Darska, Bernadetta: *Pisanie na piasku.* In: *Twórczość.* 2009/2. S. 108.

Deane, Seamus: *Introduction.* In: *Nationalism, Colonialism and Literature.* Minneapolis 1990.

Derbacher, Mark: *Zauberer melodiöser Wörter. Pawel Huelles neue Geschichten aus Gdansk.* In: *Fränkischer Sonntag.* Nr. 37/42 vom 12. September 1992.

Döbler, Katharina: *Bekannte Romane, alte Gefühle*. In: *Die Zeit*. 2005 Nr. 39.

Döblin, Alfred: *Der Bau des epischen Werks*. In: *Aufsätze zur Literatur*. Olten und Freiburg im Breisgau 1963.

Durzak, Manfred: *Der deutsche Roman der Gegenwart. Entwicklungsvoraussetzungen und Tendenzen*. Stuttgart 1979.

Dwertmann, Franz / Schmidt, Sabine / Rusak, Elżbieta (Hg.): *Danzig /Gdańsk. Gespräche nach 50 Jahren*. Gdańsk 1994.

Ebel, Martin: *Und wieder locken den Helden zwei blaugraue Augen*. In: *Tages Anzeiger*. 15.06.2005.

Eliade, Mircea: *Aspekty mitu*. Warszawa 1998.

Engels, Benedict: *Das lyrische Umfeld der Danziger Trilogie von Günter Grass*. Würzburg 2005.

Erll, Astrid: *Gedächtnisromane. Literatur über den Ersten Weltkrieg als Medium englischer und deutscher Erinnerungskulturen in den 1920er Jahren*. Trier 2003.

Fac, Bolesław: *Aureola, czyli powrót do Wrzeszcza*. Warszawa 1990.

Fac, Bolesław: *Günter Grass przyjaciel z ulicy Lelewela*. Gdańsk 1999.

Fanon, Frantz: *Wyklęty lud ziemi*. Warszawa 1985.

Figlarowicz, Stefan / Śliwka, Anna (Hg.): *Ende und Anfang. Danzig 1945–1955*. Gdańsk 2000.

Fischer, Frank: *Danzig. Die zerbrochene Stadt*. Berlin 2006.

Fortuna, Grzegorz (Hg.): *Był sobie Gdańsk. Dzielnice. Wrzeszcz*. Gdańsk 2006.

François, Etienne / Schulze, Hagen (Hg.): *Deutsche Erinnerungsorte. Eine Auswahl*. München 2005.

Fanon, Frantz: *The wretched of the earth*. Preface by Jean-Paul Sartre. Translated by Constance Farrington. keine Ortsangabe vorhanden 1969.

Freud, Sigmund: *Notiz über den Wunderblock*. In: *Das Lesebuch. Schriften aus vier Jahrzehnten*. Frankfurt am Main 2006. S. 399–405.

Frick, Werner: *Orte der Literatur*. Göttingen 2002.

Frizen, Werner: *Günter Grass. Gedichte und Kurzprosa. Kommentar und Materialien*. Göttingen 2010.

Gajewski Krzysztof: *„Weiser Dawidek" jako opis doświadczenia religijnego*. In: *Teksty Drugie*, 2004 nr 1–2. S. 291–305.

Gawin, Izabela: *Polen – Der Norden – Ostseeküste und Masuren*. Ostfildern 2009.

Gellner, Ernst: *Narody i nacjonalizm*. Warszawa 1991.

Genette, Gérard: *Palimpseste. Die Literatur auf zweiter Stufe*. Frankfurt am Main 1993.

Gesche, Janina: *Aus zweierlei Perspektiven... Zur Rezeption der „Danziger Trilogie" von Günter Grass In Polen und Schweden in den Jahren 1958-1990*. Stockholm 2003.

Głowiński, Michał: *Nad „Castorpem"*. In: *Przegląd Polityczny*. 2005/70.

Graczyk, Ewa: *Bachory Grassa*. In: *O Gombrowiczu, Grassie i innych ważnych sprawach. Eseje*. Gdańsk 1994. S. 95-106.

Grass, Günter / Kohout, Pavel: *Briefe über die Grenze. Versuch eines Ost-West Dialogs*. Hamburg 1968.

Grass, Günter; Giegold, Heinrich: *Der unbequeme, offene Günter Grass. Frankenpost-Interview mit dem Schriftsteller, der Demokratie ernst nimmt*. In: *Frankenpost*. 24.12.1969.

Grass, Günter: *Am Anfang war die Kartoffel*. In: *Neue Presse*. 27.05.1980.

Grass, Günter: *Der Arbeiter und seine Umwelt. Rede zum 1. Mai 1971 vor dem DGP in Hamburg*. In: Arnold, Heinz Ludwig / Görtz, Franz Josef (Hg.). *Dokumente zur politischen Wirkung*. München 1971.

Grass, Günter; Zimmermann Harro: *Vom Abenteuer der Aufklärung. Günter Grass. Harro Zimmermann. Werkstattgespräche*. Göttingen 1999.

Grass, Günter im Gespräch mit Wesener, Sigried: *„Spuren hinterlässt das schon." Günter Grass zur Debatte um sein spätes Bekenntnis*. In: www.dradio.de/dkultur/sendungen/kulturinterview/539270 (Stand 06.09.2006.).

Gries, Britta: *Die Grass-Debatte. Die NS-Vergangenheit in der Wahrnehmung von drei Generationen*. Marburg 2008.

Grözinger, Elvira: *Die Geschichte von der Abwesenheit*. In: *Frankfurter Jüdische Nachrichten*. Pessach-Ausgabe. 1990.

Grześkowiak-Krwawicz, Anna: *Alicja przed lustrem. Rzecz o Gdańsku i prozie Pawła Huellego. Teksty Drugie*. 1992 Nr. 6.

Halbwachs, Maurice: *Das kollektive Gedächtnis*. Frankfurt am Main 1991.

Volkmar: *Thomas Mann. Romane und Erzählungen*. Stuttgart 1993.

Hartmann, Regina (Hg.): *Grenzen auf der Landkarte – Grenzen im Kopf. Kulturräume der östlichen Ostsee in der Literatur vom 19. Jahrhundert bis zur Gegenwart*. Bielefeld 2010.

Heinz-Mohr, Gerd: *Lexikon der Symbole. Bilder und Zeichen der christlichen Kunst*. München 1992.

Hirsch, Helga: *Wie das Trauma seine Spuren hinterlässt*. In: *FAZ*. 31. August 2002.

Hickethier, Knut: *Zwischen Abwehr und Umarmung*. In: Karpf, Ernst / Kiesel, Doron / Visarius, Karsten (Hg.): *Getürkte Bilder*. Marburg 1995. S. 21-40.

Hobsbawm, Eric J.: *Nationen und Nationalismus. Mythos und Realität seit 1780.* München 1998.

Honsza, Norbert; Łukosz, Jerzy: *Günter Grass w krytyce polskiej.* Wrocław 1988.

Honsza, Norbert: *Ausbrüche aus der klaustrophobischen Welt. Zum Schaffen von Günter Grass.* Wrocław 1989.

Honsza Norbert: *Günter Grass. Skizze zum Porträt.* Wrocław 1997.

Honsza, Norbert (Hg.): *Zeitbewusstsein und Zeitkonzeption.* Wrocław 2000.

Honsza, Norbert / Światłowska, Irena (Hg.): *Günter Grass. Bürger und Schriftsteller.* Dresden 2008.

Honsza, Norbert: *Danzig als reale und imaginäre Stadtlandschaft bei Günter Grass.* In: http://www.inst.at/trans/17Nr/7-8/7-8_honsza17. (Stand: 24.02.2010).

Hryniewicka, Monika: *Danzig / Gdańsk und seine Geschichte als literarisches Thema in der Prosa von Günter Grass, Stefan Chwin und Paweł Huelle.* Göttingen 2008.

Huelle, Paweł: *Pragnę Księgi. Rozmawiał Sebastian Łupak.* http://wyborcza.pl/1,75475,2078786.html (Stand: 2011).

Huelle, Paweł: *Krnąbrne miasto.* In. *Rzeczpospolita.* 1997/3. S. 3.

Huelle, Paweł: *Interesuje mnie zmyślenie i forma.* In: *Puls.* 1991/3. S. 34–46.

Huelle, Paweł: *Ukraina w twórczości okresu mistycznego.* In: Janion, Maria / Żmigrodzka, Maria (Hg.): *Słowacki mistyczny. Propozycje i dyskusje. Sympozjum.* Warszawa 10.-11. Dezember 1979.

Hummel, Christine: *Ein Narr, der im Novemberregen weint. Metaphorik und Wirklichkeitsverhältnis der politischen Lyrik von Günter Grass.* In: Bergem, Wolfgang (Hg.): *Metapher und Modell. Ein Wuppertaler Kolloquium zu literarischen und wissenschaftlichen Formen der Wirklichkeitskonstruktion.* Trier 1996. S. 85–101.

Inter Finitimos. Jahrbuch zur deutsch-polnischen Beziehungsgeschichte 3. Osnabrück 2005.

Iser, Wolfgang: *Das Fiktive und das Imaginäre. Perspektiven literarischer Anthropologie.* Frankfurt am Main 1991.

Jabłkowska, Joanna: *Literatur ohne Hoffnung. Die Krise der Utopie in der deutschen Gegenwartsliteratur.* Wiesbaden 1993.

Jabłkowska, Joanna: *Das ästhetische Spiel mit der Utopie.* In: Rolf Jucker (Hg.): *Zeitgenössische Utopieentwürfe in Literatur und Gesellschaft. Zur Kontroverse seit den achtziger Jahren. Amsterdamer Beiträge zur neueren Germanistik* Band 41. Amsterdam – Atlanta GA 1997. S. 159–177.

Jähnig, Bernhart / Letkemann, Peter (Hg.): *Danzig in acht Jahrhunderten. Beiträge zur Geschichte eines hansischen und preußischen Mittelpunktes.* Münster 1985.

Janion, Maria (Hg.): *Günter Grass i polski Pan Kichot.* Gdańsk 1999.

Januszajtis, Andrzej: *Legendy dawnego Gdańska.* Gdańsk 2005.

Jaroszewski, Marek (Hg.): *1000 Jahre Danzig in der deutschen Literatur. Studien und Beiträge.* Gdańsk 1998.

Jaroszewski Marek: *Parallelen und Kontraste. „Katz und Maus" (G. Grass) und „Weiser Dawidek" (P. Huelle).* In: Rudolph Andrea / Ute Scholz (Hg.): *Ein weiter Mantel. Polenbilder in Gesellschaft, Politik und Dichtung.* Dettelbach 2002. S. 353–364.

Jaroszewski, Marek: *Die Rezeption der deutschen Literatur in Polen (1945–1991).* In: Chrzęstowska, Bożena / Zimmermann Hans Dieter (Hg.): *Umgang mit Freiheit. Literarischer Dialog mit Polen.* Berlin 1994. S. 199–213.

Jarzębski, Jerzy: *Schulz i dramat tworzenia.* In: *Teksty drugie.* 2003 Nr. 5.

Jentys, Maria: *Arcydzieło czy arcyreklama? In: Kresy Literackie.* 1992 Nr. 2. S. 46f.

Jürgs, Michael: *Bürger Grass. Biografie eines deutschen Dichters.* München 2004.

Kaiser, Gerhard: *Günter Grass. „Katz und Maus".* München 1971.

Kamińska, Ewelina: *Erinnerte Vergangenheit – inszenierte Vergangenheit. Deutsch-polnische Begegnungsräume Danzig/Gdańsk und Stettin/Szczecin in der polnischen Prosa im Kontext der Wende von 1989.* Szczecin 2009.

Kątny, Andrzej (Hg.): *Das literarische und kulturelle Erbe von Danzig und Gdańsk.* Frankfurt am Main 2004.

Kemlein, Sophia / Munchenbach, Siegfried / Ohgke, Alexander: *Danzig / Gdańsk, Deutsch – polnische Geschichte, Politik und Literatur.* Dillingen 1996.

Kesting, Hanjo (Hg.): *Die Medien und Günter Grass.* Köln 2008.

Ketelsen, Uwe-Karsten: *Der koloniale Diskurs und die Öffnung des europäischen Ostens im deutschen Roman.* In: Dabag, Mihran / Gründer, Horst / Ketelsen, Uwe-Karsten: *Kolonialismus. Kolonialdiskurs und Genozid.* München 2004.

Ketelsen, Uwe-Karsten: *Vier Jungens gehen zur See, vier Jungen werden Landwirt irgendwo im Osten. Die deutsche „Ostkolonisation" als diskursives Ereignis.* In: Balzer, Bernd / Kunicki, Wojciech (Hg.): *Germanistischer Brückenschlag im deutsch-polnischen Dialog. II Kongress der Breslauer Germanistik. 3: Literaturgeschichte 18.-20. Jahrhundert.* Wrocław, Dresden 2006. S. 11–19.

Kloock, Daniela: *Oralität und Literalität.* In: Kloock, Daniela / Spahr, Angela (Hg.): *Medientheorien. Eine Einführung.* München 1997.

Kneip, Heinz / Orłowski, Hubert (Hg.): *Die Rezeption der polnischen Literatur im deutschsprachigen Raum und die der deutschsprachigen in Polen 1945–1985.* Darmstadt 1988.

Kniesche, Thomas W.: *Die Genealogie der Post-Apokalypse. Günter Grass' Die Rättin.* Wien 1991.

Kobylińska, Ewa / Lawaty, Andreas / Stephan, Rüdiger (Hg.): *Deutsche und Polen. 100 Schlüsselbegriffe*. München 1993.

Kołakowski, Leszek: *Obecność mitu*. Wrocław 1994.

Kopaliński, Władysław: *Słownik symboli*. Warszawa 2001.

Kiersnowski, Ryszard: *Tam i wtedy. W Podwerszyszkach, w Wilnie i w Puszczy 1939–1945*. Warszawa 2007.

Krakowski, Piotr: *Krajobraz idealny w malarstwie XVIII i XIX wieku*. In: *Folia Historiae Artium*. XII/1976. S. 159–175.

Krysztofiak, Maria: *Polnische Symbolik und Metaphorik in den Gedichten von Günter Grass und ihre Wiederspiegelung in den polnischen Übersetzungen*. In: Frank, Armin Paul / Maaß, Kurt Jürgen / Paul, Fritz / Turk, Horst (Hg.): *Übersetzen, Verstehen, Brücken bauen. Geisteswissenschaftliches und literarisches Übersetzen im internationalen Kulturaustausch*. Sonderdruck o.J. S. 508–515.

Kotte, Eugen: *Mythen und Stereotype im deutsch-polnischen Kontext*. In: Lasatowicz, Maria Katarzyna / Zybura, Marek (Hg.): *Regionalität als Kategorie der Sprach- und Literaturwissenschaft*. Frankfurt am Main 2002.

Krzemiński, Adam: *Sąd nad wielkim rybem*. In: *Literatura na świecie*. 1979 Nr. 1.

Kubiak, Zygmunt: *Mitologia Greków i Rzymian*. Warszawa 2003.

Kuchenne metafizyki. Gespräch mit Roch Sulima. In: *Wyspa*. 2009/03. S. 126–135.

Kucner, Monika (Hg.): *Keine Kultur kann auf Dauer von eigener Substanz leben. Günter Grass als Botschafter der Multikulturalität*. Fernwald 2010.

Kuś, Szymon: *Stefan Chwin. Człowiek z właściwościami*. In: *Jama. Kulturalno-literacko-artystyczna per aspera ad astra*. Nr. 6 April 2008.

Kuźma, Erazm: *Kategorie mitu w badaniach literackich*. In: *Pamiętnik literacki*. 1886. z.4.

Lawaty, Andreas / Orłowski, Hubert: *Deutsche und Polen. Geschichte. Kultur. Politik*. München 2003.

Lejeune, Philippe: *Der autobiographische Pakt*. Frankfurt am Main 1994.

Lewandowska, Stanisława: *Wilno 1944–1945*. Warszawa 2007.

Lewandowska, Stanisława: *Losy Wilnian. Zapis rzeczywistości okupacyjnej. Ludzie, fakty, wydarzenia 1939–1945*. Warszawa 2004.

Libera, Antoni: *Mały „dzień słońca"*. In: *Puls*. Nr. 11–12 1991.

Libera, Antoni: *Listy o Castorpie*. In: *Przegląd Polityczny. 2004/66*.

Lichtenstein, Erwin: *Die Juden der Freien Stadt Danzig unter der Herrschaft des Nationalsozialismus*. Tübingen 1973.

Lichtenstein, Erwin: *Bericht an meine Familie. Ein Leben zwischen Danzig und Israel. Mit einem Nachwort von Günter Grass*. Darmstadt und Neuwied 1985.

Lipski, Jan Józef: *Dwie ojczyzny, dwa patriotyzmy.* In: *Tunika Nessosa.* Warszawa 1992.

Lipski, Jan Józef: *Depositum. Deutsches kulturelles Erbe in Polen.* In: *Essays zur deutsch-polnischen Nachbarschaft.* Warszawa 1996.

Loew, Peter Oliver: *Danzig und seine Vergangenheit 1793–1997. Die Geschichtskultur einer Stadt zwischen Deutschland und Polen.* Osnabrück 2003.

Loew, Peter Oliver: *Gdańsk między mitami.* Olszyn 2006.

Loew, Peter Oliver: *Był sobie Gdańsk? Czyli raz jeszcze o mitach gdańskich.* In: *Przegląd Polityczny.* 2007 Nr. 85/86.

Loew, Peter Oliver: *Literarischer Reiseführer. Danzig. Acht Spaziergänge.* Potsdam 2009.

Ławrynowicz, Marek: *W podróży.* In: *Wyspa.* 2009 Nr. 03. S. 100.

Łukosz, Jerzy: *Günter Grass a Polska.* In: *Odra* 1990 Nr. 4.

Maciejewski, Janusz: *Systematyka prozy polskiej ostatnich lat dwunastu.* In: *Współczesna literatura polska lat osiemdziesiątych i dziewięćdziesiątych. Opinie, poglądy, prognozy literaturoznawców polskich i niemieckich w referatach i dyskusji lipskiej konferencji 4–6 czerwca 1993 r.*. Lipsk 1993.

Mamelski, Janusz: *Legendy Kaszubskie.* Gdynia 2006.

Mann, Thomas: *Der Zauberberg.* Frankfurt am Main 2007.

Margalit, Gilad: *Grass und sein jüdisches alter ego.* In: Boqdal, Klaus Michael / Lorenz, Matthias N. / Holz, Klaus: *Literarischer Antisemitismus nach Auschwitz.* Stuttgart 2007. S. 151–170.

von Marschall, Christoph: *Sieg über die Ideologie. Eine polnische Liebeserklärung an das deutsche Danzig.* In: *Der Tagesspiegel.* 29.07.1997.

Martinez, Matias / Scheffel, Michael: *Einführung in die Erzähltheorie.* München 2009.

Mayer-Iswandy, Claudia: *Portrait. Günter Grass.* München 2002.

Mazurek, Alice: *„Die Erinnerung liebt das Versteckspiel der Kinder" Der Erinnerungsprozess in Günter Grass' „Beim Häuten der Zwiebel".* Marburg 2011.

Meckseper, Cord; Schraut, Elisabeth: *Die Stadt in der Literatur.* Göttingen 1983.

Mehnert, Elke (Hg.): *Landschaften der Erinnerung. Flucht und Vertreibung aus deutscher, polnischer und tschechischer Sicht.* Frankfurt am Main 2001.

Melchinger, Christa: *Mal Engel, mal Sportskanone.* In: *Die Zeit.* 6.04.1990.

Metzler-Lexikon. Literatur und Kulturtheorie. Ansätze, Personen, Grundbegriffe. Stuttgart 2004.

Misterska, Elżbieta (Hg.): *Gunterus Grass Doctor Honoris Causa Universitatis Studiorum Mickiewiczanae Posnaniensis.* Poznań 1991.

247

Mitscherlich, Alexander / Mitscherlich, Margarete: *Die Unfähigkeit zu trauern. Grundlagen kollektiven Verhaltens.* München 1991.

Mohr, Peter: *Paweł Huelle: „Weiser Dawidek".* In: *Neue Deutsche Hefte.* Jahrgang 36. Heft 3/89. S. 512f.

Moroń, Jadwiga: *Zniknięcie Dawida Weisera.* In: *Życie Literackie.* Nr. 23. 5.6.1988.

Moroz, Grzegorz / Ossowski, Mirosław: *Miejsca magiczne w literaturze anglo- i niemieckojęzycznej.* Olecko 2008.

Mroczko, Marian (Hg.): *Na rozstajach dróg. Gdańsk między Niemcami a Polską* (1920–1939). Gdańsk 1998.

Mrugalla, Georg In: *Kritisches Lexikon zur fremdsprachigen Gegenwartsliteratur.* Wiesbaden 2000.

Müller, Lothar: *Das Davos der Ostsee.* In: *Süddeutsche Zeitung.* 15.03.2005.

von Nayhauss, Hans-Christoph / Kuczyński, Krzysztof A.: *Im Dialog mit der interkulturellen Germanistik.* Wrocław 1993.

Neuhaus, Volker / Hermes, Daniela (Hg.): *Die „Danziger Trilogie" von Günter Grass. Texte, Daten, Bilder.* Frankfurt am Main 1991.

Neuhaus, Volker: *Günter Grass.* Stuttgart 1993.

Neuhaus, Volker / Hermes, Daniela: *Die „Danziger Trilogie" von Günter Grass. Texte, Daten, Bilder.* Frankfurt am Main 1991.

Neuhaus, Volker: *Günter Grass. „Katz und Maus". Kommentar und Materialien.* Göttingen 2010.

Neuhaus, Volker: *Günter Grass. „Die Blechtrommel" Kommentar und Materialien.* Göttingen 2010.

Neumann, Birgit: *Erinnerung – Identität – Narration. Gattungstypologie und Funktionen kanadischer „Fictions of Memory".* Berlin 2005.

Niewiadomy, Grzegorz: *Przewodnik krajoznawczy. Trójmiasto: Gdańsk – Sopot – Gdynia.* Gdynia 2003–2006.

Niklowitz, Gisela: *Ort der Handlung: Danzig.* In: *Zürichsee-Zeitung.* 15.09.1990.

Nora, Pierre: *Zwischen Geschichte und Gedächtnis.* Frankfurt am Main 1998.

Nowacki, Dariusz: *Paweł Huelle.* Kraków 2000.

Nowaczewski, Artur: *Trzy miasta trzy pokolenia.* Gdańsk 2006.

Nowak, Marcin: *Tekst wiata, wiat tekstu.* In: *Gazeta Wyborcza.* 5.06.1999.

Obracht-Prondzyński, Cezary: *Kaszubi dzisiaj. Kultura. Język. Tożsamość.*

o. A.: *Oskar – Thulla – Mahlke... Śladami gdańskich bohaterów Güntera Grassa. In Gdańsk unterwegs mit Günter Grass.* Gdańsk 1993.

Øhrgaard, Per: *Günter Grass. Ein deutscher Schriftsteller wird besichtigt.* Wien 2005.

Øhrgaard, Per: *Günter Grass. Ein deutscher Schriftsteller wird besichtigt.* München 2007.

Orłowski, Hubert: *Literatur – nationale Identität – kulturelles Gedächtnis.* In: Wolff-Powska, Anna / Bingen, Dieter (Hg.): *Nachbarn auf Distanz, Polen und Deutsche 1998–2004.* Wiesbaden 2005. S. 451–473.

Ossowski, Mirosław: *Gdańsk-Wrzeszcz Güntera Grassa.* In: Moroz, Grzegorz / Ossowski Mirosław (Hg.): *Miejsca magiczne w literaturze anglo- i niemieckojęzycznej.* Olecko 2008. S. 91–100.

Owidiusz: *Przemiany.* Übersetzung: Kiciński, Brunon. Kraków 2002.

Paaß, Michael: *Kulturelles Gedächtnis als epische Reflexion. Zum Werk von Günter Grass.* Bielefeld 2009.

Panasiuk, Alina: *Miasto i ludzie.* Gdańsk 2000.

Parandowski, Jan: *Mitologia. Wierzenia i podania Greków i Rzymian.* London 1992.

Pezold, Klaus: *Günter Grass. Stimmen aus dem Leseland.* Leipzig 2003.

Pintschovius, Joska: *Die Diktatur der Kleinbürger. Der lange Weg in die deutsche Mitte.* Berlin 2008.

Piliszek, Eugeniusz (Hg.): *Współczesna literatura polska lat osiemdziesiątych i dziewięćdziesiątych. Opinie, poglądy, prognozy literaturoznawców polskich i niemieckich w referatach i dyskusji lipskiej konferencji 4–6 czerwca 1993 r..* Lipsk 1993.

Pittler, Andreas P.: *Auf dem Weg zum "Zauberberg".* In: *Wiener Zeitung.* 10.03.2005.

Połczyńska, Edyta: *Günter Grass in Polen. Zur Rezeption seiner Werke.* In: *Studia Germanica Posnaniensia.* XII 1983. S. 99–107.

Prunitsch, Christian: *Intertextualität als Vollzug literarischer und geschichtlicher Kontinuität am Beispiel von Günter Grass' "Katz und Maus" und Paweł Huelles „Weiser Dawidek".* In: *Zeitschrift für slawische Philologie.* Heidelberg 2003. S. 149–174.

Prutz, Hans: *Danzig, das nordische Venedig. Eine deutsche Städtegeschichte.* In: von Raumer, Friedrich (Hg.): *Historisches Tagebuch.* Leipzig 1886. S. 137–246.

Quinkenstein, Lothar: *Entsiegelte Geschichte. Zur Bildfunktion der Stadt Danzig in der polnischen Gegenwartsliteratur unter Berücksichtigung der Wirkungsgeschichte von Günter Grass.* In: Joachimsthaler, Jürgen / Engel, Ulrich / Kaszyński, Stefan H. (Hg.) *Convinium. Germanistisches Jahrbuch Polen.* Bonn 1998. S. 209–221.

Raddatz, Fritz: „Heute lüge ich lieber gedruckt." Gespräch mit Günter Grass. In: Raddatz, Fritz J.: ZEIT-Gespräche. Frankfurt am Main 1978. S. 7–18.

Reif, Adalbert: Neues Leben in einer untergegangenen Welt. Der polnische Schriftsteller Stefan Chwin und sein Roman „Tod in Danig". In: Die Welt. 05.07.1997.

Rewers, Ewa: Ekran miejski. In: Zeidler-Janiszewska, Anna (Hg.): Pisanie miasta – czytanie miasta. Poznań 1997.

Rewers, Ewa: Post-Polis. Wstęp do filozofii ponowoczesnego miasta. Kraków 2005.

Richter, Frank: Die zerschlagene Wirklichkeit. Überlegungen zur Form der Danzig-Trilogie von Günter Grass. Bonn 1977.

Richter, Hans Werner: Im Etablissement der Schmetterlinge. Einundzwanzig Portraits aus der Gruppe 47. München / Wien 1986.

Ritter Alexander: Günter Grass. Katz und Maus. Stuttgart 1994.

Romanowicz, Barbara: Grass opowiada Gdańsk. In: Życie Warszawy. Nr. 297. S. 7–12.

Rudolph, Ekkehart (Hg.): Protokoll zur Person. Autoren über sich und ihr Werk. München 1971.

Rudolph, Ekkeharth (Hg.): Aussage zur Person – Zwölf deutsche Schriftsteller im Gespräch mit Ekkehart Rudolph. Tübingen Basel 1977.

Rybicka, Elżbieta: Powrót lokalnoci. In: Madurowicz, Mikołaj (Hg.): Percepcja współczesnej przestrzeni miejskiej. Warszawa 2007.

Said, Edward: Culture and Imperialism. New York 1993.

Samp. Jerzy: Miasto tysiąca tajemnic. Gdańsk 2005.

Samp, Jerzy: Miasto magicznych przestrzeni. Gdańsk 2003.

Samp, Jerzy: Legendy Gdańskie. Gdańsk 2004.

Samp, Jerzy: Z woli morza. Bałtyckie mitopeje. Gdańsk 1987.

Samp, Jerzy: Bedeker gdański. Gdańsk 2004.

Scharffenberg, Renate: Paweł Huelle „Castorp". In: Marburger Forum. 01.06.2005.

Scheidgen, Ilka: Fünfuhrgespräche. Ilka Scheidgen zu Gast bei…Lahr 2008.

Schenk, Dieter: Die Post von Danzig. Reinbek bei Hamburg 1995.

Scherf, Rainer: „Katz und Maus" von Günter Grass. Literarische Ironie nach Auschwitz und der unausgesprochene Appell zu politischem Engagement. Marburg 1995.

Schiller, Friedrich: Die Götter Griechenlands. In: Werke IV. Dramen IV Wilhelm Tell. Gedichte. Köln 1999.

Schlögel, Karl: Die Mitte liegt ostwärts. München / Wien 2002.

Schmidgall, Renate: *Die Macht des Genius loci. Danzig in der Prosa von Stefan Chwin und Paweł Huelle.* In: *Ansichten* 7/1995/96. S. 97–115.

Scholze, Dietrich: *Paweł Huelle: „Weiser Dawidek".* In: *Weimarer Beiträge. Zeitschrift für Literaturwissenschaft, Ästhetik und Kulturwissenschaften.* Berlin und Weimar 1991. S. 124–129.

Schopenhauer, Johanna: *Jugendleben und Wanderbilder.* Drost, Willy (Hg.). Tübingen 1958.

Schößler, Franziska: *Literaturwissenschaft als Kulturwissenschaft.* Bonn 2006.

Schulz, Bruno: *Mityzacja Rzeczywistości.* In: *Szkice krytyczne.* Lublin 2000.

Schulz, Gerhard: *Diese dumme Sache in Danzig.* In: *FAZ.* 10.09.2005.

Schwarz, Wilhelm Johannes: *Der Erzähler Günter Grass.* Bern 1969.

Siemieński, Lucjan: *Królowa Bałtyku.* In: Kostryko, Hanna (Hg.): *Klechdy domowe.* Warszawa 1967. S. 183ff.

Simon, Erika: *Rom und Troia. Der Mythos von den Anfängen bis in die römische Kaiserzeit.* In: *Troia. Traum und Wirklichkeit. Begleitband zur Ausstellung.* Darmstadt 2001. S. 154–173.

Skórczewski, Dariusz: *Postkolonialna Polska – projekt (nie)możliwy.* In: *Teksty Drugie.* 2006 Nr. 1/2. S. 100–112.

Skórczewski, Dariusz: *Dlaczego Paweł Huelle napisał „Castorpa."* In: *Teksty Drugie.* 2006 Nr. 3. S. 148–157.

Stanzel Franz K.: *Theorie des Erzählens.* Göttingen 1979.

Surynt, Izabela: *Badania Postkolonialne a „Drugi świat". Niemieckie konstrukcje narodowo-kolonialne XIX wieku.* In: *Teksty Drugie.* 2007 Nr. 4. S. 25–46.

Surynt, Izabela: *Das „ferne", „unheimliche" Land. Gustav Freytags Polen.* Dresden 2004.

Szczesiak, Edmund (Hg.): *Opowieść o trwaniu Kaszub.* Gdańsk 1985.

Szulist, Władysław: *Noblista Günter Grass. Wybrane zagadnienia życia i twórczości.* In: *Rocznik Gdański. Tom LXI zeszyt 1.* 2001. S. 5–23.

Szumowska, Henryka: *Lesevarianten zu Günter Grass, Lektüren in Polen.* In: *Studia Germanica Posnaniensia.* 1991. S. 161–170.

Szumowska, Henryka: *Das kulinarische Rezept von Günter Grass.* In: *Studia Germanica Posnanensia.* 1982. S. 93–109.

Scholze, Dietrich: *Paweł Huelle: „Weiser Dawidek".* In: *Weimarer Beiträge. Zeitschrift für Literaturwissenschaft, Ästhetik und Kulturwissenschaften.* Weimar 1991.

Szydłowska, Joanna: *Obcowanie z tajemnicą. Topos Gdańska w prozie S. Chwina i P. Huellego.* In: Staniszewski, Andrzej / Hul, Leokadia (Hg.): *Literackie strategie lat dziewięćdziesiątych. Przełomy, kontynuacje, powroty.* Olsztyn 2002. S. 43–51.

Śniedziewski, Piotr: *W świecie melancholii. O „Marii" A. Malczewskiego i obrazach C.D. Friedricha.* In: *Teksty Drugie.* 2003 Nr. 4. S. 149–159.

Światłowski, Zbigniew: *Günter Grass portret z bębenkiem i ślimakiem.* Gdańsk 2000.

Świerzowska, Agata: *Bursztyn, koral, gagat. Symbolika religijna i magiczna.* Kraków 2003.

Tank, Kurt Lothar: *Die Diktatur der Vogelscheuchen.* In: *Sonntagsblatt.* Hamburg 1.9.1963.

Tewes, Henning (Hg.): *Heimat in Europa. Beiträge der internationalen Konferenz „Literatur, Werte und Europäische Identität (II.)".* Warszawa 2003.

Thompson, Ewa: *Trubadurzy Imperium. Literatura rosyjska i kolonializm.* Kraków 2000.

Tiesler, Ingrid: *Günter Grass "Katz und Maus". Interpretationen.* München 1975.

Tischner, Józef: *Filozofia dramatu.* Kraków 2006.

Tolksdorf, Ulrich: *Die Mundarten Danzigs und seines Umlandes.* In: Jähnig, Bernhart / Letkemann, Peter (Hg.): *Danzig in acht Jahrhunderten. Beiträge zur Geschichte eines hansischen und preußischen Mittelpunktes.* Münster 1985.

Trojansky, Ewald: *Pawel Huelle und der Geist von Danzig.* In: *Darmstädter Echo.* 15.05.1990.

Tusk, Donald / Duda, Wojciech / Fortuna, Grzegorz (Hg.): *Był sobie Gdańsk.* Gdańsk 2006.

Uliasz, Stanisław: *Powroty do dzieciństwa na pograniczu. Wokół „Lidy" Aleksandra Jurewicza.* In: Światłowski, Zbigniew / Uliasz, Stanisław: *Topika pogranicza w literaturze polskiej i niemieckiej.* Rzeszów 1998.

Uniłowski, Krzysztof: *Konstruowanie pamięci wokół nowych powieści Jerzego Limona i Stefana Chwina.* In: Uniłowski, Krzysztof: *Koloniści i koczownicy. O najnowszej prozie i krytyce literackiej.* Kraków 2002. S. 29–54.

Urban, Thomas: *Von Krakau bis Danzig.* München 2000.

Vormweg, Heinrich: *Günter Grass. Monographie.* Reinbek bei Hamburg 2002.

Wagner-Egelhaaf, Martina: *Autobiographie.* Stuttgart / Weimar 2005.

Wallerand, Theodor: *Günter Grass. Ein Danziger Schriftsteller?* In: *Unser Danzig. Mitteilungsblatt des Bundes der Danziger.* Lübeck 1962. Nr. 3. S. 8.

Wancerz-Gluza, Alicja (Hg.): *Grenzerfahrungen. Jugendliche erforschen deutschpolnische Geschichte.* Hamburg 2003.

Warakomski, Romuald: *Wileńskie dramaty w czasie wojny i w PRL.* Kraków 2006.

Weimar, Klaus (Hg.): *Reallexikon der deutschen Literaturwissenschaft.* Berlin, New York 1997.

Welzer, Harald: *Das kommunikative Gedächtnis.* München 2005.

Welzer, Harald: *Kriege der Erinnerung.* In: *Gehirn & Geist. Das Magazin für Psychologie und Gehirnforschung.* Nr. 5/2005. S. 40–46.

Welzer, Harald: *Der Krieg der Erinnerung. Holocaust, Kollaboration und Widerstand im europäischen Gedächtnis.* Frankfurt am Main 2007.

Widmann, Andreas Martin: *Kontrafaktische Geschichtsdarstellung. Untersuchungen an Romanen von Günter Grass, Thomas Pynchon, Thomas Brussig, Michael Kleeberg, Philip Roth und Christoph Ransmayr.* Heidelberg 2009.

Więckowski, Marek: *Bałtyk. The Baltic.* Poznań 2008.

Zaleski, Marek: *Czarna dziura (Paweł Huelle „Weiser Dawidek").* In: Brodzka, Anna / Burska, Lidia: *Sporne postaci polskiej literatury współczesnej. Kontynuacje.* Warszawa 1996.

Zaleski, Marek: *Formy pamięci. O przedstawieniu przeszłości w polskiej literaturze współczesnej.* Warszawa 1996.

Zaleski, Marek: *Niedoszła miłość Hansa C.* In: *Tygodnik Powszechny.* 2004/24. S. 11.

Zielińska, Barbara: *Weiser Dawidek i nierozstrzygalniki. Dywagacja postmodernistyczna.* In: Lalak, Mirosław (Hg.): *Z problemów podmiotowości w literaturze polskiej.* Szczecin 1993. S. 121–139.

Zieliński, Jan: *Przedziwna nitka czasu.* In: *Rzeczpospolita.* 2004/154. S. D3.

Zimmermann, Hans Dieter (Hg.): *Mythen und Stereotypen auf beiden Seiten der Oder.* Berlin 1997.

Zimmermann, Harro: *Vom Abenteuer der Aufklärung. Günter Grass. Harro Zimmermann. Werkstattgespräche.* Göttingen 1999.

Zimmermann, Harro: *Günter Grass unter den Deutschen. Chronik eines Verhältnisses.* Göttingen 2010.

Zitzewitz, Lisaweta: *Zeszyty Kulickie / Külzer Hefte. Pommern in der Literatur nach 1945.* Kulice 2005.

Zufall, Rainer: *Von Polen, verschwindend.* In: *Frankfurter Rundschau.* 29.05.1990.

Żuliński, Leszek: *Dziwny nieznajomy.* In: *Literatura.* 2/1988.

http://www.pmedia.pl/showkultura.php?wid=148

http://www.pmedia.info/showkultura.php?wid=13

http://www.wbp.olsztyn.pl/bwm/3-4_03-ie/pawel.htm

http://pkin.onet.pl/gal_grass.html

http://www.de-pl.info/pl/site/imprezy/59/

http://www.pgs.pl/huelle.htm

http://www.culture.pl/de/culture/artykuly/os_huelle_pawel

http://www.polska2000.pl/item510_pl.html

http://sjkip.us.cdu.pl/ps/ps_41_13.html

http://www.kulturkurier.de/njs_veranstaltung.php?r=2&id=40375

www.kakanien.ac.at.

http://www.pomorania.pl/UserFiles/Image/ogloszenie_ost.pdf

http://wtrojmiescie.pl/index.php?a=37&id_arta=2862&a1=38&a2=
42&krok=&k HYPERLINK „http://wtrojmiescie.pl/index.php?a=37&id_
arta=2862&a1=38&a2=42&krok=&k=" =

http://de.szczyptaswiata.com.pl/oferty,_auf_den_spuren_von_gunter_grass_....
HYPERLINK „http://de.szczyptaswiata.com.pl/oferty,_auf_den_spuren_von_
gunter_grass_.html" html

Chwin, Stefan: http://tygodnik2003-2007.onet.pl/1548,1380401,1,dzial.html

http://www.mennoniten.de/geschichte.html

http://www.mennoniten.de/mennoniten.html

http://www.g-gruppen.net/mennot.htm

LODZER ARBEITEN ZUR LITERATUR- UND KULTURWISSENSCHAFT

Herausgegeben von Joanna Jabłkowska, Kalina Kupczyńska und Artur Pełka

Band 1   Joanna Firaza: „Ernst ist das Leben, heiter die Kunst." Das Humor-Konzept im Dramenwerk Frank Wedekinds. 2013.

Band 2   Kalina Kupczyńska / Artur Pełka: Repräsentationen des Ethischen. Festschrift für Joanna Jabłkowska. 2013.

Band 3   Elżbieta Kapral / Karolina Sidowska (Hrsg.): Literatur, Utopie und Lebenskunst. 2014.

Band 4   Anetta Buras-Marciniak / Marcin Gołaszewski (Hrsg.): Südslawen und die deutschsprachige Kultur. 2015.

Band 5   Gudrun Heidemann / Susanne Kaul (Hrsg.): Medienkollisionen und Medienprothesen. Literatur – Comic – Film – Kunst – Fotografie – Musik – Theater – Internet. 2015.

Band 6   Monika Kucner / Elżbieta Katarzyna Dzikowska / Agnieszka Godzisz (Hrsg.): Der Erste Weltkrieg. Ostmitteleuropäische Einblicke und Perspektiven. 2016.

Band 7   Joanna Bednarska-Kociołek: Danzig/Gdańsk als Erinnerungsort. Auf der Suche nach der Identität im Werk von Günter Grass, Stefan Chwin und Paweł Huelle. 2016.

www.peterlang.com